重庆大学外国语学院学术文库
重庆大学"双一流"学科重点建设项目
外国语言文学一级学科水平提升计划

CET

传承性与创新性：

基于证据的六级、雅思、托福考试效度对比研究（上）

辜向东 编 著

TOEFL IELTS

重庆大学出版社

图书在版编目（CIP）数据

传承性与创新性：基于证据的六级、雅思、托福考试效度对比研究.上／辜向东编著. -- 重庆：重庆大学出版社，2020.12

ISBN 978-7-5689-2524-2

Ⅰ.①传… Ⅱ.①辜… Ⅲ.①英语水平考试—对比研究—世界 Ⅳ.①H310.41

中国版本图书馆 CIP 数据核字（2020）第 245518 号

传承性与创新性：基于证据的六级、雅思、托福考试效度对比研究（上）

辜向东　编著

策划编辑：安　娜

责任编辑：安　娜　　版式设计：叶抒扬

责任校对：关德强　　责任印制：赵　晟

＊

重庆大学出版社出版发行

出版人：饶帮华

社址：重庆市沙坪坝区大学城西路 21 号

邮编：401331

电话：（023）88617190　88617185（中小学）

传真：（023）88617186　88617166

网址：http://www.cqup.com.cn

邮箱：fxk@cqup.com.cn（营销中心）

全国新华书店经销

重庆市正前方彩色印刷有限公司印刷

＊

开本：720mm×1020mm　1/16　总印张：32.75　总字数：672千

2020 年 12 月第 1 版　　2020 年 12 月第 1 次印刷

ISBN 978-7-5689-2524-2　定价：146.00 元（含上、下册）

一本献给学生的书

本专著为国家社科基金重点项目"基于证据的四六级、雅思、托福考试效度对比研究"（14AYY010）的结题成果，在研究与写作过程中得到很多单位和个人的关心与支持。在此，谨向他们致以最诚挚的谢意！

本专著的完成经历了三个阶段：

第一个阶段为项目的申报阶段。故事还得……，2007 年我第一次申报国家社科基金项目并获准立项"大学英语四、六……时研究"（07BYY030），紧接着 2008 年指导在读硕士生高晓莹申获国家……目"高考英语试卷内容效度历时研究（1977—2007）"（08CYY013）。……社科基金项目，这极大地提升了我和我所指导的硕士生团队的信心。当时我心里产生了一个愿景：以研究大学英语四、六级考试为基点，我们向下要做高考和中考英语的研究，向上要做英语专业四八级、硕士生和博士生入学英语考试的研究，这样有望在我退休之前便可以做完我国大规模、高风险考试"一条龙"的研究。此间，2011—2012 年我获国家留学基金委资助到剑桥大学英语考评部访问与合作研究，在不到两个月的时间里，我意识到我们不应该只做中国考试的研究，也应该将中国有影响力的考试与国际有影响力的考试进行对比研究。这一想法即为 2014 年申请的国家社科基金重点项目选题的雏形。该项目书在拟定与修改的过程中得到多名硕士生团队成员和国内外同行的修改与反馈。团队成员包括：董曼霞、雷雪梅、李亚果、刘晓华、彭莹莹、申钰文、田洁、肖巍、徐建、颜巧珍、杨宏波、杨瑞锦、赵护林、赵路、钟瑜等，其中七位先后在国内外读博。国内外同行包括：范劲松、李智、李清华、彭康洲、席小明、余国兴等。没有这些团队成员和国内外同行建设性的反馈意见与修改，本项目不可能成功立项。在此表示衷心的感谢！

第二个阶段为课题研究的执行阶段。本课题研究远比申报时预计的庞大和复杂，因此我们研究设计时将效度对比研究分为多个既相互关联又相对独立的子项目进行系列实证研究。依托该项目，本人指导了七名本科生和六名硕士生完成了他们的毕业论文。本科生包括：刘洁、周天丞、吴诗琪、皮洪宇、胡旭、陆意希、刘小宇，其中一位的论文获评校优秀本科毕业论文，五位后来于国内外名校读研。硕士生包括孟磊、杨瑞锦、梁延松、洪岳、虞程远、许皖栋，其中三位获国家奖学金，两位的硕士毕业论文校内外评审双优，另两位的硕士毕业论文获评重庆市优秀硕士论文，三位全奖获得者境外读博。这些学生中，刘小宇、孟磊、杨瑞锦、梁延松、洪岳、虞程远和许皖栋的毕业论文为本课题的完成奠定了坚实的基础。由于这些论文最初都是英文写成，除了他们本人，还有多名团队成员和编外成员参与了论文的翻译与修改。团队成员包括段奕霆、易小兰、朱志伟、刘珂彤、林禹宏、尹开兰、曾长萍、王永利、李钰泽、冯永华、蒋珺婧、兰月秋、晏生宏、张海会等。编外成员包括：李玉龙、晏飒绮、陈泽涵等。此外，团队成员王萍、肖巍和编外成员李玉龙也深度参与了该项目的研究。在此对所有参与者表示衷心的感谢！在本课题的研究过程中，1 000 余名考生和受试参与了问卷调查、访谈、有声思维及眼动实验，没有他们的积极配合，本研究根本无从谈起，在此也一并表示诚挚的谢意！

第三个阶段为课题的结题成果凝练与提升阶段。本课题研究成果颇丰，但如何将其凝练与提升成最终的结题专著，团队召开了无数次会议，集思广益，在一次次的头脑风暴与自我否定后最终确定了一个最优和最简方案，即本专著目前的架构。在此过程中，我指导过的多名本科生、硕士生和其他在读的团队成员参与其中，包括段奕霆、方璐萌、高晓莹、关晓仙、雷雪梅、李哲、廖悦岑、林禹宏、刘珂彤、刘晓华、冉毅男、彭莹莹、田洁、王永利、文举、吴宗酉、徐建、颜巧珍、晏生宏、杨宏波、杨瑞锦、杨志强、尹开兰、曾长萍、曾婷、郑宇静等，以及编外成员，包括：何欣忆、Tarun Sarkar、汪顺玉、吴明军、张霞等。没有他们在最后阶段的鼎力支持，本项目不可能以鉴定等级"良好"结题，特别是段奕霆和林禹宏在课题结题成果提交过程中的任劳任怨与兢兢业业至今令人感佩。

再次感谢国家留学基金委的资助，使我有机会赴剑桥大学英语考评部访学一年（2011—2012 年），全身心沁润在学术氛围中才得以产生本项目最初的选题灵感。感谢剑桥大学英语考评部自 2012 年聘请我为高级学术研究顾问，也感谢重庆大学外国语学院党政领导的大力支持，使我每年能有 3 个月左右的时间在剑桥"远离尘嚣"，开阔视野，养精蓄锐，并最终带领团队完成这项现在看来仍然难以想象的大工程！

本专著的"引言"和"结语"由我独立执笔完成。主体 14 章的主要合作者如下：第 1 章虞程远，第 2 章刘小宇，第 3 章杨瑞锦，第 4 章孟磊，第 5—6 章李玉龙，第 7 章梁延松，第 8 章洪岳，第 9—10 章王萍，第 11—13 章许皖栋，第 14 章肖巍。全书由我统稿和最终审定。感谢重庆大学出版社多名编审和安娜女士对本专著样稿提出的宝贵意见和对专著出版给予的大力支持。需要说明的是，专著中的疏漏与错误概由我承担，恳请广大读者批评指正。感谢国内外众多高校、科研机构、学术会议主办方和学术期刊对本课题研究成果的关注与肯定，课题成果除本专著外，还包括 70 余场国内外相关讲座、专题研讨、工作坊等，20 余篇国内外高水平学术会议宣读论文，40 余篇发表文章（包括三个专栏）。

多年来我一直有一个愿望：出版两本书，一本献给我的家人，一本献给我的学生。感谢我的家人这些年来给予我无私的关爱以及理解与支持。感谢我的父亲辛利全先生勉励我在任何情况下都要乐观、坚强和积极向上，做一个对社会有用的人。感谢我的母亲杨淑华女士教会我吃苦耐劳、心存善良与感恩。感谢我的爱人张高勇先生三十余载用行动默默表达对我的爱并给予支持。感谢我的儿子张华西、儿媳孙逸琳和三个可爱的小孙女张允榕（福豆）、张允嫣（小北）和张允初（州州），他们是我不竭的动力与源泉！为庆祝长孙女福豆两周岁生日，我将家人的故事写入《福豆奶奶半个世纪的人生 GU 事》（上、下）（2018 年剑桥康河出版社出版），作为永久的纪念！

在我半个世纪的"人生 GU 事"中，有三十载与我的学生有关，尤其是从 2002 年开始指导的硕士研究生，他们就像我的家人，我特别感谢他们一路陪伴与同行，是他们丰富了我的人生，他们的成长是我此生无尽的骄傲与自豪，因此特将此书献给他们，祝福他们一生都幸福安康！

主要合作者简介

虞程远，男，澳门大学人文学院英语语言学专业博士在读。硕士毕业于重庆大学外国语学院外国语言文学专业，师从辜向东教授，研究方向为语言测试。硕士在读期间曾获得研究生国家奖学金，新东方奖学金等，被评为重庆大学优秀研究生，重庆大学以及重庆市优秀毕业研究生。硕士毕业论文被评为重庆大学以及重庆市优秀硕士毕业论文。于 *Language Testing*（SSCI），*Asian-Pacific Journal of Second and Foreign Language Education*（ESCI），《外语与翻译》，《考试研究》等国内外学术期刊发表论文多篇。

通信地址：澳门特别行政区氹仔大学大马路澳门大学 E21-2103

刘小宇，女，本科就读于重庆大学，期间曾获重庆大学德育奖学金、一等及二等学业奖学金。本科毕业论文优秀，毕业时获评重庆大学优秀学生干部。已发表论文 1 篇，文章题目为《六级、雅思阅读文本来源与改编对比研究》。目前于北京师范大学外国语言文学学院攻读硕士研究生。

通信地址：北京市海淀区新街口外大街 19 号北京师范大学，100875

邮箱：liuxiaoyubnu@163.com.

杨瑞锦，女，博士，硕士毕业于重庆大学外国语学院，师从辜向东教授，连续三年获得重庆大学 A 等奖学金，专业成绩排名第四，获得重庆大学优秀研究生以及优秀毕业研究生荣誉。硕士在读期间，参与科研项目 4 项，发表论文 5 篇，参加专业领域内学术会议及进行会议宣讲 4 次。此外，在 2016 年成功申请到国家留学基金委"国家建设高水平大学公派研究生项目"资助，于 2020 年 9 月在澳大利亚昆士兰科技大学（THE 排名 186）教育学院顺利获得哲学博士学位。

联系方式：ruijin.yang@connect.qut.edu.au

洪岳，男，现就职于安徽江淮汽车集团股份有限公司。2017 年硕士毕业于重庆大学外国语学院外国语言文学专业，师从辜向东教授。硕士在读期间曾获得研究生国家奖学金，重庆大学优秀研究生，重庆大学优秀毕业研究生等。硕士在读期间主持重庆市研究生科研创新项目一项并结项（项目编号 CYS16001），于《外语与外语教学》（CSSCI），《大学外语教学研究》，*ALTE 6th International Conference Proceedings* 等学术期刊及学术会议论文集发表论文多篇，其硕士学位论文被评为重庆大学优秀硕士学位论文。

通信地址：安徽省合肥市东流路 176 号安徽江淮汽车集团股份有限公司

邮箱：hongyuehts@qq.com

李玉龙，男，2012 年本科毕业于东北林业大学英语系，2015 年硕士毕业于大连理工大学（外国语言学及应用语言学方向）。2015 年 7 月就职于东华理工大学，担任大学英语教师。2020 年获得国家公派出国留学资格，赴英国贝尔法斯特女王大学攻读人类学博士学位。自 2016 年，在重庆大学辜向东教授的指导下学习语言测试，参与完成国家社科重点项目一项，在 *Innovations in Education and Teaching International*，《外语与翻译》，外语教学与研究出版社等学术期刊与平台发表论文多篇，获得市级社科成果奖一项，多次获得校级"优秀共产党员"等称号。

通信地址：江西省南昌市经开区青岚大道 666 号华瑞锦城

邮箱：liyulongaaron@ 163.com

梁延松，女，重庆大学 2017 届硕士研究生，师从辜向东教授。在读期间曾获重庆大学优秀毕业生。现任长春市吉大尚德学校英语教师及班主任，曾获吉林省信息技术与教学融合优质课大赛二等奖，吉林省中小学教学科研成果评比一等奖，长春新区首届教育系统职工技能大赛一等奖。

通信地址：吉林省长春市超凡大街与宜居路交汇吉大尚德学校

邮箱：270274955@ qq.com

孟磊，男，重庆大学 2016 届毕业生，师从辜向东教授。在校期间连续三年获得重庆大学 A 等奖学金，获得重庆大学优秀研究生、重庆大学优秀毕业研究生荣誉称号。在《外语测试与教学》《外国语言文学研究》等期刊发表论文多篇。毕业后先后参与四川路桥挪威哈罗格兰德大桥项目（该桥是北极圈内最大跨径的悬索桥，是中资企业首次在欧洲发达国家承建的大跨径桥梁主体工程，被交通运输部誉为"中国建造走出去的典范"）和四川路桥挪威贝特斯塔德大桥项目的修建，目前在四川路桥孟加拉达卡绕城高速公路项目部工作。

通信地址：四川省成都市高新区九兴大道 12 号四川公路桥梁建设集团有限公司

邮箱：839764134@ qq.com

王萍，女，重庆大学外国语学院 2020 届硕士毕业生，研究方向为语言测试，师从肖巍副教授、辜向东教授和李良炎副教授。读研期间发表和宣读论文 7 篇。现就职于西安欧尔意信息科技有限公司，从事英文学术期刊编辑工作，期间获得"个人综合素质优秀奖""优秀特刊建设奖"。

通信地址：陕西省西安市高新区天谷六路国家数字出版基地

邮箱：1372434989@ qq.com

许皖栋，女，重庆大学外国语学院 2020 届硕士毕业生，师从辜向东教授，在校期间曾获首届国际英语教育研究基金奖，国家奖学金和重庆大学 A 等奖学金，重庆大学优秀研究生等荣誉称号，全国大学生英语竞赛 A 类二等奖等奖项。参研国家社科基金重点项目一项，中央高校基本科研业务费研究生科研创新项目一项。先后有四篇文章被国内外期刊发表或录用，多次在国内外语言测试和教育领域会议作论文宣讲。现于香港理工大学中文及双语学系攻读博士学位。

通信地址：香港特别行政区九龙城区香港理工大学

邮箱：2017042002t@ cqu.edu.cn

肖巍，男，语言学博士，重庆大学外国语学院副教授、硕士生导师，语言认知及语言应用研究基地研究员，重庆市自然科学基金面上项目通讯评审专家，江苏省优秀博士学位论文获得者。在 *Journal of Quantitative Linguistics*、*Computer Assisted Language Learning*、《外语教学与研究》等期刊发表论文 20 余篇。主持教育部人文社科项目 1 项、重庆市社会科学规划项目 2 项、校级项目 2 项，主研国家社会科学基金重点项目、国家自然科学基金、重庆市自然科学基金面上项目各 1 项。担任 *Interactive Learning Environments*、*The Asian-Pacific Education Researcher*、*Spanish Journal of Applied Linguistics*、《外语教学理论与实践》等期刊匿名审稿人。。

通信地址：重庆市高新区重庆大学外国语学院

邮箱：xiaoweiyyx@ 126.com

"基于证据的四六级、雅思、
托福考试效度对比研究"最终成果简介

项目批注号：14AYY010

项目名称：基于证据的四六级、雅思、托福考试效度对比研究

项目负责人：辜向东

课题组主要成员：黄萍、XI Xiaoming、汪顺玉、FAN Jinsong、肖巍、虞程远、刘
小宇、杨瑞锦、孟磊、李玉龙、梁延松、洪岳、王萍、许皖栋

国家社科基金重点项目"基于证据的四六级、雅思、托福考试效度对比研究"
（14AYY010）于2014年6月立项。课题组随即开展了长达五年零六个月系统深入的调查
与研究。最终成果简介如下：

本课题涉及的大学英语四六级、雅思、托福三项考试是中国乃至全球极具代表性的语
言考试。三项考试规模大、风险高、影响广。四六级考试包含四级和六级两个难度级别；
雅思分学术类和培训类两种考试用途；托福有纸笔考、机考和网考三种考试形式。在本研
究中，我们选择的分别是六级、雅思学术类、托福网考三项考试。因为六级与四级相比在
难度上更加接近雅思学术类和托福网考；相较于培训类，雅思学术类更多用于升学考试用
途，这与托福考试用途更接近；而网考是托福三种答题形式中最普及的考试形式，所以我
们选择六级、雅思学术类、托福网考三项考试进行对比。为了表达简洁，在专著和研究报
告中，六级、雅思学术类和托福网考三项考试分别简称为：六级、雅思、托福。

1 研究的目的和意义

研究目的：本课题旨在回答一个总的研究问题：六级、雅思、托福三项考试的效度有何异同？

学科理论与实践价值：理论上，验证"基于证据的社会——认知效度验证框架"在考试效度对比研究中的可行性，并进一步构建更加科学合理的语言测试效度对比研究模型。实践上，通过对比三项考试的效度，形成将三项考试关联起来的论证。这不仅可以丰富考试对比研究领域的文献类型，而且能为类似的研究提供思路和方法上的借鉴。

社会和现实意义：一方面，本研究有助于推动我国语言测试开发与研究的国际化水平，有利于提升我国自行开发的英语考试在国际上的认可度，为教育、人事部门及广大利益相关者提供入学、就业、人才流动等决策依据；另一方面，本研究中的雅思和托福考试均已实现与国际公认的语言能力标准 CEFR（2001）和我国的《中国英语能力等级量表》的对接（教育部考试中心，2019），其开发与使用遵循了国际公认的语言测试标准。因此，三项考试的效度对比研究有望为《中国英语能力等级量表》的应用与推广提供参考数据。

2 研究成果的主要内容和重要观点或对策建议

◇研究的主要内容

本课题研究从"基于证据的社会——认知效度验证框架"出发，从情景效度、认知效度、评分效度和后果效度四个方面对六级、雅思、托福考试进行了全面深入的效度对比研究。这些研究回答了一个总的研究问题：六级、雅思、托福三项考试的效度有何异同？图1为本课题的研究概览。

本课题的结题成果主要为专著。专著除引言和结语外，主体包括传承性研究和创新性研究两大部分。传承性研究是运用语言测试效度研究普遍使用的研究方法（自动文本分析工具、有声思维、话语分析、问卷调查和半结构式访谈）做的八项实证研究，主题涉及六级、雅思、托福阅读文本词汇复杂度、阅读文本选择与改编、听力长对话和阅读测试受试有声思维认知过程、口语测试样本视频中考官和考生的会话特征与主题发展、三项考试的口语和写作测试对考生的反拨效应。创新性研究是在传承性研究基础上，尝试使用语言测试领域近年较新的跨学科技术方法（数据挖掘技术、眼动技术、结构方程模型）做的三项创新性研究，主题涉及三项考试文本自动分类、受试认知过程加工及写作测试反拨效应机制对比。因为数据挖掘和眼动技术在语言测试研究中的应用在国内尚处于起步阶段，所以

效度验证框架	传承性研究	创新性研究	学术成果/人才培养（举例）	
情景效度	自动文本分析 词汇复杂度 阅读文本选择与改编	综述：数据挖掘 实证：文本自动分类	LTRC AALA Asia TEFL TESOL China CSSCI 外审 SSCI	保研 硕博 国家奖学金 市优秀毕业生 校优秀本硕论文 全奖境外读博
认知效度	有声思维 听力、阅读构念	综述：眼动技术、 认知效度 实证：认知加工过程	ALTE Forum of AL SLA Symposium CSSCI 外审 CSSCI SSCI	国家奖学金 TIRE MRG 校优秀毕业生 硕士论文双优 优秀共产党员 CSC全奖国外读博
评分效度	话语分析、样本视频 会话特征、主题发展		CALTA TESOL China 专著导读 SSCI	即将国外读博 校优秀青年教师 优秀共产党员 市级社科奖
后果效度	问卷、访谈 口语、写作反拨效应	结构方程模型 反拨效应机制	ALTE Forum of AL Cambridge Assessment Staff Seminar CSSCI SSCI	硕博 国家奖学金 校优秀毕业生 市优秀硕士论文 省优秀博士论文 晋升副教授、硕导

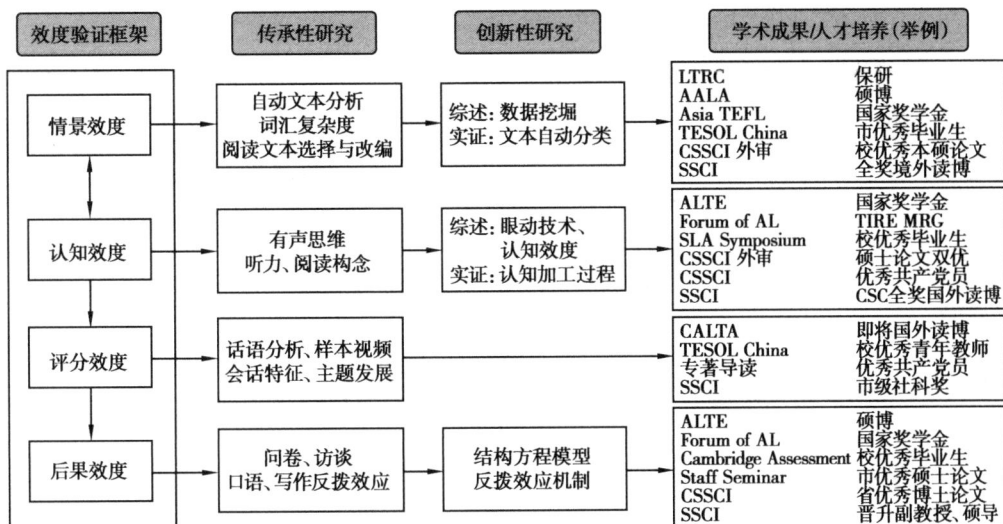

图 1　基于证据的六级、雅思、托福考试效度对比研究概览

本专著对数据挖掘和眼动技术在语言测试研究中的应用分别进行了专门的引介与综述。此外，由于对语言测试的效度研究从结果导向性转向过程性研究涉及一个核心概念——"认知效度"，因此，本专著也对其理据、概念、模型及实证进行了专门综述。

◇ **重要基本观点**

尽管六级、雅思、托福三项考试在考试目的、性质、构念、分数解释和结果使用等诸多方面存在不同，但三项考试都是以英语为外语或二语的大规模、高风险语言考试，受试即将接受或正在接受高等教育，三项考试应该具有可比性，三者的效度应该既有较大的相似性，也存在一定的差异。研究结果从各方面提供了支持本观点的效度证据。

◇ **对策建议**

本课题为三项考试不同利益相关群体提出了以下针对性对策建议。

1）考生：大力加强真实语言材料输入，阅读六级、雅思、托福考试文本来源报刊杂志、新闻网站、广播电台、学术教材、著作，如《时代周刊》《经济学人》《卫报》《纽约时报》《新科学家》《国家地理》等。加强实践性练习，切实提升语言综合运用能力。要深信"语言学好了，考试没问题"。促进成就性测试使用，增强能力自我认知，提升自我效能，加强社会情感策略和备考管理，加大学习投入等。

2）教师：通过语言教学，培养学生人生胜任力（life competencies）。充分利用现有教学资源，更新教学内容。关注学生情感因素，如鼓励他们建立学好语言的信心，降低考试焦虑，实现"三全育人"。

3）考试设计者/考试机构/决策者：提升命题质量，全面测量受试的语言能力和策略能力，如在听力测试中加强语用知识和社会语言知识的考查，在阅读中加强语篇层次的考查，丰富考试题型。避免构念无关因素影响，如字面匹配、随机猜题、背景知识运用等。改善测试环境，提供高质量、有代表性、连贯性、完整性的样本视频、样题、备考材料等。提供明晰的评分标准，做到标准化与人性化的统一，确保考试的公平性、公信力和透明度。

3 成果的学术价值、应用价值以及社会影响和效益

◇学术价值

本研究探索、验证、丰富和发展了效度研究理论，建立、充实和完善了新的效度研究模型，尤其是三项考试效度对比研究的多个子框架或模型，比如听力长对话测试构念描述框架、三项阅读测试分析框架、三项口语考试考生反拨效应理论框架、写作考试考生反拨效应理论框架等，为今后其他大规模、高风险考试的效度研究，尤其是效度对比研究，提供了理论和方法上的借鉴。

◇应用价值

本课题为考生的学习、教师的教学提供了富有建设性的意见和建议，为三项考试设计者/考试机构/决策者进一步提高命题质量、施测环境、评分标准等提供了具有针对性和可操作性的方案与决策依据，为语言测试研究者和工作者以及对此感兴趣的广大读者提供了思路和方法上的参考。

◇社会影响

由于三项考试涉及的考生人数达数千万，对其效度的对比研究的社会价值难以估量。本研究有理论、有实践，有数据、有分析，论点鲜明、论据充分、论证有力。研究成果启迪性、说服力和实用价值强，部分成果在国内高校、出版社、科研机构，如上海交通大学、武汉大学、四川大学、大连理工大学、东北师范大学、西安交通大学、外语教学与研究出版社、高教出版社等上百场学术讲座、工作坊上分享，而且在中小学国培计划、中小学外语教学与研究中得以应用，如词汇复杂度、阅读文本选择与改编等的研究思路与方法已经应用于高考、高中英语教材、报刊等的研究与中小学教学实践，并通过个人和机构的微信公众号、出版社网课等得以广泛传播，受益人次达数十万。

◇社会效益

人才培养的国际化及可持续发展可能是本课题最大的社会效益。依托该课题研究，我们带动和培养了一批国际化的语言测试工作者和研究者，正在实现可持续发展。在研期间，课题负责人受聘世界一流测试机构（剑桥大学英语考评部）高级学术研究顾问。一位课题组成员应聘到国外高水平大学任专职研究员，四位团队成员获国家留学基金委全额奖学金境外、国外攻读博士学位，两位获得国际英语教育研究基金会首届硕士研究奖。课题部分成果在国际高水平会议上宣读，如国际语言测试界最高级别会议语言测试国际研讨会年会（LTRC），欧洲语言测试者协会年会（ALTE），亚洲语言测试者协会年会（AALA），国际英语教师协会年会（IATEFL）等；在世界一流大学做专题研讨，如剑桥大学、纽约大学、香港理工大学等；部分成果在国际高水平期刊发表，如 *Applied Linguistics*，*TESOL Quarterly*，*Language Testing*，*Language Assessment Quarterly*，*Assessment & Evaluation in Higher Education*，*Innovations in Education and Teaching International*，*System* 等。

另外，课题组有三位成员从硕士生导师晋升为博士生导师，一位课题组成员博士论文获省优秀博士论文，两人硕士论文被评为市优秀硕士论文，五名团队成员获国家奖学金，多人次被评为优秀青年教师、优秀研究生、优秀毕业生、优秀共产党员。我们因此建立起了一支成长型和研究型语言测试团队，领衔了中国大百科全书语言测试词条的编制，成为雅思、托福、普思、剑桥英语系列考试与《中国英语能力等级量表》对接的专家组成员，并申请获得国际合作语言测试研究基金项目、教育部人文社科项目、中央高校基金重大项目和跨学科项目等。因为该项目而建立的跨学科导师团队最近被评为市级研究生导师团队，正在实现可持续发展。课题负责人因其在科学研究和人才培养中的突出成绩，于2019年获得国家留学基金委高级访问学者奖，将再赴剑桥大学访问与合作研究。课题组和团队期望通过人才培养的国际化和可持续发展，为我国语言测试与研究的国际化贡献力量。

缩略语汇总

全　称	简　称
大学英语六级	六级
雅思学术类	雅思
托福网考	托福
Common European Framework of Reference for Languages：Learning，Teaching，Assessment	CEFR
英国国家语料库(British National Corpus)	BNC
当代美国英语语料库(Corpus of Contemporary American English)	COCA
词频系数(Lexical Frequency Coefficient)	LFC
形符类符比值(Type-token Ratio)	TTR
Measure of Textual Lexical Diversity	MTLD
Measure of Diversity of Vocabulary	VOCD
《高校英语专业英语教学大纲》	《教学大纲》
《高校英语专业四级考试大纲》	《考试大纲》
英语专业八级考试	专八
TOEFL Practice Online	TPO
雅思考试(International English Language Testing System)	雅思(IELTS)
教育考试服务中心(Educational Testing Service)	ETS
托福考试(The Test of English as a Foreign Language)	托福(TOEFL)
会话分析(Conversation Analysis)	CA
Speaking Proficiency English Assessment Kit	SPEAK
International Teaching Assistant	ITA
Continuous Bag-of-words Model	CBOW
Recursive Autoencoder	RAE
Information-based Readability Measuring System	IRMS
剑桥高级英语证书考试(Cambridge English：Advanced)	CAE
参与者—过程—产出(participants-processes-products)	3P

引　言

第 1 章

第 4 章

第 7 章

第 8 章

第 1 章

第 2 章

第 3 章

第 4 章

第7章

第 8 章

国家社科基金重点项目"基于证据的四六级、雅思、托福考试效度对比研究"（14AYY010）于2014年6月立项。课题组随即开展了长达五年零六个月系统深入的调查与研究。本专著为该项目的结题成果。

本专著涉及的大学英语四六级、雅思、托福三项考试是中国乃至全球极具代表性的语言考试。三项考试规模大、风险高、影响广。四六级考试包含四级和六级两个难度级别；雅思分学术类和培训类两种考试用途；托福有纸笔考、机考和网考三种考试形式。在本研究中，我们选择的分别是六级、雅思学术类和托福网考三项考试，原因如下：与四级相比，六级在难度上更加接近雅思学术类和托福网考；相较于培训类，雅思学术类多用于升学考试，这与托福考试用途更接近；而网考是托福三和答题形式中最普及的考试形式。在本专著中，为使表达简洁，六级、雅思学术类和托福网考三项考试分别简称为：六级、雅思、托福。

本引言将首先简要概述国内外效度研究的现状，包括三项考试的研究及存在的不足；其次简要介绍本选题的价值和意义、研究的基本观点及主要内容；最后对结题成果进行概述性说明。

1 国内外研究现状述评

1.1 效度理论

效度（validity）是测试评价中最重要的考虑因素（APA et al.，2014）。较早的效度定义为"一项测试是否测量了它所要测量的东西"（Kelly，1927：14）。自20世纪60年代以来，语言测试与评价的研究一直围绕效度展开（Kunnan，1998），效度理论取得了从"分类效度观"到"整体效度观"的重大发展。分类效度观（Lado，1961）认为效度可分为效标关联效度、内容效度、构念效度等多种类型（APA et al.，1966）。其验证操作性强，但比较零散，且未考虑分数使用和解释等方面的证据。整体效度观给出了具有突破意义的效度定义，即"对经验证据和理论依据在多大程度上支持分数的解释与使用进行的综合评价就是效度"（Messick，

1989:13）。这种"一元多维"的效度观确定了构念的核心地位（Alderson & Banerjee,2001），明确了效度验证的对象是测试结果的解释和使用（Davies et al.,2003）。

1.2 效度验证模式

整体效度观给语言测试的开发与研究带来了重大变革，但该理论高度概括且过于抽象，使效度验证缺乏可操作性。近年来更多的语言测试学家根据该理论提出了一些具体的效度验证框架。其中影响力较大的效度验证框架有：

"交际语言能力模型"和"测试方法层面框架"（Bachman,1990）为效度验证开启了新视角。Bachman et al.（1995）运用该框架对剑桥熟练英语证书考试、第一英语证书考试和托福考试三项考试所考查的能力和测试任务特征做了分析，并对该框架进行了完善。

"测试有用性框架"（Bachman & Palmer,1996）涵盖信度、构念效度、真实性、交互性、考试影响和可行性六个质量属性，进一步阐释了 Messick（1989）的效度理论。该框架可操作性强，但质量属性之间的关联不甚明确（韩宝成、罗凯洲,2013）。

"基于论证的效验模式"（Kane,1992）与整体效度观一脉相承，包括两个步骤：提出效验观点、收集有关证据。Chapelle et al.（2008）运用该模式论证了托福的效度。

"测试使用论证框架"（Bachman,2005）发展了 Kane（1992）的效度论证观。该框架遵循"事实→主张"的推理机制，包含构建与评价两个过程（Bachman & Palmer,2010）。不过其架构（后果、决策、解释、测试记录）比较抽象，能否成为指导测试开发与使用的新范式尚需检验。

"基于证据的效度验证框架"（Weir,2005）从社会—认知视角出发，涵盖多个方面的效验证据，具有很强的可操作性，在剑桥五级主体英语证书考试的效度对比研究中得到丰富和完善（Cheung & Emery,2017;Papp & Rixon,2018;Shaw & Weir,2007）。

目前关于效度理论和验证模式的研究主要集中在国外，国内类似的研究还处于起步阶段，主要是对国外相关领域的发展进行引介和评述（李清华,2006;韩宝成、罗凯洲,2013）。

1.3 六级、雅思、托福三项考试的研究及存在的不足

三项考试相关研究比较丰富，主要涵盖以下方面（括号中的文献仅为部分举例）：

六级的整体效度研究（Jin & Yang,2006;杨惠中 & Weir,1998）、各单项技能及题型研究（He & Dai,2006;贾国栋,2016;金艳、吴江,1998）、评分与网考研究（金艳,2012;王跃武 等,2006;朱正才,2005）、反拨效应及考试影响研究（辜向东,2007,2013;辜向东 等,2014）。

雅思的开发及效度验证（Davies,2008;Taylor & Weir,2012）、考官与评分（Annie,2003;

Yates et al.,2008）、反拨效应及考试影响（Merrifield,2014；Read & Hayes,2003）。

托福的效度论证（Biber & Gray,2013；Chapcllc ct al.,2008；Stricker & Attali,2010）、网考设计（Powers et al.,2003；Sawaki et al.,2009）、公平性与可及性（Wolfe & Manalo,2005；Rahimi et al.,2014）、评分与技术应用（Weigle,2011；Xi et al.,2012）、信度与可推广性（ETS,2011；Zhang,2008）、分数解释（Jamieson & Poonpon,2013；Tannenbaum & Wylie,2008）。

尽管有关三项考试研究的文献比较丰富，但能够将这些研究组织起来并形成有关联且强有力的论证文献较少，而且涉及三项考试中任何两项考试的效度对比研究，尤其是实证研究也相当匮乏。现有的对比研究多集中在分数等值方面（Taylor,2004），但事实上还有很多其他方面需要对比，如受试的认知过程、考试的影响等。此外，几乎没有文献将国内的考试与国际权威考试进行较全面的效度对比研究，现有的文献只是就两项或三项考试的某一技能、题型或考试媒介等作初步探讨（仇茵晴、张艳莉,2011；金艳、张晓艺,2013；李鑫、修旭东,2009；王丽,2007）。因此，针对三项考试全面系统的效度对比研究亟待开展。

2　选题的价值和意义

学科理论与实践价值：理论上，验证"基于证据的社会—认知效度验证框架"（Weir,2005）在考试效度对比研究中的可行性，并进一步构建更加科学合理的语言测试效度对比研究模型。实践上，通过对比三项考试的效度，形成将三项考试关联起来的论证。这不仅可以丰富考试对比研究领域的文献类型，而且能为类似的研究提供思路和方法上的借鉴。

社会和现实意义：一方面，本研究有助于推动我国语言测试开发与研究的国际化水平，有利于提升我国自行开发的英语考试在国际上的认可度，为教育、人事部门及广大利益相关者提供入学、就业、人才流动等的决策依据；另一方面，本研究中的雅思和托福考试均已实现与国际公认的语言能力标准 CEFR（Common European Framework of Reference for Languages：Learning,Teaching,Assessment）（Council of Europe,2001）和我国的《中国英语能力等级量表》（教育部考试中心,2019）的对接，其开发与使用遵循了国际公认的语言测试标准。因此，三项考试的效度对比研究有望为《中国英语能力等级量表》的应用与推广提供参考数据。

3　研究的基本观点

尽管六级、雅思、托福三项考试在目的、性质、构念、分数解释和结果使用等诸多方面存在不同，但都是以英语为外语或二语的大规模、高风险语言考试，受试即将接受或正在接受高等教育，三项考试的效度应该具有可比性，三者的效度应该既有较大的相似性，也有一定的差异。而实际情况是否如此,有待进行全面深入的实证研究。

4 研究的主要内容

本课题的理论基础为"基于证据的社会—认知效度验证框架"(evidence-based socio-cognitive framework for test validation)(Weir,2005),该框架最初认为效度验证需要收集五个方面的效度证据:基于理论的效度、情景效度、评分效度、效标关联效度和后果效度。在剑桥五级主体英语证书考试的效度对比研究中,该框架得到丰富和完善,基于理论的效度更名为认知效度,受试特征也成为效度验证证据的一个重要方面。因此,最新的"基于证据的社会—认知效度验证框架"认为效度验证应该收集六个方面的效度证据:受试特征(test taker characteristics)、情景效度(context validity)、认知效度(cognitive validity)、评分效度(scoring validity)、校标关联效度(criterion-related validity)和后果效度(consequential validity)(Cheung & Emery,2017;Papp & Rixon,2018;Shaw & Weir,2007)。

受试特征指受试生理、心理和经历特征。情景效度取代的是传统意义上的内容效度,指测试任务在多大程度上代表了该任务所取样的全域(universe)。认知效度指测试任务在多大程度上引发了考生在真实语言使用中相似的认知过程。评分效度被纳入效度整体概念的一部分,代替的是传统的信度,它回答的问题是测试分数在多大程度上是可靠的。校标关联效度指测试本身以外的效度证据,如一项考试与其他测量相同构念且已得到公认的有效测试或测量的相关程度。后果效度指测试过程及测试结果对所有相关人员产生了什么影响,包括宏观的后果(如对机构、社会的影响)和微观的后果(如对考生、教师的影响)。由于本课题主体是基于考生的证据,而且是关于三项考试的效度对比研究,即多方面的效度证据收集将包含受试特征和校标关联效度,因此,受试特征和校标关联效度在本研究中没有单独列出。

本课题研究从"基于证据的社会—认知效度验证框架"出发,从情景效度、认知效度、评分效度和后果效度四个方面对六级、雅思、托福考试进行了全面深入的效度对比研究,总体回答了一个研究问题:六级、雅思、托福三项考试的效度有何异同? 图 1 为本课题的研究概览。

效度验证框架　传承性研究　创新性研究　学术成果/人才培养(举例)

情景效度 → 自动文本分析 词汇复杂度 阅读文本选择与改编 → 综述:数据挖掘 实证:文本自动分类 → LTRC / AALA / Asia TEFL / TESOL China / CSSCI 外审 / SSCI → 保研 / 硕博 / 国家奖学金 / 市优秀毕业生 / 校优秀本硕论文 / 全奖境外读博

认知效度 → 有声思维 听力、阅读构念 → 综述:眼动技术、认知效度 实证:认知加工过程 → ALTE / Forum of AL / SLA Symposium / CSSCI 外审 / CSSCI / SSCI → 国家奖学金 / TIRE MRG / 校优秀毕业生 / 硕士论文双优 / 优秀共产党员 / CSC全奖国外读博

评分效度 → 话语分析、样本视频 会话特征、主题发展 → CALTA / TESOL China / 专著导读 / SSCI → 即将国外读博 / 校优秀青年教师 / 优秀共产党员 / 市级社科奖

后果效度 → 问卷、访谈 口语、写作反拨效应 → 结构方程模型 反拨效应机制 → ALTE / Forum of AL / Cambridge Assessment Staff Seminar / CSSCI / SSCI → 硕博 / 国家奖学金 / 市优秀毕业生 / 市优秀硕士论文 / 省优秀硕士论文 / 晋升副教授、硕导

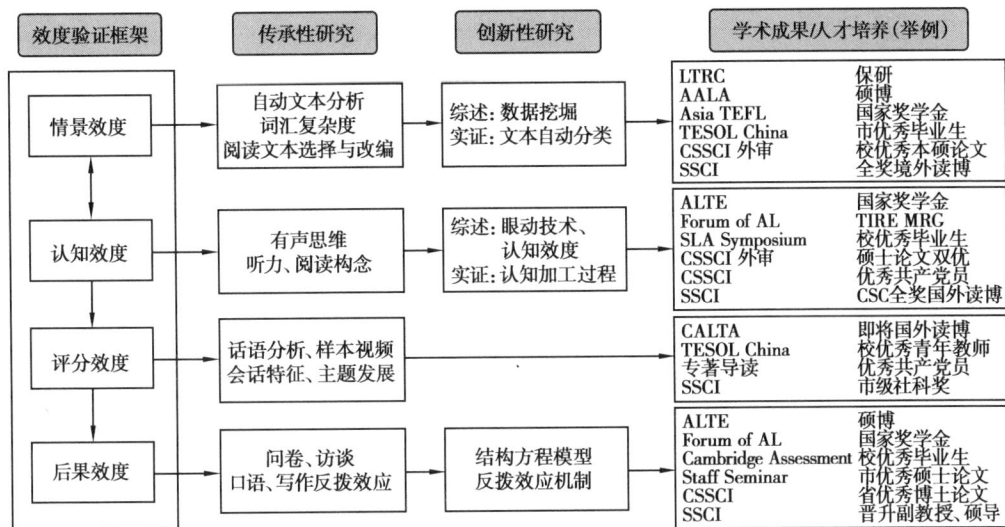

图 1　基于证据的六级、雅思、托福考试效度对比研究概览

5　本专著的结构

专著目录如下:

引言

传承性研究

情景效度

认知效度

评分效度

后果效度

参考文献

Alderson, J. C., & Banerjee, J. (2001). Language testing and assessment[J]. *Language Teaching*, 35 (2), 79-113.

Annie, B. (2003). *An examination of the rating process in the revised IELTS speaking test* (IELTS Research Report No. 6)[R]. [2020-10-23] https://www.ielts.org/teaching-and-research/research-reports/volume-06-report-2.

AERA., APA., & NCME. (1966). *Standards for educational and psychological tests and manuals*[M]. American Psychological Association.

AERA, APA., & NCME. (2014). *Standards for educational and psychological testing* (Revised Version)[M]. American Educational Research Association.

Bachman, L. F. (1990). *Fundamental considerations in language testing*[M]. Oxford University Press.

Bachman, L. F. (2005). Building and supporting a case for test use[J]. *Language Assessment Quarterly*, 2(1), 1-34.

Bachman, L. F., Davidson, F., Ryan, K., & Choi, I. (1995). *An investigation into the comparability of two tests of English as a foreign language: The Cambridge-TOEFL comparability study* [M]. Cambridge University Press.

Bachman, L. F., & Palmer, A. S. (1996). *Language testing in practice* [M]. Oxford University Press.

Bachman, L. F., & Palmer, A. S. (2010). *Language assessment in practice* [M]. Oxford University Press.

Biber, D., & Gray, B. (2013). *Discourse characteristics of writing and speaking task types on the TOEFL iBT test: A lexico-grammatical analysis* (TOEFL iBT Research Report No. 19) [R]. https://doi. org/10. 1002/j. 2333-8504. 2013. tb02311. x.

Chapelle, C. A., Enright, M. K., & Jamieson, J. M. (2008). *Building a validity argument for the test of English as a foreign language* [M]. Routledge.

Cheung, K. Y. F., & Emery, J. (2017). *Applying the socio-cognitive framework to the Bio-Medical Admissions Test* (BMAT) [M]. Cambridge University Press.

Council of Europe. (2001). *Common European framework of reference for languages: learning, teaching, assessment* [Z]. Cambridge University Press.

Davies, A., Hamp-Lyons, L., & Kemp, C. (2003). Whose norms? International proficiency tests in English [J]. *World Englishes, 22*(4), 571-584.

Davies, A. (2008). *Assessing academic English: Testing English proficiency 1950–1989—The IELTS solution* [M]. Cambridge University Press.

Educational Testing Service. (2011). *Reliability and comparability of TOEFL iBT scores* (TOEFL Research Insight Series No. 3) [R]. [2020-11-8] http://www. ets. org/research/policy_research _reports/publications/periodical/2011/isje.

He, L. Z., & Dai, Y. (2006). A corpus-based investigation into the validity of the CET-SET group discussion [J]. *Language Testing, 23*(3), 370-401.

Jamieson, J., & Poonpon, K. (2013). *Developing analytic rating guides for TOEFL iBT integrated speaking tasks* (TOEFL Research Report) [R]. [2020-11-8] https://www. ets. org/research/ policy_research_reports/publications/report/2013/jqoc/.

Jin, Y., & Yang, H. (2006). The English proficiency of college and university students in China: As reflected in the CET [J]. *Language, Culture & Curriculum, 19*(1), 21-36.

Kane, M. T. (1992). An argument-based approach to validity [J]. *Phycological Bulletin, 112*(3), 537-535.

Kelly, T. L. (1927). *Interpretation of educational measurements* [M]. New World Book Company.

Kunnan, A. J. (1998). An introduction to structural equation modelling for language assessment research[J]. *Language Testing*,15(3),295-332.

Lado,R. (1961). *Language testing*[M]. McGraw-Hill.

Merrifield,G. (2014). *An impact study into the use of IELTS by professional associations in the United Kingdom,Canada,Australia and New Zealand*(IELTS Research Reports No. 1)[R]. [2020-10-26] http://www. ielts. org. pk/pdf/Report%201%20Vol%2011%20V. 3. pdf.

Messick,S. Validity [A]. In R. L. Linn (Ed.). *Educational measurement (3rd edition)* [C]. Macmillan,1989.

Papp,S.,& Rixon,S. (2018). *Examining young learners:Research and practice in assessing the English of school-age learners*[M]. Cambridge University Press.

Powers,D. E.,Roever,C.,Huff,K. L.,& Trapani,C. S. (2003). *Validating language? Courseware scores against faculty ratings and student self-assessments* (ETS Research Report No. 1)[R]. [2020-12-2] https://onlinelibrary. wiley. com/doi/epdf/10. 1002/j. 2333-8504. 2003. tb01903. x.

Rahimi,F.,Bagheri,M. S.,Sadighi,F.,& Yarmoh,A. (2014). Using an argument based approach to ensure fairness of high-stakes tests' score-based consequences [J]. *Procedia-Scocial and Behavioral Sciences*,98,1461-1468.

Read,J.,& Hayes,B. (2003). *The Impact of IELTS on preparation for academic study in New Zealand* (IELTS Research Reports No. 4)[R]. [2020-10-28] https://search. informit. com. au/documentSummary;dn=909013632781357;res=IELHSS.

Sawaki,Y.,Lawrence,J.,Stricker,H. O.,& Andreas,H. O. (2009). Factor structure of the TOEFL Internet-based test[J]. *Language Testing*,26(1),5-30.

Shaw,S. D.,& Weir,C. J. (2007). *Examining writing:Research and practice in assessing second language writing*[M]. Cambridge University Press.

Stricker,L. J. & Attali,Y. (2010). *Test takers' attitudes about the TOEFL iBT*(TOEFL iBT Research Report)[R]. [2020-12-2] https://onlinelibrary. wiley. com/doi/pdf/10. 1002/j. 2333-8504. 2010. tb02209. x.

Tannenbaum,R. J.,& Wylie,E. C. (2008). *Linking English-language test scores onto the Common European Framework of Reference:An application of standard-setting methodology* (ETS Research Report Series No. 1)[R]. [2020-10-26] http://www. ets. org/research/policy_research_report.

Taylor,L. (2004). Issues of test comparability[J]. *Research Notes*,15,2-12.

Taylor,L.,& Weir,C. (2012). *IELTS collected papers 2:Research in reading and listening assessment*

［M］. Cambridge University Press.

Weigle,S. C.（2011）. *Validation of automated scores of TOEFL iBT tasks against non-test indicators of writing ability*（TOEFL iBT Research Report）［R］.［2020-11-6］http：//www.ets.org/research/policy_research_ reports/publications/report/2011/isty.

Weir,C.（2005）. *Language testing and validation*［M］. Prentice Hall.

Wolfe,E. W.，& Manalo,J. R.（2005）. *An investigation of the impact of composition medium on the quality of TOEFL writing scores*（TOEFL Research Report）［R］.［2020-11-6］https：//www. ets. org/research/policy_research_reports/publications/report/2014/jtrs.

Xi,X.，Higgins,D.，Zechner,K.，& Williamson,D.（2012）. A comparison of two scoring methods for an automated speech scoring system［J］. *Language Testing*,29（3）,371-394.

Yates,L.，Zielinski,B.，& Pryor,E.（2008）. *The assessment of pronunciation and the new IELTS pronunciation scale*（IELTS Research Reports No. 12）［R］.［2020-12-2］https：//www. ielts. org/pdf/vol12_report1. pdf.

Zhang,Y.（,2008）. *Repeater analyses for the TOEFL iBT test*（ETS Research Memorandum）［R］.［2020-11-6］http：//www. ets. org/Media/Research/pdf/RM-08-05. pdf.

辜向东,2007. 正面的还是负面的——大学英语四六级考试反拨效应实证研究［M］. 重庆：重庆大学出版社.

辜向东,2013. 大学英语四六级考试反拨效应历时研究（上、下卷）［M］. 成都：四川大学出版社.

辜向东,张正川,刘晓华,2014. 改革后的 CET 对学生课外英语学习过程的反拨效应实证研究——基于学生的学习日志［J］. 解放军外国语学院学报（1）：44-164.

韩宝成,罗凯洲,2013. 语言测试效度及其验证模式的嬗变［J］. 外语教学与研究（3）：411-425.

贾国栋,2016. 大学英语口语测试的预期反拨效应——以全国大学英语四、六级口语测试为例［J］. 外语测试与教学（4）：1-9.

教育部考试中心,2019. 中国英语能力等级量表［S］. 北京：高等教育出版社.

金艳,2012. 计算机化语言测试的效度研究——浅析计算机能力与测试构念的关系［J］. 外语电化教学（1）：11-15.

金艳,吴江,1998. 以"内省法"检验 CET 阅读理解测试的效度［J］. 外语界（2）：47-52.

金艳,张晓艺,2013. 技能综合对语言测试构念效度的影响——培生英语考试与大学英语六级网考的对比研究［J］. 外语电化教学（154）：3-10.

李清华,2006. 语言测试之效度理论发展五十年［J］. 现代外语（1）：214-217.

李鑫,修旭东,2009. 雅思和我国高考英语阅读测试题型的对比[J]. 解放军外国语学院学报(5):60-71.

仇茵晴,张艳莉,2011. 新老大学英语四级和雅思听力试题的对比研究——改革后新四级成效初探[J]. 外语测试与教学(3):29-38.

王丽,2007. 三种大规模标准化英语考试听力测试部分之比较——一项基于语篇、任务、说话人相关因素的研究[J]. 外语电化教学(114):67-72.

王跃武,朱正才,杨惠中,2006. 作文网上评分信度的多面 Rasch 测量分析[J]. 外语界(1):69-76.

杨惠中,Weir,C. J.,1998. 大学英语四、六级考试效度研究[M]. 上海:上海外语教育出版社.

朱正才,2005. 大学英语四、六级考试分数等值研究——一个基于铆题和两参数 IRT 模型的解决方案[J]. 心理学报(2):280-284.

传承性研究

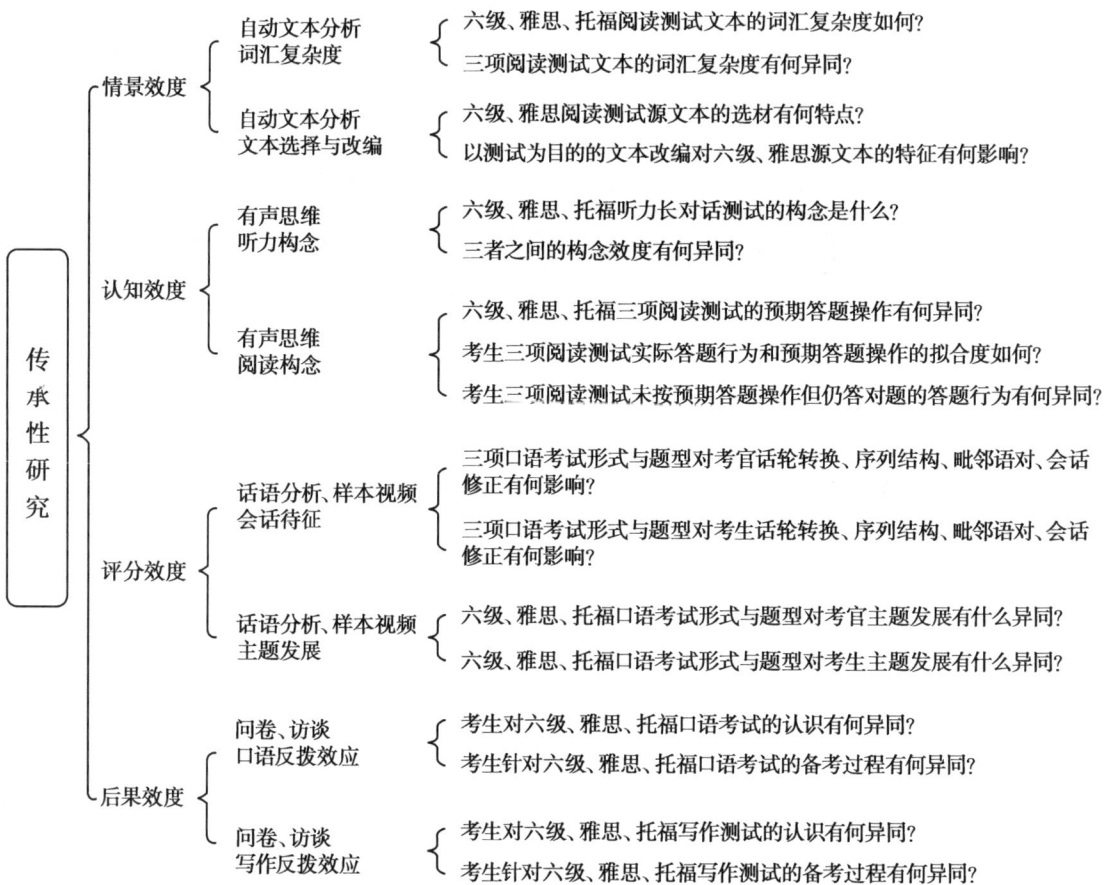

传承性研究
- 情景效度
  - 自动文本分析 词汇复杂度
    - 六级、雅思、托福阅读测试文本的词汇复杂度如何？
    - 三项阅读测试文本的词汇复杂度有何异同？
  - 自动文本分析 文本选择与改编
    - 六级、雅思阅读测试源文本的选材有何特点？
    - 以测试为目的的文本改编对六级、雅思源文本的特征有何影响？
- 认知效度
  - 有声思维 听力构念
    - 六级、雅思、托福听力长对话测试的构念是什么？
    - 三者之间的构念效度有何异同？
  - 有声思维 阅读构念
    - 六级、雅思、托福三项阅读测试的预期答题操作有何异同？
    - 考生三项阅读测试实际答题行为和预期答题操作的拟合度如何？
    - 考生三项阅读测试未按预期答题操作但仍答对题的答题行为有何异同？
- 评分效度
  - 话语分析、样本视频 会话待征
    - 三项口语考试形式与题型对考官话轮转换、序列结构、毗邻语对、会话修正有何影响？
    - 三项口语考试形式与题型对考生话轮转换、序列结构、毗邻语对、会话修正有何影响？
  - 话语分析、样本视频 主题发展
    - 六级、雅思、托福口语考试形式与题型对考官主题发展有什么异同？
    - 六级、雅思、托福口语考试形式与题型对考生主题发展有什么异同？
- 后果效度
  - 问卷、访谈 口语反拨效应
    - 考生对六级、雅思、托福口语考试的认识有何异同？
    - 考生针对六级、雅思、托福口语考试的备考过程有何异同？
  - 问卷、访谈 写作反拨效应
    - 考生对六级、雅思、托福写作测试的认识有何异同？
    - 考生针对六级、雅思、托福写作测试的备考过程有何异同？

情景效度

第 1 章　六级、雅思、托福阅读词汇复杂度对比研究		
数据采集	数据来源	分析工具
六级文本（153 篇）	六级考试真题（2006—2017）	Text Inspector（文本检查器）
雅思文本（96 篇）	剑桥雅思真题（5—12 册）	
托福文本（153 篇）	托福网上练习（TPO 1—51）	SPSS 22.0（描述性和推断性数据分析）
第 2 章　六级、雅思阅读理解文本来源与改编对比研究		
数据采集	数据来源	分析工具
六级文本（56 篇）源文本（56 篇）	六级阅读理解真题（2014—2018）源文本：《时代周刊》《经济学人》《卫报》《纽约时报》等	The Joint Academic Coding System（学术科目编码系统） Coh-Metrix 3.0（自动文本分析工具）
雅思文本（39 篇）源文本（39 篇）	剑桥雅思真题（9—13 册）源文本：《新科学家》《国家地理》《卫报》等	Web VocabProfile（在线词汇分析软件）

第 1 章
六级、雅思、托福阅读词汇复杂度对比研究①

摘要：本研究采用在线文本分析工具 Text Inspector，分析六级、雅思、托福三项阅读测试的文本，对比其词汇复杂度（包括难度与多样性）。研究结果表明：托福词汇难度最高，雅思其次，六级最低；相反，六级词汇多样性最高，雅思其次，托福最低，而且三项阅读测试的词汇难度和多样性均存在显著差异。本研究为三项阅读测试的进一步开发提供了一定的依据和启示，并为同类研究提供了研究方法上的参考。

关键词：词汇复杂度；阅读测试；对比研究

1　引言

阅读能力是取得学术成功的必备技能，是学生课外独立学习最简单、最易获取的方式（Schmitt，Jiang & Grabe，2011），是二语或外语学习中最重要的技能之一（Adamson，1993）。二语/外语阅读研究一直试图探究影响阅读能力的要素，词汇被认为是影响阅读理解最重要的因素之一（Laufer，1992；Qian，2002，2006），词汇复杂度是与阅读难度相关的一项文本特征。在语言测试领域，词汇复杂度也是开发阅读理解试题的关键因素。许多著名的语言测试效度验证理论，如 Weir(2005)的社会—认知效度验证框架将词汇列为考查对象之一。因此，词汇复杂度或词汇任务需求成为考量阅读测试情景效度的重要方面，比如在 Weir(2005)的社会—认知效度验证框架中就有具体体现。六级、雅思、托福三项考试规模大、风险高、影响广，其阅读测试文本的词汇复杂度如何，有何异同，值得进一步研究。比较阅读文本的词汇复杂度可以有效揭示六级、雅思、托福阅读测试的异同，并为我国阅读测试文本研究中调控词汇复杂度提供参考依据。

---

① 本文发表在《外语与翻译》2020 年第 3 期"语言测试对比研究"专栏，本专著收录时有修改。

本研究拟采用在线文本分析工具 Text Inspector 分析六级、雅思、托福三项阅读测试的文本,从词汇难度和词汇多样性两个方面,对比其词汇复杂度,拟回答以下两个研究问题:

1)六级、雅思、托福阅读测试文本的词汇复杂度如何?

2)三项阅读测试文本的词汇复杂度有何异同?

2 词汇复杂度

词汇复杂度是统计传统易读度的参数之一(Graesser,McNamara & Kulikowich,2011)。研究表明,在词汇水平上,最能预测对二语文本理解的两个因素是词频和词汇多样性(Nation,2006;Crossley,Greenfield & McNamara,2008;Nation,2013)。最近一项研究中,Lu,Gamson & Eckert(2014)从词汇难度和词汇多样性两方面测量了词汇复杂度。

2.1 词汇难度

2.1.1 音节数

词汇长度是测量词汇难度最直接的方式,通常由单个词汇的字母数或音节数来衡量。直观地说,文本中较长词汇的字母数量越多,音节越多,文本阅读难度就越大。部分实证研究表明,英语阅读中处理较长词汇比处理较短词汇所需要的时间更长(Cosky,1976;Whaley,1978;Balota & Chumbley,1985)。音节数与文本难度密切相关;词汇音节越多,处理的时间就越长。

2.1.2 词频

词频是另一种广泛使用的估计词汇复杂度所方法。词频与阅读理解之间关系密切,即低频率词汇的数量越多,文本越难理解(McGregor,1989)。人们通常会引用大型通用语料库,如英国国家语料库(British National Corpus,BNC)词表(BNC,n.d.)和当代美国英语语料库(Corpus of Contemporary American English,COCA)词表(Davies,2008)来确定词频。为获悉整体的词频概况,本研究选择使用的文本检查器(Text Inspector)便是其中之一。它利用BNC 和 COCA 两个大型通用语料库报告词频系数(Lexical Frequency Coefficient,LFC)。

2.2 词汇多样性

词汇多样性是指话语中词汇的丰富度(Durán et al.,2004)或词汇重复率(Jarvis,2013)。在特定文本中,词汇多样性程度越高,读者需要花费的时间越长,因此也意味着文本复杂度越高(Wu,2014)。根据 Read(2000)的研究,形符(type)数与词汇形式的总数相同,即在文本中出现多次的单个词汇在每次使用时都会被计入统计。类符(token)数是不同词汇形式的总数,因此重复多次的词汇只计算一次。基于形符的词频系数表示所有词汇都需统计在内,而基于类符的词频系数则只计算不同词汇的数量,对重复的词汇只统计一次。形符类符比值(Type-token ratio,TTR)是词汇多样性的指数(Johnson,1939,1944),该指数通俗易懂。形符类符比值越高,词汇多样性则越大,读者需要更长的时间来处理(Durán et al.,2004)。但类符数对样本量有较强的依赖性,随着文本长度增加,类符数会相对下降(Malvern et al.,2004;Covington & McFall,2010)。

研究人员一致认为 MTLD(Measure of Textual Lexical Diversity)和 VOCD(Measure of Diversity of Vocabulary)是两种更可靠的词汇多样性的测量指标(MacWhinney,2000)。但是,因为这些测量方法没有完全解决样本依赖性问题,所以研究人员建议至少使用两种指标来衡量词汇多样性(McCarthy & Jarvis,2010)。

3 研究方法

鉴于六级在 2006 年经历了一次大的改革,托福网考也于 2006 年在全球范围内使用。因此,本研究收集的文本时段为 2006 至 2017 年。六级文本为网上收集的考试真题,雅思文本选自剑桥英语雅思真题 5—12 集,托福文本选自托福网上练习(TOEFL Practice Online,TPO)1—51。数据集由 402 篇文本组成,其中六级 153 篇(总英文词数 102 596);雅思 96 篇(总词数 84 492);托福 153 篇(总词数 107 717)。

词汇难度从两个维度评估:音节数和词频。词汇多样性由 VOCD 和 MTLD 测量。本研究借助于文本检查器对上述文本特征进行测量。值得一提的是,文本检查器可以自动计算每 100 个词汇的音节数。对于词频的维度,文本检查器可以参考 BNC 和 COCA 频率等级计算每篇文本的形符和类符词频系数。此外,文本检查器操作简单,用户只需要将文本粘贴到输入框中,就可以统计各项文本特征。词汇复杂度所有指标的测量结果都记录在 Microsoft Office 2016 Excel 中(如图 1.1 所示)。本研究使用 SPSS22.0 做描述性和推断性数据分析。关于三个子数据集的比较,如果数据呈正态分布,所采用的推断统计方法是单因素方差分析(One-way ANOVA)和相应的事后检验;如果数据不呈正态分布,则采用 Kruskal-Wallis H(K-W)检验和相应的 Nemenyi 事后检验。

Test	syllable_count	BNC_LFC_token	BNC_LFC type	COCA_LFC_token	COCA_LFC type	VOCD	MTLD	word number	word number	TEST
2006121	150.72	2 274.59	3 806.44	1 814.31	3 036.05	93.62	87.82	1 027	1 110	CET-6
2006122	135.48	1 615.12	2 729.94	1 452.76	2 442.41	105.59	89.32	384	389	CET-6
2006123	155.98	2 613.25	3 883.05	2 467.00	3 655.12	141.03	147.68	379	393	CET-6
2006124	154.17	1 982.14	3 270.26	1 997.77	3 293.00	115.07	98.67	388	408	CET-6
2007061	146.62	2 764.01	4 355.71	2 451.20	3 958.09	115.10	86.19	1 111	1 124	CET-6
2007062	151.77	5 868.33	5 830.20	3 166.20	4 213.95	112.06	85.91	350	367	CET-6

图 1.1   词汇复杂度指标的测量结果

为了直观地展示子数据集的分布,本研究采用 R 和 RStudio 绘制箱线图,使用的版本为 GUI 1.70 EI Capitan Build(7 434)的 R 3.4.2 版本和 RStudio 1.0.143 版本。箱线图是一种通过四分位数图形化描述数字数据组的方法,可以直观地说明数据集的分布。在本研究中,箱线图有助于比较三项考试词汇复杂度测量指标之间的差异。本研究采用的箱线图由两个主要部分组成:箱子和从箱子垂直延伸的线。箱子的底部和顶部是第一个和第三个四分位数,箱子内部的水平线是中间值。线条的末端是潜在的最大值和最小值,线条上方或下方的点是异常值。箱线图的使用有助于明确这三项考试的词汇复杂度,尤其是词汇复杂度度量的分布。此外,还补充了数据集的均值,以更直接的方式呈现这三项考试之间的差异。

本研究使用的 R 包是 *ggplot*2(版本 2.2.1)。绘制箱线图的代码示例如下:

ggplot(*the name of the dataset*, aes(x = BNC_LFC(token), y = Test)) + geom_boxplot() +

下画线内容可以用不同的词汇复杂度度量来代替,例如 COCA_LFC(类型)或 VOCD。

4   结果与讨论

4.1   词汇难度

根据本研究的分析框架,词汇难度将从音节数和词频两个维度进行分析。

4.1.1   音节数

表 1.1 为六级、雅思、托福中词汇音节数的对比数据。托福的平均音节数最大,为 168.90。其次是雅思和六级,分别为 164.50 和 161.26。

图 1.2 呈现了六级、雅思、托福的音节数数据及其分布特征,其中六级和雅思存在异常值。本研究使用 Shapiro-Wilk 检验来检验数据的正态性。Shapiro-Wilk 检验表明雅思音节数数据集不呈正态分布($p < 0.05$),因此,使用非参数检验 Kruskal-Wallis H 来比较三项考试之间的差异。结果表明,三个数据集之间存在显著性差异($p < 0.001$)。Nemenyi 事后检验表

明,托福的音节数明显高于六级($p<0.001$)和雅思($p<0.005$),雅思音节数也高于六级($p<0.05$)。

表 1.1　三项考试词汇音节数对比

考试	文本数量	最小值	最大值	全距	均值	标准差
六级	153	135.48	187.78	52.30	161.26	8.63
雅思	96	149.73	193.37	43.64	164.50	8.35
托福	153	144.94	192.24	47.30	168.90	9.59

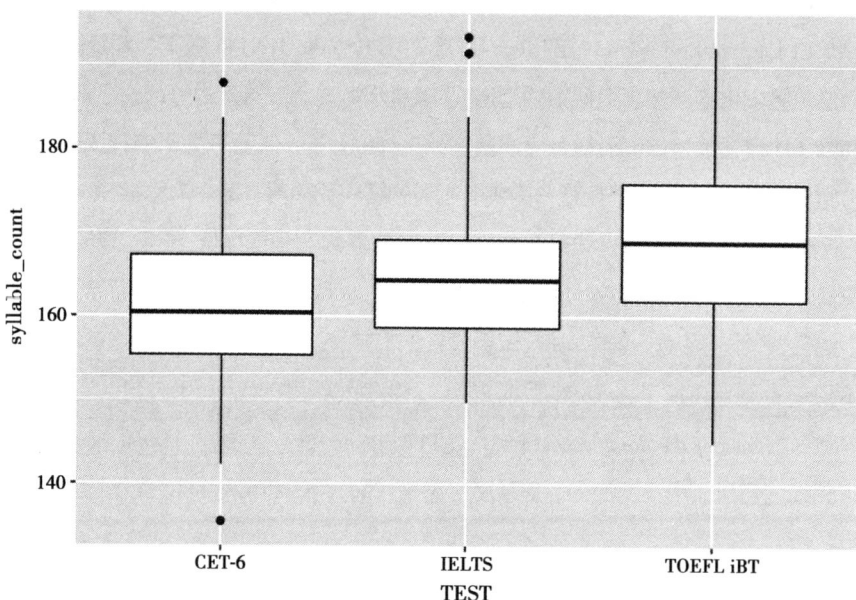

图 1.2　三项考试音节数箱线图

4.1.2　词频

鉴于 BNC 和 COCA 的权威性,本研究采用这两个语料库,通过统计基于形符和基于类符的词频系数获悉文本词汇难度的信息。

(1)BNC 形符词频系数

表 1.2 为六级、雅思、托福 BNC 形符词频系数的描述性数据。托福的均值最高,为4 226.28,其次是雅思和六级(分别为 3 233.64 和 3 191.27)。从箱线图 1.3 看,六级和雅思的BNC 形符词频系数没有明显差异,而托福 BNC 形符词频系数明显高于六级和雅思。此外,箱线图显示六级存在异常值。

表 1.2 **三项考试** BNC **形符词频系数描述性统计**

考试	数量	最小值	最大值	全距	均值	标准差
六级	153	1 615.12	6 434.77	4 819.65	3 191.27	850.62
雅思	96	1 844.33	5 063.50	3 219.17	3 233.64	755.76
托福	153	1 997.20	6 999.37	5 002.17	4 226.28	1 161.50

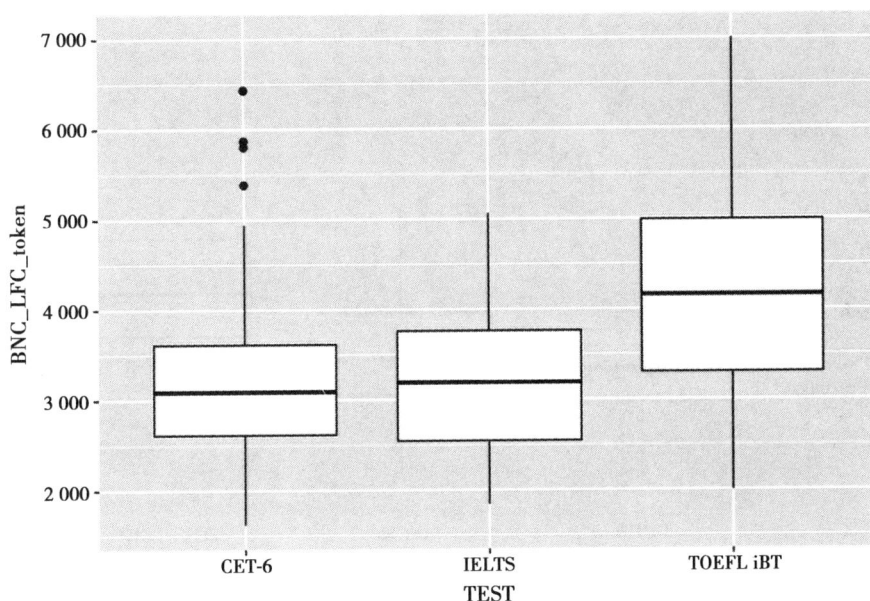

图 1.3 **三项考试** BNC **形符词频系数箱线图**

根据 Shapiro-Wilk 检验,六级和托福 BNC 形符词频系数不呈正态分布($p<0.05$),因此,本研究对其进行了非参数 Kruskal-Wallis H 检验。结果表明这三项考试的 BNC 形符词频系数存在显著性差异($p<0.001$)。Nemenyi 事后检验表明,托福 BNC 形符词频系数明显高于六级($p<0.001$)和雅思($p<0.001$),而六级和雅思之间没有显著性差异($p=0.837$)。

(2)BNC 类符词频系数

BNC 类符词频系数可参见表 1.3 的统计结果。托福在三项考试中均值最高,为 5 692.06,其次是雅思和六级。同样,箱形图 1.4 显示,托福的 BNC 类符词频系数明显高于雅思和六级,而且托福和六级存在异常值。

表 1.3　三项考试 BNC 类符词频系数描述性统计

考试	数量	最小值	最大值	全距	均值	标准差
六级	153	2 461.42	7 163.90	4 702.48	4 470.06	865.63
雅思	96	2 803.07	6 914.48	4 111.41	4 657.12	908.73
托福	153	3 248.88	10 027.56	6 778.68	5 692.06	1 156.48

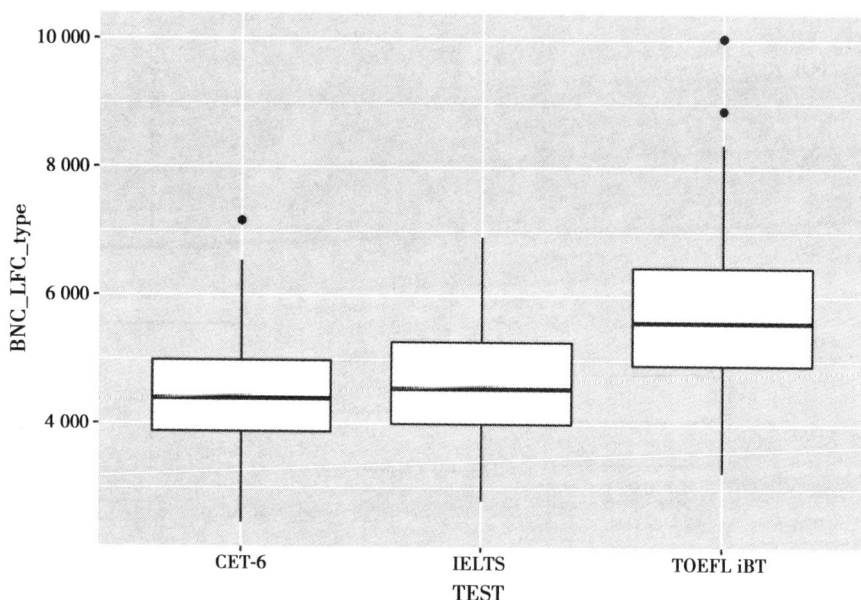

图 1.4　三项考试 BNC 类符词频系数箱线图

雅思和托福 BNC 类符词频系数 Shapiro-Wilk 检验 p 值分别为 0.055 和 0.060,有很强的统计显著性趋势。由于这两个数据集不呈正态分布,因此需要进行非参数 Kruskal-Wallis H 检验。结果表明,三项考试的 BNC 类符词频系数之间存在显著性差异($p<0.001$)。根据 Nemenyi 事后检验,托福 BNC 类符词频系数显著高于六级($p<0.001$)和雅思($p<0.001$),但六级和雅思之间没有显著性差异($p>0.05$)。

(3)COCA 形符词频系数

表 1.4 显示三项考试的 COCA 形符词频系数的描述性数据。托福的均值最高(4 007.29),其次是雅思(3 418.51)和六级(2 757.36)。箱线图 1.5 可以看出三者有明显的差异,且六级和托福存在异常值。

根据 Shapiro-Wilk 检验,六级和托福 COCA 形符词频系数不呈正态分布($p<0.05$)。对相

关数据进行了非参数 Kruskal-Wallis H 检验,结果表明,COCA 形符词频系数三者存在显著性差异($p<0.001$)。Nemenyi 事后检验表明,托福 COCA 形符词频系数显著高于六级($p<0.001$)和雅思($p<0.001$)。雅思 COCA 形符词频系数也显著高于六级($p<0.001$)。

表 1.4　三项考试 COCA 形符词频系数描述性统计

考试	数量	最小值	最大值	全距	均值	标准差
六级	153	1 452.76	5 167.35	3 714.59	2 757.36	674.37
雅思	96	1 834.16	4 895.10	3 060.94	3 418.51	733.39
托福	153	1 941.24	7 163.97	5 222.73	4 007.29	993.97

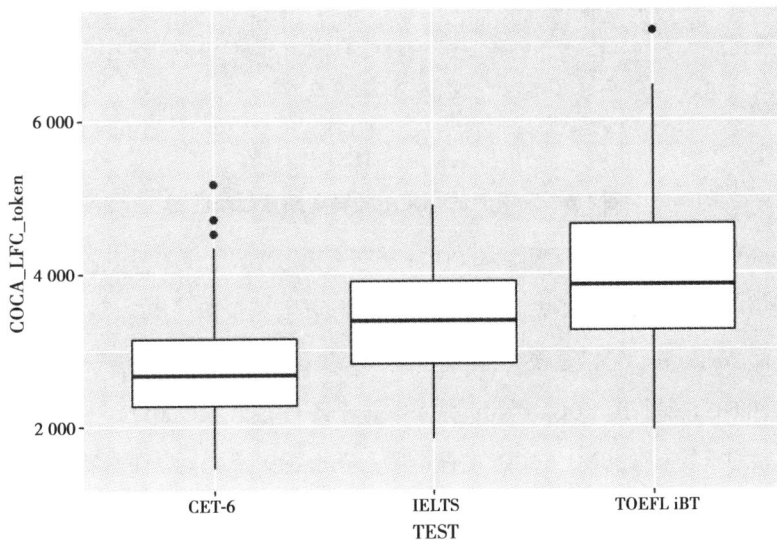

图 1.5　三项考试 COCA 形符词频系数箱线图

（4）COCA 类符词频系数

由表 1.5 可知,托福的 COCA 类符词频系数均值最高,为 5 551.41。其次是雅思和六级,分别为 5 008.85 和 3 968.24。箱线图 1.6 显示,托福的 COCA 类符词频系数明显高于雅思和六级,六级和托福有异常值。

表 1.5　三项考试 COCA 类符词频系数描述性统计

考试	数量	最小值	最大值	全距	均值	标准差
六级	153	2 307.48	6 300.19	3 992.71	3 968.24	767.52
雅思	96	2 793.07	7 691.03	4 897.96	5 008.85	977.39
托福	153	3 247.61	9 206.64	5 959.03	5 551.41	1 065.59

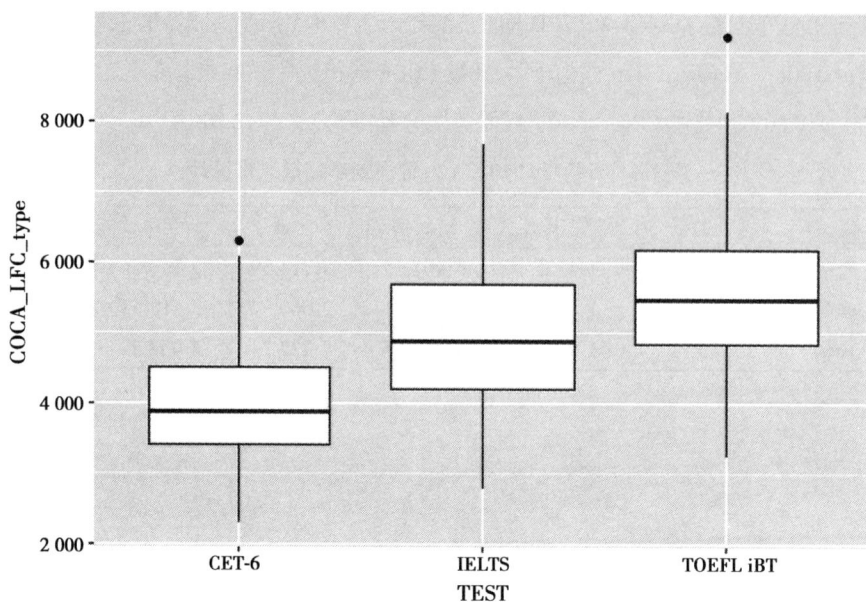

图 1.6　三项考试 COCA 类符词频系数箱线图

Shapiro-Wilk 检验表明雅思和托福 COCA 类符词频系数数据集不呈正态分布($p<0.05$),因此,需要进行非参数 Kruskal-Wallis H 检验。结果表明,三个数据集之间存在显著性差异($p<0.001$)。Nemenyi 事后检验表明,托福的 COCA 类符词频系数明显高于六级($p<0.001$)和雅思($p<0.005$),雅思的 COCA 类符词频系数显著高于六级($p<0.001$)。

从词频的维度来看,BNC 和 COCA 在词频分布上结果不同。基于形符和基于类符的 BNC 词频系数表明,六级和雅思之间没有显著性差异,而基于形符和基于类符的 COCA 词频系数表明,六级和雅思之间存在显著性差异。

为了探究造成差异的原因,本研究对两个语料库的取样或构成进行了细致的研究。两者的主要区别在于,BNC 自建成以来一直没有更新,而 COCA 每年增加 2 000 万词。词汇的使用词频可能会随着时间的推移而变化,因此没有更新的 BNC 文本可靠性也许较低,不适合用于评判较新文本语言词频的等级。所以,较为可信的结果是六级和雅思在词频系数方面有显著性差异。

总之,研究发现,托福的词汇难度比雅思和六级大,而六级词汇难度最小。托福的词汇难度高于雅思,这意味着考生应该掌握更多的词汇以适应托福。换言之,就词汇难度而言,托福比雅思要求更高。

六级的词汇难度值最低。大学英语教学大纲(教育部高等教育司,2007)中的词汇列表包含 5 418 个词汇条目。《大学英语课程要求》中的词汇列表是大学英语教学大纲后来的版本,包含 7 676 个词汇,其中大学英语 1—4 级 4 795 个,大学英语 5—6 级 1 601 个,更高要求的有 1 281 个。该词表为中国的大学英语教学制定了标准,CET 是根据大学英语教学大纲的要求设计的,旨在评估大学英语教学的质量以及准确地测量我国在校大学生的英语综合应用能力,CET 使用的词汇不应超过大学英语教学大纲的要求,雅思和托福没有专门的词汇标准,因此可以理解为何六级的词汇难度低于托福和雅思。在词频测量中,基于形符和基于类符的词汇词频系数都存在差异,这意味着使用频率较低的词汇的确会增加阅读测试文本的整体词汇难度。

4.2 词汇多样性

词汇多样性是词汇复杂度的另一个方面,本研究采用了两个测量指标对词汇多样性进行测量:VOCD 与 MTLD。

4.2.1 VOCD 统计结果

VOCD 测量的词汇多样性结果可参见表 1.6。与词汇难度测量不同,VOCD 作为词汇多样性的一种测量手段,呈现出相反的特征,即六级的测量均值(119.67)高于雅思(104.87)和托福(92.63),托福的 VOCD 数值最低。箱线图 1.7 也显示 VOCD 作为词汇多样性的量度,与词汇难度指标差异较大。托福的 VOCD 值最低,六级的 VOCD 值最高。

表 1.6　三项考试 VOCD 值描述性统计

考试	数量	最小值	最大值	全距	均值	标准差
六级	153	67.61	189.27	121.66	119.67	20.44
雅思	96	67.24	170.54	103.30	104.87	18.64
托福	153	45.93	135.94	90.01	92.63	14.83

Shapiro-Wilk 检验表明六级和雅思词汇数据呈非正态分布($p<0.05$),因此,进行了非参数 Kruskal-Wallis H 检验。结果表明,这三项考试的 VOCD 值存在显著性差异。Nemenyi 事后检验表明,六级的 VOCD 值明显高于雅思($p<0.001$)和托福($p<0.001$),雅思的 VOCD 值也明显高于托福($p<0.001$)。

4.2.2 MTLD 统计结果

表 1.7 为六级、雅思、托福的 MTLD 数据,该统计结果是词汇多样性的另一参考指标。与 VOCD 相一致,六级 MTLD 词汇多样性最高(118.90),其次是雅思(104.00)和托福(86.68)。

箱线图1.8显示，三项考试之间存在显著差异。

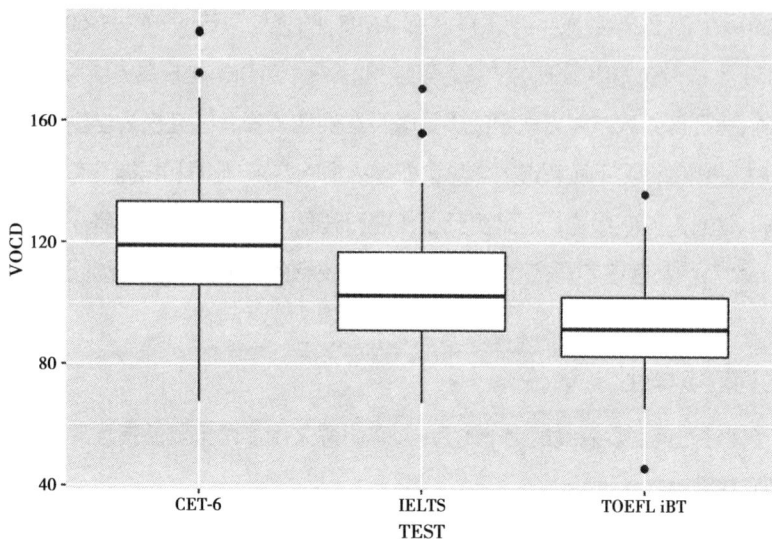

图1.7　三项考试 VOCD 值箱线图

表1.7　三项考试 MTLD 值描述性统计

考试	数量	最小值	最大值	全距	均值	标准差
六级	153	56.83	180.89	124.06	118.90	24.57
雅思	96	59.22	174.41	115.19	104.00	23.22
托福	153	34.22	146.21	111.99	86.68	18.19

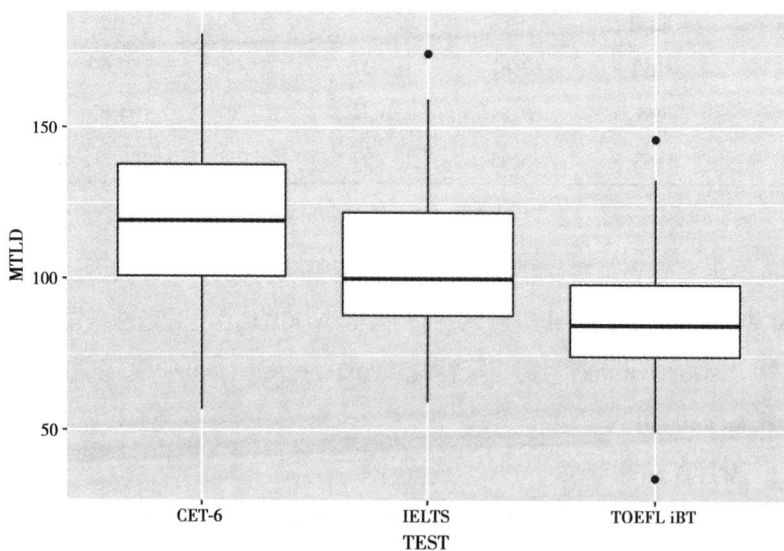

图1.8　三项考试 MTLD 值箱线图

根据 Shapiro-Wilk 检验,雅思和托福的 MTLD 数据呈非正态分布($p<0.05$),因此,需要进行非参数 Kruskal-Wallis H 检验。结果表明,三项考试的 MTLD 值之间的差异具有显著性。Nemenyi 事后检验结果表明,六级的 MTLD 值显著高于雅思($p<0.001$)和托福($p<0.001$),雅思的 MTLD 值也显著高于托福($p<0.001$)。

总之,这两种词汇多样性测量方法产生了一致的结果:在三项考试中,六级词汇的多样性最高,其次是雅思和托福。六级词汇多样性最高,如果不考虑相对较短的文本和样本量的影响,我们有理由认为六级阅读文本中的词汇更加多样化。如果一些词汇或信息重复出现,读者需要处理的认知负荷会更少,因此文本本身也更容易理解(Shiotsu,2010)。尽管托福词汇难度最高,但托福阅读文本多源于学术课本/教材,围绕某个话题或理论(ETS,2017),此结果说明词汇复杂度系数能反映文本本身的特点。

此外,这三项考试中某些词汇复杂度系数有一些异常值,并且这些异常值的范围很大,这要求测试开发人员在选择阅读短文的文本时注意其文本特征,以便提高语言测试的信度。因为语言测试与其他测试不同,需要文本和读者之间的高度交互,因此应该关注文本的选择(Liontou,2015)。

5 结论

本研究采用在线文本分析工具 Text Inspector,从词汇难度和词汇多样性两个方面分析了六级、雅思、托福三项阅读测试的文本,并对比了三项考试阅读文本的词汇复杂度。研究结果表明:三项考试的词汇难度和多样性存在显著差异。总体上,托福词汇难度最高,其次是雅思和六级;然而,就词汇多样性而言,六级词汇多样性最高,其次是雅思和托福。这说明词汇难度和词汇多样性是两个相对独立的构念,而且词汇复杂度系数能够反映阅读文本本身的特点。本研究为三项阅读测试的情景效度对比提供了词汇复杂度方面的实证数据,也为三项阅读测试的进一步开发提供了一定的依据和启示,并为同类研究提供了方法参考。

参考文献

Adamson, H. D. (1993). *Academic competence, theory and classroom practice: Preparing ESL students for content course*[M]. Longman.

Balota, D. A., & Chumbley, J. I. (1985). The locus of word frequency effects in the pronunciation task: Lexical access and/or production[J]. *Journal of Memory and Language*, 24(1), 89-106.

Cosky, M. J. (1976). The role of letter recognition in word recognition[J]. *Memory & Cognition*, 4
(2), 207-214.

Covington, M. A., & McFall, J. D. (2010). Cutting the Gordian Knot: The moving-average type-token
ratio(MATTR)[J]. *Journal of Quantitative Linguistics*, 17(2), 94-100.

Crossley, S. A., Greenfield, J., & McNamara, D. S. (2008). Assessing text readability using cognitively
based indices[J]. *TESOL Quarterly*, 42(3), 475-493.

Davies, M. (2008). *The Corpus of Contemporary American English*[EB/OL]. [2020-10-23] http://
corpus. byu. edu/coca/.

Durán, P., Malvern, D., Richards, B. J., & Chipere, N. (2004). Developmental trends in lexical
diversity[J]. *Applied Linguistics*, 25(2), 220-242.

ETS. (2017). *The official guide to the TOEFL Test with DVD-ROM*[M]. McGraw-Hill Education.

Graesser, A. C., McNamara, D. S., & Kulikowich, J. M. (2011). Coh-Metrix: Providing multilevel
analyses of text characteristics[J]. *Educational Researcher*, 40(5), 223-234.

Jarvis, S. (2013). Capturing the diversity in lexical diversity[J]. *Language Learning*, 63(1), 87-106.

Johnson, W. (1939). *Language and speech hygiene: An application of general semantics*[M]. Edward
Brothers.

Laufer, B. (1992). How much lexis is necessary for reading comprehension? [A]. In P. J. L. Arnaud
& H. Béjoint(Eds.), *Vocabulary and applied linguistics*(pp. 126-132)[C]. Macmillan.

Lu, X., Gamson, D., & Eckert, S. A. (2014). Lexical difficulty and diversity of American elementary
school reading textbooks: Changes over the past century [J]. *International Journal of Corpus
Linguistics*, 19(1), 94-117.

Liontou, T. (2015). *Computational text analysis and reading comprehension exam complexity: Towards
automatic text classification*[M]. Peter Lang.

MacWhinney, B. (2000). *The CHILDES project: Tools for analyzing talk*[M]. Lawrence Erlbaum.

Malvern, D., Richards, B., Chipere, N., & Durán, P. (2004)*Lexical diversity and language development:
Quantification and assessment*[M]. Palgrave Macmillan.

McCarthy, P. M., & Jarvis, S. (2010). MTLD, vocd-D, and HD-D: A validation study of sophisticated
approaches to lexical diversity assessment[J]. *Behaviour Research Methods*, 42(2), 381-392.

McGregor, A. K. (1989). The effect of word frequency and social class on children's reading comprehension
[J]. *Reading*, 23(2), 105-115.

Nation, I. S. P. (2006). How large a vocabulary is needed for reading and listening? [J]. *The Canadian Modern Language Review*, 63(1), 59-82.

Nation, I. S. P. (2013). *Learning vocabulary in another language* [M]. Cambridge University Press.

Qian, D. D. (2002). Investigating the relationship between vocabulary knowledge and academic reading performance: An assessment perspective [J]. *Language Learning*, 52(3), 513-536.

Qian, D. D. (2006). Assessing the roles of depth and breadth of vocabulary knowledge in reading comprehension [J]. *Canadian Modern Language Review*, 56(2), 282-307.

Read, J. (2000). *Assessing vocabulary* [M]. Cambridge University Press.

Schmitt, N., Jiang, X., & Grabe, W. (2011). The percentage of words known in a text and reading comprehension [J]. *The Modern Language Journal*, 95(1), 26-43.

Shiotsu, T. (2010). *Components of L2 reading: Linguistic and processing factors in the reading test performances of Japanese EFL learners* [M]. Cambridge University Press.

Weir, C. (2005). *Language testing and validation: An evidence-based approach* [M]. Palgrave Macmillan.

Whaley, C. P. (1978). Word-nonword classification time [J]. *Journal of Verbal Learning and Verbal Behaviour*, 17(2), 143-154.

Wu, R. Y. F. (2014). *Validating second language reading examinations: Establishing the validity of the GEPT through alignment with the Common European Framework of Reference* [M]. Cambridge University Press.

教育部高等教育司, 2007. 大学英语课程教学标准[S]. 北京:高等教育出版社.

第 2 章
六级、雅思阅读文本来源与改编对比研究①

摘要：本研究搜集六级(56 篇)与雅思(39 篇)②阅读理解试题的文本及相应的源文本，运用学术科目编码系统，分析两项阅读测试的选材特点，并借助自动文本分析软件 Web VocabProfile 及 Coh-Metrix 探究六级和雅思阅读源文本的文本特征(长度、词汇、句法、衔接、文本抽象性及文本可读性)在改编后的变化。研究结果表明两项阅读测试选材话题覆盖面都比较广泛，但总体而言，六级话题更接近日常生活，而雅思话题更具学术性。两项阅读测试文本改编方式多样，且改编在语言层面可能增加文本难度。

关键词：六级；雅思；阅读测试；源文本；文本改编

1 引言

在教学活动中，为不同语言水平的语言学习者选择合适的阅读文本并进行改编十分普遍(Bunch，Walqui & Pearson，2014)，但目前鲜有研究关注以语言测试为目的的文本选择及改编过程。

六级和雅思作为国内外大规模标准化语言测试，其测试结果为众多组织机构了解考生的语言水平提供参考。阅读理解作为两项测试中不可或缺的一部分，引起了研究者的极大关注。已有研究主要评估阅读文本难度(如江进林、韩宝成，2018)，并探究考生在完成阅读测试项目时的认知加工过程(如 Bax，2013；Weir et al.，2012)，鲜有研究关注试题文本的选择及改编过程。然而，文本的选择与改编很大程度上会影响试题文本及测试效度(Green & Hawkey，2011)。

---

① 本文发表在《外语与翻译》2020 年第 3 期"语言测试对比研究"专栏，本专著收录时有修改。
② 原计划是对比三项考试，但托福考试源文本大多选自教材，比较难找，所以最后只比较了六级和雅思。

本研究通过搜集 2014—2018 年六级和雅思阅读理解题型的试题文本及其源文本,分析两项测试的选材特点,并借助自动文本分析软件 Web VocabProfile 及 Coh-Metrix 对比分析试题及源文本的文本特征在改编前后的异同,以期为各级各类语言测试研发与效度验证,特别是阅读文本的选择与改编提供更为客观的参考证据。本研究拟回答以下两个研究问题:

1)六级、雅思阅读测试源文本的选材有何特点?

2)以测试为目的的文本改编对六级、雅思源文本的文本特征有何影响?

2 文献综述

2.1 文本选择及改编

选择合适的源文本是设计阅读测试的第一步,且语言测试中选择的源文本须反映测试的性质和目的(Green,2013)。在选择阅读测试的文本时应考虑文本的四项特征:长度、主题、风格和语言(Harris,1969)。然而,由于在语言测试中无法完全再现真实的语言环境(Galaczi & Taylor,2018),且真头的阅读材料有时对于二语学习者而言难度过大(Nikolayeva,2019),因此,有必要对源文本进行改编以平衡文本真实性及其测评功能,有效评估不同语言水平的语言学习者。

文本改编的过程较复杂。Simensen(1987)曾提出三条文本改编原则:信息调控、语言调控及语篇调控。针对语言测试进行的文本改编需考虑更多因素,如评估个体语言能力、确保测试公平以及文本难度是否符合测试要求等(Nikolayeva,2019)。

现有研究通常以问卷及访谈的方式,从文本改编者的角度探索文本选择及改编的整个过程。Salisbury(2005)使用口陈报告法(verbal report)探究文本改编者设计用于听力理解测试的文本选取及改编过程,共分为三个阶段:探索阶段、编辑阶段、精炼阶段。改编者与同事对文本进行批判性审查。Kim 等(2010)进一步明确了影响文本选择及改编的因素,包括语言测试规范的使用、群体成员协作及个体特征。

为了概括文本选择及改编所需的技能,Hawkey & Green(2007)运用回溯性口陈报告及直接观察法,比较受过培训和未受过培训的教师如何进行雅思学术阅读源文本的选择和改编,并在此基础上设计测试题目。Green & Hawkey(2011)进行了一项后续研究,进一步探究雅思阅读测试命题员文本选择及改编的主要方式和手段,发现在文本选择阶段,命题员常会考虑源文本的语言难度及话题的多样性,且会在平时的工作中积累大量的源文本以供测试设计使用。而在文本改编阶段,命题员通常使用合并、删除、替换、扩充等方法调控文本难度。然而,受命题员及文本数量的限制,该研究仅提供了一个潜在的文本选择和改编模式,需要更多的实证数据进一步验证。

总之，测试目的下进行的文本选择及改编过程研究大多运用描述性语言进行记录，缺乏更为详细、客观的数据支撑其观点或结论。

2.2 文本特征

考虑到文本特征在测试开发中的可用性及文本特征的可测性，本研究选取部分文本特征来探究两项测试的选材偏好及文本改编对源文本特征的影响，包括文本话题、文本长度、词汇、句法、衔接、文本抽象性及文本可读性。选取这些文本特征的理据如下：

考生对某一特定话题的熟悉程度会在很大程度上影响考生在高风险测试中的表现（Burgoyne et al.，2013）。因此，命题员须谨慎选择源文本，以确保话题的多样性及测试的公平性。

文本长度与文本中包含的题项数量高度相关，文本过长很可能会降低考生工作记忆的效率从而影响考生的发挥（Crossley，Yang & McNamara，2014）。因此，文本长度也是选择源文本的重要标准。

词汇和句法的复杂程度是文本易读性的表征（Graesser & McNamara，2011）。根据特定语境推测生词的含义常会消耗许多精力（Far，2016），复杂的句式结构也会增加阅读难度（McNamara et al.，2014）。在改编过程中，命题员常会替换源文本中不常见的单词并简化句子结构以加强理解（Oakland & Lane，2004）。

衔接手段的使用是否会影响考生阅读理解仍存在争议（Green，Ünaldi & Weir，2010）。高水平读者在文章主题相对熟悉的情况下，可结合文本内容与已有知识进行推理，因此缺少连接词并不会严重影响理解（Alderson，2000）。然而，已有研究表明，相邻从句之间的连接词和其他隐性的衔接手段确实会减少阅读时间，增强对文本的理解和记忆，对语言能力较低的二语学习者尤为如此（Crossley et al.，2014）。

一般认为"抽象文本比描述真实对象、事件和活动的文本更难理解"（Alderson，2000：62）。抽象文本中呈现的信息只会在抽象的语言系统中表现，而具体文本中使用的词语和句子可能与整个语境有更为紧密的语义关系（Corkill，Glover & Bruning，1988），能同时在意象和语言系统中表现。因此，本研究把文本抽象性作为衡量文本难度的一个重要特征。

文本可读性虽不能直接影响文本的难易程度，却能在一定程度上揭示文本的复杂度。一些传统的易读度公式依靠相对简单的文本特征，包括词汇（字母或音节的数量）和句法（句子或段落长度）来衡量文本难度。由于命题员需要根据考生的语言能力来选择合适的测试文本并调整文本的难度，这些公式常作为便捷的选材指标被广泛使用，其所产生的分值也在很大程度上影响了源文本的改编过程（Alderson，2000）。然而，近年来有学者批评这些公式"过于简单而无法解释多变的语言和文本因素"(Benjamin,2012:64),且不适合二语学习者。因此,本研究选取三个易读性指标,分别为 Flesch 难度级数,Flesch 易读度以及 Coh-Metrix 二语可读性评估文本难度。

综上,尽管已有部分研究探索试题文本选择和改编的过程,但大多数研究缺乏足够的数据来验证其发现。本研究搜集 2014—2018 年六级、雅思阅读理解题型的试题文本及源文本,分析两项测试选材的来源及特点,并借助自动文本分析软件 Web VocabProfile 及 Coh-Metrix 探究试题改编过程如何影响源文本的文本特征,以期为各级各类语言测试研发与效度验证,尤其是阅读文本选择与改编提供更为客观的实证证据参考。

3 研究设计

3.1 语篇选择

本研究使用的语篇共四组:2014—2018 年六级阅读理解文本及对应的源文本各 56 篇;近五年剑桥雅思官方样题 9—13 学术类中的阅读理解文本及源文本各 39 篇。

所选六级语篇的题型均为单项选择题。由于雅思试题源文本搜寻较为困难,本研究并未对雅思不同题型的篇章做明确区分,因此所选语篇涉及的题型较多,包括信息匹配、单项选择、判断正误等。

3.2 文本处理及分析工具

本研究使用英国高等教育统计局对学术科目进行编码的系统(The Joint Academic Coding System),对六级和雅思语篇的文本主题进行分类。该系统包括十八个主要学科范畴。由于六级有两篇文章分别涉及气候变化问题(2016.12.test 1.1)和空气污染问题(2015.6.test 1.2),无法归入该编码系统,因此本研究增加了环境这一学科范畴,共计 15 个。具体编码系统如下:

1)医学与牙医学

2)医学相关学科

3)生物科学

4)兽医学农业类及相关专业

5)自然科学数理科学

6)计算机科学工程技术类

7)建筑学

8）社会学

9）法学商业管理研究

10）新闻传媒与传播学

11）语言类

12）历史及哲学研究

13）艺术与创意设计类

14）教育学

15）环境类

本研究使用 Coh-Metrix 3.0 及 Web VocabProfile 对阅读文本进行自动分析。Coh-Metrix 基于多层面理论框架，包括词汇、句法、体裁和修辞结构等（Graesser & McNamara，2011），为自动文本分析提供一系列测量指标。Web VocabProfile 为免费在线语料库，可为本研究提供部分词汇特征测量指标。

4　结果与讨论

4.1　文本选择

六级 56 篇阅读材料均选自英语国家出版的原始阅读材料。六级命题员在选择源文本时偏好杂志（21 篇）和报纸（19 篇）。杂志和报纸主要包括《时代周刊》《经济学人》《纽约时报》。新闻网站、广播电台以及学术论文也是六级选材的重要来源。

雅思的阅读文本多选自杂志和书籍。本研究涉及的 39 篇阅读文本中，18 篇选自杂志，9 篇选自书籍。此外，新闻网站、报纸、学术论文，甚至政府文件也是雅思阅读试题的重要来源。雅思阅读文本选材排名前三的来源分别是：《新科学家》《国家地理》以及《卫报》。

本研究发现六级和雅思阅读涉及的话题均比较多样。在选择合适的阅读源文本时，六级和雅思都会考虑文本话题的代表性，以避免专业知识或文化背景影响考试效度。但六级话题熟悉度相对高于雅思，这与两项考试的测试目的相符。六级旨在科学衡量大学生的综合英语能力，为各人事单位了解大学生的英语水平提供可靠参考（大学英语四级和六级考试大纲 2016）。雅思主要用于评估考生是否具备在英语国家开始本科或研究生阶段学习的能力，其话题不可避免地反映出学术研究的特征。

4.2　文本改编

4.2.1　文本长度

六级和雅思源文本的长度在改编后都大幅缩短（见表 2.1）。考虑到文本长度的限制，改编者往往会删除"与题目无关的重复信息和拓展的文本内容"（Green & Hawkey，2011：120）。在改编过程中，源文本的段落数也大幅减少。改编后平均段落句子数也呈现出显著差异（$p<$ 0.01）。

表 2.1　六级、雅思源文本与改编文本基本信息

	六级		雅思	
	源文本	改编文本	源文本	改编文本
平均单词数	926.45	447.86	1 809.18	859.51
平均段落数	12.95	6.91	20.36	8.08
平均段落句子数	3.94	3.46	4.67	5.40

研究发现，在删除与题目不相关的文本内容后，尽管该段落或句子和题目存在一定关联，六级的改编者会继续删除源文本剩下的整个段落或句子，而雅思改编者更倾向于整合两个或两个以上相关段落提供的信息（Green et al.，2010）。

4.2.2　词汇特征

六级和雅思试题文本中都会出现频率较高的单词，如英国国家语料库（British National Corpus，BNC）中最常出现的 1 000 词所占比重在改编后显著增加（见表 2.2）。六级和雅思改编后的文本中 BNC2 000 的比例都较源文本有所下降，且雅思呈现出显著差异（$p<0.001$）。在改编较为复杂的文本时，试题改编者常通过删除或替换不常用的单词来提高文本的可读性。

在本研究中，两项测试文本中的范围外词汇（off-list words）主要指未出现在 BNC1 000、2 000以及学术英语词表中的单词。改编者常常会直接删除或是用更为常见的单词或短语来进行替换或解释，这就造成了此类词汇在改编后所占比重大幅下降。

六级改编后文本中的实词词频和实词多义度也有显著增加（见表 2.2）。雅思文本在改编前后实词词频和多义度虽未呈现出显著差异，但这两个指标也显示出相同的增长趋势。这一结果表明，改编者会使用更为常见的词汇来替代那些不太常见的词汇。然而，常用词汇常常在不同语境下具有不同含义，过度依赖这一改编方式可能会导致文本产生歧义，甚至会增加读者的认知负荷，使文本变得更难处理（Suzuki et al.，2016）。

表 2.2　六级、雅思词汇指标的均值、标准差及 T 检验结果

		源文本		改编文本		T 值	显著性（双侧）
		均值	标准差	均值	标准差		
六级	实词词频	2.14	0.12	2.15	0.13	2.34	0.023*
	实词多义度	3.67	0.28	3.80	0.33	4.97	0.000***
	BNC1 000 词所占比重(%)	66.08	4.35	68.87	3.85	8.25	0.000***
	BNC2 000 词所占比重(%)	8.18	1.66	8.00	2.00	−1.16	0.252
	范围外词汇所占比重(%)	14.73	3.66	11.96	2.845	−10.37	0.000***
雅思	实词词频	2.10	0.12	2.10	0.11	0.11	0.762
	实词多义度	3.67	0.24	3.71	0.23	1.38	0.177
	BNC1 000 词所占比重(%)	61.06	4.70	64.73	4.02	7.47	0.000***
	BNC2 000 词所占比重(%)	9.26	2.11	8.39	1.70	−4.03	0.000***
	范围外词汇所占比重(%)	17.27	4.10	14.31	3.44	−7.43	0.000***

注：* 表示 $p<0.05$，** 表示 $p<0.01$，*** 表示 $p<0.001$。

4.2.3　句法特征

在与句法复杂度有关的六项测试指标中，有三项在六级源文本改编前后呈现出显著差异(见表 2.3)。改编后的六级源文本中名词短语密度大幅下降，雅思虽未有显著变化，但也呈现出同样的下降趋势，可能与源文本长度大幅缩减有关。六级改编后的文本被动句和否定句明显多于源文本。雅思试题文本中被动句密度的测量指标虽未有显著性变化，但也有增加趋势。由此可见，改编后的六级和雅思阅读文本句法难度有一定提升。

表 2.3　六级、雅思句法指标的均值、标准差及 T 检验结果

		源文本		改编文本		T 值	显著性（双侧）
		均值	标准差	均值	标准差		
六级	平均句子长度	20.43	4.83	21.13	4.54	1.47	0.15
	名词短语密度	371.62	19.62	362.96	25.77	−3.47	0.001**
	平均名词短语前修饰词数量	0.92	0.15	0.92	0.16	−0.64	0.525
	主动词前平均单词数	4.96	1.668	5.44	1.897	1.819	0.074
	被动句密度	6.76	5.18	7.61	5.56	2.32	0.024*
	否定句密度	6.63	4.21	9.31	6.52	4.14	0.000***

续表

		源文本		改编文本		T 值	显著性（双侧）
		均值	标准差	均值	标准差		
雅思	平均句子长度	20.91	3.61	21.18	3.03	0.56	0.582
	名词短语密度	377.37	20.02	375.19	22.31	−1.04	0.307
	平均名词短语前修饰词数量	0.94	0.12	0.94	0.13	0.07	0.974
	主动词前平均单词数	4.93	1.11	5.24	1.30	1.63	0.112
	被动句密度	8.03	4.61	8.86	5.08	1.55	0.130
	否定句密度	6.38	3.32	6.21	3.88	−0.36	0.724

　　数据显示，六级和雅思改编后的文本句子平均词数以及主句主动词前的单词量均有增加（见表2.3）。这一结果表明改编后文本的句法复杂度有所提升。

4.2.4　衔接

　　连词通常被视为篇章格局中连接从句及其他句子成分最有效的工具（Crossley et al.，2007），属于显性衔接。数据显示，六级阅读文本中六类连词的使用在改编后都呈现出增加趋势。其中转折连词在改编前后呈现出显著差异（见表2.4）。逻辑连词在改编后也有较明显的增长，这说明六级的试题改编者倾向于使用更为明显的衔接手段，如 and，or，but，although 等连词来增加改编后文章的连贯性。在雅思文本中，除时间连词外，其余五项连接词的使用均略有下降。

表 2.4　六级、雅思显性衔接指标的均值、标准差及 T 检验结果

		源文本		改编文本		T 值	显著性（双侧）
		均值	标准差	均值	标准差		
六级	所有连词的比例	85.73	14.32	86.66	18.75	0.65	0.517
	因果连词的比例	24.17	7.06	24.60	9.32	0.57	0.574
	逻辑连词的比例	38.12	9.87	39.67	11.51	1.88	0.065
	转折连词的比例	17.80	5.90	19.10	7.25	2.51	0.015*
	时序连词的比例	16.96	5.60	16.90	7.36	−0.11	0.910
	附加连词的比例	45.73	9.88	46.28	12.62	0.15	0.880
雅思	所有连词的比例	86.45	9.51	85.07	10.34	−0.97	0.338
	因果连词的比例	26.04	5.82	25.17	5.95	−1.43	0.160
	逻辑连词的比例	36.53	7.98	35.90	7.80	−0.69	0.497
	转折连词的比例	16.49	4.56	15.94	4.93	−0.97	0.340
	时序连词的比例	16.96	4.81	17.70	5.95	1.34	0.189
	附加连词的比例	45.73	8.90	45.22	9.71	−0.51	0.612

在所有隐性衔接指标中，六级和雅思源文本改编前后都有显著增加（见表 2.5）。这些数据表明，两项测试的文本改编者常通过反复提及句子中的核心词，通常是承担句子主要信息的名词来增强信息的重复度，帮助读者理解（Crossley et al.，2007）。

两项测试试题文本的词义重叠在改编后有所增强，文本改编有时需要通过冗余（redundancy）和语义重叠等隐性衔接手段来调控文本难度，尤其是当源文本对于特定读者来说难度过大时（Webster et al.，2018）。

表 2.5　六级、雅思隐性衔接指标的均值、标准差及 T 检验结果

		源文本		改编文本		T 值	显著性（双侧）
		均值	标准差	均值	标准差		
六级	相邻句子名词重叠的平均数	0.31	0.14	0.36	0.17	2.87	0.006 **
	相邻句子论元重叠的平均数	0.41	0.15	0.46	0.16	2.73	0.008 **
	相邻句子词干重叠的平均数	0.40	0.16	0.46	0.18	2.95	0.005 **
	相邻句子语义相似度的平均数和标准差	0.16	0.06	0.19	0.06	4.28	0.000 ***
	所有句子语义相似度的平均数和标准差	0.15	0.06	0.17	0.06	2.98	0.004 **
雅思	相邻句子名词重叠的平均数	0.33	0.15	0.37	0.13	2.44	0.02 *
	相邻句子论元重叠的平均数	0.46	0.15	0.48	0.14	1.26	0.216
	相邻句子词干重叠的平均数	0.44	0.19	0.48	0.15	2.14	0.039 *
	相邻句子语义相似度的平均数和标准差	0.19	0.07	0.21	0.06	2.59	0.013 *
	所有句子语义相似度的平均数和标准差	0.17	0.07	0.20	0.06	3.50	0.001 **

4.2.5　文本抽象性

与文本抽象性有关的三个测量指标在六级源文本改编前后都存在显著性差异（见表 2.6）。这说明改编后的六级文本总体上变得更加抽象，理解难度可能相应增大。雅思与六级文本有相同的变化趋势，但雅思源文本与改编后的文本抽象性没有显著差异。

名词通常与文本主题联系紧密，因此需要更为具体的名词来描述文本中出现的物体或事件，以准确传达信息。这解释了为何六级和雅思文本中的名词在改编后下义词增多。但由于其他实词，如动词、形容词和副词往往不用来呈现文本中的特定信息，因此在改编后常

会更加抽象（Graesser & McNamara，2011）。

表2.6 六级、雅思文本抽象性指标的均值、标准差及T检验结果

		源文本		改编文本		T值	显著性（双侧）
		均值	标准差	均值	标准差		
六级	平均实词具体度	371.10	20.40	368.59	21.85	−2.71	0.009 **
	平均名词上义度	6.25	0.37	6.34	0.39	3.10	0.003 **
	平均动词上义度	1.67	0.13	1.63	0.14	−2.52	0.015 *
雅思	平均实词具体度	380.45	24.47	379.46	26.76	−0.71	0.480
	平均名词上义度	6.29	0.48	6.34	0.53	1.34	0.187
	平均动词上义度	1.67	0.11	1.66	0.12	−0.81	0.424

4.2.6 文本易读性

两种传统可读性公式结果表明，六级和雅思的源文本在改编后阅读难度增加（见表2.7）。在雅思源文本与改编文本中，Flesch 易读度呈现显著差异（源文本均值 = 47.72，改编文本均值 = 45.58，$p<0.05$）。证明文本改编有时会增加文本难度，至少在语言层面情况如此。

表2.7 六级、雅思文本易读性指标的均值、标准差及T检验结果

		源文本		改编文本		T值	显著性（双侧）
		均值	标准差	均值	标准差		
六级	Flesch 难度级数	11.82	2.48	12.13	2.26	1.55	0.126
	Flesch 易读度	46.67	10.36	45.70	9.72	−1.47	0.148
	Coh-Metrix 二语可读性	10.22	3.86	11.40	3.86	3.71	0.000 ***
雅思	Flesch 难度级数	11.80	2.05	12.16	1.77	1.70	0.097
	Flesch 易读度	47.72	9.43	45.58	9.15	−2.60	0.013 *
	Coh-Metrix 二语可读性	9.58	2.66	10.17	2.89	2.56	0.015 *

注：Flesch 易读值越大表明文本难度越小。

然而，文本难度不仅受表面的文本特征影响，还受到其他深层因素的影响。本研究发现，改编后的六级和雅思 Coh-Metrix 二语可读性也显著提高（见表2.7），这说明两项测试的阅读篇章在改编后都变得更容易理解。这些结果也进一步验证了当文本改编者意识到源文本难度过大或改编手段会增加文本难度时，将通过提升文本衔接度，尤其是隐性衔接手段来

调整文本难度(江进林、韩宝成,2018)。

5 结语

本文探究了六级和雅思阅读理解试题文本特征改编前后的异同。结果表明,两类考试的选材话题覆盖面都比较广泛,六级在选材时更加青睐英语国家讨论国际时事的主流杂志与报纸,而雅思阅读文本大多选自关注科学技术发展或是学术研究问题的书籍与学术性杂志。

在进行文本改编时,两项阅读测试文本改编方式多样,都倾向于替代或删除不常用词汇、使用隐性衔接手段来调控文本难度。六级通过应用更为复杂的句子结构,如对被动句和否定句进行改编,而雅思却较少依靠这一改编策略。六级和雅思源文本语言特征的阅读难度在改编后有一定程度的上升,但就衔接而言阅读难度有所降低。

本研究不仅为考生备考、教师教学选择合适的阅读文本提供了参考,而且利用量化指标为调控六级和雅思阅读语篇的难度提供了相应的实证基础,可为各级各类阅读测试的研发与效度验证提供借鉴与参考。

参考文献

Alderson, C. (2000). *Assessing reading*[M]. Cambridge University Press.

Bax, S. (2013). The cognitive processing of candidates during reading tests: Evidence from eye-tracking [J]. *Language Testing*, 30(4), 441-465.

Benjamin, G. (2012). Reconstructing readability: Recent developments and recommendations in the analysis of text difficulty[J]. *Educational Psychology Review*, 24(1), 63-88.

Bunch, G. C., Walqui, A., & Pearson, P. D. (2014). Complex text and new common standards in the United States: Pedagogical implications for English learners [J]. *TESOL Quarterly*, 48(3), 533-559.

Burgoyne, K., Whiteley, H. E., & Hutchinson, J. M. (2013). The role of background knowledge in text comprehension for children learning English as an additional language[J]. *Journal of Research in Reading*, 36(2), 132-148.

Corkill, A. J., Glover, J. A., & Bruning, R. H. (1988). Advance organizers: Concrete versus abstract [J]. *Journal of Educational Research*, 82(2), 76-81.

Crossley, S., Louwerse, A. M. M., McCarthy, P. M., & McNamara, D. S. (2007). A linguistic analysis of simplified and authentic texts[J]. *Modern Language Journal*, *91*(1), 15-30.

Crossley, S. A., Yang, H. S., & McNamara, D. S. (2014). What's so simple about simplified texts? A computational and psycholinguistic investigation of text comprehension and text processing[J]. *Reading in a Foreign Language*, *26*(1), 92-113.

Far, M. (2016). The effects of text type, text length and text difficulty on vocabulary retention through glossing[J]. *The Journal of Language Teaching and Learning*, *6*(1), 92-104.

Galaczi, E., & Taylor, L. (2018). Interactional competence: Conceptualisations, operationalisations, and outstanding questions[J]. *Language Assessment Quarterly*, *15*(3), 219-236.

Graesser, A. C., & McNamara, D. S. (2011). Computational analyses of multilevel discourse comprehension[J]. *Topics in Cognitive Science*, *3*(2), 371-398.

Green, A., Ünaldi, A., & Weir, C. J. (2010). Empiricism versus connoisseurship: Establishing the appropriacy of texts in tests of academic reading[J]. *Language Testing*, *27*(2), 191-211.

Green, A., & Hawkey, R. (2011). Re-fitting for a different purpose: A case study of item writer practices in adapting source texts for a test of academic reading[J]. *Language Testing*, *29*(1), 109-129.

Green, A. (2013). Adapting or developing source material for listening and reading tests[A]. In A. Kunnan[Ed.], *The companion to language assessment 2* (pp. 830-846)[C]. John Wiley & Sons, Inc.

Harris, D. (1969). *Testing English as a second language*[M]. McGraw Hill.

Hawkey, R., & Green, A. (2007). *An empirical investigation of the process of writing academic reading test items for the international English language testing system*(IELTS research reports No. 11) [R]. [2020-10-12] http://citeseer. ist. psu. edu/viewdoc/download; jsessionid=8A12F530D830 B442AFEFD4CC04BA7BFD? doi=10.1.1.461.8000 & rep=rep1 & type=pdf.

Kim, J., Chi, Y., Huensch, A., Jun, H., Li, H., & Roullion, V. (2010). A case study on an item writing process: Use of test specifications, nature of group dynamics, and individual item writers' characteristics [J]. *Language Assessment Quarterly*, *7*(2), 160-174.

McNamara, D. S., Graesser, A. C., McCarthy, P. M., & Cai, Z. (2014). *Automated evaluation of test and discourse with Coh-Metrix*[M]. Cambridge University Press.

Nikolayeva, L. (2019). Adapting a text for testing purposes: Approach to academic reading and writing assessment design in the Arab world[J]. *Theory and Practice in Language Studies*,9(2),204-211.

Oakland,T., & Lane, H. (2004). Language, reading, and readability formulas：Implications for developing and adapting tests[J]. *International Journal of Testing*,4(3),239-252.

Salisbury,K. (2005). *The edge of expertise：Towards an understanding of listening test item writing as professional practice*[M]. University of London.

Simensen,A. (1987). Adapted readers：how are they adapted[J]. *Reading in a Foreign Language*,4 (1),41-57.

Suzuki,T.,Miyata,K.,& Hirokawa,S. (2016). *Difficulty of words and their ambiguity estimated from the result of word sense disambiguation* [Paper presentation]. The 2016 11th International Conference on Knowledge,Information and Creativity Support Systems.

Webster,J.,Morris, J., Howard, D., & Garraffa,M. (2018). Reading for meaning：What influences paragraph understanding in aphasia？ [J]. *American Journal of Speech-language Pathology*,27 (1),423-437.

Weir,C. J., Hawkey, R., Green, A., & Devi, S. (2012). The cognitive processes underlying the academic reading construct as measured by IELTS[A]. In L. Taylor(Ed.),*IELTS collected papers 2*(pp. 212-269)[C]. Cambridge University Press.

江进林,韩宝成,2018. 基于 Coh-Metrix 的大学英语六级与托福、雅思阅读语篇难度研究[J]. 中国外语(3):86-95.

认知效度

第3章　基于有声思维的六级、雅思、托福听力长对话测试构念效度对比研究		
受试	研究工具	数据采集
人数:6 名(两男四女) 专业:外国语言学及应用语言学和英语语言文学 语言水平:专八	有声思维即时回顾 回顾性访谈	有声思维报告及转录文本 受试 222 个题项的答题过程 回顾性访谈及转录文本
第4章　基于有声思维的六级、雅思、托福阅读测试构念效度对比研究		
受试	研究工具	数据采集
人数:5 名(三男两女) 专业:外国语言学及应用语言学和英语语言文学 语言水平:专八 5 名均合格,其中 2 名良好,1 名雅思 7.5,1 名通过剑桥商务英语高级,1 名通过二级笔译	有声思维	有声思维报告及转录文本 受试 555 个题项的答题过程

第3章
基于有声思维的六级、雅思、托福
听力长对话测试构念效度对比研究

摘要：本研究借鉴 Buck（2001）的听力构念测试框架和 Vandergrift（1997）的认知、元认知策略分类，构建了听力长对话构念效度验证框架，通过有声思维和回顾式访谈，分析了受试在六级、雅思、托福听力长对话测试中的思维过程，评估了三项听力测试长对话测试的构念及其效度。研究结果表明，三项听力长对话测试引发了较为丰富的听力技能构念，均具有良好的构念效度，但三项考试之间存在一定差异。其中，雅思听力长对话测试的构念效度最好，但与构念无关的语言能力及策略能力使用对三项听力长对话测试的构念形成了一定的威胁。本研究为三项听力长对话测试任务设计的改进提供了启示与建议。

关键词：听力长对话；构念；构念效度；有声思维；对比研究

1 引言

人类交流中有超过 45% 的时间花在倾听上（Feyten，1991），听力理解是人类交际中不可或缺的一部分，是人类成功交际的重要工具。听力测试，作为语言能力测试的一部分，旨在测试考生的听力理解能力。

对话是指涉及两个人或小群体的非正式谈话。与短对话相比，长对话有更多的话轮，内容更丰富，能传达更多的上下文信息。由于长对话在日常交流和学习中占据重要地位，并与现实交流密切相关，因此被广泛应用于各种语言测试中。在六级、雅思、托福听力测试中，长对话作为必考的部分，主要用于考查考生对说话人之间互动对话的听觉理解能力。

本研究旨在通过有声思维和回顾式访谈探讨六级、雅思、托福听力长对话测试的构念效度，拟回答下面两个研究问题：

1）六级、雅思、托福听力长对话测试的构念是什么？

2)三者之间的构念效度有何异同?

2　文献综述

2.1　构念和构念效度的定义

Buck(2001)指出,界定"构念"是进行测试的首要问题。然而,构念是一个复杂的概念,不同学者对此看法不一。Cronbach 和 Meehl(1955)认为,构念是人的一个假定属性,可以在测试中得以体现。Hughes(1989)认为,构念是指任何潜在的能力或者特质,而语言能力构念是建立在相关语言能力理论上的假设。Bachman 和 Palmer(1996)将构念定义为既定测试任务以及测试分数解释所基于的能力。Weigle(2002)指出,测量的能力就是测试的构念,这是测试开发的基础。尽管学者们的定义有所不同,但都承认构念在测试中所占的主导地位。

至于构念效度,Bachman(1990)将其定义为考生测试表现与我们对其能力或构念预测之间的一致程度。Bachman 和 Palmer(1996)进一步指出,构念效度关系到我们对考试成绩的解读在多大程度上有意义,其本质是我们对考生语言能力推论的恰当程度。可见,构念效度对任何语言测试都至关重要,并且构念和构念效度都是测试设计和测试开发中首先要考虑的因素。

2.2　听力理解测试构念框架

如前文所说,为了探索某项测试的构念效度,人们首先需要知道测试想要测量的能力或构念。本研究中构念和能力是可以互换的术语。事实上,正如 Dang(2008)所言,人们在认识听力理解方面的进步同时激发了他们想要定义听力技能的兴趣。许多语言学家提出了听力技能的各种分类方法,但考虑到本研究的研究目的,笔者将只讨论以下几个框架。

一些研究者将听力理解过程分为几个不同的阶段。例如,Carroll(1977)倾向于将听力理解分为两个过程,即听者语言信息识别和提取过程,以及在交际语境中的应用过程。Anderson(1983)认为听力理解包含三个相互作用阶段,即听觉处理、语法解析和运用,三个阶段在听力理解过程中会不断重复。与上述观点不同的是,Valette(1977)采用认知技能法来划分听力技能,他认为听力理解涉及五个层面:机械技能、语言知识、迁移、交流与评价。Canale 和 Swain(1980),Bachman(1990)从交际语言能力的角度出发,基于 Munby(1978)的交互式理论框架,各自提出了听力交际能力框架。Buck(2001)通过回顾已有框架,如 Canale 和 Swain(1980)的语法能力、社会语言能力和策略能力理论框架,Bachman(1990)的语言能力(组织能力和语用能力)、策略能力(评估、计划和实施)以及心理生理运动机制(渠道:听觉和视觉;模式:输入和输出)理论框架,建立了一个更为全面系统的听力能力/构念框架(见附录 1.1)。Buck 的框架包含语言能力和策略能力两个部分,语言能力是指"听者在听力情境中所需要的语言知识",包括语法知识、语篇知识、语用知识和社会语言学知识;策略能力是指"实际语言知识的使用技巧",包括认知策略和元认知策略。Buck 在其听力能力框架中对听力理解过程所包含的知识和策略都进行了详细而清晰的界定。然而,Buck 并没有指出策略能力的具体内容。Vandergrift(1997)和 Oxford(1990)的研究从认知和元认知的角度对学习策略进行了分类,将听力策略分为元认知策略、认知策略和社会情感策略三大类且每一大类又分为几个子类。为了帮助读者更好地理解这些策略,Vandergrift(1997)列出了每个类别具有代表性的例子(见附录 1)。笔者在 Buck 的听力理解框架和 Vandergrift 的听力策略分类基础上,构建了适合本研究的听力长对话构念效度框架。

2.3 六级、雅思、托福听力长对话测试构念效度验证框架

本研究旨在探讨听力长对话测试的构念效度,在语言能力上,主要采用 Buck(2001)的听力构念框架。而策略能力主要参考 Vandergrift(1997)的认知和元认知策略分类。表 3.1 为本研究所使用的探索听力长对话测试构念的完整框架。在此框架中,有的认知策略是本研究新增的(如下表中"下画线"部分),因为本研究的受试多次报告在完成六级和雅思听力长对话测试时使用了这一策略。

表 3.1　三项听力长对话测试的构念描述框架

1 语言能力:听者给听力环境带来的语言知识,包括全自动程序知识和受控或有意识的陈述性知识。语言能力包括:
1.1 语法知识:从字面语义层面理解简短话语,包括语音、重音、语调、口语词汇和口语句法。
1.2 语篇知识:理解两个或更多说话者之间较长的对话或互动话语,包括语篇特征知识,如衔接、情景化、修辞图式和故事语法,以及无计划话语结构知识。
1.3 语用知识:理解一个话语或较长文本的功能或言外之意,并据此解释其意图,包括理解话语是否旨在传达思想、操作、学习或用于创造性表达,以及理解间接言语行为和语用含义。
1.4 社会语言学知识:理解特定社会文化背景下的语言,并根据情景语境解释话语,包括了解特定社会语言群体中特有的适当语言形式和习惯,以及使用或不使用这些语言的含义,例如俚语、惯用表达、方言、文化参照、修辞格、正式程度和语域。
2 策略能力:含认知和元认知策略在听力执行过程中完成认知管理功能,是使用语言能力的技能,包括二语听者使用的所有补偿策略。
2.1 认知策略:在工作记忆或以备今后检索的长期记忆中理解和储存输入的心理活动。
2.1.1 推测法:使用文本或会话上下文中的信息猜测与听力任务相关的陌生语言项目中的含义,或填写缺失的信息。其子策略如下:
a 语言推测:使用话语中的已知单词来猜测其他未知单词的意思。

b 语音推测：使用声调猜测话语中未知单词的意思。

c 语言外的推测：使用口头文本中的背景声音和说话者之间的关系、答题卷中的材料或具体的情境参照来猜测未知单词的意思。

d 部分之间的推测：使用超出局部句子水平的信息来猜测意思。

2.1.2 扩展：利用文本或会话上下文之外的先验知识，并联系文本或会话中获得的知识，填充缺失的信息。其子策略如下：

a 个人扩展：参考个人以往的经历。

b 世界扩展：利用世界经验中获得的知识。

2.1.3 总结法：对听力任务中的语言和信息在心里或用书面进行总结。

2.1.4 翻译法：以逐字对照的方式将想法从一种语言翻译成另一种语言。

2.1.5 重复法：在执行听力任务的过程中重复一大块语言（单词或短语）。

2.1.6 记笔记：用缩写、图形或数字形式写下关键词和概念，帮助完成听力任务。

2.1.7 下画线：在试卷中画线或圈出信息，帮助听者更好地记忆信息。

2.2 元认知策略：在认知策略管理中发挥执行功能的有意识或无意识的心理活动。

2.2.1 计划：提高对完成听力任务需要做什么的认识，制订适当的行动计划和/或应急计划，克服可能妨碍成功完成任务的困难。其子策略如下：

a 预先组织：阐明预期听力任务的目标和/或提出处理策略。

b 定向注意：预先决定总体上参与听力任务，忽略不相关的干扰因素；倾听时保持注意力。

c 选择性注意：注意有助于理解和/或完成任务的语言输入或情景细节的特定方面。

2.2.2 监控：在听力任务过程中检查、验证或纠正自己的理解或表现。其子策略如下：

a 理解监控：检查、验证或纠正自己对局部的理解。

b 听觉监控：用人的语言"耳朵"（事物的声音）作出决定。

c 双重检查监控：通过任务或通过二次口头文本检查、验证或纠正个人的理解。

2.2.3 评估：对照完整性和准确性的内部衡量标准检查听力理解的结果。

a 表现评估：判断一个人对任务的总体执行情况。

2.2.4 问题识别：明确识别任务中需要解决的中心问题，或识别阻碍成功完成任务的某个方面。

（改编自 Buck, 2001：104；Vandergrift, 1997：392）

2.4 有声思维

听力任务的不可重复性和考试过程的隐性特质给听力过程研究带来了诸多困难。为了深入探究考生的听力理解过程，本研究采用有声思维，要求受试在阅读过程中口头表述自己的思维方法和脑海中出现的所有信息。有声思维作为过程取向的研究方法能够触及阅读者的内部心理过程，反映策略的实际使用情况，因而越来越受到重视（王敬欣、张阔，2005）。有声思维有助于研究者更好地揭示考生听力理解的心理过程、听力策略的运用以及影响听力测试表现的因素。

Nunan(1992)指出,内省是观察和思考一个人的思想、情感、推理和心理状态的过程,这些过程和状态决定我们的行为方式。Nunan 的"内省"既指数据收集与所调查的心理活动相联系的技术,也指在心理活动发生后的一段时间内收集数据的研究环境。

通过对"有声思维"数据和自我观察数据进行分类,Cohen(1984)指出了三个突出的定义:"内省",指的是在 10 到 20 秒内获取与思考相关的数据;"即时报告",指在几分钟内获得数据的方法;"延时报告",指一小时、一天甚至一周之后获得数据的方法(Cohen & Hosenfeld,1981)。Cohen(1984)对这三个定义的区分是基于信息提供者心理活动和口头报告之间的时间间隔,与 Nunan(1992)的定义有所不同。本研究中即时报告和回顾性访谈占主导地位,因此同时采用了 Nunan(1992)对内省的定义和 Cohen(1984)对内省即时报告和延时报告的定义。

虽然有声思维已被广泛应用于探索受试的认知过程,但该方法在应用之初就一直存在争议(Bowles,2010;刘力,2014;吴延国,2011)。有些研究者质疑其真实性,因为口头报告是否能反映受试全部真头的心理活动需要考虑该方法本身是否会影响受试的正常思维过程,考虑受试是否习惯在完成测试任务时大声说出他们的心理活动(Smagorinsky,1994)。另外,有声思维数据收集、编码和分析需要耗费研究人员大量的时间和精力(Green,1998;Smagorinsky,1994)。

不过,Green(1998)指出,内在思维信息可以通过有声思维快速传递。在他看来,有声思维远远优于访谈和问卷调查等其他自我报告方法,因为有声思维可以避开信息提取和过滤的误差,为研究提供丰富的信息(Faerch & Kasper,1987)。Huot(1993)认为,有声思维可以为研究者提供直接的信息以推断受试实际行为下的内在心理过程,反映受试独特的行为。

综上所述,本研究将采用有声思维,回顾受试在三项听力长对话测试中的思维过程,并评估三项考试听力长对话部分所测量的构念及其效度。

2.5 听力测试构念效度实证研究

2.5.1 国外研究

Buck(1988)运用多特质—多方法矩阵来研究听力测试中的图片识别任务的构念效度。该研究涵盖听力理解和阅读理解两个特质,使用图片识别任务、填空任务和自我评定三种测验方法。258 名大学生受试来自日本大阪不同大学和专科学校。考生成绩矩阵结果表明,这些能力特质和测试方法对总的测试分数方差有很大影响,由此证明了图片识别听力测试的效度,但 Buck 指出测试方法的有效性在一定程度上会影响测试的构念效度。

Shohamy 和 Inbar(1991)通过听力理解文本和问题类型的视角,研究听力测试的效度。以来自希伯来语地区的 150 名英语学习者为研究对象,分析其在多种难度和多种类型听力测试上的表现。研究结果表明,听力文本越简单,受试的表现越好。就听力文本类型而言,协商对话最容易理解,小型讲座、新闻广播最难理解。Shohamy 和 Inbar(1991)还将听力测试问题分为整体问题和局部问题两类,探究其对受试测试表现的影响。研究结果表明,整体问题比局部问题难得多,因为前者要求受试推断和建构文本的全部含义,而后者只要求发现细节信息。Shohamy 和 Inbar 建议听力测试应该尽可能包含多种听力刺激、任务类型和互动,这样测试可以更好地反映听力理解的特点,从而测量更为丰富的听力理解能力构念。

2.5.2　国内研究

彭康洲(2010,2011)探讨了任务特征与测试构念的关系。通过验证性因子分析,研究发现 2005 至 2008 年英语专业四级听力测试的构念具有可比性。文本因素、题目因素和认知过程因素对测试构念产生了影响。其中,单一文本对听力理解构念没有任何影响;认知过程对听力理解构念有很大影响;预览问题略微影响听力理解构念。回归分析表明,文本、题目和认知过程对专四听力理解测试构念的影响与题目难度显著相关。

张建华(2015)采用定性和定量相结合的方法来探索专四听力测试的构念效度,研究结果与彭康洲的研究结果相似。通过对专四听力测试内容与《高校英语专业英语教学大纲》(简称《教学大纲》)能力指标以及《高校英语专业四级考试大纲》(简称《考试大纲》)测试要求的比较,发现专四听力测试具有良好内容相关性。此外通过结构方程模型,张建华构建了假设模型验证专四听力测试的构念效度。结果表明,对话、文章和新闻听力测试结果存在高度相关性,三者之间存在较高层次的共同因子即听力理解能力构念。这些发现有力地证明了专四听力测试的构念效度,即专四听力测试能够引发《教学大纲》和《考试大纲》中所设定的听力理解能力构念。

综上所述,大多数听力测试的效度验证研究都是广义的,即通过理论构建或特定变量的分析探索整个听力测试的效度,如文本特征、任务特征、问题类型等,而狭义的针对某种类型听力测试任务(如听力长对话)的构念效度研究较少。因此,本研究深入探究六级、雅思、托福听力长对话的构念效度具有一定的理论和现实意义。

2.6　使用有声思维的构念效度实证研究

Banerjee 和 Luoma(1997)总结了可用于效度验证研究的定性方法,即口头报告、观察、文本分析、话语分析和人种学研究等。有声思维是探究考生认知过程的主要方法(陈旻,

2014),被成功应用于效度验证研究中。

2.6.1 国外研究

Buck(1991)采用内省访谈法,调查了六名日本英语学习者的考试过程。他称考试是一个"特质方法集合"(trait-method unit),并从广义上探究学生的听力理解。他要求学生完成听力测试后立即回答一些反思性问题,包括开放式简答题的测试方法效果、测试认知过程层次、监控解释的效果以及预览问题的效果。研究结果表明,成功的听力理解不仅包括语言知识,还包括语境知识、背景知识和经验。Buck认为有声思维可以为听力测试的构念效度提供有价值的证据。

同样,Buck(1994)通过结构式访谈,研究了六名考生完成听力测试的心理活动,主要探究知识/技能和能力对考生测试表现的影响。研究结果表明,考生的测试表现存在差异,表现好的考生会使用多种技能。因此,这在一定程度上为听力测试的构念效度提供了证据支持。

除了听力构念效度研究外,还有用有声思维进行阅读(Anderson et al.,1991;Weigle et al.,2013)或其他任务类型(Yamashita,2003)的构念效度研究。例如,Anderson et al.(1991)通过有声思维数据来调查考生的策略使用,评估阅读理解测试的构念效度。

2.6.2 国内研究

Wu(1998)从听力理解的认知角度出发,采用即时回顾法考察考生在听力任务中的表现。通过考察10名中国英语学习者在进行听力多项选择测试题时所使用的语言和非语言知识,以及多项选择模式对其表现的影响,研究发现多项选择模式有利于能力较高的听力者,而能力较差的听力者会处于劣势。原因在于,能力较差的听力者更多依赖于非语言处理的补偿功能,而能力较高的听力者大多利用非语言知识的促进功能。多项选择模式允许受试有很多一致的猜测,因此可能会导致受试通过构念无关的因素选择出正确答案。同时,听力测试中所存在的词汇问题可能在某种程度上使得试题更偏向考查阅读和词汇。因此,Wu认为多项选择任务模式对听力测试的构念效度产生了威胁。

郑宇静、辜向东(2009)利用回顾性口头报告方法探索考生的考试过程,以检验听力长对话测试的构念效度。此研究采用Buck(2001)的听力测试框架,分析了八名中国英语学习者的听力长对话测试过程。研究结果表明,长对话多项选择听力测试中测量了四种语言能力以及Buck(2001)框架中的认知和元认知策略。多项选择模式通过字面匹配、阅读和猜测影响受试的表现,威胁到测试的构念效度。测试中的长对话模式能为考生的听力理解提供语境线索,但对考生的短时记忆提出了更高要求。

除了以上使用有声思维研究听力理解构念外,还有用有声思维对阅读(陈旻,2014;金艳、吴江,1998)或其他任务类型(陈晓扣、李绍山,2006)展开的研究。例如,陈晓扣、李绍山(2006)采用即时回顾法进行了一项以过程为导向的研究,考察专四完形填空的构念效度。他们采用 Bachman(1985)的完形填空试题类型分类系统作为受试口头报告的分析框架。研究结果表明,冗余信息使用的构念得到了充分测试,但专四完形填空的试题设计仍有改进空间。

综上所述,有声思维能够很好地揭示考生的考试过程,被认为是收集构念效度证据的有效方法。然而,很少有研究使用有声思维来探究听力测试的构念效度,而探究听力长对话测试构念效度的更是屈指可数。

因此,本研究将利用有声思维和回顾性访谈来探究六级、雅思、托福听力长对话测试的构念及其异同。

3 研究方法

3.1 受试

10 名受试(5 名男生,5 名女生)自愿参与了初步的有声思维的数据收集。参照 Wu(1998)对受试的选择标准,受试能按照要求无困难地表达自我,最终 6 名受试被选为正式研究对象。

这 6 名受试(2 名男生,4 名女生)英语学习均已超过 10 年,本科专业均为英语语言文学,且通过了英语专业八级考试(以下简称专八),现为国内某双一流大学外国语言学及应用语言学和英语语言文学专业硕士研究生(见表 3.2)。

表 3.2 受试背景信息

受试	性别	年龄	专业	教育背景	语言水平
1	女	24	外国语言学及应用语言学	文学硕士	专八
2	女	27	英语语言文学	文学硕士	专八
3	男	23	外国语言学及应用语言学	文学硕士	专八
4	女	24	外国语言学及应用语言学	文学硕士	专八
5	女	25	外国语言学及应用语言学	文学硕士	专八
6	男	25	英语语言文学	文学硕士	专八

本研究样本的数量参照 Fonteyn, Kuipers 和 Grobe(1993)的观点,即像有声思维这样的定性方法可以使用小样本,因为小样本同样能为研究提供丰富而深入的数据。

3.2 研究工具

在最初的数据收集中,我们随机选用了 TPO 第 27 套试题中的听力长对话部分。TPO 是免费的托福考生在线练习试题,用于提高考生的考试技能并协助备考。本研究选择托福试题进行试点研究,主要是由于考生对基于计算机的考试可能比较陌生。因此,在正式研究前让考生做这样的考试练习,可以降低他们的焦虑,同时帮助考生熟悉托福听力测试的难度。

在正式研究中,六级采用了 2014 年 6 月真题中的两个长对话;雅思采用了剑 9 第四套试题的听力部分 Part 1 和 Part 3 的长对话;托福采用了 TPO30 中的两个长对话。在正式研究开始之前,研究者已确认受试均未做过正式研究所选试题。表 3.3 为三项听力长对话测试的详细信息。

表 3.3 三项听力长对话测试的具体信息

测试	试题	主题	任务形式	题目数量	总计
六级	2014-6 真题	长对话 1:泰国旅游日程安排	单选题	3	7
		长对话 2:讨论中学教育和学校	单选题	4	
雅思	剑 9-4	长对话 1:医疗咨询	完成表格 单选题	10	20
		长对话 2:学习情况讨论	多项选择 完成句子 简短问答题	10	
托福	TPO30	长对话 1:俱乐部办公室申请	单选题	5	10
		长对话 2:讨论课堂作业	单选题	5	

3.3 数据收集

本研究采用即时回顾和回顾性访谈,严格参照 Buck(1991)和 Wu(1998)的建议进行数据收集。为了获得足够深入的数据,数据收集过程历经六个阶段:

1)试点研究阶段

为了选出理想的受试,10 名受试参加了初步研究阶段的即时报告。在这一阶段受试完成选自 TPO27 的题为"在图书馆"的对话及相应的 5 道试题并即时报告其做题的思维过程。试点研究的目的在于检验这些受试是否能够自如地表达他们的思维过程。

试点研究之前,我们为受试提供了研究说明和培训,以确保受试了解有声思维及本研究的目的。虽然 10 名受试都积极配合,但其中 4 名受试无法自由报告自己的答题思维。因此,他们的数据不符合要求,最终只有 6 名受试进入正式研究阶段(见表3.2)。

2)指导阶段

为了确保所选的 6 名受试能够完全理解他们在即时报告过程中需要做什么,我们首先向他们提供了当前研究的目标。将听力任务和实验步骤的详细书面说明发给受试,并指导他们自由表达出在做每一道试题时内心的想法。试点研究和正式研究都在一间整洁安静的会议室进行,而记录考生口头报告的装置是一台小型录音机。研究设备和实验环境使受试感到放松,避免给他们带来压力。

3)培训阶段

尽管 6 名选定的受试已经完成了初步研究和指导,但仍需从技术和心理两个方面对他们进行详细培训,以确保正式研究数据的准确性和可靠性。

在技术培训期间,研究者首先告诉受试,他们可以随机用英语或汉语报告他们的想法,以减小受试自我表达的困难。接着研究者向受试播放一段 MP3 录音,录音包含一段听力测试过程的口头报告。录音播放结束后,受试被要求完成一些与会话任务相关的材料,从而使受试练习并熟悉有声思维的步骤。如果受试在口头报告过程中保持沉默超过一定时间,研究者轻敲桌子以提示他们继续报告。此外,为确保受试完全理解研究步骤,培训没有固定时间限制。

郭纯洁(2007)认为,确保受试不担心其所说内容的过程十分必要。因此,在心理训练期间,研究者鼓励受试说出自己的真实想法,尽可能忽视其他因素的影响,以确保测试过程的可靠性和真实性。

4)即时报告阶段

经过试点研究,指导和培训阶段后,6 名受试已能够自由报告自己的真实作答过程,满足有声思维数据收集的要求。由于受试需要完成六级、雅思、托福三项考试的长对话听力测试,为避免疲劳效应,在完成每一项测试后,他们有 10 分钟休息时间以恢复精神,并保持继续进行测试的兴趣。虽然按照听力测试要求,听力录音只播放一次,但受试报告其心理活动的时间不受限制,且其口头报告过程全程录音。在即时报告的过程中,如受试停止说话超过5 秒,研究者则轻敲桌子以提醒他们继续报告。

5)回顾式访谈阶段

本研究所选的 6 名受试在做完一套听力长对话测试后,又与研究者一起听了他们的报告录音。这一程序是为了确保受试能够立即回忆他们的考试过程。本阶段采用非结构化的回顾式访谈,旨在纠正受试录音中模糊或不清楚的表述,并补充有声思维过程中未报告的考试过程。在回顾式访谈结束时,研究者请受试就听力长对话测试本身进行评价。有趣的是,有些受试则自发评论了他们的口头报告以及考试过程中的听力行为。正式数据收集过程共持续 6 天,即每天收集一名受试关于三项考试的有声思维和回顾式访谈数据。

在本研究中,无论是即时报告还是回顾式访谈,受试所使用的语言主要是汉语,即受试的母语。使用汉语是为了让受试能够轻松且毫不迟疑地报告自己的心理活动。

6)转录阶段

转录阶段是整个数据收集过程中耗时最长的阶段。研究者在收集了所有受试的口头报告和访谈数据后,对数据进行了及时转录,转录文本完全依据受试的口头汇报和访谈回答,没有作任何修改。考虑到转录工作量大,研究者聘用了 6 名英语专业的学生检查转录后的数据,以确保转录文本的准确性。最后,研究者根据他们的反馈修改并完善了转录数据。

3.4 数据分析

数据分析部分主要分为两个阶段。

1)分段和编码

如 2.2 所述,本研究在 Buck(2001)框架和 Vandergrift(1997)策略分类的基础上形成听力测试构念效度验证框架,以探索六级、雅思、托福听力长对话测试的实际构念。因此,研究者首先根据语言能力和策略能力对转录文本进行分段和编码。转录文本根据题项分段,每一段代表考生回答某一题的全部口头报告,并根据框架编码。例如,3 号受试在雅思听力测试中的口头报告编码如表 3.4 所示。

表 3.4　有声思维数据解释示例

有声思维转录原文	语言能力	策略能力
(1) ……但是后来觉得不对,然后 agents 很像,发音很像 ages.		元认知策略:听觉监控
(2) ……因为我通读了一下句子还试着去理解了一下这段对话的背景	语篇知识:背景知识	
(3) 所以,这题是后来在看的时候发现的,把它改了过来。		元认知策略:理解监控

转录原文:然后第十题我填的是 ages,这题我、我、我开始听的感觉很像 agents、agents,但是后来觉得不对,然后 agents 很像、发音很像 ages,然后觉得,啊,这里应该是填 ages,而不是

agents,因为我通读了一下句子,还试着去理解了一下这段对话的背景。所以,这题是后来在看的时候发现的,把它改了过来。

2)编码信度检验

在分段和编码后,本研究使用 Young(1997)提出的公式,统计分析了编码者内部信度和编码者之间的信度。对于编码者内部信度,研究者 2 在编码工作完成一周后随机选择了一个受试的所有口头报告的转录文本进行再次分段和编码,将两次编码结果进行比较,最终编码者内部一致性达到 0.91,信度较高。对于编码者之间的信度,研究者 2 邀请了一位熟悉有声思维并具有编码经验的研究者单独分析受试 1 的数据,其编码结果与研究者 2 的编码结果信度系数达到 0.87,进一步证明了本研究编码的可靠性。

4 结果与讨论

本部分将从语言能力和策略能力两个方面分析六级、雅思、托福听力长对话测试的口头报告,并列举相应的示例,以揭示三项考试听力长对话的构念。

4.1 六级听力长对话测试测量的构念

4.1.1 语言能力

Buck(2001)指出,语言能力是指学习者在听力情境中使用的语言知识。语言能力由四个知识范畴组成:语法知识、语篇知识、语用知识和社会语言知识。研究数据表明,在六级听力长对话测试中,考生的语言能力主要包含语法知识和语篇知识。具体子类别以及有声思维示例见表 3.5。在六级听力长对话测试中,受试只报告了语法知识中的语音和口语词汇及语篇知识中的语境知识。

表 3.5　六级听力长对话测试任务测量的语言能力

语言能力		有声思维转录原文示例
语法知识	语音	(1) 对话中女方问道"*so you are interested in handicrafts?*"我听到了"*handicrafts*"这个英文单词。(受试 1)
		(2) 嗯,第九题,我记得这个男的说了他对那个"*new colour combination*"很……很吸引他。(受试 3)
	口语词汇	(3) ……而(D)选项似乎不对,不过我也只是猜测,女方说后天可以出发,但后天应该不等同于"*the following weekend*"……(受试1)
		(4) 第十题应该选择(B),因为他对于人们,当地的人们日常生活中的用品很感兴趣,就是 *local handicraft*,是当地的手工作品、手工产品。(受试 2)

续表

语言能力		有声思维转录原文示例
语篇知识	语境知识	(5)第十三题,没有听清楚,但是根据上下文推测应该是选择(C),他们希望(他们的孩子)被送到一个私立学校里边。(受试2)

表 3.6 显示,考生自身的背景知识影响其作答,这些发现对六级听力长对话测试所测量的构念有一定影响。

表 3.6　六级听力长对话测试任务测量的构念无关语言能力

构念无关语言能力	有声思维转录原文示例
背景/世界/非语言知识	(6)第九题的答案应该是"the new colour combinations",不是很确定,但是根据 common sense 或者说 world knowledge,感觉应该选择(C)……(受试1)
	(7)……根据常理,一般这种题不会很明确地说"carpentry"……(受试3)

Buck(2001)认为,语法知识是从字面语义层面理解短话语,主要包括语音、重音、语调、口语词汇和口语句法。编码统计分析结果发现(见表3.7),考生在完成长对话听力试题的过程中语法知识的使用频率明显较高(90.9%),而语篇知识使用频率较低(2.3%)。语篇知识需要考生理解两个或更多说话者之间较长时间的对话,而背景知识(也被称为世界知识或非语言知识)指关于人们生活的世界以及事物在其中如何运作的知识,无须建立在上下文的理解之上(Buck,2001)。研究结果表明,构念无关的知识也影响了考生的长对话测试表现,因为考生在答题时背景知识(6.8%)的使用频率高于语篇知识。

表 3.7　六级听力长对话测试任务测量的语言能力频率

知识	语法知识	语篇知识	背景知识
频数(百分比)	40(90.9%)	1(2.3%)	3(6.8%)

4.1.2　策略能力

Buck(2001)提出的策略能力主要包括认知和元认知策略,在此基础上笔者根据Vandergrift(1997)的分类对受试的策略行为进行具体分析。在六级听力长对话测试中,受试所使用的认知策略和元认知策略及其相应的有声口头报告示例见表 3.8 和表 3.9。

表 3.8 六级听力长对话测试任务测量的认知策略

认知策略		有声思维转录原文示例
推测	语言推测	(8)……(B)的提及次数比较多,好像都是优点,所以我觉得就是最好或者最高……(受试 4)
		(9)"Unique tourist attractions",这个是错的,因为在里边,呃,男主能够明确说出来他是要看东西过后下订单,然后卖给他的客户,所以说他不是来旅游的……(受试 6)
	语言外推测	(10)……听的过程中感觉就是要问两人接下来要做什么的问题……(受试 1)
	部分间推测	(11)他先提到了一个学校,我忘了名字了,然后说那个升学率很高,然后就是第二,他说那个升学率很高……然后接着说,这"Carlton Abbey even better",也就是比那个还好。然后接下来说的是那个 Donwell School 什么不太好啊,然后这个 Enderby Comprehensive 更差呀……所以最好的是这个 Carlton Abbey,哎,就是(B)。(受试 5)
扩展	世界知识扩展	(12)……所以结合常识和自己听到的内容就选出了最终答案(A)。(受试 1)
	总结	(13)……对话开头就提到了好像是 3 个公立学校,state school 和 2 个私立学校,private school,后面文章中又讲到什么职业教育和上大学的问题,所以感觉这里应该是与中学教育有关的问题……(受试 1)
		(14)这一段对话主要讲的是,应该是一个……一个国外的男的到泰国去旅游,然后和一个……应该是当地的一个旅游……旅行社的职员的一个对话。(受试 5)
	翻译	(15)他的大概意思是说"What attracts the man",反正就是说这个 Thai 丝吧,大概是 Thai 丝,随便翻译的,它吸引这个人的地方是什么?(受试 6)
		(16)好,第十四个还是很清晰,第十四个的题目是……汉译的题目是:哪所大学的大学生比例较高?应该是……(受试 6)
	做笔记	(17)听长对话不做笔记貌似能记住的东西特别少,做题的正确率也就可想而知了。(受试 1)
		(18)第十四题它问的是哪个学校上大学的人多,然后,做这个题的时候,我做了笔记的……(受试 3)
	下画线	(19)先读了一下第九到十一题,把重点都标了一下,就是区别了这部分画了横线。比如说第九题的(A)的"product design",(B)"craftsmanship",(C)当中的"combinations"。(受试 4)
		(20)……还是先把重点的词画了横线标注出来。(受试 4)

认知策略是指在受试理解文本并储存于工作记忆或长期记忆中用以完成后续加工任务的心理活动（Buck，2001）。从表3.8可以看出，在六级听力长对话测试中考生使用了六种主要的认知策略，即推测、扩展、总结、翻译、做笔记和标下画线。此外，受试所使用的推测策略较为多样。这一发现与王丽（2007）的研究发现一致，她认为，六级听力测试更倾向于考查考生的推理和判断能力。另外，关于扩展策略的使用，六级听力长对话考生主要使用了基于背景知识的扩展子策略。

元认知策略是指受试对认知策略使用的管理（Buck，2001）。在本研究中，受试在完成六级听力长对话部分时使用了计划、监控、评估和问题识别策略（见表3.9）。其中，受试的计划策略使用一般包含预先组织和选择性关注；受试的监控策略以理解监控为中心；受试的评估策略及听力长对话测试所涉及的计划策略一般包括预先组织和选择性关注子策略；监控策略则以理解监控子策略为中心；而评估策略则主要是表现评估这一子策略。

表3.9　六级听力长对话测试任务测量的元认知策略

元认知策略		有声思维转录原文示例
计划	预先组织	(21) *在做题之前先粗略看一下 items……利用录音播放之间的空余读题，看应该在听力时听什么。* （受试1）
		(22) *……我在读那个 direction 的时候读了一下题。* （受试4）
	选择性注意	(23) *我先通读了一下第十二到十五题，把重点都画了一下，就是画了这些在听力时需要注意的内容……* （受试3）
		(24) *额，我把重要的词画了起来，在听的时候，很注意去听和这些词相对应的内容。* （受试3）
监控	理解监控	(25) *……这个，"the man looking for in Thailand"，他想要在泰国寻找什么？或者说，不不不，应该是他想在泰国就是……游览一些什么东西？* （受试5）
评估	表现评估	(26) *另外就是需要注意的信息可能有些多，一下子回答4个问题很困难，memory 允许吗？可能自己长时间疏于练习了。* （受试1）
		(27) *……所以这题是，我很自信的选了(B)。* （受试3）
问题识别		(28) *这道题的信息很多，在看题目选项时因为不知道问题题干，所以不敢乱猜……* （受试1）

在六级听力长对话测试中，受试也有报告构念无关策略的使用。表3.10列出了在六级听力长对话测试中考生所使用的构念无关策略及其有声报告转录文本示例。

表 3.10　六级听力长对话测试任务测量的构念无关策略

构念无关策略	有声思维转录原文示例
表面匹配	(29) 这个男的第一句话说的就是*很多种颜色，那就选(C)"The new colour combination"喽，很多种颜色的组合。*（受试 6）
	(30) *对话中女方问道"so you are interested in handicrafts?"我听到了"handicrafts"这个英文单词。答案选项中最相关的貌似就是有"Local handicrafts"的(B)。*（受试 1）
随机/统一猜测	(31) *哎，这个答案还真不太清楚，我没有听到有关系的答案啊，就是，我随便蒙一个吧。*（受试 6）
	(32) *我没有听到与这题答案相关的，第十五题就蒙了，大概是选(A)吧，蒙的一个。*（受试 6）

在六级听力长对话测试中，受试所使用的构念无关策略主要为字面匹配和随机猜测。字面匹配指的是考生在不理解听力文本的情况下，将听力材料中的单词、短语或句子片段与测试题目选项进行匹配的表现[见表3.10中的转录文本记录(29)和(30)]。随机猜测指的是受试由于没有跟上听力文本中的信息而随意猜测答案[见表3.10中的转录文本记录(31)和(32)]。

表 3.11　六级听力长对话测试任务测量的策略能力频率

策略能力	认知策略	元认知策略	构念无关策略
频率（百分比）	41(67.2%)	12(19.7%)	8(13.1%)

如表 3.11 所示，受试在完成六级听力长对话的测试过程中，认知策略使用占67.2%，而元认知策略的使用比例（19.7%）高于两个构念无关的策略使用比例（13.1%）。因此，受试在完成六级听力长对话测试中更加重视认知策略的运用。考生对推测策略的使用体现在过半的作答表现中（22/41），因此可以进一步证明六级听力测试倾向于考查考生的推理和判断能力（王丽，2007）。

4.2　雅思听力长对话测试测量的构念

4.2.1　语言能力

有声思维数据显示，雅思听力长对话测试中受试使用了两个主要的知识类别：语法知识和语篇知识（见表3.12）。

表 3.12　雅思听力长对话测试任务测量的语言能力

语言能力		有声思维转录原文示例
语法知识	语音	(33) 第二个空，嗯，文中有<u>拼写</u>这个 center 的名，是 <u>E-S-H-C-O-L</u>，所以可以直接写出答案来。（受试 2）
		(34) ……我听到了这个女的说 <u>the primary school</u>。（受试 4）
	重音	(35) 第一题，对话中已经明显提到，这个女的强调说 Doctor Green is good at... with..., is good with babies。所以这个空应该填 babies。（受试 2）
		(36) 然后，下一个空，第八题填的 primary school，因为她<u>特意说了</u>就是这个 Shore Lane 这边有一个，这个这个，这个的 location，是在 primary，这个 Shore Lane 这条路上的一个 primary school，然后又说了这个 primary school 是谁都可进的……（受试 5）
	口语词汇	(37) ……她就说到了就是，就是这个戒烟，就是……对……对……这个……<u>asthma 是什么意思？我给忘了是哪个病了</u>，反正就是这个病和心脏病的人有好处，所以是 heart disease。（受试 5）
		(38) Kira 讲到了自己前两学期如何忙碌，以及第二学期每两天要去医院工作的事情，我听到了原句就是"every second day"……<u>这里想表达的意思就是 Kira 每两天就要去医院工作一次</u>。（受试 1）
语篇知识	语境知识	(39) 然后第十题我填的是 ages，这题我我、我开始听的感觉很像 agents、agents，但是后来觉得不对，然后 agents 很像、发音很像 ages，然后觉得，啊，这里应该是填 ages，而不是 agents，因为我<u>通读了一下还试着去理解了一下这段对话的背景</u>。所以，这题是后来在看的时候发现的，把它改了过来。（受试 3）
	会话组织知识	(40) 这个信息比较靠后，感觉这个对话的问题都是<u>按照顺序来出的，根据对话的进展</u>……（受试 1）
		(41) ……我那会儿都以为听掉了的，那个题。因为，<u>雅思的听力是这样的，它大概是有频率的几秒钟出一个答案的</u>，我差点以为听掉了……（受试 5）

从受试的有声报告来看，雅思听力长对话测试还考查了语音、重音和口语词汇知识，以及语篇知识所涉及的语境知识和会话组织知识。此外，雅思听力长对话测试也引发了受试对构念无关语言能力——背景知识的使用（见表 3.13）。

表 3.13　雅思听力长对话测试任务测量的构念无关语言能力

构念无关语言能力	有声思维转录原文示例
背景/世界/非语言知识	(42) 因为,你知道的,是根据自己的 common sense 来判断的,学生一般都会对自己所困扰或者感兴趣的问题进行深一步探究,所以与 worry 相对应的就应该是填一个动词,interest 最合适。(受试 1)
	(43) 因为这个女生提到了说什么 critical 指,什么什么,额,这……应该是和 thinking 有关,通常情况下。所以我选了(C)。(受试 4)

当受试对听力材料的理解出现问题时,受试倾向于使用背景知识弥补作答。Buck (1991)也证明了这一发现,其研究发现,学生的听力理解过程不仅包含语言知识的运用,还包括语境知识、背景知识和经验的运用。例如,对听力题目:"Kira says that students want to discuss things that worry them very much."(雅思长对话 2—第 25 题)的作答中,受试 1 虽然正确回答了这个问题,但并没有仔细听录音和理解其内容,而是通过对听力话题相关的背景知识来得出正确答案,其口头报告如下:

转录原文:是 interest 吧,这个题当时跑神了,没听到,所以就凭感觉瞎猜了一个 "interest",因为,你知道的,是根据自己的 common sense 来判断的,学生一般都会对自己所困扰或者感兴趣的问题进行深一步探究,所以与 worry 相对应的就应该是填一个动词,interest 最合适。

值得注意的是,雅思听力长对话测试并没有引发考生语用知识和社会语言学知识的使用,而这两类知识的缺乏以及背景知识的补偿必然影响雅思听力测试所考查的构念。

表 3.14　雅思听力长对话测试任务测量的语言能力频率

知识	语法	语篇	背景
频数(百分比)	121(96%)	3(2.4%)	2(1.6%)

如表 3.14 所示,雅思听力长对话测试主要考查了语法知识(96%),语篇知识(2.4%)和背景知识(1.6%)仅占一小部分。这一研究结果与王丽(2007)的研究结论一致,即雅思听力测试主要考查考生识别细节和事实的能力。

4.2.2　策略能力

本部分将用受试的有声思维数据来举例说明受试在完成雅思听力长对话测试时认知和

元认知策略的使用。表 3.15 中列出了受试在完成雅思听力长对话中所使用的认知策略及其子策略以及与其相关的转录文本示例。

表 3.15　雅思听力长对话测试任务测量的认知策略

认知策略		有声思维转录原文
推测	语言推测	(44) 在交流中 Kira 提到 "I has finished it in my country"，意思是自己在出国之前已经修过这门课程，所以从她的话中，我能够推测出来，这个课程对她来说没有那么难。（受试 1）
		(45) ……在这个对话里面我们听见 Kira 到美国来就开始进入第三年的学习，所以说美国承认她的三年级，承认她前两年的学习，所以说应该选 B，她在国内的时候已经完成了两年的课程学习。（受试 6）
	语音推测	(46) ……这个单词的发音跟那个什么 "m..." 的发音是有点像的，我就推测了出来，所以这题我写的是 "mature"。（受试 3）
	语言外的推测	(47) ……当时画了一个关键词，就是，how much，额，full-time work ……噢，不对，不是做了几个，应该是问的时间吧，反正，哎呀，我也不记得了，我，我听到了一个是 two weeks，所以这道题我写的是 two weeks，但这 How much full-time work 又感觉好像跟做了几份工似的，但是，如果是做了几份工，应该是 how many，不应该是 how much，所以这个应问的是一个时间吧可能，所以就是 two weeks。（受试 5）
扩展	世界扩展	(48) ……根据自己的 common sense 来判断的，学生一般都会对自己所困扰或者感兴趣的问题进行深一步探究……（受试 1）
总结		(49) 我猜这道题是 Kira 对其他留学生的一些建议吧，提到了在国外学习中会遇到的两个大问题，一个就是关于 language 和翻译的，另一个就是对于教育系统、体系的了解会影响学习，这都是她自己学习中遇见的问题。（受试 1）
		(50) 这一部分主要是关于……一些……一些新的……一些……就是，主要关于一些治疗的讲座吧。（受试 6）
翻译		(51) 在听之前，我心里想着 "多久的 full-time work"？听到的是 "two weeks"，就是两周的时间。（受试 2）
		(52) 好，现在看第一个，第一个是 "Doctor Green is especially good with babies"，婴儿、孩子，babies 是指婴儿。（受试 6）
重复		(53) 然后，第一个空填的是 baby，啊，这是因为，对话里面提到了，就是这个 Doctor Green 比较擅长的是……额……就是一些，就是关于照顾，就是 baby 的，这是，这是，孩子的，儿科吧，算是。（受试 5）

续表

认知策略	有声思维转录原文
做笔记	(54) 这个题目没有听到答案，*可能是为了做前面题目的笔记，所以错过了这个答案*，也没有瞎写出来一个答案，因为这跟其他填空题不同，问的是具体的一个时间，猜不出来……（受试1）
下画线	(55) 我在读题的时候我会把题目中的关键词给画出来，比如说，我把 *two* 给圈了起来，还把 *free of charge and Shore Lane Health Center* 给画了起来……（受试3）
	(56) 我这题*把题干画了*，*NO MORE THAN TWO WORDS AND/OR A NUMBER* 我画了起来。（受试1）

从雅思听力长对话测试的有声思维转录文本编码可以看出，考生使用的主要认知策略有推测、扩展、总结、翻译、重复、做笔记和下画线。其中，推测策略包括语言推测、语音推测和语言外的推测等子类别；扩展策略仅有基于世界知识扩展这一子策略；"下画线"作为新增加的认知策略，被考生频繁使用以更好地记住录音中需要注意的关键词或要点。此外，下画线子策略主要与计划策略中的选择性注意相关，而考生主要使用的元认知策略即为计划策略。

本研究发现，受试在完成雅思听力长对话测试时使用了由 Vandergrift（1997）分类的四种主要元认知策略，即计划、监控、评估和问题识别。表 3.16 表明，雅思听力长对话测试所测量的计划子类别有预先组织、定向注意和选择性注意，而监控策略的子类别主要是理解监控和听觉监控。根据 Vandergrift（1997）的分类，评估策略包括表现评估和策略评估，但本研究所发现的受试的评估策略使用都属于表现评估子策略。

表 3.16　雅思听力长对话测试任务测量的元认知策略

元认知策略		有声思维转录原文
计划	预先组织	(57) 在听录音之前有时间看题目，可以知道*在听对话时要听什么*，不过时间有点紧凑。（受试1）
		(58) 我留意到，后面的三个问答题强调字数不超过三个，所以不能写超过三个单词……好吧，*在听力之前看清题目要求很重要*。（受试1）
	定向注意	(59) 这个答案信息稍微有点难，因为这一块的信息量有点大，*要仔细听才能找到答案*。（受试1）
		(60) 噢，这个部分的内容有点多，*要仔细听而且要分辨信息对应的诊所名字*。（受试5）

续表

元认知策略		有声思维转录原文
计划	选择性注意	(61)……唯一需要注意的就是在听到拼写的时候要注意一下。(受试3)
		(62)二十九题,画的是 how does 和 feel,就,问的是她结束了这一年的学业之后,她感觉怎么样?所以,听对话的时候我有留意这类信息。(受试3)
监控	理解监控	(63)然后(B)我知道是不对的,因为我把听到的,所有的信息整合了一下,发现 insurance medical 是要付钱的,所以我就没有选(B)。(受试3)
		(64)……这题我、我,我开始听的感觉很像 agents、agents,但是后来觉得不对……所以,这题是后来在看的时候发现的,把它改了过来。(受试1)
	听觉监控	(65)第二十四题,没有听清,它好像……我写的是 mature,因他前面有说什么"May be you be more material"还是什么词,然后后面他往后面说了你当时可能要 younger 一点,所以跟"younger"相对的话就是,年轻相对来说的反义就是说你长大了,更成熟了,跟那个什么 m 的发音是有点像的,我就推测了出来,所以这题我写的是 mature。(受试3)
评估	表现评估	(66)这个问题的答案是 Kira 在完成了一学年之后变得更加自信了,原文中听到了 much more confident,不过没有太在意,也不确定这样写上算不算完整回答了问题。(受试1)
		(67)……我选了(A),但是不知道我选对了没有?(受试5)
	问题识别	(68)问的是具体的一个时间,猜不出来,我不知道是什么。(受试3)
		(69)第二十七题,是,他特意给了一个混淆的项目,就是接着说了一个,对回答这个问题很重要的。我那会儿都以为听掉了的,那个题。(受试5)

除了以上提到的策略,在受试的有声思维数据中还发现一些与构念无关的策略,如表3.17所示。

由表3.17所示,受试在完成测试的过程中所使用的构念无关策略,主要是字面匹配和随机猜测。字面匹配是指考生将听力材料中所听到的内容(如单词、短语或句子片段)与测验题目选项中所出现的内容进行匹配,甚至在不理解录音内容的情况下,凭直觉选出答案。研究发现,考生在作答多项选择题(如雅思长对话2第21题)时主要采用的是字面匹配策略。

表 3.17　雅思听力长对话测试任务测量的构念无关策略

构念无关策略	有声思维转录原文示例
表面匹配	(70)……我选了(A),但是不知道我选对了没有?不知道我怎么选的,反正就选了,她前面就是,前面就是说她完成了一个课程之类的事情,我就选了(A)。(受试4)
	(71)在听之前,先画了"completed",然后(B)画的是"done two years",然后(C)是"difficult"……然后她就说,她其实在她的国家"completes"了这个的……所以我选了(A)是正确答案。(受试4)
随机/统一猜测	(72)……这个对话的时候就会觉得有点,额,抓不住重点,然后觉得这个单词读的口音很奇怪,有一点蒙的成分。(受试3)
	(73)然后第五和第六选择,我是选了(E)和(C),就是听的时候还是有一点模糊的,然后觉得不是很……不是很清晰的,就是直接能够选出来,所以我是猜的。(受试3)

21. In her home country, Kira had (A)

    A. completed a course.

    B. done two years of a course.

    C. found her course difficult.

（雅思长对话2—第21题）

在雅思长对话2第21题中,共有三名受试选出了正确答案,但三者中有两名受试在作答时都采用了字面匹配策略。受试3的口头报告能够证明这一结论(见表3.17中的有声思维转录原文(70))。同时,受试4也解释道:

转录原文:好,二十一题我选选项(B),因为我听到,对话中学生说她完成了"a course",还有"two years"时间点。

随机猜测策略,指的是考生并未根据他们在听力材料中听到的信息来答题,而是任意猜测答案。这一策略与字面匹配有一个共同特点,即考生在没有听懂听力文本的情况下,由于不能回答试题,于是就会利用这种构念无关策略来解题。而本研究发现,多项选择试题是考生集中使用该策略的主要试题类型。这一发现与 Wu(1998)的研究结论一致,即多项选择模式允许许多相似的猜测,从而导致受试出于错误的原因或毫无根据地选出正确的答案。例如,在完成雅思第一个长对话的第5题和第6题时,受试3采用了随机猜测(见表3.17中的有声思维原文转录(73))。这一表现在某种程度上,与字面匹配策略相似,即考生使用随机猜测来补偿他们对听力文本的理解不足,从而更好地完成任务。因此,无论是字面匹配还是随机猜测,这两种策略的使用都允许考生能够在不理解听力材料的情况下选择答案,而有时考生则恰巧选择了正确的答案。这种构念无关策略势必会严重影响雅思听力长对话测试所测量的构念。表3.18 记录了雅思听力长对话测试中考生答题策略的使用频率。

表3.18 雅思听力长对话测试任务测量的策略能力频率

策略能力	认知策略	元认知策略	构念无关策略
频数(百分比)	48(57.1%)	28(33.4%)	8(9.5%)

从表3.18 可以看出,考生在完成雅思听力长对话测试时最常用的策略类别是认知策略(57.1%),其中位居前两位的是推测和下画线策略,而其他策略如翻译、总结、重复、扩展和记笔记也有出现。相比之下,元认知策略占策略使用的33.4%。其中,在数据报道中,计划是受试使用最为复杂和频繁的元认知策略,其次是问题识别、监控和评估策略。此外,构念无关策略(包括字面匹配和随机猜测)占整个策略能力的9.5%。因此,构念无关策略威胁雅思听力长对话测试的构念。

4.3 托福听力长对话测试测量的构念

4.3.1 语言能力

有声思维数据表明,托福听力长对话测试主要考查两种主要知识,即语法知识和语篇知识(见表3.19)。

表3.19 托福听力长对话测试任务测量的语言能力

语言能力		有声思维转录原文
语法知识	语音	(74)(A)是肯定要选的,*They have the same name*,因为我听到它们两个*painting* 的 *name* 都叫作*"Starry Night"*。(受试1)
		(75)那个女的提到一个里面房间分……虽然在一个*room* 里面,但是有……把两个*club* 给分开了,有*privacy*,然后我听到这个男的是说*"accepted"*,所以这一题我选的是(B)。(受试3)
	口语词汇	(76)……因为前面说了,他需要一个*office* 嘛,所以这个选……*office* 对应的这个*work space* 的意思,就是选项(B)。(受试5)
		(77)其中他专门问了一下和这个……*semi-, semi-, semi-private room*,根据这个女管理员的解释……有没有这个*dividers*,应该是隔间的意思,就是说*semi-private room* 指的是一个大的房间里面把空间隔开,应该是每一个*club* 会有一块单独的空间作为*office*……(受试1)

语言能力		有声思维转录原文
语篇知识	语境知识	(78)"*What is the student's attitude toward the room he is offered?*",就是对那个 *semi-private room* 的态度是什么,我选的是第二个"*He considers a semi-private room to be acceptable.*"因为他中间有提到说,啊,我反正都需要一个 *office*,所以根据<u>上文语境</u>,他,他是很乐意,做这件事的,所以后面才会进行一系列的申请。(受试5)

如表 3.19 所示,托福听力长对话测试中,通过口头报告发现的语言能力子类较为单一。在语法知识方面,托福的听力长对话测试只考查了考生的语音和口语词汇;而在语篇知识方面,托福的听力长对话测试只考查了考生的语境知识。

此外,在完成托福考试过程中,受试还尝试用背景知识来弥补对听力材料的理解不足(见表 3.20)。

表 3.20　托福听力长对话测试任务测量的构念无关语言能力

非构念相关语言能力	有声思维转录原文示例
背景/世界/非语言知识	(79)<u>根据常识</u>,*common sense*,我们也能判断出来,这个 *approval letter*,它的作用肯定就是,嗯,为了证明这个学生他的 *club* 已经 *registered*······(受试1)
	(80)我听到了,听到了,这个男生说了,他没有把这个 *approval letter* 带在身上,而是放在了 *dorm* 里面,所以根据常识来判断,他意思是,他能够,后面回去拿,拿来再交给她看。(受试1)

托福的听力长对话测试所测量的三种语言能力的频率见表 3.21。

表 3.21　托福听力长对话测试任务测量的语言能力频率

语言知识	语法知识	语篇知识	背景知识
频数(百分比)	53(88.3%)	1(1.7%)	6(10%)

如表 3.21 所示,托福的听力长对话测试任务所测的语言知识集中在语法知识上(88.3%),且背景知识(10%)的比例高于语篇知识(1.7%)。这些研究发现表明,托福听力长对话测试的构念受到了威胁。

4.3.2　策略能力

通过分析受试的有声思维数据,表 3.22 和表 3.23 分别列出了托福听力长对话测试中所测的策略能力。

表3.22　托福听力长对话测试任务测量的认知策略

认知策略		有声思维转录原文示例
推测	语言推测	(81)我觉得它主要讲的是，额，它主要讲的是，这个，嗯，我觉得他们主要讨论这个学生关于自己课程作业的一些内容，因为他可能是要画画还是提交一些关于画家的作业？因为他谈到了凡·高，后面谈到了莫奈……(受试1)
		(82)好的，这个题的答案应该是"(B) The influence of one painter on another"，因为我听到了对话中提到了两个画家的名字，"Van Gogh" and "Millet"，所以我推测这是在讲两个画家之间的关系和相互影响。(受试4)
	语言外推测	(83)这块我没，笔记没记下来，我就听到什么attribute，我这题只能根据选项里的东西来猜了……(受试3)
扩展	个人扩展	(84)……"They are difficult to analyze."我觉得应该不是吧，children画的画怎么difficult to analyze呢？我觉得不能理解。(受试3)
		(85)嗯，我觉得选"(A) They increase the value of the portraits."比较靠谱……但是我清楚地听到这个professor说了这些objects呢，其实代表了这个parents的hope and expectations……所以这道题就选(A)。(受试1)
	世界扩展	(86)那，这样子的话，应该是选(A)，可以推断出选(A)，因为他没有带那一封批准信，通常呢，人们会回去拿的，所以他要回宿舍去拿这封信，所以选(A)。(受试2)
总结		(87)听完整个对话，应该是……感觉到这个男生是来申请场地的，这就是他们谈论的大概内容吧。(受试4)
		(88)好的，第二个conversation，这个conversation是一个学生和他的Arts History的teacher、professor之间的一段对话，他们主要在说那个学生的作业。(受试5)
翻译		(89)然后明显地有一个"in fees"短语，就是要"付费"的，所以他们要付费，in fees，应该选(C)。(受试6)
		(90)……这些objects呢，其实代表了这个parents的hope and expectations，就是汉语里的希望吧，所以对这些miniature portraits来说，应该是increase the values，所以这道题就选(A)。(受试1)
重复		(91)……我大概，就是脑子里有想到，所以我觉得具体说来说就是这幅画呢not available，对于这个学生来说，目前不是available的，他不能够亲自去学习……(受试1)
		(92)第一题，嗯，这两个人在讨论什么？他们应该是在讨论那个选题吧，选题，看选项的时候我，好像脑子里重复了几遍。(受试2)

续表

认知策略	有声思维转录原文示例
做笔记	(93) 不过,在做的过程中还是做了很多的笔记,不然可能觉得自己可能记不到那么多吧。(受试1)
	(94) 嗯,要死,那个电脑上打字打得太慢了,根本记不下来。(受试3)

表3.22显示,托福听力长对话测试中的认知策略主要包括六类:推测、扩展、总结、翻译、重复、做笔记,其中推测包括语言推测和语言外推测两种子策略。扩展子策略也有多种,既涉及个人扩展,也涉及世界扩展。此外,考生的有声思维数据还报告了总结、翻译、重复和做笔记四种主要的认知策略。

表3.23　托福听力长对话测试任务测量的元认知策略

元认知策略		有声思维转录原文
监控	理解监控	(95) 第三题 "What does the student say about the painting by Millet?" 这个我没有记下来多少,这个好像,这是个 museum 吗?我还以为这是个人呢。"Seemed brighter than…, on loan to a distant museum", 好吧,这个应该是个人呐。(受试3)
		(96) 因为乍一看,觉得这个、可能这个、第三个有点像,对,它是 museum、Connecticut,额,这个州立的这个博物馆之行吧。但其实并非只是讨论这个吧,听完整个对话之后,我感觉更多的是对他的作业,因为他要改题目啊什么的,我觉得它是讨论作业的。(受试5)
	复检监控	(97) 嗯,他跟这个老师说他想改变他的那个 assignment topic……因为他,这个文中有谈到,他说他想跟她讨论改变 topic 的事。(受试3)
评估	表现评估	(98) 额,虽然没有做过这类托福的题,但是在做的时候没有感觉那么难,因为第一部分听完了一段对话以后有五道题目,自我感觉都是做对了的……(受试1)
	问题识别	(99) "They depict the same star constellation", c-o-n-s-t-e-l-l-a-t-i-o-n,不理解,我不知道这个词是什么意思。(受试1)
		(100) 嗯,文章中提到,嗯,有 semi-private room,但是还不太确定吧……(受试2)

在完成托福的听力长对话测试时,考生并未报告与认知策略中的计划策略的使用。这

一研究发现很可能与机考的方式有关,因为在托福听力测试中,只有当考生听完听力材料后,才能看到相关的测试题目。因此,考生在听力播放开始之前不能做任何试题预览。因此,由于不能预览考试题目或选择关注听力前应注意的要点,考生只能在听录音的同时有选择地做笔记。此外,在托福听力长对话测试中,受试也报告了在考试过程中使用的构念无关策略(见表 3.24)。

表 3.24 托福听力长对话测试任务测量的构念无关策略

构念无关策略	有声思维转录文本
字面匹配	(101)第五题我没有听到,但是我好像听到了一个 website 一个词,所以我选的是"(A)Designing a club website"。(受试 4)
	(102)所以我觉得这一题应该是选(A),其他选项的我不知道,反正我有听到他说在"dorm"里面,所以我这题就选的"(A)Retrieve a letter from his dormitory room"。(受试 3)
随机/统一猜测	(103)然后二十二题选(B),二十二是没有听到这个答案,然后觉得,猜了一下,应该是选(B)。(受试 4)
	(104)好吧,这个题,我没听到,就随便猜一个吧……(受试 6)
阅读	(105)选项(A)"It is not on the list of approved paintings that the professor provided."还是被保存起来了什么的,大概是那个意思……所以说选(A)。(受试 6)

在完成多项选择题时,考生的字面匹配、阅读和随机猜测的策略使用会影响受试的表现(郑宇静、辜向东,2009)。此三种构念无关策略存在于受试的托福听力长对话测试的口头报告中。受试主要通过字面匹配和随机猜测策略来作答,以弥补其对听力材料的理解不足,从而更好地完成测试。此外,阅读策略的使用意味着考生对题目选项的误解会给他们的理解带来负担,从而有可能导致选择错误的选项。事实上,听力任务会对考生的阅读甚至是写作技能提出要求,这些技能通常与他们在完成听写或句子填空等任务时出现,在这种情况下,测试的目标听力技能会受到干扰。正如 Wu(1998)指出,听力理解测试中的词汇问题可以在一定程度上把听力测试转化为词汇或阅读测试。本研究的托福听力长对话测试中的阅读策略是一个很好的例证。

19. Why is the student unable to write about the painting by Van Gogh? (B)

    A. It is not on the list of approved paintings that the professor provided.

B. It is not available for the student to study in person.

C. The student does not have enough background knowledge to write about it.

D. Another student has already chosen to write about it.

（托福—长对话2）

以上给出的示例问题是受试6答错的一道试题,他是唯一一个采用阅读策略完成该任务的受试。他在报告中称:

转录原文:*这个问题问的是"Why is the student unable to write about painting by Van Gogh?"因为梵高的被送到欧洲去了好像,欧洲参展。选项(A)"It is not on the list of approved paintings that the professor provided."还是被保存起来了什么的吗,大概是那个意思。好像有 听到一个Europe。所以说选(A),因为要是画在欧洲的话,那就不会"on the list"。*

从有声思维数据可以发现,他听到了这个问题的正确答案(因为这幅画现在在欧洲展出),这证明他已经理解了听力文本。然而,对选项(A)的错误理解导致他未能正确回答这个问题。不难发现,阅读策略给考生对题目选项的理解带来了影响,导致考生因对选项的理解而选择了错误答案。这与郑宇静、辜向东(2009)以及Wu(1998)的发现类似,这种策略主要出现在多项选择题中,因为无论是三个选项还是四个选项,只有完成多项选择题时考生需要理解大量的选项。因此,阅读策略在一定程度上影响了托福听力长对话测试的构念。

表3.25 托福听力长对话测试任务测量的策略能力频率

策略能力	认知策略	元认知策略	构念无关策略
频数(百分比)	75(77.3%)	12(12.4%)	10(10.3%)

从策略能力(见表3.25)来看,在托福听力长对话测试中,认知策略占比最大(77.3%),元认知策略(12.4%)和构念无关策略(10.3%)的比例接近。因此,本研究中构念无关策略的存在可能威胁到托福听力长对话测试的构念。

4.4 六级、雅思、托福听力长对话测试构念效度对比

本节将对比六级、雅思、托福听力长对话测试的听力构念结果。对比分析的理论基础仍然是Buck(2001)听力构念框架和改编自Vandergrift(1997)的策略分类法。

4.4.1 语言能力

通过对这三项考试的长对话测试语言能力的有声思维数据进行分析,表3.26列出了三项考试所测量的语言能力的对比结果。

表 3.26　三项听力长对话测试任务测量的语言能力对比

语言能力	六级长对话	雅思长对话	托福长对话
语法知识	90.9%	96%	88.3%
语音	√	√	√
重音		√	
口语词汇	√	√	√
语篇知识	2.3%	2.4%	1.7%
语境知识	√	√	√
会话组织知识		√	
语用知识			
社会语言知识			
构念无关知识	6.8%	1.6%	10%
背景知识	√	√	√

　　如表 3.26 所示，三项考试中的听力长对话测试都测量了语法知识和语篇知识。在所测试的知识中，语法知识在每类测试中所占的比例均为最大（六级 90.9%，雅思 96%，托福 88.3%）。以上结果表明，三项考试中的听力长对话主要考查了语法知识和语篇知识，其中，语法知识主要考查的有语音、口语词汇以及重音，而这些考查内容与语言形式密切相关。其次，三项听力长对话测试都没有测量语用和社会语言学知识，而这些知识被认为是听力构念理论的关键组成部分（Buck，2001）。

　　此外，三项考试中所有听力长对话都测试了背景知识，而背景知识的考查则超出了听力构念的范围。研究发现，与托福（10%）和六级（6.8%）相比，雅思听力长对话测试（1.6%）中所考查的背景知识所占比例最低。虽然对背景知识的考查在一定程度上可以促进听者使用听力材料之外的话题相关知识来选择答案，但字面匹配和随机猜测等构念无关策略的使用使三项听力长对话测试的构念都受到了威胁。

　　三项考试的对比结果表明，雅思的听力长对话测试考查的语言能力更为全面。研究结果显示，雅思听力长对话测试考查了三种语法知识子类（语音、重音和口语词汇）和两种语篇知识子类（语境知识和会话组织知识）。而六级和托福只考查了语法知识中的语音和口语词汇以及语篇知识中的语境知识。

　　综上所述，雅思听力长对话测试更好地测量了语言能力的听力测试构念，它所考查的构念相关的语言能力最丰富,并且其所考查的与构念无关的语言能力所占的比例最低。

4.4.2 策略能力

表 3.27 列出了这三项听力长对话测试所考查的策略能力对比的结果。对比分析结果表明,受试在完成三项听力长对话测试时都采用了认知和元认知策略。其中,7 种认知策略和 4 种元认知策略均有使用,而受试在完成雅思听力长对话测试时运用的策略种类最多。研究结果显示,六级和托福只测量到了考生的六种认知策略,其中六级没有考查重复策略,而托福没有测量下画线策略。其次,六级和雅思都测量了 4 种元认知策略,而托福没有测试元认知策略中的计划策略子类。造成这一结果的可能原因是托福独特的考试形式(机考),而 Buck(2001)和 Vandergrift(1997)的框架是基于现实生活中的听力交际(target language use domain)与纸笔考试提出的,与机考中的策略使用有所不同。此外,在六级长对话测试中,受试没有使用重复策略,这有点超出我们的预期,这可能是受到本研究所采用的六级听力长对话测试的题目总数(共 7 题)或本研究所选该测试试题样本的限制。

研究结果显示,三项考试都更重视考查考生对认知策略的运用,其中托福的比例最高(77.3%),其次是六级(67.2%)和雅思(57.1%)(见表 3.27)。然而,Buck 在其听力构念框架(2001)中并没有解释认知策略和元认知策略的具体分类,而 Vandergrift(1997)的策略框架中,认知策略分类远多于元认知策略,但 Vandergrift(1997)是否认为认知策略更重要,我们不得而知。尽管如此,本研究发现,在完成三项考试的过程中,受试所使用的认知策略类别远多于元认知策略类别。因此,三项听力长对话测试中,认知策略的运用总是处于优势地位。这个结论值得关注,但这一研究发现仅限于当前研究的测试材料和所选受试范围。如需将此研究结论推广到更广泛的考生群体或其他测试中去,则需要谨慎。

此外,通过对受试的有声思维数据进行分析,研究发现了三种构念无关策略,即字面匹配、随机猜测和阅读策略。这些构念无关策略,都对听力长对话测试的构念产生了威胁。在三项考试的过程中,受试都使用了前两种构念无关策略,即字面匹配和随机猜测策略。而阅读策略只出现在托福听力长对话测试中。考生对阅读策略的使用,分散了其对听力材料的注意力,在一定程度上阻碍了考生对题目选项的理解(郑宇静、辜向东,2009)。同时,构念无关策略中的字面匹配策略(Wu,1998;郑宇静、辜向东,2009)和阅读策略(郑宇静、辜向东,2009),特别是字面匹配策略,则更多出现在多项选择题中。最后,与六级(13.1%)和托福(10.3%)相比,受试完成雅思听力长对话测试(9.5%)时运用构念无关策略的频率最低且受试在完成雅思听力长对话测试时所使用的策略能力种类最多。换言之,雅思听力长对话测试对考生策略能力的测量最全面,而且三个策略类别使用频率差异最小(认知策略 57.1%,

元认知策略 33.4%,构念无关策略 9.5%)。

表 3.27　三项听力长对话测试任务测量的策略能力对比

策略能力		六级长对话	雅思长对话	托福长对话
认知策略		67.2%	57.1%	77.3%
1 推测	1a 语言推测	√	√	√
	1b 语音推测	√		
	1c 语言外推测	√	√	√
	1d 部分间推测			√
2 扩展	2a 个人扩展		√	
	2b 世界扩展	√	√	√
3 总结		√	√	√
4 翻译		√	√	√
5 重复			√	√
6 做笔记		√		√
7 下画线		√	√	
无认知策略		19.7%	33.4%	12.4%
1 计划	1a 预先组织	√		√
	1b 定向注意	√		
	1c 选择性注意	√		√
2 监控	2a 理解监控	√	√	√
	2b 听觉监控	√		
	2c 复检监控		√	
3 评估	3a 表现评估	√	√	
4 问题识别		√	√	√
构念无关策略		13.1%	9.5%	10.3%
1 字面匹配		√	√	√
2 随机猜测		√		√
3 阅读				√

　　总之,雅思听力长对话测试能更好地测量考生的策略能力,因为它考查的认知策略和元认知策略种类最丰富,且构念无关策略的比例最低。此外,在考生完成雅思听力长对话测试任务时,考生对这三大策略类别的使用频率分布也最均衡。

5 结论

本研究结合了 Buck（2001）提出的听力构念框架和 Vandergrift（1997）的认知、元认知策略分类框架,构建了三项听力长对话测试的构念效度验证框架,通过有声思维和回顾性访谈,对六级、雅思、托福听力长对话测试的构念进行了评估,并对比了三项听力长对话测试构念效度的异同。

◇ 研究发现

本研究结果表明,六级、雅思、托福三项听力长对话测试都考查了考生的语法知识、语篇知识以及构念无关知识中的背景知识,但均未考查语用知识和社会语言知识。考生语法知识的使用在三项考试中所占比例最大。三项考试都非常注重考查考生对认知策略的使用,包括五种认知策略（推理、阐述、总结、翻译和做笔记）、三种元认知策略（监控、评估和问题识别）,但也存在对两种构念无关策略（表面匹配和随机猜测）的考查。

相对而言,雅思听力长对话测试更全面地考查了语法知识、语篇知识和策略能力,且考生在完成雅思听力长对话测试时的构念无关知识和策略使用频率最低。换言之,雅思听力长对话测试的构念效度最好,可能与雅思听力长对话测试任务的多样性有关。然而,构念无关的语言能力和策略能力对三项听力长对话测试的构念效度均构成了一定的威胁,三项考试都有可改进之处。

◇ 研究意义

本研究仍然具有一定的理论、应用和方法意义。在理论层面,本研究证实了 Buck（2001）提出的听力构念框架与 Vandergrift（1997）提出的听力策略的可结合性和可借鉴性。在应用层面,对每项测试的听力长对话的构念进行验证并对其构念效度进行对比有助于考试利益相关者进一步了解听力长对话测试的特征。对于测试设计者而言,本研究对他们改进听力测试长对话任务设计有借鉴意义。例如,听力长对话测试应全面考查语言能力的使用,同时也应该考查语用知识和社会语言知识。此外,字面匹配和随机猜测策略的使用威胁到三项考试的构念效度,尤其是六级和托福听力长对话测试的构念效度。因此,试题开发者在题目设计中有必要改变单一的多项选择题题型的使用,增加新的任务形式。本研究在方法上证明,有声思维和回顾式访谈能有效地应用于对考生听力语言能力和策略能力的研究。

◇ 研究的局限性

本研究存在一些明显不足,如没能采用专家分析法来验证本研究所使用的听力长对话效度验证框架的合理性和有效性；研究对三项听力长对话测试构念的异同产生的原因解释不够深入；以及研究样本较小；等等。此外，由于有声思维报告主要取决于受试对自身考试过程的描述，可能存在受试在完成听力任务后无法准确报告其答题时所采用的策略的现象，从而影响编码及分析结果。

◇未来研究建议

本研究还为未来的研究提供了一些建议。首先，未来研究应结合情景效度，尤其是内容效度对构念效度进行分析。其次，为了丰富听力构念效度研究的内容，还应探讨长对话的输入对考生听力和考试过程的影响。最后，受试的样本可以根据不同的语言水平或不同的专业背景而选择，从而得出更具代表性的研究结果。

参考文献

Anderson, J. R. (1983). *The architecture of cognition* [M]. Harvard University Press.

Anderson, N. J., Bachman, L. F., Perkins, K., & Cohen, A. (1991). An exploratory study into the construct validity of a reading comprehension test: Triangulation of data sources [J]. *Language Testing*, 8(1), 41-66.

Bachman, L. F. (1985). Performance on cloze tests with fixed-ratio and rational deletions [J]. *TESOL Quarterly*, 19(3), 535-556.

Bachman, L. F. (1990). *Fundamental considerations in language testing* [M]. Oxford University Press.

Bachman, L. F., & Palmer, A. S. (1996). *Language testing in practice* [M]. Oxford University Press.

Bachman, L. F., (2005). Building and supporting a case for test use [J]. *Language Assessment Quarterly*, 2(1), 1-34.

Banerjee, J., & Luoma, S. (1997). Qualitative approaches to test validation [A]. In C. Clapham & D. Corson(Eds.). *Encyclopedia of language and education(Language testing and assessment 7)* (pp. 275-287) [C]. Fluwer Academic Publishers.

Bowles, M. A. (2010). *The think-aloud controversy in second language research* [M]. Routledge.

Buck, G. (1988). Testing listening comprehension in Japanese university entrance examinations [J]. *JALT Journal*, 10(1), 15-42.

Buck, G. (1991). The testing of listening comprehension: an introspective study [J]. *Language Testing*, 8(1), 67-91.

Buck,G. (1994). The appropriacy of psychometric measurement models for testing second language listening comprehension[J]. *Language Testing*, *11*(2),145-170.

Buck,G. (2001). *Assessing listening*[M]. Cambridge University Press.

Canale,M.,& Swain,M. (1980). Theoretical bases of communicative approaches to second language teaching and testing[J]. *Applied Linguistics*, *1*(1),1-47.

Carroll,J. B. (1977). New perspectives in the analysis of abilities[A]. In R. R. Ronning, J. A. Glover,J. C. Conoley & J. C. Witt(Eds.), *The influences of cognitive psychology on testing*(pp. 267-284)[C]. Lawrence Erlbaum Associates.

Cohen,A. D. (1984). On taking language tests: What the students report[J]. *Language Testing*, *1*(1),70-81.

Cohen,A. D.,& Hosenfeld,C. (1981). Some uses of mentalistic data in second language research[J]. *Language Learning*, *31*,285-313.

Cronbach,L. J.,& Meehl,G. C. (1955). Construct validity in psychological tests[J]. *Psychological Bulletin*, *52*(4),281-302.

Dang,Z. S. (2008). *A study on the authenticity of the listening sub-tests in TEM*[M]. China Social Sciences Press.

Faerch,C.,& Kasper,G. (1987). From product to process introspective methods in second language research[A]. In C. Faerch & G. Kasper(Eds.), *Introspection in second language research*(pp. 5-23)[C]. Multilingual Matters Ltd.

Feyten,C. (1991). The power of listening ability: An overlooked dimension in language acquisition[J]. *The Modern Language Journal*, *75*(2),173-180.

Fonteyn,M. E.,Kuipers,B.,& Grobe,S. J. (1993). A description of think aloud method and protocol analysis[J]. *Qualitative Health Research*, *3*(4),430-441.

Green,A. (1998). *Verbal protocol analysis in language testing research: A handbook*[M]. Cambridge University Press.

Hughes,A. (1989). *Testing for language teachers*[M]. Cambridge University Press.

Huot,B. (1993). The influence of holistic scoring procedures on reading and rating student essays[A]. In M. Williamson & B. Huot(Eds.), *Validating holistic scoring for writing assessment: Theoretical and empirical foundations*[C]. Hampton Press.

Munby,J. (1978). *Communicative syllabus design*[M]. Cambridge University Press.

Nunan, D. (1992). *Research methods in language learning* [M]. Cambridge University Press.

Oxford, R. (1990). *Language learning strategies: What every teacher should know* [M]. Newbury House.

Shohamy, E., & Inbar, O. (1991). Validation of listening comprehension tests: The effect of text and question type [J]. *Language Testing*, 8(1), 23-40.

Smagorinsky, P. (1994). *Speaking about writing: Reflections on research methodology* [M]. Sage.

Valette, R. M. (1977). *Modern language testing* [M]. Harcourt Brace Jovanovich.

Vandergrift, L. (1997). The strategies of second language (French) listeners: A descriptive study [J]. *Foreign Language Annals*, 30(2), 387-409.

Vandergrift, L. (1996). Listening strategies of core French high school students [J]. *Canadian Modem Language Review*, 52(2), 200-223.

Weigle, S. C. (2002). *Assessing writing* [M]. Cambridge University Press.

Weigle, S. C., Yang, W., & Montee, M. (2013). Exploring reading processes in an academic reading test using short-answer questions [J]. *Language Assessment Quarterly*, 10(1), 28-48.

Wu, Y. A. (1998). What do tests of listening comprehension test? A retrospection study of EFL test-takers performing a multiple-choice task [J]. *Language Testing*, 15(1), 21-44.

Yamashita, J. (2003). Processes of taking a gap-filling test: Comparison of skilled and less skilled EFL readers [J]. *Language Testing*, 20(3), 267-293.

Young, M. Y. C. (1997). A serial ordering of listening comprehension strategies used by advanced ESL learners in Hong Kong [J]. *Asian Journal of English Language Teaching*, 7(1), 35-53.

陈旻, 2014. 英语专业四级阅读理解效度研究——基于认知角度的分析 [J]. 外语教育研究(1): 45-50.

陈晓扣, 李绍山, 2006. TEM-4 完型填空测试结构效度研究——答题过程分析法 [J]. 现代外语 (1): 71-77.

郭纯洁, 2007. 有声思维法 [M]. 北京: 外语教学与研究出版社.

金艳, 吴江, 1998. 以"内省"法检验 CET 阅读理解测试的效度 [J]. 外语界(2): 48-53.

刘力, 2014.《第二语言研究中的有声思维研究法之争议》评介 [J]. 外语教学理论与实践(3): 91-93.

彭康洲, 2010. 基于测试使用论证的听力理解任务效度研究 [D]. 上海: 上海外国语大学.

彭康洲, 2011. 探究影响 TEM 4 听力理解的任务特征——兼谈 TEM 4 听力理解的构念效度 [J]. 外语测试与教学(3): 22-28.

王敬欣,张阔,2005. 第二语言阅读中的元认知[J]. 心理科学进展(4):760-766.

王丽,2007. 三种大规模标准化英语考试听力测试部分之比较—— 一项基于语篇、任务、说话人相关因素的研究[J]. 外语电化教学(2):67-72.

吴延国,2011.《二语研究中的有声思维法争议》述评[J]. 外语界(4):93-96.

张建华,2015. TEM-4 听力测试构念效度的结构方程模型分析[J]. 考试研究(3):37-43.

郑宇静,辜向东,2009. 长对话多项选择听力测试题结构效度的追述法研究(英文)[J]. 中国英语教学(6):15-26.

第4章
基于有声思维的六级、雅思、托福阅读测试构念效度对比研究

摘要：本研究从阅读信息层面和阅读技能两个方面对阅读测试的构念进行了界定，并根据六级、雅思、托福阅读测试预期考查的技能构建了三项阅读测试的分析框架。根据分析框架，通过专家判断法确定三项阅读测试每道题的预期答题操作，然后通过有声思维，分析受试完成三项考试的阅读测试题目的答题过程，探究受试实际的答题过程与预期答题操作之间的拟合度，旨在探究和对比六级、雅思、托福三项阅读测试的构念效度。研究结果表明，三项阅读测试均具有良好的构念效度，这为三项阅读测试的构念效度提供了实证依据，证明三项阅读测试是有效可靠的。不过，三项考试的构念存在差异，托福受试按照预期操作答题的比例较低，雅思考查的技能较少，六级介于两者之间。造成差异的主要因素为考试形式、题型、篇章难度、考生对考试的熟悉度等。

关键词：构念效度；阅读信息层面；阅读技能；有声思维；对比研究

1 引言

构念效度是指测试在多大程度上测量了其拟测的构念（Bachman，2000）。在评估一项测试时应优先考虑构念效度，因为它决定了测试分数解释的意义（Bachman & Palmer，1996；Bachman，2004）。为了证明基于测试分数得出的推论是正确的，应不断收集各种来源的证据（Bachman，1990；Messick，1992；Chapelle，1998；Chapelle，Enright & Jamieson，2008；Weir，2010）。这一持续收集证据的过程就是效度验证。Hughes（2000：32）指出，"构念效度验证是一项研究活动，通过验证，理论得以在测试中运用，并得到认可、完善或被推翻。只有通过构念效度验证，语言测试才能够建立在更合理、更科学的基础上。"

阅读是二语或外语学习中最重要的技能（Adamson，1993；Carrell，Devine & Eskey，1998），其重要性在六级、雅思、托福等各种语言测试中可见。这些考试的分数被用作大学入学、奖学金评定、就业和晋升等高风险决策的依据，而这些决策可能会影响受试的一生（Chalhoub-Deville & Turner，2000）。

尽管六级、雅思、托福在考试目的、阅读试题结构和分数解释等方面有所不同，但三者都是以英语作为外语或二语的大规模、高风险测试，三者应当具有可比性，且其阅读部分的构念效度应当既有相似性，也存在差异性。

虽然构念效度验证和阅读技能非常重要，而且这三项大规模、高风险测试应当具有可比性，但有关六级、雅思、托福阅读测试质量的对比研究却很少。因此，有必要对六级、雅思、托福阅读测试的构念效度进行对比研究，以证明依据考试成绩作出的结论具有公信力，并验证这三项阅读测试的可比性。

本研究旨在探究和对比六级、雅思、托福阅读测试的构念效度，从阅读信息层面（单句、句间、段落和篇章）和阅读技能两方面，对五名考生完成 555 道测试题目的答题过程进行分析，旨在探讨考生实际的答题行为和命题者预期答题操作之间的拟合度，本研究拟回答以下三个研究问题：

1）六级、雅思、托福三项阅读测试的预期答题操作有何异同？

2）考生三项阅读测试实际答题行为和预期答题操作的拟合度如何？

3）考生三项阅读测试未按预期答题操作但仍答对题的答题行为有何异同？

2 文献综述

在介绍完本研究的背景并提出三个研究问题后，本部分将回顾相关文献，包括三项阅读测试、阅读模式、阅读信息层面、阅读技能以及有关阅读测试的实证研究，然后提出本研究的分析框架。

2.1 三项阅读测试

2.1.1 六级阅读测试

六级阅读测试评估考生的阅读水平及其理解书面英语的能力。最新六级（2013 版）阅读测试有三个部分（见表 4.1）。

表 4.1　2013 版六级阅读测试

部分	测试内容	测试题型	分值比例
A	词汇理解	选词填空	5%
B	长篇阅读	匹配	10%
C	仔细阅读	选择题	20%

A 部分有一篇 250~300 词的短文，要求考生从给定的 15 个选项中选择 10 个词填空。B 部分是一篇长篇阅读理解，约 1 200 词。篇章后附有 10 个句子，每句对应 1 题。每句所含的信息出自篇章中的某一段落，要求考生找出与每句所含信息相匹配的段落。有的段落可能对应两题，有的段落可能不对应任何一题。C 部分有两篇短文，每篇短文包含 400~450 词，并附有 5 个多项选择题。阅读测试共 30 道题，答题时间为 40 分钟。六级总分 710 分，其中阅读比重占 35%。

六级阅读篇章均取自真实的英语材料，包括学术期刊、杂志、报纸和书籍（全国大学英语四、六级考试委员会，2007）（参见第 2 章）。篇章题材包括人文、社会科学和自然科学等多种主题，若出现某一学科专业知识，篇章会提供相关背景信息。体裁包括记叙文、说明文和论说文。A、B 部分的两篇短文略简单，C 部分的两篇短文难度中等。

2.1.2　雅思阅读测试

雅思阅读测试一般由三部分组成，每部分有一篇长文章。三篇文章总词数为 2 150~2 750词。为了确保文章的真实性，所有文章均摘自书籍、期刊、杂志、报纸和在线资源等（IELTS，2007）（参见第 2 章）。所有文章均不涉及专业性很强的主题（Moore et al.，2012）。体裁包括记叙文、说明文、议论文和论说文。通常至少有一篇文章包含详细的逻辑论证。文章中有时会出现图表、图形或插图等非语言材料，如果某一篇出现了专业词汇，文章会提供简要说明。三篇文章共 40 道题，考查考生对文章的理解，答题时间为 60 分钟。阅读成绩为整数或分数。40 道题目中每答对一道得 1 分，所得分数最终对应雅思 9 级量表分数。

雅思阅读测试有 11 种题型，包括：

· 多项选择

· 判断信息（正确/错误/未给出）

· 识别作者的观点/主张（正确/错误/未给出）

· 信息匹配

- 标题匹配

- 特征匹配

- 句尾匹配

- 句子填空

- 总结/笔记/表格/流程图填空

- 图表填空

- 简答题

2.1.3 托福阅读测试

托福阅读测试通常包含三篇文章,总词数约 2 100 词,每篇文章后有 12~14 个问题。托福阅读文章涵盖不同学科的主题,所有文章均选自大学课本(美国教育考试服务中心,2009)。由于阅读测试是为了评估考生阅读、理解学术和专业类文章的能力,所选文章尽量保留原文,基本没改动(美国教育考试服务中心,2009)。文章体裁分为三类:说明文、议论文和历史叙事。阅读部分平均有 39 道题,答题时间 60 分钟,由电脑评分,分值范围为 0 ~ 30 分。

托福阅读有三种题型:第一种是传统的多项选择题,要求考生从四个选项中选择一个正确答案。第二种是"句子插入"题,要求考生从所给的四个句子中选择一个与段落最符合的。最后一种是多选题,是 2006 年引入托福的一种新题型,由篇章总结题或图形表格题组成。其中,篇章总结题要求考生从六个表达文章重要观点的选项中选出三个。试题给出了一句文章内容总结,用于提示考生(ETS,2012)。图形表格题要求考生选择与文章主题相关的答案。

2.2 阅读模式

阅读模式有三种:自下而上模式、自上而下模式和互动模式(Weir, Yang & Jin, 2000; Zhang, 2010)。自下而上模式指的是读者"从书面文字开始,识别图形刺激,将其解码为声音,识别单词,并解码含义"(Alderson, 2000:16)。该模式假定读者先处理最小的语言单位,然后处理较大的单位,例如单词、短语和句子。该模式认为,字母识别是理解单词的先决条件,理解了单词,才能理解短语和句子,进而理解篇章。该模式也认为阅读是基于文本的被动过程(Celce-Murcia & Olshtain, 2000),并受文本输入量控制。自下而上模式的缺点是其过分强调低层次阅读过程的重要性,因此,辨识单词时,似乎没有涉及高层次信息(Urquhart & Weir, 1998)。

自上而下模式指读者可以运用一般和特定领域的知识预测单词、句子和文本的含义(引自 Weir et al.，2012）。该模式认为，阅读并不是逐字取义的过程，而是一个主动选择的过程。读者用最少的文本信息猜测或预测文本的意思，并最大限度地利用其已有的信息和知识。随着阅读过程的继续，猜测或预测的结果将得到验证、推翻或改变。因此，阅读是一种心理语言的猜测游戏（Goodman，1982）。自上而下模式也被称为读者驱动模式，读者在这种模式中会减少对文本的依赖，并预测文章的内容。然而，这种模式强调已有知识的重要性，以及高级阅读过程对低级阅读过程的主导作用，而忽视了低级阅读过程的作用（Wade，1990）。

基于这两种模式，同时涉及自下而上和自上而下模式的交互模式应运而生，也称作读者与文本之间的互动过程（Grabe，1991）。该模式指出，阅读过程的各部分，无论是较低的还是较高的部分，都可以与其他部分产生互动。文章中的文本信息和读者的心理行为，如处理图形、句法、词汇和语义信息等，共同影响读者对文本的理解。

通过自下而上和自上而下的模式，读者注重文本的阅读，对文本进行预测或猜测。使用自下而上模式，读者首先处理单词、短语和句子等信息，然后用自上而下的模式检查他们对信息的理解，检验刚刚读到的内容是否与自己所了解的文本内容或希望接下来读到的内容相符。他们继续阅读并重复这一过程，直到读完一段或一篇文章。因此，这两种模式相辅相成，在阅读过程中以互动的方式发挥作用。

Alderson（2000）指出，自下而上模式和自上而下模式都不能充分概括阅读过程的特点，而结合了这两种模式的交互模式则更适合用作阅读过程的分析。

2.3 阅读信息层面

实际阅读中，读者往往需要阅读整篇文章并整合多个文本中的信息。因此，读者会在单句、句间、篇章或数篇文章层面处理所需信息（Weir et al.，2012）。单句层面指读者可以在一句话中找到所需信息，句间层面指读者需在几句话中获取信息。同样，篇章层面指读者从全文获取信息，数篇文章层面则指读者需从不同篇章提取信息。显然，读者在阅读时，会同时涉及这四个层面。

然而，在大多数阅读测试中，考生基本上只需要阅读一篇文章并回答问题，不会涉及多篇文章。因此，在测试条件下，需要使用三个层面的阅读信息：单句、句间和篇章。

孔文（2011）将测试情境中的阅读信息层面分为三类：单句、段落和篇章。她认为，针对不同的考试题目，考生会运用不同的信息层面。考生需要在句子层面解答字面理解类题目，在段落层面解答重新组织、重新阐述类题目，在篇章层面解答评价类题目。

通过分析本研究采用的六级、雅思、托福阅读试题，我们总结出考生回答问题所需的信息不仅包括单句、句间层面，还应包括段落和篇章层面。考生需要根据不同的信息层面回答问题。基于孔文(2011)和 Weir et al.(2012)对信息层面的分类,我们提出适合分析本研究答题过程的阅读信息层面(见表 4.2)。

表 4.2 阅读信息层面

层面	编码	定义
L1	单句	处理单句中的信息
L2	句间	整合句子间的信息
L3	段落	理解一段或几段的信息
L4	篇章	理解整个篇章的信息

2.4 阅读技能

鉴于阅读的复杂性,学者还未就教学过程中是否可将阅读分解为基本技能达成共识。按照成分观,阅读技能可分为三种类型:一元观、二元观和多元观(Weir & Porter,1994;Weir et al.,2012)。

阅读技能一元观指的是阅读能力是不可分割的,这种单一的能力即一般阅读理解能力。Zwick(1987)和 Rost(1989)的实证研究支持了这一观点。Zwick(1987)运用因子分析方法,对 1983—1984 年美国教育进展评价阅读理解测试的数据进行了分析,共有 83 353 名中、小学生参与了该研究。研究结果表明一般阅读理解能力这一单一因素是存在的,且该因素占阅读测验总方差的 39%。为了研究阅读理解的复杂性,Rost(1989)对 220 名德国二年级学生进行了 38 项德语阅读测试,发现主成分分析只产生了一个广泛的一般阅读理解能力,占总方差的 61%。

Weir et al.(2000)认为阅读技能一元观存在的部分原因在于阅读测试分数研究通常使用因子分析法。这种方法可能无法区分相关阅读技能之间的细微差异,从而得出只有一种一般阅读技能而不是一系列不同技能的结论(Weir et al.,2012)。因此,人们对其持怀疑态度。

阅读技能二元观认为,阅读技能不止一个维度,是由两部分组成:阅读能力和词汇(Hoover & Gough,1990)。一些实证研究(Rost,1993;Meneghetti et al.,2006)为二元观提供了依据。Rost(1993)重新分析了 1989 年收集的数据,发现一般阅读技能或阅读能力和词汇都可解释实验数据。阅读能力和词汇分别占总方差的 50% 和 32%。Meneghetti et al.(2006)采用结构方程模型评估了 184 名 9—13 岁学生在一系列测试中阅读理解的十个方面。结果表明,与单因素或三因素模型相比,双因素模型能更好地解释数据,这一点证实了区分阅读理解基本和复杂两个方面的假设。

然而,阅读技能二元观似乎与最近的研究趋势不太一致(Weir et al.,2012)。当前研究的重点是对基于证据的阅读技能多元观的校验。持有这种观点的学者(Grabe,1991;Grabe & Stroller,2002)认为,阅读技能需要以综合和多成分的方式来描述。Grabe(1991)根据他的研究提出了以下阅读技能:

- 自动识别技能

- 词汇和结构知识

- 正式话语知识

- 一般领域知识

- 确定篇章的中心思想

- 推理技能

- 元认知知识和技能监控

Grabe 和 Stroller(2002:20)对阅读技能进行了更详细的分类,包括高阶技能和低阶技能(见表 4.3)。

表 4.3　Grabe & Stroller(2002)的阅读技能分级

高阶技能	低阶技能
理解文本模型	单词识别
读者解读的情景模型	句法分析
背景知识使用和推理	语义命题形成
执行控制过程	工作记忆激活

Alderson(2000)指出,真实测试中存在的问题是可能很难单独测试各类阅读技能。Weir 和 Porter(1994:7)所持立场不同,他们表示:"越来越多的文献表明,对于测试人员来说,明确的术语规范和适当的方法可以让他们对所测试的技能进一步达成共识。"Khalifa 和 Weir(2009)指出,在最近的 DIALANG(一种在线评价系统,用于评估个人对 14 种欧洲语言的熟练程度)项目中,Alderson(2009)与其同事也认为阅读技能是可细化识别的。

虽然学者还未就阅读技能的内涵达成一致,但可以肯定的是,阅读技能多元观更受欢迎,并为更多的测试开发人员和语言测试者所接受。基于这一观点,命题者能够根据测试规范的阅读技能确定每道题拟测的技能。六级、雅思、托福阅读测试的测试规范都采用了阅读技能多元观。

根据全国大学英语四、六级考试委员会(2007)的报告,六级阅读测试旨在考查以下阅读技能:

A. 辨别和理解中心思想和重要细节

1)理解明确表达的概念和细节

2)理解隐含表达的内容(如总结、判断、推论等);通过判断句子的交际功能(如请求、拒绝、命令等)理解文章意思

3)理解文章的中心思想(如找出能概括全文的要点等)

4)理解作者的观点和态度

B. 运用语言技能理解文章

5)理解词语(如根据上下文猜测词和短语的意思)

6)理解句间关系(如原因、结果、目的、比较等)

7)理解篇章(如通过词汇及语法承接手段在文章中所起的作用来理解篇章各部分之间的关系)

C. 运用语言技能来理解文章

8)略读文章,获取文章大意

9)查读文章,获取特定信息

(全国大学英语四、六级考试委员会,2007:9)

技能(8)略读和(9)查读几乎在整个阅读测试中都会用到,因此测试题目不再单独考查这两种技能。在现实生活和考试中,这两种阅读方式相互交替。例如,考生通过查读问题中出现的关键词或短语,并在文中将其定位,然后考生会仔细阅读文章,寻找问题所需的信息。因此,本研究的分析框架不包括技能(8)和(9)。

根据 IELTS Information for Candidates(2015),雅思阅读测试旨在测试考生一系列技能,包括:

1)通过阅读了解文章要旨的能力

2)通过阅读了解主要意思的能力

3)通过阅读了解细节的能力

4)理解推论和寓意的能力

5)理解作者的意思、态度和目的

6)领会争论的展开

根据 TOEFL Test Prep Planner（2015）中的考试规范，托福考查的阅读技能如下：

A. 阅读查找信息

1）有效查读文中的关键事实和重要信息

2）提高阅读流利度和阅读效率

B. 基本理解

3）理解主题或主旨、要点、重要事实和细节、上下文中的词汇和代词用法

4）对文章中的隐含内容进行推论

C. 以读促学

5）明白文章的组织和目的

6）理解观点之间的关系

7）将信息分类或进行总结，以便回忆重点和要点

8）推论全文观点是如何联系起来的

同时，本研究的文本分析框架中不包括"阅读查找信息"中列出的两项技能。排除第一项技能（有效查读文中的关键事实和重要信息）的原因已在六级阅读技能部分做了说明。第二项技能（提高阅读流利度和阅读效率）是一种日常技能，应该经常练习，不应该是特定题目考查的对象。

2.5 本研究分析框架

本研究从阅读信息层面和阅读技能两个方面对阅读测试的构念进行了界定。在设计测试题目时，每一道题目都会考查具体的阅读信息层面和阅读技能。因此，每道题目的预期构念将取决于这两方面。理论上，要答对题，考生需要运用合适的信息层面和预期的技能。在实际的考试过程中，考生回答问题的过程与命题者的预期是否一致还有待检验。

在第 2.4 节中，三项阅读测试的测试规范列出了测试要考查的技能。虽然这三项考试的阅读技能不尽相同，但都对以下技能进行了测试，包括阅读查找主要观点和细节、作出推论、理解作者的观点和态度以及理解语境中的词汇。

正如上一节所述，阅读信息层面包括单句、句间、段落和篇章，考生将根据这些层面对每一道题目做出正确的回答。基于以上说明，作者提出了如下分析框架，用于分析考生完成六级、雅思、托福阅读的答题过程（见图 4.1—图 4.3）。

```
                          ┌─────────────────────────────────────────────────┐
                          │ 1）理解明确表达的概念和细节                        │
                          │ 2）理解隐含意义（例如，结论、判断、推理等）；通过判断句子的 │
                          │    交际功能，理解短文的大意（例如，请求、拒绝、命令等）   │
              ┌─────────┐ │ 3）理解文章的主旨（例如，找出总结文章的要点）        │
              │ 阅读技能 ├─┤ 4）理解作者的观点和态度                          │
              └─────────┘ │ 5）理解词汇（例如，基于上下文猜测单词和短语的含义）   │
 ┌─────────┐  │           │ 6）理解句子之间的关系（例如，因果、影响、目的、比较等） │
 │ 构念效度 ├──┤           │ 7）理解文章（例如，通过单词和语法转换理解不同段落的关系） │
 └─────────┘  │           └─────────────────────────────────────────────────┘
              │           ┌─────────────────────────────────────────────────┐
              │           │ 1）单句                                         │
              └─────────┐ │ 2）句间                                         │
              │阅读信息层面├─┤ 3）段落                                         │
              └─────────┘ │ 4）篇章                                         │
                          └─────────────────────────────────────────────────┘
```

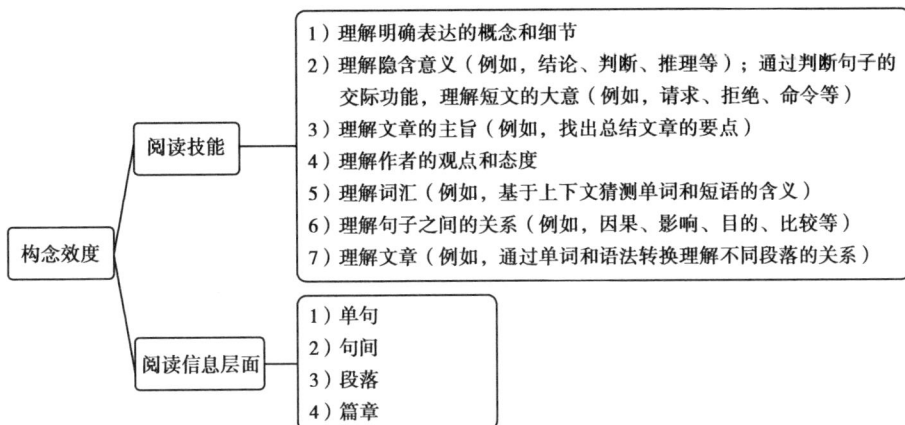

图 4.1　六级阅读测试分析框架

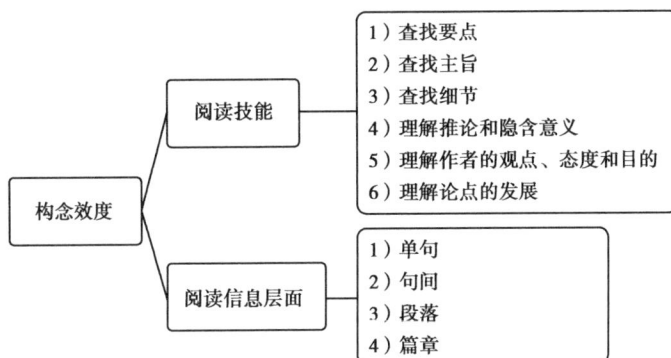

```
                          ┌─────────────────────────────────────────────────┐
                          │ 1）查找要点                                     │
              ┌─────────┐ │ 2）查找主旨                                     │
              │ 阅读技能 ├─┤ 3）查找细节                                     │
              └─────────┘ │ 4）理解推论和隐含意义                            │
 ┌─────────┐  │           │ 5）理解作者的观点、态度和目的                     │
 │ 构念效度 ├──┤           │ 6）理解论点的发展                                │
 └─────────┘  │           └─────────────────────────────────────────────────┘
              │           ┌─────────────────────────────────────────────────┐
              │           │ 1）单句                                         │
              └─────────┐ │ 2）句间                                         │
              │阅读信息层面├─┤ 3）段落                                         │
              └─────────┘ │ 4）篇章                                         │
                          └─────────────────────────────────────────────────┘
```

图 4.2　雅思阅读测试分析框架

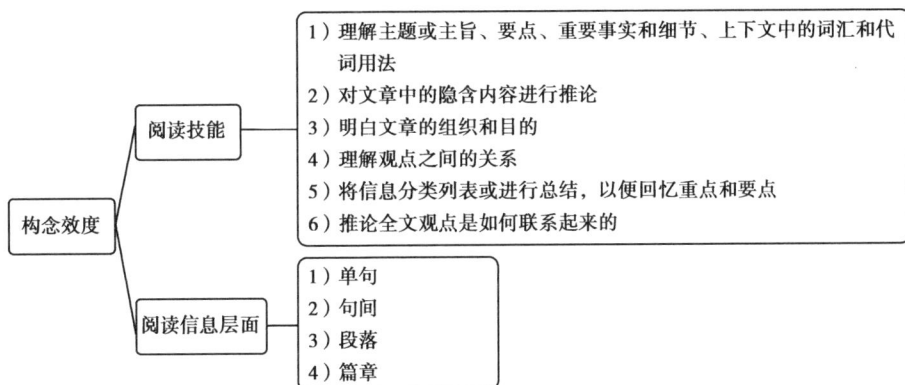

```
                          ┌─────────────────────────────────────────────────┐
                          │ 1）理解主题或主旨、要点、重要事实和细节、上下文中的词汇和代 │
                          │    词用法                                       │
              ┌─────────┐ │ 2）对文章中的隐含内容进行推论                     │
              │ 阅读技能 ├─┤ 3）明白文章的组织和目的                          │
              └─────────┘ │ 4）理解观点之间的关系                            │
 ┌─────────┐  │           │ 5）将信息分类列表或进行总结，以便回忆重点和要点      │
 │ 构念效度 ├──┤           │ 6）推论全文观点是如何联系起来的                   │
 └─────────┘  │           └─────────────────────────────────────────────────┘
              │           ┌─────────────────────────────────────────────────┐
              │           │ 1）单句                                         │
              └─────────┐ │ 2）句间                                         │
              │阅读信息层面├─┤ 3）段落                                         │
              └─────────┘ │ 4）篇章                                         │
                          └─────────────────────────────────────────────────┘
```

图 4.3　托福阅读测试分析框架

2.6 阅读测试构念效度实证研究

多年来,阅读研究者一直试图运用各种方法深入了解阅读过程(Cheng,2010)。一些研究者采用定量的方法分析读者对文本的理解程度,其研究重点是分析考试成绩,并对答题过程作出推论。关注考试结果的研究者采用了如阅读理解、回忆总结以及完形填空等评估方法(Cheng,2010)。然而,该方法因过分强调测试分数而非测试过程本身,受到批评(Bachman,1990;Pritchard,1990)。

最近,有声思维法在分析考生答题过程方面受到越来越多的关注。该方法已用于构念效度验证研究,并为拟测构念的效度验证提供新的数据来源(Bachman,2000)。本研究旨在通过分析考生的答题过程,探讨六级、雅思、托福阅读测试的构念效度。因此,本研究将主要回顾运用有声思维法对阅读测试答题过程进行分析的研究。此外,还将回顾阅读测试的对比研究,为本对比研究提供参考。

利用有声思维法分析考生答题过程,研究阅读测试构念效度的实证研究并不多(Anderson et al.,1991;Weir et al.,2000;Rupp et al.,2006;Cohen & Upton,2006,2007)。Anderson et al.(1991)开展了一项分析语言测试构念效度的探索性研究,该研究运用有声思维法,分析了答题策略、试题内容和考试结果三者之间的关系,旨在考查二语学习者解答阅读题目的答题过程,然后将答题策略与试题内容以及考试结果联系起来。研究发现,命题者设计的试题类型和试题难度之间没有显著的关系。

Weir et al.(2000)开展了一项高级英语阅读测试效度验证的研究,研究的一部分数据是通过有声思维法收集的。他们的研究旨在调查学生在阅读文章和答题过程中使用了哪些技能和策略,以及不同英语水平的考生是否会因为使用这些技能和策略而取得不同的成绩。研究发现,该方法能够揭示考生的实际答题过程。对考生有声思维数据的分析为该考试内容效度提供了一定依据。此外,研究发现,这些技能和策略是可分割的。

Rupp et al.(2006)使用有声思维法分析了考生回答 CanTEST 考试中多项选择题的策略使用情况,CanTEST 是加拿大的一项大规模阅读理解测试,用于学生入学和分班考核。该研究旨在探究这项考试的效度以及在测试和非测试情况下,考生阅读过程和策略使用的差异。研究表明,阅读理解的构念基本上是由题目设计和文本决定的,不同特征的多项选择题会影响考生答题策略的选择,会引发不同的理解和反应过程。在测试和非测试条件下,阅读具有不同的特点。

Cohen 和 Upton(2006,2007)利用有声思维法,探讨了新托福多选项多选择以读促学题目的效度,旨在分析考生在回答基本理解、推论和以读促学三种类型题目时所采用的策略是否存在差异。研究发现,考生要想对新托福阅读文章取得整体或局部的理解,需要运用学术类阅读策略。三种题型考查的学术阅读能力和答题能力是相似的。

国内也有学者(金艳、吴江,1998;Zhang & Fu,2002;孔文,2011;施雅俐,2015)采用有声思维法收集考生答题过程数据,对阅读考试构念效度验证进行研究。作为由杨惠中、Weir(1998)主持的一项综合性大学英语考试效度验证研究项目的一部分,金艳、吴江(1998)通过有声思维法验证了考试阅读部分的构念效度,结果显示考生的答题过程基本符合命题者的预期操作,这进一步证明了大学英语阅读测试具有较好的构念效度。

Zhang 和 Fu(2002)采用定量和定性相结合的方法,对六级阅读理解测试的构念效度进行了研究。研究的量化数据是通过自评表收集学生策略使用情况,定性数据通过有声思维法收集,用于分析考生的答题过程。配对样本 T 检验结果显示,答对题目的策略使用与学生自评表结果一致,也与金艳、吴江(1998)的统计分析结果一致。得出的初步结论是,六级阅读理解测试考查了学生的阅读能力。有声思维法在分析考生认知活动方面非常有效,具有无可比拟的优势。

孔文(2001)和施雅俐(2015)采用有声思维法分别验证了英语专业四级考试阅读测试和大学英语四级考试阅读测试中的长阅读匹配题的效度。在孔文(2001)的研究中,27 名英语专业二年级学生参加了 2005 年英语专业四级阅读测试,并最终选择了 18 名受试的口头报告进行分析。结果表明,受试 73.3%的答题过程符合命题者预期,这为英语专业四级阅读测试的构念效度提供了实证依据。十名本科生参加了施雅俐(2015)的研究,研究使用的是2013 年四级长阅读匹配题的样题。研究结果表明,高水平考生的预期答题操作比例高于低水平考生。研究还发现应试策略的使用,如关键词的简单匹配、猜测、排除和根据题目顺序在段落中寻找答案等,会干扰考生的预期阅读过程。

由于本研究是对比研究,因此有必要对阅读测试的对比研究进行回顾。但是鲜有实证研究(Bachman et al.,1995;王勇旗,2007;李鑫、修旭东,2009)关注阅读测试的对比,更不用说阅读测试构念效度的对比。

Bachman et al.(1995)对比研究了剑桥第一英语证书考试和托福的构念效度,数据来自对定性内容的分析,包括特定的语言能力和使用的测试题型。他们的研究对听力测试、结构测试、词汇测试和阅读测试都进行了比较,其阅读测试的结果表明托福的阅读题目和文章比剑桥第一英语证书考试对词汇的要求更高。

王勇旗(2007)通过建立雅思和六级阅读文本的小语料库,对雅思和六级阅读材料进行了对比研究。借助 Wordsmith 和 Excel 等统计软件,他主要分析了两项考试阅读文章的词汇和体裁类型。研究发现，雅思和六级阅读文章的词汇密度几乎没有差异。但是，雅思阅读文章的题材更偏向学术类，考生对此不熟悉，而六级更倾向于热点话题，如校园生活和互联网，考生对此比较熟悉。

李鑫、修旭东（2009）比较了雅思阅读测试和高考英语测试的题型。通过对比，他们得出结论，雅思阅读测试采用了多种题型，而多数省份的高考英语阅读测试题型不到三种，只有少数省份采用了其他题型，如简答题、标题匹配题和信息匹配题。Alderson（2000）指出，采用多种题型有利于有效、全面地考查学生的阅读能力。因此，他们建议高考英语命题者应考虑多种题型，并在实证研究的基础上引入新题型，提高高考英语阅读测试的质量和效度。

综上所述，大多数研究关注的是阅读的构念效度验证，只有三项（Bachman et al., 1995；王勇旗，2007；李鑫、修旭东，2009）是对比研究。通过分析答题过程，这些研究验证了阅读理解测试的效度，并证明了有声思维法在探究考生答题过程中的适用性和有效性。尽管以往的阅读测试研究取得了一些成就，但仍存在一定的局限性。首先，以有声思维法为主要研究方法来验证阅读测试构念效度的研究，尤其是对六级、雅思、托福的研究有待加强。迄今为止，国内外仅有少量相关研究。此外，有关大学英语考试的研究相对较多，但这些研究更多关注的是 2013 年改革之前的大学英语考试。只有一项研究（施雅俐，2015）验证了 2013 版大学英语考试的效度，但只分析了一种题型（长文阅读），而不是整套阅读试题。同样，采用有声思维法对雅思和托福进行阅读测试构念效度验证的研究也很少。因此，为了更好地理解阅读测试的本质，需要进行更多的效度验证研究（Zhang & Fu，2002）。

3　研究方法

3.1　有声思维

3.1.1　有声思维的定义和理论基础

有声思维法是定性研究方法的一种，指以语言形式表现受试的心理过程，尤其是认知事件或思维过程的顺序（Hannu & Pallab，2002）。在 Cohen（2000）看来，有声思维等同于自我报告，能够使研究者弄清楚考生是如何答题的。

有声思维有两点理论基础：其一，受试能在接受指导后把自己的想法表达出来，且其思维顺序不会改变，按此方法收集的数据是有效的。其二，受试用语言描述自己完成任务过程中的想法时，该描述与其内心想法相一致（Tsai & Chang，2010）。

3.1.2　关于有声思维的争议

有声思维法被广泛应用于研究受试的阅读过程(Ericsson & Simon, 1993)。用这种方法收集数据时,受试通常要完成阅读任务,并需要在完成任务的同时大声说出其想法。研究者普遍认为,有声思维法在收集受试答题过程的数据方面有一定优势。第一,通过有声思维报告,研究者可以直接评估和分析考生在阅读测试中策略使用的情况,这比从考试成绩或访谈中得出的推论更具可信度。第二,通过把考试结果和有声思维报告相结合,研究者可以了解考生潜在的复杂认知、反应和决策(Afflerbach & Johnston, 1984)。第三,"有声思维报告分析的是语言数据,语言的丰富性和可变性是该方法最大的优点。"(Pressley & Afflerbach, 1995:2)。第四,该方法可以为测试假设和行为模型提供信息(Ransdell, 1995)。

虽然有声思维法是探究受试内心活动的有效手段,但该方法也存在不足(Cohen, 1998;O' Malley & Chamot, 1990)。首先,受试可能缺乏一定的元语言能力,不能准确表达自己。其次,受试报告的信息可能是研究者希望听到和需要的,而不是受试的真实想法。最后,由于记忆力和其他因素限制,受试在完成任务的同时可能无法对过程作出准确的描述和回忆。

尽管有声思维法存在这些缺点,研究者仍然建议使用该方法收集受试的有声思维报告。正如 Cohen(1994)所言,研究者只有通过使用有声思维法才能收集此类信息。但应该注意的是,为了确保数据的信度和效度,需要谨慎执行研究程序,特别是在实验之前和实验期间对潜在受试进行培训。

3.2　受试

本研究开始有 8 名受试参加试点研究,最后选取 5 名符合有声思维要求的受试作为研究对象,3 名男生 2 名女生,其基本信息见表 4.4。5 名受试都是 23 至 27 岁之间的英语学习者,均为某双一流大学外国语言文学专业硕士研究生,其中 3 名专业为英语语言文学,2 名为外国语言学及应用语言学。他们的母语都是中文,且英语学习年限至少 11 年(初、高中六年、大学英语专业四年、硕士一年)。受试均为高水平英语学习者,5 人均通过了英语专业八级考试,3 号受试和 5 号受试在专八考试中获得了 70 分以上的良好成绩。1 号受试雅思学术类考试成绩 7.5 分,2 号受试通过了翻译专业资格(水平)考试二级笔译考试,4 号受试通过了剑桥商务英语高级考试。因此,受试在国籍、年龄、英语能力、教育背景和文化背景等方面比较一致,对三项考试的认知过程比较具有可比性。

表 4.4　受试背景信息

受试	性别	年龄	专业	代表性英语证书
1	女	25	外国语言学及应用语言学	雅思 7.5
2	女	27	英语语言文学	二级笔译
3	男	23	英语语言文学	专八 74
4	男	25	英语语言文学	剑桥商务英语高级
5	男	26	外国语言学及应用语言学	专八 78

3.3　研究工具

试点研究选用的是 TPO 第 28 套测试中的第一篇阅读。TPO 是一个可下载的免费应用程序,为拟参加托福的考生提供练习材料。本研究使用的 TPO3.5 版包含 31 套试题(测试 1—31),所有试题均为托福的过往真题。第 28 套测试的阅读部分有三篇文章,试点研究选择的是第一篇阅读,本篇有 14 道多项选择题。由于受试没有托福网考的操作经验,因此试点研究选择了托福试题而非六级或雅思,以便让受试熟悉托福网考程序的操作。

主研究中的数据收集工具从六级、雅思、托福三项阅读测试中各选一套(见表4.5)。六级和雅思都是纸质考试,托福是网络版考试。所选的三套试题分别是 2014 年 6 月实施的三套六级测试中的测试 1、雅思剑 9 第 4 套测试和 TPO30。受试均未在本研究之前做过这三套相对较新的试题。

表 4.5　六级、雅思、托福三套阅读试题基本信息

考试	试题来源	篇章数	文本总词数	题目数	答题时间(分)
六级	2014 年 6 月真题 1	4	2 469	30	40
雅思	剑 9 第 4 套测试	3	2 746	40	60
托福	TPO 30	3	2 022	41	60

如表 4.5 所示,本研究采用的三套阅读试题均为真题,这为研究提供了可靠的工具。与六级相比,雅思和托福的考试题目分别多了 10 道和 11 道,雅思和托福的考试时间比六级长 20 分钟。三项考试共有 111 道题目。5 名受试将回答 555 道题目,受试的答题过程将用来分析其与命题者的预期答题操作的拟合度。

三项考试阅读试题具体信息见表 4.6。六级阅读测试有三种题型:完形填空、信息匹配

和多项选择。雅思阅读测试采用了笔记填空、信息匹配、特征匹配、总结填空、标题匹配、多项选择和判断正误七种题型。托福阅读测试的题型以多项选择题为主。

表 4.6　六级、雅思、托福三套阅读试题具体信息

考试	篇章	主题	题型	题目数量
六级	A	美国人对退休年龄的看法	完形填空	10
	B	如果中产阶层的工作消失了？	信息匹配	10
	C	短文1：深度阅读的意义	多项选择	5
		短文2：移民问题的讨论		5
雅思	A	玛丽·居里的生活与工作	判断正误	6
			笔记填空	7
	B	儿童的身份认同感	信息匹配	6
			特征匹配	4
			总结填空	3
	C	博物馆的发展	标题匹配	4
			多项选择	6
			判断正误	4
托福	A	玩耍在成长中的作用	多项选择	12
			插入句子	1
			多选项多选择	1
	B	进化的步伐	多项选择	11
			插入句子	1
			多选项多选择	1
	C	机械钟的发明	多项选择	12
			插入句子	1
			多选项多选择	1

3.4　数据收集

收集和分析口头报告有一系列不同的阶段，本研究遵循 Green（1998）提出的有声思维报告分析步骤，包含试点研究、指导、培训、有声思维报告收集和数据转录五个阶段。详细描述参见第 3 章 3.3 数据收集。

本研究有声思维的报告时间从 53 分钟到 1 小时 56 分钟不等，平均 83 分钟。15 个有声

思维报告的任务在一周内完成。所有 15 份口头报告的录音均由研究者 2 逐字转录，以确保转录的一致性。根据转录标准(郭纯洁，2007)，即可靠性、忠诚度和完整性，这些录音的转录没有作任何修改或删减。录音总时长达 20 小时 50 分钟，转录文字约为 107 298 字(见表4.7)。由于五位受试的个人阅读习惯和讲话速度不同，因而口头报告的时长和报告内容长度不尽相同。

表 4.7　受试口头报告时长和内容长度

	受试 1	受试 2	受试 3	受试 4	受试 5	总计
口头报告时长	4 小时 20 分钟	4 小时 23 分钟	3 小时 32 分钟	4 小时 17 分钟	4 小时 18 分钟	20 小时 50 分钟
口头报告内容长度（字数）	21 409	25 505	17 307	17 575	25 502	107 298

本研究是先让专家判断得出预期操作，然后受试的有声思维数据和答题的结果作为受试表现和专家做出的预期操作作对比，得出最后的拟合度。

4　结果与讨论

4.1　测试结果

为了检验阅读测试的构念效度，即考生答题行为是否符合命题者的预期，首先展示受试的测试分数(见表 4.8)。三项考试的评分标准各不相同。六级阅读总分 249，雅思阅读和托福阅读满分分别为 9 分和 30 分。为便于计算，评分标准改为答对一题计一分，而没有采用三项考试各自原有的评分制度。按照这种方式计算，试题的总分即考试的题目总数。因此，三项考试的总分分别是：六级 30、雅思 40、托福 41。

表 4.8　受试三项阅读测试成绩

受试	六级（30）	雅思（40）	托福（41）
1	30	36	36
2	27	27	36
3	29	36	35
4	23	30	32
5	26	38	33

如表 4.8 所示，六级、雅思、托福的正确答案数分别为 135、167 和 172。六级(150)、雅思(200)、托福(205)题目总数有差异，不能直接比较正确答案的数量。因此，在后续的比较和分析中，数据将以百分比的形式呈现。

如图 4.4 所示，受试六级阅读测试答题正确率最高为 90%，其次是托福 83.9%，最后是雅思 83.5%。然而，考试分数并不一定能衡量考生的阅读能力。因为考试过程中，考生偶尔会用到应试技巧，而这完全违背了命题者的期望。命题者关心的是，受试不仅要正确回答问题，而且要按照命题者的预期操作答题，这样的得分才是受试的实际分数。

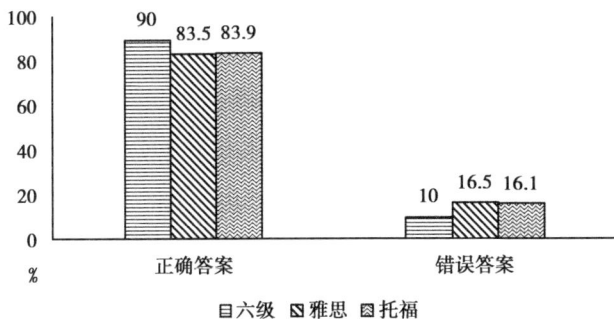

图 4.4　受试三项考试成绩百分比

陈晓扣(2009)等指出，在一定程度上，考试成绩不能准确反映学生的语言能力，应该对学生的考试成绩与实际成绩进行区分。接下来的部分将分析每道题的预期操作，为探究受试答题过程与命题者预期操作拟合度提供分析依据。之后将对三项考试进行详细比较。

4.2　测试题目的预期操作

阅读测试构念效度的检验包括两个因素：命题者的预期操作和考生的实际表现。本部分将先确认命题者设计每道题目的预期阅读信息层面和阅读技能，然后分析考生的答题过程，观察其表现是否符合命题者预期。下面展示三项考试命题者对每道题目的预期操作。

根据本章 2.5 提出的分析框架，为准确可靠地确认六级、雅思、托福阅读测试中每道题目的预期操作，研究者邀请六名专家对测试题目进行分析。专家组成员含一位测试学教授、两位语言测试专业博士研究生和三位具有丰富六级试卷评阅经验的高校英语教师。分析结果见表 4.9—表 4.11。

如表 4.9 所示，六级考查的阅读信息层面包括单句、句间和段落。其中 19 道题目考查单句层面，占比最大(63.3%)，考查句间和段落信息层面的题目分别占比 26.7% 和 10%。本套试题没有考查篇章信息层面的题目。

表4.9　六级阅读测试预期答题操作

阅读信息层面	阅读技能	题目	总计(个)	%
单句	理解语境中的词汇	36,37,39,41,42,43,44,45	19	63.3
	理解细节	46,50,56,58,59,61		
	理解隐含意义(推断)	55,60,62,64		
	理解作者的观点和态度	65		
句间	理解语境中的词汇	38,40	8	26.7
	理解细节	47,48,52		
	理解隐含意义(结论)	49		
	理解隐含意义(推断)	53,54		
段落	理解段落的主旨	51,57	3	10
	理解作者的观点和态度	63		
篇章		/	/	/
总计			30	100

　　在阅读技能方面,本套试题考查理解语境中的词汇、理解细节、理解隐含意义(推理、总结)、理解段落的主旨以及理解作者的观点和态度。与图4.1六级分析框架相比,本套试题没有考查理解句子之间的关系和理解篇章这两种技能。

　　从表4.10可以看出,雅思阅读测试考查了分析框架中所有阅读信息层面。60%的题目考查单句层面,22.5%的题目考查句间层面。考查段落和篇章信息层面的题目占比相近,分别为10%和7.5%。显然,考生将使用单句和句间信息回答本套雅思阅读测试的大部分题目。这与Moore et al.(2012)的研究结果一致,他们发现雅思语料库中的大部分题目主要考查对较小文本单元(单句、句间、段落)的基本理解。

　　本套雅思阅读测试考查了三种阅读技能:查找细节、理解推论和理解段落的主旨。通过与IELTS Information for Candidates(2015)相比,本套测试未考查以下技能:查找要点、理解作者的观点、态度和目的,以及理解论点的发展。

　　值得注意的是,尽管有三道题目测试了篇章层面信息,但也只是考查受试查找细节的能力,而不是理解论点发展的能力。因此,要想更全面地考查考生阅读理解能力,雅思阅读应将涉及篇章层面信息且需要较高认知处理能力的题目纳入试题中。

表 4.10　雅思阅读测试预期答题操作

阅读信息层面	阅读技能	题目	总计(个)	%
单句	查找细节	1,4,5,9,10,11,13,14,17,18,19,20,22,23,24,25,26,31,33,35,36,37,39	24	60
	理解推论	32		
句间	查找细节	3,7,8,12,15,16,21	9	22.5
	理解推论	34,40		
段落	理解段落的主旨	27,28,29,30	4	10
篇章	查找细节	2,6,38	3	7.5
总计			40	100

如表 4.11 所示,托福阅读测试考查了四个阅读信息层面。51.2%的题目考查单句层面,其次是句间(29.3%)、段落(12.2%)和篇章(7.3%)。

表 4.11　托福阅读测试预期答题操作

阅读信息层面	阅读技能	题目	总计(个)	%
单句	理解细节	1,2,30	21	51.2
	理解语境中的词汇	3,8,11,15,20,22,24,31,33,35,38		
	理解主旨	9,17,37		
	作出推论	10,32,34,39		
句间	理解细节	4,7,12,16,21,23,29	12	29.3
	作出推论	5,6,18,28,36		
段落	理解观点之间的关系	13,19,26,40	5	12.2
	作出推论	25		
篇章	四个要点	14,27,41	3	7.3
总计			41	100

注:四个要点:1)明白文章的组织和目的;2)理解观点之间的关系;3)将信息分类列表或进行总结,以便回忆要点和重点;4)推论全文观点是如何联系起来的。

本套托福试题考查以下阅读技能:理解细节、语境中的词汇、理解主旨、作出推论、理解观点之间的关系、明白文章的组织和目的、将信息分类列表或进行总结以便回忆要点和重点,以及推论全文观点是如何联系起来的。可见,本套试题考查了分析框架中除理解代词用法外所有的技能。

根据六级、雅思、托福阅读测试中测试题目的预期操作，下面将讨论这三项考试在考查阅读信息层面和阅读技能方面的异同。

在阅读信息层面，三项考试在单句、句间、段落和篇章层面上的考查比例相似。如图 4.5 所示，超过一半的题目考查单句层面信息，六级为 63.3%，雅思为 60%，托福为 51.2%。然后是句间层面，分别为 26.7%、22.5%、29.3%，段落层面，分别为 10%、10%、12.2%。句间层面的比例比段落层面高 10% 以上。考查篇章层面信息的题目比较少，六级没有，雅思 7.5%，托福 7.3%。

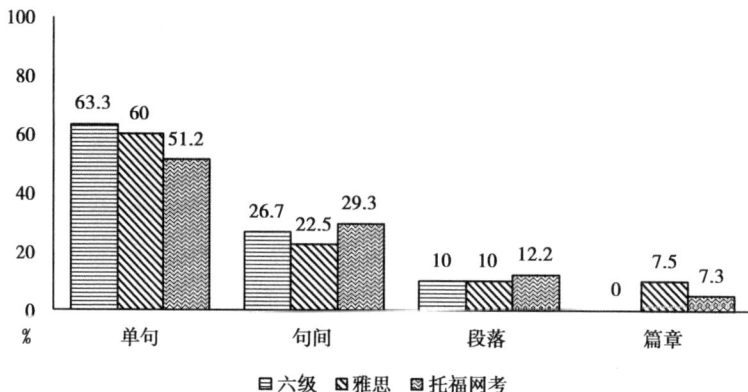

图 4.5　三项考试考查的阅读信息层面

在阅读技能方面，三项考试都考查了理解细节、理解主旨和作出推论三种技能。这表明三项考试的重点在于考查考生理解阅读材料中细节信息的能力和理解言外之意的能力。细节信息通常在某一个句子中，这就解释了为什么三项考试考查单句信息层面的题目比例较高。与六级和托福考查的技能相比，雅思测试的技能种类较少。

4.3　预期操作与实际表现之间的一致性

上一节确定了命题者对每一道题目的预期操作。本节将分析受试答题过程的有声思维报告，以检验二者之间的一致性。通常预期操作和实际表现匹配，有四种结果：

①符合命题者预期/正确：受试用预期的阅读信息层面和阅读技能答对了题。

②符合命题者预期/错误：受试用预期的阅读信息层面和阅读技能答错了题。

③不符合命题者预期/正确：受试未使用预期的阅读信息层面和阅读技能答对了题。

④不符合命题者预期/错误：受试未使用预期的阅读信息层面和阅读技能答错了题。

下面将详细说明如何将每道题划分到 4 种结果中的一种。鉴于本研究涉及 3 项考试（六级、雅思、托福阅读测试）、四个阅读信息层面（单句、句间、段落、篇章）和 5 名受试，作者将列举 5 个示例阐释研究所涵盖的测试、信息层面和受试 3 个维度。

4.3.1　五个示例及分析

由于大多数题目都是按符合命题者预期/正确的方式回答的,其所占比例最高,因此将为该组提供两个示例。而符合命题者预期/错误、不符合命题者预期/正确和不符合命题者预期/错误方式回答问题的数量相对较少,因此这三组每组各提供一个示例。

①符合命题者预期/正确示例

例一

受试:S1　题目编号:TOEFL iBT-21　正确答案:D

预期阅读信息层面:句间

预期阅读技能:理解细节

问题:

21. Paragraph 4 mentions that North American horses have changed in all of the following ways EXCEPT in _____.

A.The number of toes they have　　　B.The length of their face

C.Their overall size　　　　　　　　D.The number of years they live

回答该问题涉及的信息:

The evolution of North American horse... each slightly larger, with more complex teeth, a longer face, and a more prominent central toe... But close examination... Horses evolved in discrete steps... The four-toed Eohippus preceded the three-toed Miohippus...

受试的有声思维报告:

*下一题问第四段提到北美的这个马在四个方面都变化了。哪四个方面? 先看一下 [Paragraph 4], 是讲了北美的这个马的进化。[**受试阅读, 有时翻译本段**] But close examination of those fossil deposits now reveals a somewhat different story. 看到这就可以回答这个问题了, 就说哪里变化了。第一个是 slightly larger, 所以这个 overall size 是变化了的。more complex teeth, 这里倒是没说。下一个, a longer face 对应的是 The length of their face。 more prominent central toe 和这个 The number of toes they have, 嗯, 把这段看完吧, 这也没说。The four-toed Eohippus preceded the three-toed 这种。[**受试读到本段末尾**]这个选第四个, The number of years they live 没有提到。*

注:[ ] 括号内的信息由作者补充。

第 21 题旨在考查考生能否理解北美马变化的细节,并在第四段第二句和第五句中找到回答这一问题的相关信息。该题要求考生理解所涉及的句子,受试首先阅读该段,当她读完第二句话"each slightly larger, with more complex teeth, a longer face, and a more prominent central toe"时,她发现这句话中提到了选项 B 和 C,但她无法确定选项 A 是否正确。然后她继续读,读到第五句话"The four-toed Eohippus preceded the three-toed Miohippus"时发现了关于马脚趾数量的证据。读完该段后,她得出肯定结论:答案选 D。从她的有声思维报告来看,我们确信受试答对了该题。她找到了预期信息层面,并理解了细节,其答题过程符合测试人员的预期,因此该题目归类到"符合命题者预期/正确"组。

例二

受试:S5　题目编号:IELTS-38　正确答案:NG

预期阅读信息层面:篇章

预期阅读技能:理解细节

问题:

38. More people visit museums than theme parks.(题型:判断正误)

回答该问题涉及的信息:

The passage as a whole

受试的有声思维报告:

*More people visit museums than theme parks.*更多的人参观博物馆比这个主题公园,**这个也没提到啊**[受试在答题纸上写了 NG]。

雅思阅读测试第 38 题的题型为判断正误,该题的正确答案为 NG。该题型考查考生识别细节或具体信息的能力。为了确定篇章中是否包含某些信息,需要对整个篇章的内容进行评估,因此,解答 NG 题目(如第 38 题)所需的信息处于篇章层面。雅思第三篇阅读有三种题型,即标题匹配(第27—30 题)、多项选择(第31—36 题)和判断正误(第37—40 题),第38 题属于第三种题型。完成前两种题型后,受试已经通读了文章。标题匹配要求受试了解段落的主要内容,而要想回答六道多项选择题,受试也需通读整篇文章。因此,在回答第 38 题时,受试不需要再读一遍文章,这也解释了与前一个示例相比,为何该题的有声思维报告内容较少。受试通读了该篇文章,并意识到该篇章不含所需信息。他这道题的答案是正确的。基于以上分析,我们认为他的表现符合命题者的预期。因此,此题也归类到"符合命题者预期/正确"组。

②符合命题者预期/错误示例

受试:S4　题目编号:TOEFL iBT-2　正确答案:A

预期阅读信息层面：单句

预期阅读技能：理解细节

问题：

2. According to paragraph 2, which of the following presents a particular challenge to researchers who study play behaviour in animals?

A. The delay between activities and the benefits the animal derives from them.

B. The difficulty in determining which animal species play and which do not.

C. The fact that for most animals, there is no clear transition from youth to adulthood.

D. The lack of research on the play behaviour of animals other than canids and primates.

问答该问题涉及的信息：

Play appears to be a… Determining the functions of play is difficult because the functions may be long-term, with beneficial effects not showing up until the animal's adulthood.

受试的有声思维报告：

第二题，根据第二段，which of the following presents a particular challenge to researchers who study play behaviour in animals? Play appears to be a…[**受试阅读本段**]*Which of the following presents a particular challenge to…*[**受试重读问题**]*Determining the functions of play is difficult because the functions may be long-term, with beneficial effects not showing up until the animal's adulthood.…*[**受试阅读了四个选项**]*Determining the functions of play is difficult，他们的挑战，学者遇到的挑战，应该是 Determining the functions of play，就是他在人或动物里边充当的作用，嗯，很难，很难确定下来。那么这个挑战就是确定，因为这个挑战。题目当中说的挑战就是确定玩的功能，玩的作用，because the functions may be long-term，may be long-term，with beneficial effects not showing up. 第二个选 C，C 是讲，事实是，大部分的动物，对大部分动物而言，他们的青年和成年之间没有明确的区分或过渡，这个意思是说，符合第二段最后一句，就是说很难给 play 的功能做一个明确的，做确定，很难给它做确定，因为这些功能是 long-term，可能是长期的，并且不是立刻显现的，可能会到这些动物成年后才显现出来。所以选 C。*

该题旨在考查考生是否有能力理解学者面临的特殊挑战，并利用第 2 段最后一句提供的信息来回答这个问题"Determining the functions of play is difficult because the functions may be long-term, with beneficial effects not showing up until the animal's adulthood"。记住该问题后，受试先阅读了这一段，然后阅读四个选项。他弄明白了学者面临的挑战，并在最后一句话中找出面临挑战的原因。他理解这种益处在动物成年前不会立即出现。因此，4号受试答题过程符合测试人员的预期，他理解了这句话中的细节并找到了相关的信息层面。然而，他选错了答案。因为他未能区分正确选项A"The delay between activities and the benefits the animal derives from them"和干扰项C"The fact that for most animals, there is no clear transition from youth to adulthood"。这段话并未提及"从青年到成年的转变"。也许是因为受试的阅读理解能力有限或受到选项C的干扰，所以答错了此题。因此，此题被归类到"符合命题者预期/错误"组。

③不符合命题者预期/正确示例

受试：S3　题目编号：CET-6-57　正确答案：A

预期阅读信息层面：段落

预期阅读技能：理解段落的主旨

问题：

57. Why does the author advocate the reading of literature?

A. It helps promote readers' intellectual and emotional growth.

B. It enables readers to appreciate the complexity of language.

C. It helps readers build up immersive reading habits.

D. It is quickly becoming an endangered practice.

回答该问题涉及的信息：

That immersion is supported by the way the brain handles language rich in detail, indirect reference and figures of speech; by creating a mental representation that draws on the same brain regions that would be active if the scene were unfolding in real life. The emotional situations and moral dilemmas that are the stuff of literature are also vigorous exercise for the brain, propelling us inside the heads of fictional characters and even, studies suggest, increasing our real-life capacity for empathy.

受试的有声思维报告：

Recent research in cognitive...[受试读第二段] *57. Why does the author advocate the reading of literature?* 文学？这里是文学还是文献呢？第二段有提到吗？……[受试沉默了十秒钟] *57* 题先空着……[受试阅读余下的两段，回答 **58—60** 题] 所以 57 题的话，[受试重新回到 57 题] *Why does the author advocate the reading of literature?* 应该就是说他读纸质的书吧。*A. It helps promote readers' intellectual and emotional growth.* 看一下，**纸质的书应该是有利于** *deep* *reading 的。deep reading 就是 rich in sensory detail and emotional and moral complexity 应该是有利于深度阅读，A 好像有点像。B. It cnables readers to appreciate the complexity of language. 没提到吧。C. It helps readers build up immersive reading habits，immersive reading habits 只是说容易让读者 immersed in the narrative，唉，这题就选 A 了，归纳起来，看着有点像。*

本题考查受试定位相关信息层面的能力，所需信息在第三段。要想答对题，受试还需理解该段的主旨。首先，受试阅读第二段，想找到第 57 题的答案，但没找到。于是他把这个问题放在一边，继续阅读下面的段落，完成剩下的三个问题。然后再回来做第 57 题。他认为选项 A 是最合适的答案，原因是深度阅读得益于第二段中出现的信息"rich in sensory detail and emotional and moral complexity"。选项 A 确实是答案；但受试给出的解释不对，他所参考的信息层面也是错的。本题问的是推荐阅读文学作品的原因，而不是深度阅读的原因。显然，受试误解了本题的问题，他的解释侧重于倡导深度阅读的原因。本题的阅读信息层面在第三段，该段阐述阅读文学作品的优势，如"The emotional situations and moral dilemmas... are also vigorous exercise for the brain，... increasing our real-life capacity for empathy"。虽然受试答对了此题，但他并没有理解第三段的主旨，而且参考的信息层面也不对。他第 57 题的答题过程与命题者的预期不符，因此该题划分为"不符合命题者预期/正确"组。

④不符合命题者预期/错误示例

受试：S2　题目编号：IELTS-37　正确答案：F

预期阅读信息层面：单句

预期阅读技能：查找细节

问题：

37. Consumers prefer theme parks which avoid serious issues.（题型：判断正误）

回答该问题涉及的信息：

Theme parks are undergoing other changes，too，as they try to present more serious social and cultural issues，and move away from fantasy.

受试有声思维报告：

*37 题，Consumers prefer theme parks which avoid serious issues.更喜欢主题公园，更喜欢避免了、回避那些严肃问题的主题公园。***这个题文中应该没有提到，主题公园这段是在 D 段。** *Heritage and museum...*[**受试阅读 D 段的中间部分**]**这个并没有提到，所以应该是 Not given。**

第 37 题考查受试理解文章细节的能力，并判断信息是否与陈述相符。第二个"符合命题者预期/正确"示例中已提到，第 37 题在本研究的最后一个题型中。受试在回答前两种题型的问题时至少读过一遍文章,因此本题的有声思维报告内容相当少。受试首先定位到讨论主题公园的 D 段。由于受试已经定位到信息所在段落,她应该能找到答题所需信息,即本段第一句。不过,她跳过了第一句话,重点阅读了本段中间部分的内容。在阅读了中间部分的句子后,她得出结论,D 段没有提到这一内容,并选择"未给出"作答案。由于没找到 D 段第一句中的细节,受试选错了答案,并且她参考的信息层面与命题者的预期也不符。因此,此题划分为"不符合命题者预期/错误"组。

4.3.2 预期答题操作与受试实际表现的匹配结果

按照上述分析过程,通过对每道题目的有声思维报告进行分析,得出六级(150)、雅思(200)和托福(205)阅读测试 555 道试题考生的实际表现与命题者预期操作的匹配结果。表4.12 将呈现三项考试四种答题操作数量和百分比的描述性统计,后续对比和分析将以此为依据。

表 4.12 三项考试四种答题操作的描述性统计结果

| 测试 | 百分比(频次) | | | | 总计 |
| | 符合命题者预期操作 | | 不符合命题者预期操作 | | |
	符合/正确	符合/错误	不符合/正确	不符合/错误	
六级	80.7(121)	0.7(1)	9.3(14)	9.3(14)	100(150)
雅思	79.5(159)	5.5(11)	4(8)	11(22)	100(200)
托福	72.7(149)	6.3(13)	11.2(23)	9.8(20)	100(205)

在后面的章节中,作者将阐述三组操作:符合命题者预期/正确、符合命题者预期/错误和不符合命题者预期/正确。"符合命题者预期/正确"和"符合命题者预期/错误"关系到阅读测试的构念效度,也就是说,考生的实际表现在多大程度上符合命题者的预期。"不符合命题者预期/正确"有助于我们了解构念不相关因素有哪些。"不符合命题者预期/错误"同样具有研究价值,因为对该组的分析可揭示考生在阅读理解和答题过程中的不足之处。然而,该组更多的是关注考生本身,而不是本研究的焦点,即测试的构念效度。因此,本研究不讨论"不符合命题者预期/错误"组。

4.4 三项考试的拟合度比较

拟合度的高低取决于按命题者预期操作答题的数量,包括答对和答错的题目。如表4.12所示,六级预期操作比例为81.4%,雅思为84%,托福为79%。如果高水平考生的答题过程在很大程度上符合命题者的预期,那么就认为该测试是有效的(Weir et al.,2000;Cohen &

Upton,2006;孔文,2011)。根据五名受试所取得的英语语言证书来看,他们都是高水平英语学习者。因此,上述三项考试的拟合度结果为六级、雅思、托福阅读测试的构念效度提供了实证依据,表明这三项阅读测试是有效的。

具体来说,如表 4.12 所示,在符合命题者预期/正确组中,托福的比例相对较低,为 72.7%;在符合命题者预期/错误组中,六级的比例(0.7%)很低。答题正确率由符合命题者预期/正确比例和不符合命题者预期/正确比例组成,第 4.1 节已对此进行了介绍,这里将对其进一步阐释。正确率与考试分数相对应,而实际分数与符合命题者预期/正确题目比例一致。如果正确率保持不变,则符合命题者预期/正确组比例的高低取决于不符合命题者预期/正确组比例的大小。符合命题者预期/正确组比例越高,那么不符合命题者预期/正确组比例就越低,反之亦然。

如表 4.12 所示,本研究中六级符合命题者预期/正确组比例为 80.7%,雅思的比例与之接近,为 79.5%;而托福比例相对较低,仅为 72.7%。托福此比例较低的原因可能是"托福过分注重信度,强调科学准确性,其已对效度的某些方面造成影响。"(Spolsky,1995:356)托福重视心理测量特质,这有助于确保考试取得成功。然而,过分注重信度可能并不能有效保证效度(Chalhoub-Deville & Turner,2000)。尽管托福已采用了一种新的题型,即多选项多选择以读促学题目,但其主要题型仍是多项选择题。这种题型因其高信度广受称赞,但也因受试容易使用应试技巧而受到质疑。托福过分关注信度可能是导致其符合命题者预期/正确组比例较低的原因之一。

在分析托福符合命题者预期/正确组比例较低的原因时,作者认为还有必要考虑三项考试文本的易读度。

表 4.13　三项阅读测试文本的易读度

	六级	雅思	托福
A 部分	64.2	37.4	43.5
B 部分	41.7	43.1	30.4
C 部分	38.7(短文 1) 50.8(短文 2)	38.2	49.5
平均值	48.9	39.6	41.1

通过微软 Word 程序计算,六级、雅思、托福阅读测试中每篇文章的易读度如表 4.13 所示。一般来说,易读度数值越高,文章越容易理解。雅思和托福篇章的易读度平均值相近,

分别为 39.6 和 41.1;而六级为 48.9,表明雅思和托福的文章比六级难。

受试对文本难易程度的主观判断(个人交流)与上表所示的统计数据基本一致。他们认为六级的文章比雅思和托福更容易理解。统计数据与受试主观判断的差异主要在于雅思和托福篇章的难度。受试倾向于认为雅思的篇章要简单一些,但易读度数值表明雅思篇章更难。受试称他们对雅思篇章的主题较熟悉,比如"居里夫人的生活和工作"和"博物馆的发展"。但受试对托福的文章主题不太了解,比如,"玩耍在发展中的作用"和"进化的步伐"。文章的易读度以及受试的背景知识也会影响考试成绩。因此,文章的难度以及考生缺乏相应的背景知识也可能是导致托福的符合命题者预期/正确组比例较低的另一个原因。

雅思三篇文章(37.4、43.1、38.2)的易读度值波动不大,平均在 40 左右,说明雅思的三篇文章难度相当。托福三篇文章的易读度分别是 43.5、30.4 和 49.5,第二篇文章(30.4)"进化的步伐"的难易度位于很难(0~30)和难(30~50)之间(见表 4.14),几乎达到了很难的等级,这一难度对受试的表现会产生很大影响。易读度数值在 0~30 之间,对应的是科学类杂志,而易读度数值在 30~50 之间,则对应学术类杂志。因此,第二篇文章拉低了托福的整体易读度数值。六级篇章的易读度数值分属三个数值段(30~50、50~60、60~70)和三个难度等级(难、较难、标准)。B 部分的文章和 C 部分的短文属于同一数值范围,即 30~50,说明这两篇文章的难度等级为难。C 部分的短文易读度数值在 50~60 之间,难度等级为较难,A 部分的短文易读度数值在 60~70 之间,难度等级为标准。因此,雅思和托福阅读篇章的易读度都在 30~50 之间,而六级则涵盖了三个难度等级,且其中 A 部分比预期简单许多。杨惠中和 Weir(1998)认为六级篇章的易读度应在 30~50 之间。六级阅读 A 部分的篇章易读度偏高,难度偏低。

表 4.14　易读度参考表

	Difficult level	Typical magazine
0~30	Very difficult	Scientific
30~50	Difficult	Academic
50~60	Fairly difficult	Quality
60~70	Standard	Digest
70~80	Fairly easy	Slick-fiction
80~90	Easy	Pulf-fiction
90~100	Very easy	Comics

(辜向东、关晓仙,2003:39)

此外,从表 4.12 可以发现,托福共有 23 道不符合命题者预期/正确的题目,其中 13 道都是词汇题。词汇题考查受试在语境中理解词汇的能力,其信息层面通常是单句。下面将分别列举受试完成托福词汇题符合命题者预期/正确和不符合命题者预期/正确的例子,用于解释不符合命题者预期/正确比例高的原因。

①符合命题者预期/正确词汇题示例

受试:S5　题目编号:TOEFL iBT-31　正确答案:C

预期阅读信息层面:单句

预期阅读技能:理解语境中的词汇

问题:

31. The word authoritative in the passage is closest in the meaning to _____.

A. actual　　　　B. important　　　　C. official　　　　D. effective

回答该问题涉及的信息:

All this was compatible with older devices so long as there was only one authoritative timekeeper.

受试的有声思维报告:

*Authoritative 权威的,应该是,这个还**不能直接通过这个词来判断**。so long as there was only one authoritative timekeeper.只有一个有权威的,就是应该是,计时者,应该是……[**受试阅读四个选项**]他这个地方应该说的意思是 All this was compatible with older devices so long as there was only one,只有一个正式的,有效的,官方的,选 C。*

词汇题测试考生是否理解某个单词在文中的含义。受试应先在句中找到这个词,并根据上下文推断其意思。本例中,受试先说出了"authoritative"一词的一个意思,然后他决定根据上下文验证自己的猜测是否正确。在确认答案之前,他仔细阅读了这句话。读完后,他理解了"authoritative"的意思,并选了正确答案 C。他的答题过程与命题者预期一致,所以该题划分为"符合命题者预期/正确"组。

为了更清楚地对比受试按命题者预期答对和未按命题者预期答对词汇题的过程,下面将再以 31 题为例进行阐释,只是这名受试的答题过程不符合命题者预期。

②不符合命题者预期/正确词汇题示例

受试:S1　题目编号:TOEFL iBT-31　正确答案:C

问题:

31. The word authoritative in the passage is closest in the meaning to _____.

A. actual   B. important   C. official   D. effective

回答该问题涉及的信息:

All this was compatible with older devices so long as there was only one authoritative timekeeper.

受试的有声思维报告:

31.*authoritative 是什么意思*,official,*选第三个。*

该受试针对此词汇题的口头报告内容很少。受试没有读文中的句子,而是直接选了答案,这一答题过程显然与命题者的预期不符。受试答对了此题,根据其答题过程,将此题划分为"不符合命题者预期/正确"组。托福中共有13道题目均归为此类(见表4.15),其中有12道出现在第三篇文章。

表4.15　托福不符合预期答题操作/正确词汇题

文章	题目	S1	S2	S3	S4	S5	总计
A	3				√		1
	31	√			√		
C	33		√		√	√	12
	35	√	√	√		√	
	38	√			√		√	
总计		3	2	2	3	3	13

我们想要弄清楚为什么绝大多数以这种操作答对的词汇题都出现在第三篇文章中,但有声思维报告本身不能提供有效的解释。因此,研究者随后对五位受试进行询问。根据他们的回答,作者得出以下结论:受试对词汇的熟悉度决定了他们在回答词汇题时是否会阅读上下文的句子。当受试比较确定单词的意思和问题的答案时,他们通常不会参考上下文,而是直接选择答案;而当受试不确定单词的意思时,他们通常会带着目标单词读句子,然后根据词意作出选择。

此外,受试还报告说,托福第三篇文章没有前两篇难(表4.13中三篇文章的易读度证实了他们的主观判断,篇章一为43.5,篇章二为30.4,篇章三为49.5)。相应地,第三篇文章的词汇题也比前两篇容易。最重要的是,这些词汇都在他们的认知范围。受试还提到,他们已经做了近一个小时的有声思维报告,感到有些疲倦,因此,词汇题直接做出选择可以缩短测试时间。托福阅读测试共205题,这13道题占总数的6.3%,这部分解释了为什么托福的符合命题者预期/正确操作比例相对较低。

需要注意的是,按命题者预期操作,答对题的可能性很高(三项考试分别为 80.7%、79.5% 和 72.7%)。但是,按命题者预期操作答题,也存在答错题的可能,例如符合命题者预期/错误的题目。

六级有 1 道题属于该类别,雅思 11 道,托福 13 道,分别占总题目数的 0.7%、5.5% 和 6.3%。显然,与另两项考试相比,六级的符合命题者预期/错误比例最低。其原因有两点:首先,六级(48.9)的平均易读度值(见表 4.13)高于雅思(39.6)和托福(41.1),说明六级的阅读材料更容易理解。如果受试能够找到相应的信息层面,选出正确答案的概率更高;其次,受试对考试本身比较熟悉,这有助于他们在考试中取得好成绩。Bachman et al.(1995)发现考生对考试的熟悉程度会造成其成绩出现明显的差异。他们的研究发现,美国受试的托福成绩更好,而英国受试的第一英语证书考试的成绩更好。本研究的受试都是中国考生,他们熟悉六级考试和其题型,因此他们在六级考试中容易取得更好的成绩。

通过分析有声思维报告,得到了命题者预期操作与考生实际表现的拟合度,三项考试分别是 81.4%、84% 和 79%,这为三项考试的构念效度提供了依据。同时这也表明,受试的考试成绩与是否使用预期的阅读信息层面和阅读技能相关联,而与构念不相关的因素,如应试技巧等无关。

托福符合命题者预期/正确比例较低的原因有托福过分关注信度,文章易读度较低,以及受试回答词汇题时未按预期操作等。六级符合命题者预期/错误比例较低的原因可能是六级的文章比雅思和托福简单,而且受试更熟悉六级考试。这两个因素也可以说明图 4.4 中六级正确率最高的原因(六级 90%,雅思 83.5%,托福 83.9%)。

4.5 三项考试不符合预期答题操作/正确题目的比较

前一节呈现了三项考试的拟合度结果,这一节将重点分析不符合命题者预期/正确的题目,即受试的答题方式与命题者预期不符,但仍答对了的情况。Alderson(2000:97)指出:"测试的效度与对答对题目的解释有关,因此重要的不是命题者认为题目考查了什么,而是受试认为哪些回答是正确的以及其答题过程。"为此,我们将分析不符合命题者预期/正确题目的有声思维报告,以探究这类题目的答题过程。

从表 4.12 可知,六级共有 14 道题目为不符合命题者预期/正确,雅思 8 道、托福 23 道。托福的 23 道题中,13 道词汇题已在上一章节讨论过,此处不再赘述。但托福还有 10 道题有待分析。通过对三项考试中此类题进行分析,作者发现其答题过程有三种(见表 4.16)。

表4.16　三项考试中的不符合预期答题操作/正确题目

类别		百分比(频率)		
		六级	雅思	托福
应试技巧	排除	42.9(6)	50(4)	80(8)
	背景知识	7.1(1)	/	/
理解错误但答案正确		28.6(4)	12.5(1)	10(1)
推理解释不清		21.4(3)	37.5(3)	10(1)
总计		100(14)	100(8)	100(10)

4.5.1　应试技巧

Cohen(2006:308)将应试技巧定义为:"不经过预期的语言和认知过程,而运用考试题型和其他次要信息答题的策略。" 在语言测试中,受试可能会使用应试技巧,而不使用实际的语言知识。因此,要全面了解考生的答题过程,必须考虑应试技巧。根据研究者对应试技巧的研究(金艳、吴江,1998;Weir,2010;杨惠中、Weir,1998),本研究总结了最常用的应试技巧(见表4.17)。

表4.17　受试常用的应试技巧

技巧	定义
排除	根据感觉排除不对的选项,然后即使是在不理解剩余选项的情况下,仍选择剩余选项
背景知识	利用已知的知识或经验答题
盲猜	没有任何根据地作出选择
匹配	将问题和文章中的相同词汇进行匹配
其他题目中的线索	利用其他问题中的线索回答问题
排序	根据文章段落的顺序寻找问题答案

本研究中,受试使用了两种应试技巧(见表4.17),即排除和背景知识,这与金艳、吴江(1998)和施雅俐(2015)的研究有一定差异。金艳、吴江(1998)的研究中,受试使用了表4.17的前五种策略,即排除、背景知识、盲猜、匹配和其他题目中的线索,而施雅俐(2015)发现受试在考试中使用了排除、背景知识和排序等技巧。需要注意的是,他们的研究中,受试英语水平各不相同,既有高水平受试,也有低水平受试。通常情况下,如果低水平受试无法理解

篇章内容,他们往往会使用盲猜、匹配、排序等应试技巧。而本研究的受试都是高水平语言使用者,因此,他们在答题过程中并没有使用盲猜、匹配和排序。是否使用其他题目中的线索这一应试技巧不仅与受试有关,而且与题目质量有关。因为只有某一考题无意中为其他题目提供信息或线索时,该策略才能得到运用。

如表4.16所示,在不符合命题者预期/正确题目中,六级和雅思各有一半是使用应试技巧解答的,六级包括排除(42.9%)和背景知识(7.1%),而雅思都是排除。对于托福来说,受试使用应试技巧的比例非常高,达到80%,而且都是使用排除法。

排除法是一种适用于选择反应题的应试技巧,这种题型提供选项,受试可以排除不当或错误选项后选择剩余选项。六级和托福的题目都属于选择反应题,雅思的40道题目中有30道(见表4.18)属于这一类,且受试在所有三项考试中都使用了排除法。选择反应题为排除法的使用提供了"支撑"。托福中的句子插入题是在四个位置中选一个,其本质还是选择题,是传统多项选择题的一种变体。这样算来,托福阅读测试中传统多项选择题有38道,占整个测试题目(41道)的92.7%。因此,受试在不能完全理解文章的意思或不具备考试所考查的技能时,很有可能使用这一技巧来答题,即使是多选项多选择题也不例外。以下是对该题型的示例说明。

表4.18　三项考试中的选择反应题和建构反应题

	六级		雅思		托福	
	题型	题目数	题型	题目数	题型	题目数
选择反应题	完形填空	10	判断正误	10	多项选择	35
	信息匹配	10	信息匹配	6	插入句子	3
			特征匹配	4		
	多项选择	10	标题匹配	4	多选项多选择题	3
			多项选择	6		
建构反应题	/		笔记填空	7	/	
			总结填空	3		
总计	30		40		41	

多选项多选择题示例:

受试:S5　题目编号:TOEFL iBT-41　正确答案:AEF

预期阅读信息层面:篇章

预期阅读技能:1)明白文章的组织和目的;2)理解观点之间的关系;3)将信息分类列表或进行总结以便回忆要点和重点;4)推论全文观点是如何联系起来的。

问题:

41. Directions:An introductory sentence for a brief summary of the passage is provided below. Complete the summary by selecting the THREE answer choices that express the most important ideas in the passage.Some sentences do not belong in the summary because they express ideas that are not presented in the passage or are minor ideas in the passage.This question is worth 2 points.

The introduction of the mechanical clock caused important changes to the society of medieval Europe.

A. The increasing complexity of social and economic activity in medieval Europe led to the need for a more dependable means of keeping time than sun and water clocks provided.

B. Because they were unreliable even in sunny climates,sun clocks and water clocks were rarely used in Europe,even before the invention of the mechanical clock.

C. Before the mechanical clock,every city wanted a large number of timekeepers because more timekeepers allowed for better organization of collective activities.

D. Soon after the invention of the mechanical clock,sun and water clocks became obsolete because mechanical clocks were far more accurate.

E. Although society in general was quick to adopt the mechanical clock,the Catholic Church resisted it because it challenged the authority of the church.

F. Clock makers introduced precision engineering and their clocks gave individuals and groups more control over the organization of their activities.

回答该问题涉及的信息:

The passage as a whole

受试的有声思维报告:

41.这个还是一个 summary。The introduction of the mechanical clock caused important changes to the society of medieval Europe.机械钟表的发明对中世纪的欧洲,中世纪的欧洲的社会产生了重要的改变。改变,一个就是说,[**受试阅读选项 A**] *这个是 introductory sentence.* B. Because they were unreliable even in sunny climates,*这个不对啊,sun clock 这种是可靠的,这个不对,这句话都是错的。* [**受试阅读选项 C**]*这个是错的,应该是一个 authoritative timekeeper。*[**受试阅读选项 D**]*这是错的,水滴计时被遗弃了,但太阳,日晷这个一直都在用*

的,没有过时。**这就只剩 AEF 了,其他三个都是错的,被排除了,就不用再看了。**

该示例说明的是受试如何利用排除法答题。托福的以读促学题目需要从多于四个选项里选出一个以上的选项,并且要用到篇章层面信息,这类题目一般比传统多项选择题难。然而,受试通过使用排除法,在不读最后两个选项的情况下仍选出了正确答案。受试既没有思考文章结构,也没有考虑文章各观点之间的联系。他仅读了前四个选项,并根据他对文章细节的记忆排除其中三个选项,然后余下的三个选项则自动成为问题的答案。

通过全面分析第 41 题的有声思维报告,研究者发现除 5 号受试外,1 号和 3 号受试同样使用排除法答对了此题。五名受试中三名使用排除法答对此题,这提醒命题者需要修改该题的选项。受试对这些选项的分析表明 B、C 和 D 三个干扰项对他们的选择过程基本没有影响。他们几乎毫不费力地就能发现选项中的错误,不必费心考虑其余三个选项是否正确,这也影响了该题的效度。因此,命题者应考虑修改第 41 题的干扰项,例如,用段落的次要观点作干扰项而不是用包含错误信息的句子。托福多项选择题数量太多以及第 41 题选项不合适是造成受试使用排除法这一应试技巧能够解决 80% 的不符合预期/正确题目的原因。

尽管六级只有一道题目是受试运用背景知识这一应试技巧答对的,但这也应当引起命题者的重视,因为这种答题操作可以揭示题目设计的缺陷。以下将对这一示例进行讨论。

受试:S1　题目编号:CET-6-64　正确答案:D

预期阅读信息层面: 单句

预期阅读技能: 理解隐含的意思(推论)

问题:

64. What is the author's purpose in citing the recent terrorist attacks on the streets of Boston and London?

A) To show that America should join hands with Europe in fighting terrorists.

B) To prove that it is high time America made comprehensive immigration reforms.

C) To prove that terrorism is the most dangerous threat to America and the world in general.

D) To show that immigrants' cultural incompatibility with the host country has consequences.

回答该问题涉及的信息:

Not only the United States, but the Western world in general, has been discovering the hard way that admitting people with incompatible cultures is an irreversible decision with incalculable consequences.

受试的有声思维报告：

64.What is the author's purpose in citing the recent terrorist attacks on the streets of Boston and London? 作者引用波士顿袭击是为了说明什么。[**受试阅读选项 A**]这是表面的,肯定不对。[**受试阅读选项 B**] 现在需要改了,high time。[**受试阅读选项 C**]这肯定也不对, 文章是讲移民和福利的,不是讲恐怖主义的。[**受试阅读选项 D**]这个比较像,就说移民文化的落后吧,就会给 host country 带来不好的结果。感觉这题选第 4 个。

64 题是六级 C 部分第二篇文章中的一道题。首先要提一下受试阅读该篇文章的顺序：先读问题,后读文章。读完 4 个选项后,受试在没有读文章的情况下,排除了 3 个干扰项,并选出了正确答案 D。受试认为,A 选项太肤浅,不可能是正确答案。因为恐怖主义并非文章的主题,所以直接否定了 C 选项。受试没有对 B 选项作出解释。读完最后一个选项后,受试的背景知识得到激活,通过分析,受试认为 D 是答案。如果移民文化落后于东道主文化,势必对双方造成负面影响。由于受试具有与移民话题相关的背景知识,且选项 A 和 C 存在明显缺陷,受试能在未读文章的情况下仍选出正确答案。受试回答该题的过程需要引起命题者的注意,因为第 64 题存在构念不相关的因素。不过我们只在六级阅读测试中发现一例受试使用背景知识答对题目的情况。

综上所述,由于三项考试选择反应题数量均较多,在所有不符合命题者预期/正确题目中,受试使用排除法这一应试技巧解题的比例达到 42.9%(六级)、50%(雅思)和 80%(托福)。托福多项选择题比例高达 92.7%,并且第 41 题选项设计不当。这两个因素导致受试使用排除法这一应试技巧解答了 80%的不符合命题者预期/正确题。六级第 64 题出现构念无关因素,然而,背景知识这一应试技巧仅在六级中使用。

4.5.2　理解错误但答案正确

这是第二类不符合命题者预期/正确题目的答题操作。受试通过分析文章相关内容回答问题,有时会排除一两个干扰项,但最终选择是基于其对文章和问题的理解做出的。虽然受试的推理看似符合逻辑且合理,但进一步分析其有声思维报告,则发现受试并未完全理解文章的相关内容,甚至在某种程度上还误解了文章内容,但仍"成功"地答对了题,这一点与 Zhang 和 Fu(2002)的发现一致。但是,他们并未对此提供任何解释。

虽然三项考试都有以这种操作回答的问题,但数量较少,雅思 1 题,托福 1 题,六级 4 题。实例分析如下：

受试：S4　题目编号：CET-6-50　正确答案：H

预期阅读信息层面：单句

预期阅读技能：理解细节

问题：

50. The creation of a suburban economy in the 1950s created lots of office jobs.（Task format：Matching information）

回答该问题涉及的信息：

H）...Instead, the 1950s saw the creation of a new suburban economy, with a plurality of white-collar workers. With an expanded transportation and communications *infrastructure*（基础设施），businesses needed telephone operators, shipping clerks, and similar occupations.

受试的有声思维报告：

*50题，The creation of a suburban economy in the 1950s created lots of office jobs.找关键词 suburban，之前看见过的。嗯，看见了。H，里头写到 With an expanded transportation and communications infrastructure, businesses needed telephone operators, shipping clerks, and similar occupations,*这个电话转接员，轮船人员，就类似的职业大量的需要。shipping clerks, clerks 在办公室，但 shipping clerks？ *这怎么，诶，就先选 H 了。*

该题考查考生能否略读和查读几段内容后，找出其中一段所包含的细节。题干强调："lots of office jobs are created when a suburban economy appears in the 1950s"，这与 H 段中的第二句相对应。预期的信息层面应为文中短语"plurality of white-collar workers"，与陈述中的"lots of office jobs"是同义表达。受试首先在 H 段中找到关键词"suburban"，但他跳过了第二句，将重点放在第三句。他读到"office jobs"，认为"clerks"是在办公室工作的员工，而"shipping clerks"是在船上做体力工作的工人，因此他们不太可能在办公室工作。事实上，他错误理解了运务员的定义，他们实际的工作内容是负责包括文件检查、装运和整合运输在内的办公室工作。但他仍然选出了正确答案，原因可能是其有声思维报告提到"telephone operators"也是办公室职员。虽然"shipping clerks"不是，但"telephone operators"应该是，因此他选择 H 作为答案。

可见，虽然数目较少，但三项考试都存在理解错误但答案正确的解答情况。

4.5.3 推理解释不清

最后一类不符合命题者预期/正确题目的答题操作，即推理解释不清，是指受试没有对如何选择答案作出明确详细的解释，因而研究者无法将其归类到表 4.16 的前两类。为了让受试进一步回忆其思考过程，研究者对受试进行了访谈。但受试表示，由于有声思维报告的时间与访谈之间的间隔较长，他们无法回忆当时的想法。显然，由于没有进行及时访谈，研究者没法对一些题目作出准确的分析，这也是本研究的不足之处。鉴于转录耗时较长，且转录完成后才能开展后续分析，造成两个步骤间隔较长。所以我们需要认真思考如何在文本转录和分析之间取得平衡。六级和雅思各有三道题属于这一类别，分别占不符合命题者预期/正确题目的 21.4% 和 37.5%；而托福有一道该类别题目占比 10%。下面将以一道雅思题为例进行说明。

受试：S2　题目编号：IELTS-23　正确答案：C

预期阅读信息层面：单句

预期阅读技能：阅读查找细节

问题：

23. Observing their own reflection contributes to children's self-awareness.

（Task format：Matching features）

回答该问题涉及的信息：

C ...However, Lewis and Brooks-Gunn（1979）suggest that infants' developing understanding that the movements they see in the mirror are contingent on their own, leads to a growing awareness that they are distinct from other people.

受试的有声思维报告：

23 题, Observing their own reflection contributes to children's self-awareness.观察他们的自我反应对于他们的自我意识有帮助。Observing their own reflection contributes to children's self-awareness.观察他们的 own reflection contributes to their。应该是选，选择，在哪段呢? 是在 G 段，Lewis 和 Brooks-Gunn 他们提出的，对，Lewis and Brooks-Gunn，选 C。

该题考查受试查找细节的能力，要求对某一研究发现与对应学者进行匹配。该题的信息层面是 C 段的倒数第二句话，句中关键词"mirror"和"growing awareness"是定位的依据，其意思与"reflection"和"self-awareness"相近。受试边读这句话边扫读关键信息，指出这项发现是 G 段中的"Lewis and Brooks-Gunn"提出的，但没有给出选择的依据。G 段中的信息只能间接地为这句话提供支撑。这类口头报告信息不足，无法判定考生答题过程是否符合命题者预期，所以将其划分为第三类。这也说明，数据收集阶段，除有声思维外，后续访谈也是必不可少的。

总之，由于缺乏即时的后续访谈，我们发现很难判断个别题目受试答题过程是否符合命题者预期。虽然这一类别的项目所占比例很小，但从中得出的启示对今后的研究仍具有重要意义和价值。

5 结论

本研究分析了三项阅读测试每道考题的预期答题操作、受试实际答题过程与预期答题操作之间的拟合度，以及受试完成不符合预期答题操作/正确题目的解题方法，比较了六级、雅思、托福阅读测试的构念效度。

◇研究发现

1）六级、雅思、托福三项阅读测试的预期答题操作有何异同？

试题的预期答题操作是依据阅读信息层面和阅读技能确定的。就阅读信息层面而言，三项考试均考查了单句、句间和段落三种信息层面，且信息层面的考查比例均按单句、句间和段落依次递减。三项考试考查信息层面不同之处在于雅思和托福涉及对篇章信息层面的考查，而六级未涉及对篇章信息层面的考查。

就考查的阅读技能而言，三项考试都考查受试理解细节、理解大意和推断的能力，表明三项考试注重考查考生是否理解阅读材料并能读出言外之意。与六级和托福相比，雅思考查的技能较少。

2）考生三项阅读测试实际答题行为与预期答题操作的拟合度如何？

完成三项考试时，考生实际的答题行为和命题者预期答题操作的拟合度都较高。换言之，这为三项考试阅读部分具有构念效度提供了实质证据，表明三项考试是测试阅读水平的有效考试。受试的答题行为是按预期的阅读技能和阅读信息层面完成的。根据考试成绩对考生阅读能力作出的推论是可靠合理的。

三项考试中考生实际答题行为和命题者预期答题操作拟合度有两点不同。首先，托福按照预期答对题的比例较低，这是由托福过分注重信度、文章易读度较低和考生未按预期行为解答词汇题三个因素共同造成的。其次，六级按照预期答错比例较低，其原因主要是六级阅读篇章易读度较高，并且考生对六级考试非常熟悉。

3）考生三项阅读测试未按预期操作但仍答对题的答题行为有何异同？

完成三项考试时，对于未按命题者预期操作仍答对的题目，受试的答题行为有以下三种：使用应试技巧（排除法，背景知识）、理解错误但答案正确以及推理解释不清。选择反应题在三项考试中的比例都比较高，这为考生使用排除法这一应试技巧提供了可能。

考生在使用应试技巧方面有两点不同。首先，托福中排除法的使用比例明显高于六级和雅思，这是因为托福中传统的四选一选择题比例最高且有的题选项编写不合理。其次，背景知识这一应试技巧出现在六级考试中，这是由六级考试个别题目出现使用"背景知识"这一构念无关因素造成的。

◇ 研究意义

从实证研究的角度看，本研究为三项阅读测试的构念效度提供了实证依据，并证明三项阅读测试都是有效可靠的。对测试机构和命题者而言，需要提高命题质量，减少应试技巧产生的影响。此外，托福多项选择题占比过高，在一定程度上为排除法这一应试技巧的使用提供了可能，因此，应该采用多种阅读题型，以减少排除法的使用。

从方法论的角度来看，本研究运用有声思维法分析了受试的答题过程，比较了三项阅读测试受试答题过程与预期答题操作的拟合度，为今后采用类似研究方法对考试进行构念效度验证对比研究提供了参考。

◇ 研究局限性

本研究的局限性主要表现为以下三点：首先，有声思维报告实验是在几乎无压力的考试环境中进行的，并且考试不计分（Cohen，1984），受试一边答题一边报告有声思维，这可能会干扰其正常答题过程。因此，本研究的数据可能较难准确反映受试在真实考试环境下的答题过程。其次，受试和试卷的抽样数量有限。由于有声思维数据收集和转录过程耗时，本研究只有 5 名受试和 3 份试卷。因此，在把研究结果类推到受试整体和试卷整体时需谨慎，也需要更多的受试和试卷来证实研究结果。最后，由于没有对受试进行即时的后续访谈，研究者无法对某些题目作出准确判断，如推理解释不清题目等。这一点进一步强调了多渠道收集数据以进行交叉验证数据的必要性。本研究中，数据的分析有赖于转录的文本，而转录过程非常耗时。因此，应在文本转录和分析之间取得平衡，并辅之以后续访谈，以增强数据的效度和信度。

◇ 未来研究建议

首先，选择不同语言水平的受试参加研究，以便比较高、中、低水平受试的答题过程。Rosenfeld et al.（2004）指出，只要测试继续发展，就需要进行效度验证。因此，比较不同语言水平受试完成考试的拟合度及其对应试技巧的使用是有重要意义的。其次，探究受试完成符合命题者预期/正确题目的阅读和答题策略是非常有必要的；分析高水平受试完成符合命题者预期/正确题目的阅读和答题过程有利于揭示其采用的策略，为策略教学和低水平语言学习者提供参考。此外，对三项考试策略使用的异同进行比较，也有助于深入了解考试的整体构念。

参考文献

Adamson, H. D. (1993). *Academic competence, theory and classroom practice: Preparing ESL students for content courses*[M]. Longman.

Afflerbach, P., & Johnston, P. (1984). Research methodology on the use of verbal reports in reading research[J]. *Journal of Reading Behaviour*, 6(4), 307-322.

Alderson, J. C. (2000). *Assessing reading*[M]. Cambridge University Press.

Alderson, J. C. (2009). Test review: test of English as a foreign languae TM: Internet-based test (TOEFL iBT®)[J]. *Language Testing*, 26(4), 621-631.

Anderson, N. J., Bachman, L. F., Perkins, K., & Cohen, A. D. (1991). An exploratory study into the construct validity of a reading comprehension test: Triangulation of data sources[J]. *Language Testing*, 8(1), 41-66.

Bachman, L. F., & Palmer, A. S. (1996). *Language testing in practice*[M]. Oxford University Press.

Bachman, L. F. (1990). *Fundamental considerations in language testing*[M]. Oxford University Press.

Bachman, L. F. (2000). Modern language testing at the turn of the century: Assuring that what we count counts[J]. *Language Testing*, 17(1), 1-42.

Bachman, L. F. (2004). *Statistical analyses for language assessment*[M]. Cambridge University Press.

Bachman, L. F., Davidson, F., Ryan, K., & Choi, I. C. (1995). *An investigation into the comparability of two tests of English as a foreign language*[M]. Cambridge University Press.

Carrell, P., Devine, J., & Eskey, D. (1998). *Interactive approaches to second language reading*[M]. Cambridge University Press.

Celce-Murcia, M., & Olshtain, D. (2000). *Discourse and context in language teaching: A guide for language teachers*[M]. Cambridge University Press.

Chalhoub-Deville, M., & Turner, C. E. (2000). What to look for in ESL admission tests: Cambridge certificate exams, IELTS, and TOEFL[J]. *System*, 28(4), 523-539.

Chapelle, C. (1998). Construct definition and validity inquiry in SLA research[A]. In L. F. Bachman & A. D. Cohen (Eds.), *Interfaces between second language acquisition and language testing research*(pp. 32-70)[C]. Cambridge University Press.

Chapelle, C., Enright, M., & Jamieson, J. (Eds.)(2008). *Building a validity argument for the test of*

English as a foreign language™[C]. Routledge.

Cheng,L. (2010). *Academic reading and strategy uses*[M]. Sun Yat-Sen University Press.

Cohen,A. D. (1984). On taking language tests what the students report[J]. *Language testing*,*1*(1), 70-81.

Cohen,A. D. (1994). Verbal report on learning strategies[J]. *TESOL Quarterly*,*28*(4),678-682.

Cohen,A. D. (1998). *Strategies in learning and using a second language*[M]. Longman.

Cohen,A. D. (2000). Exploring strategies in test-taking:Fine-tuning verbal reports from respondents [A]. In G. Ekbatani & H. Pierson(Eds.),*Learner-directed assessment in ESL*(pp. 127-150)[C]. Lawrence Erlbaum.

Cohen,A. D. (2006). The coming of age of research on test-taking strategies[J]. *Language Assessment Quarterly*,*3*(4),307-331.

Cohen,A. D.,& Upton,T. A. (2006). Strategies in responding to the new TOEFL reading tasks[M]. Educational Testing Service.

Cohen,A. D.,& Upton,T. A. (2007). I want to go back to the text:Response strategies on the reading sub-test of the new TOEFL[J]. *Language Testing*,*24*(2),209-250.

Davies,A.,Hamp-Lyons,L.,& Kemp,C. (2003). Whose norms? International proficiency tests in English[J]. *World Englishes*,*22*(4),571-584.

Ericsson,K. A.,& Simon,H. A. (1993). *Protocol analysis:Verbal reports as data*[C]. Massachusetts Institute of Technology Press.

ETS. (2012). TOEFL® test prep planner. [2020-12-2] https://www. ets. org/s/toefl/pdf/toefl_student_ test_prep_planner. pdf.

Goodman,K. S. (1982). *Process*,*theory*,*research*[M]. Routledge and Kegan Paul.

Grabe,W.,& Stoller,F. (2002). *Teaching and Researching Reading*[M]. Longman.

Grabe,W. (1991). Current developments in second language reading research[J]. *TESOL Quarterly*, *25*(3),375-406.

Green,A. (1998). *Verbal protocol analysis in language testing research:A handbook*[M]. Cambridge University Press.

Hannu,K.,& Pallab,P. (2002). A comparison of concurrent and retrospective verbal protocol analysis [J]. *American Journal of Psychology*,*113*(3),387-404.

Hoover,W. A.,& Gough,P. B. (1990). The simple view of reading[J]. *Reading and Writing:An*

Interdisciplinary Journal, 2(2), 127-160.

Hughes, A. (2000). *Testing for language teachers* [M]. Foreign Language Teaching and Research Press.

IELTS information for candidates. (2015). [2020-11-26] http://www. ielts. org / pdf / IELTS%20Information-for-Candidates-March%202015. pdf.

IELTS. (2007). *The IELTS handbook* [M]. University of Cambridge Local Examinations Syndicate.

Khalifa, H., & Weir, C. J. (2009). *Examining reading : Research and practice in assessing second language reading* [M]. Cambridge University Press.

Meneghetti, C., Carretti, B., & Beni, R. D. (2006). Components of reading comprehension and scholastic achievement [J]. *Learning and Individual Differences*, 16(4), 291-301.

Messick, S. (1992). Validity of test interpretation and use [A]. In M. C. Alkin (Ed.), *Encyclopedia of educational research* (6th edition) (pp. 1-33) [C]. Macmillan.

Moore, T., Morton, J., & Price, S. (2012). Construct validity in the IELTS academic reading test : A comparison of reading requirements in IELTS test items and in university study [A]. In L. Taylor & C. Weir (Eds.), *IELTS collected papers* 2 : *Research in reading and listening assessment* (pp. 120-211) [C]. Cambridge University Press.

O' Malley, J. M., & Chamot, A. U. (1990). *Learning strategies in second language acquisition* [M]. Cambridge University Press.

Pressley, M., & Afflerbach, P. (1995). *Verbal protocols of reading : The nature of constructively responsive reading* [M]. Lawrence Erlbaum Associate.

Pritchard, R. (1990). The evolution of introspective methodology and its implications for studying the reading process [J]. *Reading Psychology : An International Quarterly*, 11(1), 1-13.

Ransdell, S. (1995). Generating thinking-aloud protocols : Impact on narrative writing of college students [J]. *American Journal of Psychology*, 108(1), 89-98.

Rosenfeld, M., Oltman, P. K., & Sheppard, K. (2004). Investigating the validity of TOEFL : A feasibility study using content and criterion-related strategies [J]. *ETS Research Report Series*, 2, 1-85.

Rost, D. (1989). Reading comprehension : Skill or skills? [J]. *Journal of Research in Reading*, 12(2), 87-113.

Rost, D. (1993). Assessing the different components of reading comprehension : Fact or fiction? [J].

Language Testing,10(1),1-20.

Rupp,A. A.,Ferne,T.,& Choi,H. (2006). How assessing reading comprehension with multiple-choice questions shapes the construct:A cognitive processing perspective[J]. *Language Testing*,23(4), 441-474.

Spolsky,B. (1995). *Measured words*[M]. Oxford University Press.

Tsai,C.,& Chang,I. (2010). Using the think-aloud protocol to evaluate reading comprehension for elderly English language learners[J]. *Journal of Nan Kai*,7(2),29-36.

Urquhart,S.,& Weir,C. (1998). *Reading in a second language:process,product and practice*[M]. Longman.

Wade,S. E. (1990). Using think alouds to assess comprehension[J]. *The Reading Teacher*,43(7), 442-451.

Weir,C. J.,& Porter,D. (1994). The multi-divisibility or unitary nature of reading:The language tester between Scylla and Charybdis[J]. *Reading in a Foreign Language*,10(2),1-19.

Weir,C. J. (2010). *Language testing and validation:An evidence-based approach* [M]. Foreign Language Teaching and Research Press.

Weir,C. J.,Yang,H.,& Jin,Y. (2000). *An empirical investigation of the componentiality of L2 reading in English for academic purposes*[M]. Cambridge University Press.

Weir,C.,Hawkey,R.,Green,A.,& Devi,S. (2012). The cognitive processes underlying the academic reading construct as measured by IELTS[A]. In L. Taylor & C. Weir(Eds.), *IELTS collected papers 2:Research in reading and listening assessment*(pp. 212-269)[C]. Cambridge University Press.

Zhang,D. C. (2010). *Empirical researches on reading strategies in English* [M]. University of International Business and Economics Press.

Zhang,W.,& Fu,Q. (2002). Using verbal reports in verifying the construct validity of CET-6 reading tests[J]. *Teaching English in China(Quarterly)*,25(4),2-6.

Zwick,R. (1987). Assessing the dimensionality of NAEP reading data[J]. *Journal of Educational Measurement*,24(4),293-308.

陈晓扣,2009. TEM-4 客观试题效度研究[M]. 上海:复旦大学出版社.

郭纯洁,2007. 有声思维法[M]. 北京:外语教学与研究出版社.

金艳,吴江,1998. 以"内省法"检验 CET 阅读理解测试的效度[J]. 外语界(2):47-52.

孔文,2011. 从考生答题过程验证 TEM 4 阅读理解任务的构念效度[J]. 外语测试与教学(3)：
　　1-13.

李鑫,修旭东,2009. 雅思和我国高考英语阅读测试题型的对比[J]. 解放军外国语学院学报(5)：
　　60-64.

美国教育考试服务中心(Educational Testing Service,ETS),2009. ETS 新托福考试官方指南(第 3
　　版)[S]. 北京:北京语言大学出版社.

全国大学英语四、六级考试委员会,2007. 大学英语六级考试大纲(2006 修订版)[S]. 上海:上海
　　外语教育出版社.

施雅俐,2015. 从答题过程检验 CET 4 长篇阅读匹配题的构念效度[J]. 外语测试与教学(1)：
　　24-31.

王勇旗,2007. 浅析雅思学术类阅读与大学英语六级阅读文章异同——基于自建小型语料库的
　　实证研究[J]. 广东外语外贸大学学报(5):77-81.

杨惠中 & Weir,C. J,1998. 大学英语四六级考试效度研究[M]. 上海:上海外语教育出版社.

评分效度

第 5 章　六级、雅思、托福口语考试形式与题型对考官和考生会话特征的影响		
数据采集	数据来源	分析工具
六级口试样本视频及转写	六级:中国教育考试网	基于会话分析理论,运用定性分析方法,对转写内容进行微观结构分析
雅思口试样本视频及转写	雅思:雅思考试中文官网	
托福口试样本视频及转写	托福:托福考试英文官网	
第 6 章　六级、雅思、托福口语考试形式与题型对考官和考生主题发展的影响		
数据同第 5 章		

第 5 章

六级、雅思、托福口语考试形式与题型
对考官和考生会话特征的影响①

摘要:本研究以六级、雅思、托福口语考试的样本视频为研究对象,借助会话分析理论,尤其是其核心概念:话轮转换、序列结构、毗邻语对、会话修正的阐释,探讨三项口语考试形式与题型对考官和考生会话特征的影响,以期为完善口语考试,特别是大规模、高风险口语考试的设计、评分、管理和英语口语教学实践提供建议。

关键词:口语考试;会话分析;考试形式与题型;会话特征;对比研究

1 引言

口语考试是六级、雅思、托福考试的重要组成部分。六级口语考试是选考,雅思和托福口语考试是必考。三项口语考试的考试形式、考试题型及考试时长、分数报道方式、评分标准、分值权重见表 5.1。

本研究以六级、雅思、托福口语考试的样本视频为研究对象,拟借助会话分析理论中对核心概念:话轮转换、序列结构、毗邻语对、会话修正的阐释,探讨三项口语考试形式与题型对考官和考生会话特征的影响。拟定回答两个研究问题:

1)三项口语考试形式与题型对考官话轮转换、序列结构、毗邻语对、会话修正有何影响?

2)三项口语考试形式与题型对考生话轮转换、序列结构、毗邻语对、会话修正有何影响?

---

① 本文发表在《外语与翻译》2020 年第 3 期"语言测试对比研究"专栏,本专著收录时有修改。

表 5.1　三项口语考试简介

内容	六级口语考试	雅思口语考试	托福口语考试
考试形式	机考	考官与考生面对面、一对一	机考
第一部分	自我介绍(每人20秒)	简介及问答(4~6分钟)	话题表述(1分钟)
第二部分	简短回答(每人30秒)	个人陈述(3~4分钟)	个人选择(1分钟)
第三部分	个人陈述(每人1分30秒)	双向讨论(4~5分钟)	匹配与解释(1分30秒)
第四部分	双人互动(3分钟)		通用与专用(1分30秒)
第五部分	深度问答(每人45秒)		问题与解决方案(1分30秒)
第六部分			总结(1分30秒)
分数报道方式	总分为15分,成绩报告时转换为A、B、C、D四个等级	采用1~9分的评分制,允许出现半分	六道口语题分数总和为0~24分,取算数平均值0~4分并依据《托福口语考试转换表》,将总分转换为0~30分
评分标准	准确性和范围 话语长短和连贯性 灵活性和适切性	发音 词汇多样性 语法多样性及准确性 流利度与连贯性	表达 语言使用 主题发展
分值权重	选考,独立打等级	25%	25%

2　文献综述

2.1　会话分析理论

会话分析(Conversation Analysis, CA)由 Sacks, Schegloff, Jefferson 在 20 世纪 70 年代开创,最早用于分析自然会话,如今越来越广泛地运用于各种行业会话的研究。会话分析是研究互动交际如何局部构建的方法,旨在揭示会话的基本结构特点,描述并解释会话者理解、控制、建构会话的能力(王立非、李琳,2015)。

会话分析的核心概念包括毗邻语对(Adjacency Pair)、序列结构(Sequential Organization)、话轮转换(Turn Taking)、会话修正(Repair)和主题发展(Topic Development)[1]。毗邻语对、序列结构、话轮转换构成会话的整体组织结构,主题发展提供信息交换,会话修正处理会话中出现的偏差(Seedhouse & Nakatsuhara,2018)。

---

[1]　主题发展将在第6章进行详细专题研究。

会话在两个及两个以上的人之间展开,发话人在某一时间内连续说出的话语构成一个话轮。话轮构成的单位可以是句子、短语、单词。话轮在发话人和受话人之间的转换称为话轮转换。话轮的转换、维持与提供使会话不间断地进行(李捷 等,2011)。

发话者和受话者发生转换的位置为"话轮转换关联位置"。话轮转换关联位置一般位于话轮结束的位置,在语调、语音、句法、语义和身势语五方面体现变化(Duncan & Niederehe,1974)。

话轮的维持有四种方式:1)避免提供转换关联位置;2)避免在陈述句和特殊疑问句末尾使用强降调,在一般疑问句末尾用强升调;3)缩短话轮构成单位之间的停顿时间;4)使用填充语(如 en、em 等)、话语标记语(如 well、you know 等);5)在话轮伊始提示会话整体内容(李捷 等,2011)。

话轮的提供有三种方式:1)当前发话人通过提名的方式确定下一个发话人;2)当前发话人将目光指向在场的交际人之一;3)由受话人自己选择谁将成为下一个发话人(李捷 等,2011)。

几个语义上连贯的话轮构成一个序列(Sequence)(Seedhouse & Nakatsuhara,2018)。在两个紧邻的话轮中,第一个话轮的出现往往规定或预示着第二个话轮的性质,这两个话轮就被称作毗邻语对(李捷,2011)。毗邻语对是"主体交互的基本构建材料"(Heritage,1984)。两个本来可以构成毗邻语对的话语中间,被插入了其他话语,此时被插入的成分称作插入序列,以进行确认、求证、澄清、协商等(李捷 等,2011)。

会话修正指会话双方或多方针对会话中出现的听说或理解偏差所进行的调整。会话修正可以分为自我修正和他人修正。自我修正是发话人对自己刚刚产出的话语进行修正,包括自我启动—自我修正、他人启动—自我修正。他人修正包括他人启动—他人修正和自我启动—他人修正(李捷 等,2011)。

2.2 三项口语考试研究现状及存在的不足

针对三项口语考试的研究文献较多。六级口语考试的研究集中在:六级笔试和口语考试成绩的共时关联性研究(周淑莉、陈莉萍,2017);六级口语考试对大学英语教学的反拨作用(贾国栋,2016);六级口语考试的效度研究(金艳、郭杰克,2002)等。

雅思口语考试的研究集中在:通过增加考生提问环节改革雅思口语考试题型(Seedhouse & Morales,2017);雅思口语考试考官在面对面和非面对面(听取音频和观看视频)条件下的评分差异(Nakatsuhara et al.,2017);雅思口语考试考生体现出的会话特征及与考试成绩的关系(Iwashita & Vasquez,2015)等。

托福口语考试研究集中在：托福口语考试考生的备考和应试策略（Yu et al., 2017）；托福口语考试词汇和语法层面的话语特征（Biber & Gray, 2013）；托福口语考试评分员的二语语言背景与评价托福口语考试样本的关系（Winke et al., 2011）等。

可见，关于三项口语考试的纵向研究比较丰富，但鲜有研究横向对比六级、雅思、托福口语考试形式与题型对考官和考生的话轮转换、序列结构、毗邻语对、会话修正的影响及其异同。

3 研究方法

3.1 研究样本

本研究以三项口语考试样本视频/考试流程视频为研究样本，主要因为样本视频/考试流程视频都是由考试官网发布，具有代表性、权威性、获取的便捷性。

六级口语考试样本视频选自中国教育考试网。该网站"口语考试系统培训"公布了一段六级口语考试的考试流程视频，包含六级口语考试的所有部分，但"简短回答"和"深度问答"存在缺失，且未提供考生分数。因此，这两部分未纳入本研究的探讨范围。

雅思口语考试样本视频选自雅思考试中文官方网站。该网站"口语示例"公布了七个分数段（3分，4分，5分，6分，6.5分，7分，8分）的考试流程视频，每个分数段含有1~2段视频，涵盖雅思口语考试的三部分（简介及问答、个人陈述、双向讨论），共计15段视频。本研究选择考试分数为7分的3段视频，涵盖了完整的三个部分。

托福口语考试样本视频选自托福考试英文官方网站。该网站的"Video Library"公布了供学生备考的3段视频，分别介绍了第1 & 2题，3 & 5题，4 & 6题的"样题分析"，但只呈现了第2、4、5题的考试流程。（第2题考生的得分为4分，第4、5题考生的得分为3分）因此本研究选择这三题的考试流程视频作为样本视频。

3.2 研究工具

本研究主要参照了Atkinson & Heritage（1984）的转写体系和转写符号。对视频材料进行转写的依据是：会话分析是对语料本身的研究，研究者主要通过录音、录像以及对录制内容进行细致转录的方法获得语料。在转写录音、录像的过程中，常常借用一些符号对会话进行转录，这些符号有助于保留原话语的韵律和会话人之间角色的转换定位，从而使研究者更好地了解会话结构、理解会话内容（孙迎晖，2018）。笔者对视频材料进行手动转写，以期更好地进行三项口语考试的对比分析。为了确保转写内容的准确性，笔者在多次核对的基础

上,邀请一位同事再次核对。本研究的转写符号及代表意义如下:

",",微升调或平调;"?"升调,但不一定是问句;"."降调;"(1.00)"1秒的沉默,以此类推;"="相邻轮次的会话紧随其后,没有中断;"(.)"难以计时的短停顿;"( )"括号内表示不清楚或难以理解的表述;"CAPITALS"大声强调语气;"°°"刻度符号内的言语行为音量显著减小;"<>"尖括号内的言语为讲话者刻意减缓语速。"☺"表示微笑的声音;"–"表示突然中止;"!"表示感叹语气;"C"应试者,"CA"应试者 A,"CB"应试者 B;"E"考官;"HA"笑声;<u>word</u> 表示发音错误(本研究定义);"..."省略号(本研究定义)。此外,本研究对转写文本的行数在每行开头用数字进行标序。

4 三项口语考试形式与题型对考官和考生会话特征的影响

本研究基于会话分析理论,运用定性分析的方法,对转写内容进行微观结构分析,探讨三项口语考试形式与题型对考试话轮转换、序列结构、毗邻语对、会话修正的影响,从而回答前面提出的两个研究问题。

4.1 对考官和考生话轮转换的影响

4.1.1 六级口语考试考官和考生的话轮转换

1)考官的话轮转换

六级口语考试考官通过重读、放缓语速、保持句法完整性和语义完整性四种方式来体现话轮转换关联位置特征;通过语调使用、话轮间停顿时间、话语标记语、在话轮伊始提示会话整体内容四种方式来保持话轮;通过提名确定下一个发话人和让受话人自己选择下一个发话人两种方式来提供话轮。

2)考生的话轮转换

六级考生通过语调变化、保持句法完整性和语义完整性三种方式来体现话轮转换关联位置特征;通过语调使用、话轮间停顿时间、填充语和话语标记语、在话轮伊始提示会话整体内容四种方式保持话轮;通过提名的方式确定下一个发话人。

4.1.2 雅思口语考试考官和考生的话轮转换

1)考官的话轮转换

雅思口语考试考官的话轮体现出语调变化、语音变化、保持句法完整性、保持语义完整性四种话轮转换关联位置特征。雅思考官有 5 个话轮句法不完整,这些话轮出现在"双人互动"部分。雅思口语考试考官通过四种方式来保持话题:在陈述句和特殊疑问句末尾使用非强降调、在一般疑问句末尾使用非强升调;缩短话轮构成单位之间的停顿时间;使用填充语和话语标记语；在话轮伊始提示会话整体内容。雅思口语考试考官主要通过明确提出发话人的方式提供话轮。

但是，雅思考官偶尔会出现丢失话语权的情况，这主要出现在"双人互动"部分。例如：

95 E：The facilities are-

96 C：The facilities are important…

上述第95行，考官在发出"the facilities are"后突然中止，造成话语权丢失，使考生误以为可以接过话轮。

2）考生的话轮转换

雅思考生通过五种方式体现话轮转换关联位置特征：陈述句降调的形式和特殊疑问句升调的形式；使用感叹语气；保持句法完整性；保持语义完整性；使用身势语。但是，偶尔会因为答题时长限制被迫结束话轮。考生通过四种方式来保持话题：在陈述句和特殊疑问句末尾使用非强降调，在一般疑问句末尾使用非强升调；缩短话轮构成单位之间的停顿时间；使用填充语和话语标记语；在话轮伊始提示会话整体内容。雅思考生偶尔违反一般规则，通过向考官提问的形式而提供话轮。

4.1.3 托福口语考试考官和考生的话轮转换

1）考官的话轮转换

托福考官通过四种方式体现话轮转换关联位置特征：特殊疑问句升调、放缓语速、保持句法完整性、保持语义完整性。使用语调变化、话轮间停顿时间、话语标记语三种方式维持话轮。通过明确提出发话人的方式提供话轮。

2）考生的话轮转换

托福考生通过保持句法和语义完整性两种方式体现话轮转换关联位置特征。通过语调使用、话轮间停顿时间、话语标记语三种方式维持话轮。托福考生没有提供话轮的权力。

4.1.4 考试形式和题型对三项口语考试考官和考生话轮转换的影响对比

表5.2显示，雅思考官话轮转换特征种类稍多，可能受面对面考试形式的影响。雅思考官话轮转换关联位置存在句法不完整和语义不清晰的情况，可能受面对面考试形式的影响，也可能也受考官专业水准的影响。六级和雅思考官话轮保持的种类稍多，可能主要受"双人互动"和"双向讨论"题型的影响。六级考官话轮保持种类稍多，可能是受"双人互动"题型的影响。

雅思考生话轮转特征种类稍多，可能由于面对面的考试形式提供了考生同考官的交流机会；虽然六级和托福口语考试同为机考，但六级考生话轮转换或保持也相对丰富，可能主要受"双人互动"题型的影响。六级和雅思口语考试考生都存在话轮提供种类,可能主要受"双人互动"和"双向讨论"题型的影响。

表 5.2　三项口语考试形式和题型对考官和考生话轮转换影响对比

	话轮转换	六级口语考试	雅思口语考试	托福口语考试
考官	话轮转换关联位置特征种类	4	5	4
	话轮保持种类	4	4	3
	话轮提供种类	2	1	1
考生	话轮转换关联位置特征种类	3	4	2
	话轮保持种类	4	4	3
	话轮提供种类	1	1	0

4.2　对考官和考生序列结构和毗邻语对的影响

4.2.1　六级口语考试考官和考生的序列结构和毗邻语对

六级口语考试考官和考生共有 17 个话轮,基本采用一问一答的序列结构,其中毗邻语对有 10 个,没有插入序列。

4.2.2　雅思口语考试考官和考生的序列结构和毗邻语对

雅思口语考试考官和考生共有 74 个话轮,基本采用一问一答的序列结构,其中毗邻语对有 27 个,插入序列有 4 个。例如:

109 E:How do you imagine your home,um,can be different in ten years(.) in the future(.)

110 compared to now？ =

111 C: = My home？ =

112 E: = Just home.

113 C: There would be more high-tech things. One of my friends, he went to Paris (.) months ago

第 109—110 行和 113 行本来应该构成毗邻语对,但是由于考生不确定考官问题,插入了第 111 行考生问题和第 112 行考官解答的序列。

4.2.3　托福口语考试考官和考生的序列结构和毗邻语对

托福口语考试考官和考生共有 12 个话轮,基本采用一问一答的序列结构,其中毗邻语对有 3 个,没有插入序列。

4.2.4　三项口语考试形式和题型对考官和考生序列结构和毗邻语对影响对比

表5.3显示,三项口语考试基本按照一问一答的序列结构展开,并且大都按照毗邻语对的形式展现。但受面对面、一对一的考试形式和双人互动考试题型的影响,雅思口语考试出现了插入序列,这可能有利于考生水平的发挥。

表5.3　三项口语考试形式和题型对考官和考生序列结构和毗邻语对的影响对比

会话特征	六级口语考试	雅思口语考试	托福口语考试
话轮总量	17	74	12
毗邻语对数量	10	27	3
插入序列数量	0	4	0

4.3　对考官和考生会话修正的影响

4.3.1　六级口语考试考官和考生的会话修正

六级口语考试考官和考生都没有自我修正或他人修正。就考官而言,这主要因为六级采用机考,指令是事先给定的。就考生而言,虽然考生会话过程中存在一些问题,但是考生却没有自我启动—自我修正,这可能因为考生没有意识到自己的错误或者考生认为自我修正可能会影响得分。

4.3.2　雅思口语考试考官和考生的会话修正

雅思口语考试的会话修正包括考官自我启动—自我修正和考生自我启动—自我修正两种情况。

1)考官自我启动—自我修正

可能因为问题修改后可以更好地发问或者可能因为考官没有理顺思路需要重新发问。这主要出现在考试的第三部分,可能因为这部分需要考官即兴提问。

2)考生自我启动—自我修正

体现在考生对词性和搭配的修改。

4.3.3　托福口语考试考官和考生的会话修正

托福口语考试的会话修正主要为考生自我启动—自我修正,体现在考生对句式搭配和词形使用的修正。

4.3.4　三项口语考试形式和题型对考官和考生会话修正影响对比

表5.4显示,雅思口语考试考官和考生都有自我修正,托福口语考试考生有自我修正,

六级口语考试考官和考生都无自我修正,这一方面受雅思口语考试面对面、一对一的考试形式的影响,另一方面也可能受考生的会话修正意识和英语水平的影响。

表 5.4　三项口语考试形式和题型对考官和考生会话修正影响的对比

	会话修正	六级口试种类	雅思口试种类	托福口试种类
考生	自我启动—自我修正	0	2	2
	他人启动—自我修正	0	0	0
	他人启动—他人修正	0	0	0
	自我启动—他人修正	0	0	0
考官	自我启动—自我修正	0	2	0
	他人启动—自我修正	0	0	0
	他人启动—他人修正	0	0	0
	自我启动—他人修正	0	0	0

5　结论与启示

本研究以六级、雅思、托福口语考试的样本视频及其转写文本为语料,对比分析了三项口语考试形式和题型对考官和考生会话特征的影响。

研究发现三项口语考试具备以下共同点:1)三项口语考试考官和考生都表现出较为丰富的话轮转换关联位置特征,都能使用多样化的话轮保持方式,并且三项口语考试考官都能提供话轮。2)三项口语考试都基本按照一问一答的序列结构展开,并且大都按照毗邻语对的形式展现。3)三项口语考试考官和考生都没有他人修正和他人启动—自我修正。

三项口语考试存在以下不同点:1)雅思考官表现出的话轮转换关联位置特征最丰富,偶尔会出现句法和语义不完整的情况,可能受"双向讨论"题型的影响;雅思考官与六级考官、托福考官话轮转换关联位置特征种类的差异体现了面对面考试与机考的差异。六级考官话轮提供方式相对丰富,可能受"双人互动"题型的影响。2)雅思考生表现出的话轮转换关联位置特征最丰富,可能受面对面、一对一考试形式的影响。虽然同为机考,六级考生话轮转换关联位置特征比托福考生丰富,可能受六级"双人互动"题型的影响;六级考生可以提供话轮,受"双人互动"题型的影响;雅思考生偶尔会以疑问的形式向考官提供话轮,受面对面、一对一考试形式的影响。3)雅思的毗邻语对最为丰富并存在插入序列,可能受雅思面对面、一对一和双人互动的考试形式的影响。4)虽然六级和托福口语考试都采用机考形式,六级的毗邻语对多于托福，可能受六级多样化的一对一考试题型的影响。5）雅思考官发起自我启动—自我修正，可能受面对面考试形式和"双向讨论"题型的影响；雅思考生和托福考生会发起自我启动—自我修正，六级考生不会发起自我启动—自我修正，可能受考生发起自我修正的会话水平与自我修正意识的影响。

　　本研究在样本视频选取、样本容量、文本分析方法等方面存在不足。未来可以通过其他质性研究方式，如考官考生访谈深入探究三项口语考试考官和考生话语特征异同背后的成因。

　　上述研究发现为口语考试，特别是大规模、高风险口语考试的完善带来了一定启示。雅思面对面、一对一的考试形式和"双向互动"的考试题型促进了考官和考生之间的互动，这体现了测试的情景真实性和交际真实性。六级考试的"双人互动"考试题型也在一定程度上提升了考试的交互性，使考生的能力结构在一定程度上得以展现，提升了考试的真实性。但总体上，托福机考口语考试题型降低了考试的情景真实性和交际真实性，使考试缺乏灵活性。口语考试需要改革考试形式和考试题型以进一步提高考试的真实性，但同时也要把握好口语考试的灵活性，既要提升考官和考生之间的交互性，也要注意施测过程的人性化和统一性，以便满足考试真实性的多维度要求（徐启龙，2012）。考试机构应该考虑样本视频的代表性、连贯性、完整性、公平性，从而更好地履行考试机构的职能。

参考文献

Atkinson, J. M., & Heritage, J. (Eds). (1984). *Structures of social action: Studies in conversation analysis*[M]. Cambridge University Press.

Biber, D., & Gray, B. (2013). *Discourse characteristics of writing and speaking task types on the TOEFL iBT® test: A lexico-grammatical analysis*(TOEFL iBT research report No. 19)[R]. https://doi.org/10. 1002/j. 2333-8504. 2013. tb02311. x.

Duncan, S., & Niederehe, G. (1974). On signaling that it's your turn to speak[J]. *Journal of Experimental Social Psychology*, 10(3), 0-247.

Heritage, J. (1984). *Garfinkel and ethnomethodology*[M]. Polity Press.

Iwashita, N., & Vasquez, C. (2015). *An examination of discourse competence at different proficiency levels in IELTS speaking part 2*(IELTS research reports No. 5)[R]. https://www. ielts. org/teaching-and-research/research-reports.

Nakatsuhara, F., Inoue, C., & Taylor, L. （2017）. *An investigation into double-marking methods：comparing live, audio and video rating of performance on the IELTS speaking test*（IELTS partnership research papers No. 1）［R］. https：//www. ielts. org/teaching-and-research/research-reports.

Seedhouse, P., & Morales, S. （2017）. *Candidates questioning examiners in the IELTS speaking test：An intervention study*（IELTS research reports No. 5）［R］. https：//www. ielts. org/teaching-and-research/research-reports.

Seedhouse, P., & Nakatsuhara, F. （2018）. *The discourse of the IELTS speaking test：Interactional design and practice*［M］. Cambridge University Press.

Winke, P., Gass, S., & Myford, C. （2011）. *The relationship between raters' prior language study and the evaluation of foreign language speech samples*（TOEFL iBT research report No. 26）［R］. https：//doi. org/10. 1002/j. 2333-8504. 2011. tb02266. x.

Yu, G., He, L., Rea-Dickins, P., Kiely, R., Lu, Y., Zhang, J., Zhang, Y., Xu, S., & Fang L. （2017）. *Preparing for the speaking tasks of the TOEFL iBT® test：An investigation of the journeys of Chinese test takers*（TOEFL iBT research report No. 28）［R］. https：//doi. org/10. 1002/ets2. 12145.

贾国栋, 2016. 大学英语口语测试的预期反拨效应——以全国大学英语四、六级口语测试为例［J］. 外语测试与教学(4):1-10.

金艳, 郭杰克, 2002. 大学英语四、六级考试非面试型口语考试效度研究［J］. 外语界(5):72-79.

李捷, 何自然, 霍永寿, 2011. 语用学十二讲［M］. 上海:华东师范大学出版社.

孙迎晖, 2018. 会话分析研究方法的新特征及其影响［J］. 外语学刊(6):41-46.

王立非, 李琳, 2015. 会话分析的国际研究进展:考察与分析(2008—2012)［J］. 外国语(1):69-73.

徐启龙 & Bachman, L. F., 2012. 关于语言测试真实性的研究与发展综述［J］. 外语测试与教学(3):53-59.

周淑莉, 陈莉萍, 2017. 大学英语笔试与口试成绩共时关联性研究——基于测试使用论证理论［J］. 西安外国语大学学报(3):79-83.

第6章
六级、雅思、托福口语考试形式与题型
对考官和考生主题发展的影响①

摘要：本研究以六级、雅思、托福口语考试样本视频及其转写的文本为语料，参照三项口语考试的评分标准，并借助会话分析理论中的核心概念：主题发展及其阐释，探讨三项口语考试形式和题型对考官和考生主题发展的影响。以期为大规模口语考试设计的完善、英语口语教学实践、考试机构职能的完善提供建议。

关键词：口语考试；主题发展；评分标准；考试形式与题型；对比研究

1　引言

六级、雅思、托福考试是全球极具代表性的语言考试，具有规模大、风险高、影响广的特点。口语考试是六级的选考部分，雅思和托福的必考部分，每年都有大量考生参加三项口语考试，使三项口语考试对英语教与学产生了很强的反拨效应（金艳，2006；辜向东 等，2014；贾国栋，2016）。因此，围绕三项口语考试的实证研究尤为重要。

本研究以三项考试官方网站公布的口语考试样本视频为研究语料，运用会话分析的方法探讨不同考试形式和题型对考官和考生的主题发展带来的影响，进而为大规模口语考试的设计、大学英语口语教学实践、考试机构职能的进一步完善带来启示与建议。

本研究是基于会话分析理论对三项口语考试形式与题型进行研究的部分成果。会话分析理论的核心概念包括：毗邻语对、序列结构、话轮转换（三者构成了会话的整体组织结构），主题发展（提供了信息交换），以及会话修正（处理会话中出现的偏差）（Seedhouse & Nakatsuhara，2018）。本研究主要探讨三项口语考试形式与题型的主题发展，与第5章"六

---

① 本文发表在《外语与翻译》2020年第3期"语言测试对比研究"专栏，本专著收录时有修改。

级、雅思、托福口语考试形式与题型对考官和考生会话特征的影响"的研究在内容上形成互补。同时，两项研究基于相同的语料和研究工具。因此，本研究的三项口语考试的介绍及相关研究、研究样本、研究工具的主要内容请参照第5章。下文仅对涉及本研究特性的相关内容，即三项口语考试评分标准和口语考试主题发展研究进行补充。

本研究提出以下研究问题：

1）六级、雅思、托福口语考试形式与题型对考官主题发展的影响有何异同？

2）六级、雅思、托福口语考试形式与题型对考生主题发展的影响有何异同？

2 文献综述

2.1 三项口语考试的评分标准

根据六级、雅思、托福考试官网公布的考试信息，本研究将三项口语考试的评分标准整理如下（见表6.1）。

表6.1 三项口语考试的评分标准

考试名称	评分标准	具体解释
六级 口语考试	准确性和范围	"准确性"指考生的语音、语调以及所使用的语法和词汇的准确程度。"范围"指考生使用的词汇和语法结构的复杂度和丰富度。
	话语长短和连贯性	"话语长短"指考生对整个考试中的交际所作出的贡献、讲话的多少。"连贯性"指考生能进行较长时间的、语言连贯的发言。
	灵活性和适切性	"灵活性"指考生应付不同场景和话题的能力。"适切性"指考生根据不同场合选用适当切的语言的能力。
雅思 口语考试	发音	"发音"指的是音节、重读、语调、音段的准确性。
	词汇多样性	"词汇多样性"指所使用词汇的广泛性。有效使用词汇的能力包括正确使用词语搭配和准确把握词汇的内涵。
	语法多样性及 准确性	"语法多样性"指在表达过程中能够使用各种不同复杂句型结构。"准确性"指使用语法的准确程度，虽然不要求语法的准确度达到100%，但是要注意语法准确度以及语法错误对交流的影响程度。
	流利度与连贯性	"流利度与连贯性"指能够有逻辑地组织想法以及进行适当的语义指示的能力；在表达观点时考生就自己的见解进行辩护的能力；并在问题出现时，讨论并推测的能力，且在表达过程中没有不自然的停顿或重复使用相同的词语。

续表

考试名称	评分标准	具体解释
托福 口语考试	表达	"表达"指表述清晰流利、语音语调良好、语速自然。
	语言使用	"语言使用"指恰当地使用语法和词汇表达自己的观点。
	主题发展	"主题发展"指回答的完整性、表达的清晰性和观点衔接的连贯性。

2.2　口语考试主题发展研究综述

主题发展主要描述主题(会话内容)如何发起、转换、结束(Sacks,1992)。在以往研究中如何定义主题以及如何对主题进行分析是公认的难点(Levinson,1983;Brown & Yule,1983;Seedhouse & Harris,2011)。由于会话分析视角下的主题发展研究主要从参与者的角度探讨主题的发起、转移和结束(Seedhouse & Harris,2011),运用参与者共同参照的准则进行主题发展研究不失为一个好的着力点。口语考试主题发展的实证研究并不多,现有研究主要运用会话分析方法分析雅思口语考试的主题发展,探讨增加雅思口语考试第四部分的合理性(Seedhouse & Harris,2011)。但是鲜有研究横向对比多项口语考试形式和题型对考试主题发展的影响。

3　三项口语考试形式与题型对考官和考生主题发展的影响

3.1　对考官主题发展的影响

本研究以三项口语考试样本视频及其转写的文本为语料,以考试的评分标准为参照,借助会话分析理论中的核心概念:主题发展及其阐释,对比分析三项口语考试形式和题型对考官和考生主题发展的影响。

3.1.1　对考官主题发展影响的相同点

三项口语考试形式与题型对考官主题发展的影响有两个相同点:

(1)三项口语考试考官发起提问的方法都包括根据事先给定的题目发起提问。例如:

16 E[①]:Now let's move on(.) to something(.) more specific.The topic(.) for our discussion today(.) is

---

① E代表考官,下同。

17 the < college entrance examination >. Each of you(.) will see a card with the instructions

  (.) < for

18 YOUR presentation>...

第16、17、18行,六级口语考试考官给考生发出指示,要求考生按照卡片上的问题准备作答。

47 E:I'd like you to talk about the building(.) that you have seen(.) in the passage.Remember

48 you have one minute(xxx) to prepare(.) before the minute is up. =

第47、48行,雅思考官给考生发出指示,要求考生按照给出的题目准备答题。

34 Female Voice:Another option,I guess,is to form(.) a study group with...

35 Male Voice:That's a thought.Although,once I was in a study group...

42 E:Briefly summarize the problem(.) the speakers are discussing.Then state which

43 SOLUTION(.) you would recommend.Explain the REASONS...

第34、35、42、43行,托福口语考试以事先录制好题目的形式发出提问。

(2)三项口语考试考官话题转移的标志都使用明确指示。例如:

1 E:Hello,welcome to the CET(.) spoken English test,we wish you(.)< BOTH good luck >

  today.

2 Now let's begin(.) < with SELF-introductions >.Candidate A,would you please start =

第1、2行,六级考官以"now let's begin..."来转移话题。

121 E:Ok,let's move on to talk about people(.) who do not have homes.

第121行,雅思考官使用了"let's move on to talk about people"来转移话题。

23 E:< Explain FLOW and how the example used by the professor illustrates the

  24 concept >.(30.00)

第23和24行,托福考官使用了明确指示词"explain"直接提出问题。

3.1.2 对考官主题发展影响的不同点

三项口语考试形式与题型对考官主题发展的影响主要有两个不同点:

(1)三项口语考试考官提问方法不同。六级口语考试考官通过话题开始前的答题指示、根据上一个部分话题继续提问。雅思口语考试考官通过话题开始前给出答题指示、根据上一个话题延伸新的话题、根据上一部分话题继续提问、根据考生的回答继续提问。托福口语考试仅根据事先给定的题目发起提问。例如:

38 E:Right,now (.) we've talked briefly (.) about the college entrance examination. I'd

like YOU...

43 without giving(.) the other a chance.Now let's begin(2.00)

第 38 到 43 行是六级口语考试"双人互动"部分考官在考生互动前给出的答题指示,该指示就考生的答题时长、互动话题、互动形式等做出了要求。

98 E:What do you think is the most important(.) what do you think is the most important thing(.)

99 that makes a building a home(.) rather than(.) just somewhere to live? =

100 C[1]: = Who are you living with.

101 E:Why? =

第 98、99 行,雅思考官提问"是什么使居住的地方区别为建筑和家",第 100 行考生的回答是"一起居住的人",第 101 行考官进而根据考生的回答提出新的话题"阐释原因",由此推动话题的发展。

（2）三项口语考试考官话题转移方式不同。六级考官通过类指词标示转移话题;雅思口语考试考官通过未标示、类指词标示转移话题;托福口语考试仅通过明确指示转移话题。例如:

10 E:Thank you.Ok.Now we know each other,let's go on.First(.) I'd like to ask(.) < each
   of you > a

11 question =

第 10 行,六级考官使用了"thank you""ok"等类指词标示转移话题。

10 E:What are the advantages and disadvantages of living there? =

第 10 行,雅思考官的提问未包含任何话题转移的标示,在考生回答完上一个问题后直接提出新的话题。

3.1.3 对考官主题发展影响的对比

表 6.2 显示,雅思口语考试考官发起提问方法和话题转移标志的数量最多,其次是六级和托福口语考试。雅思口语考试考官可以根据考生的回答提出新的问题,并且第三部分的问题是基于第二部分的提问内容,这种面对面的考试形式和前后部分题型关联的考试题型使雅思口语考试的提问方式相对较为灵活,便于考官与考生沟通,也使话题转移较为灵活。六级口语考试虽然采用机考的考试形式,但是"双人互动"部分根据"个人陈述"部分的话题

---

① C 代表考生,下同。

进一步提问,使六级口语考试考官提问方法数量增加。托福口语考试采用机考,并且只有一个考生,试题是事先准备的,考官管理主题发展的策略单一。

表 6.2　三项口语考试形式与题型对考官主题发展影响的对比

考官管理主题发展的策略	六级口语考试	雅思口语考试	托福口语考试
发起提问方法(数量)	3	5	1
话题转移标志(数量)	2	3	1

3.2　三项口语考试形式与题型对考生主题发展的影响

3.2.1　对考生主题发展影响的相同点

三项口语考试都要求考生展现与主题的相关性,保持主题发展的时长、连贯性、发音的准确性、词汇和语法使用的多样性和准确性。

(1)三项口语考试的考生作答都与主题相关。这主要体现在通过紧扣考官问题关键词和直接回应考官问题的形式展现。例如:

2 E:Let's begin(.) < with SELF-introductions >.Candidate A,would you please start =

3 CA[①]:= My name is Leeky. I'm from Hefei (.) in Anhui province. I study in Anhui University...

44 CB[②]:What's your attitudes(.) towards the college entrance examination reform =

45 CA:=One of the biggest reforms is that English(exits) from the three basic subjects(.) in

第 3 行,六级考生 A 以介绍姓名开始,直接回应考官提出的"自我介绍"的话题。第 45 行,考生 A 紧扣考生 B 问题的关键词"reform"。

37 E:And what is the most effective ways to learn the new languages? =

38 C:= I think the most effective way(.) to learn a new language(.) is to...

第 37 行,雅思考官问题的关键词是"the most effective ways",考生为了契合主题也采用了同样的关键词。

23 E:< Explain FLOW and how the example used by the professor illustrates the 24 concept >.(30.00)

25 C:The passage is talking about the general information about the flow,and the...

---

① CA 代表考生 A,下同。

② CB 代表考生 B,下同。

第 25 行,托福考生直接回应考官解释"flow"的含义,并且紧扣"flow"。

(2)保持主题发展的时长。这主要体现为三项口语考试的考生都会在相应的评分标准下尽量使主题发展达到时长要求。例如:

21 CA: = First there is no choice for students. All students(.) are demanded(.) to take…

28 …kinds(.) is beneficial for students' feature development. That's all(5.00)

以上是六级口语考试第三部分"个人陈述",要求每个考生根据问题卡进行 1 分 30 秒的回答。第 21 到 28 行,考生 A 回答时长 50 秒,回答了 135 词(含转写符号)。

51 C: = Yeah. I'd like to tell you(.) something about the library(.) in my high school…

64 E: Can you say a bit more about that? =

65 C: = My, um, this building? =

66 E: = Um

67 C: Ok. This I would like to talk about the design(.) because it was one of the awarded

68 building…

73 C: …high school-

74 E: Ok, thank you. Your time is up…

以上会话内容选自雅思口语考试第二部分"个人陈述",该部分要求考生就所给话题(建筑)在准备 1 分钟后进行 1~2 分钟的回答。考生回答时长 1 分 50 秒,共产出 384 词(含转写符号)。

4 C: I actually only spend time(.) with my friends(.) in restaurants and cafés, um,…

12 …think that's boring.

以上是托福口语考试的第二部分"个人选择",要求考生就所给话题做出选择,并进行 1 分钟的阐释回答。第 4 到第 12 行,考生回答时长 45 秒,回答了 134 词(含转写符号)。

(3)保持主题发展的连贯性。这主要体现为三项口语考试都要求考生的回答体现逻辑性。例如:

上述六级口语考试第 21 到 28 行,考生运用"first""then""the former""the latter"来理顺回答的逻辑。上述雅思口语考试第 51 到 73 行,考生为了体现主题发展的逻辑性,按照"由外到内的空间顺序"和"由物到情的逻辑"进行阐述。上述托福口语考试第 4 到 12 行,考生按照"先选择再阐释"的逻辑回答。

(4)保持发音的准确性。这主要体现为三项口语考试都要求考生发音准确。例如:

上述六级口语考试第 21 到 28 行,考生的一些词汇发音不准确(如"school"),可能会影响发音方面的得分。上述雅思口语考试第 51 到 73 行,考生的一些词汇发音不准确或不清晰(如"vet"),可能会影响发音方面的得分。上述托福口语考试第 4 到 12 行,考生发音准确。

(5)词汇和语法使用的准确性和多样性。三项口语考试都要求考生恰当使用词汇和语法。例如:

上述六级口语考试第 21 到 28 行,考生词汇和语法使用较为生硬,出现了如主谓搭配不一致的错误。上述雅思口语考试第 51 行到 73 行,考生在表达自己观点时运用了较为广泛的词汇(如:"transparent roof"),这些词汇的使用使考生能够较好地发展主题"building"。为了体现语法的多样性,该考生尝试使用定语从句、状语从句、表语从句等,体现了该考生具有较好的语言基础。但是该考生的回答中出现了一些语法错误(如"And (.) the one thing special about the building the have the (.) big arch in front of the steps of the library"),影响了语法使用的准确性。上述托福口语考试的第 4 到 12 行,考生能够恰当地使用语法和词汇表达自己的观点,几乎没有语法和词汇上的使用错误。

3.2.2　对考生主题发展影响的不同点

三项口语考试在展现与主题的相关性、保持主题发展的连贯性、考生发起提问权力等方面存在差异。

(1)三项口语考试展现与主题相关性的差异。六级考生使用毗邻语对展现回答与主题的相关性。雅思考生通过使用确认性类指词、确认考官问题、使用毗邻语对、使用轻松自信的微笑口吻、巧夺考官话轮等方式展现回答与主题的相关性。托福考生仅体现出紧扣考官问题关键词和直接回应考官问题这一策略。例如:

44 CB: What's your attitudes (.) towards the college entrance examination reform =

45 CA: = One of the biggest reforms is that English(exits) from the three basic subjects(.) in...

第 44 和 45 行,六级考生 B 和考生 A 的话轮构成毗邻语对,说明考生 A 能够立即理解考生 B 的问题并能够立即形成答题思路,考生 A 能够较为灵活地应对考试场景和话题。

78 E: now I'm going to move on to part 3 of the speaking test, we've been talking about the...

80 ...And, um, < what are the key features you look for when choosing somewhere to

81 live > ? =

82 C: = Key features?

第 78 至 81 行,雅思考官在提出问题之前介绍了相关内容,这使得考官的问题较长,虽然考官通过降低语速的方式来提出问题,但是考生显然不太确定考官问题的关键点,因此在第82行考生就考官问题的关键词"Key features"进行了反问以确保回答的相关性。

(2)三项口语考试在保持主题发展的连贯性方面的差异。雅思口语考试要求考生使用的词汇或词组体现思维方向性、对自身见解具有自辩能力、对问题具有讨论和推测能力、避免造成不自然的停顿或重复使用相同的词汇。例如:

85 E:Um,why?

86 C:Um,I think(.) it's kind of the city I was born,it has a beautiful river,and I think it's some

87 kind of habit.And second reason that is I find a river is very important to the city,um,if it have

88 a river,you can build a lot of facilities along the river for their citizens to enjoy.

第86行,雅思考生使用了一些体现思维方向性的词汇或词组(如"and second reason")使得回答思路清晰。同时,回答的两个观点也体现出该考生的自辩能力和对问题的讨论能力和推测能力(如"if it have a river,you can build a lot of facilities along the river for their citizens to enjoy")。

(3)三项口语考试在考生是否具有提问权力方面存在差异。六级口语考试"双人互动"部分,两位考生可以相互提问,考生要根据考官要求发起提问,并通过类指词标示和未标示的形式来转移话题。雅思口语考试面对面、一对一的考试形式使考生能够向考官发问,并通过类指词标示和未标示的形式来转移话题。托福口语考试考生没有提问的权力。例如:

38 E:Right,now(.) we've talked briefly(.) about the college entrance examination.I'd like YOU...

43 without giving(.) the other a chance.Now let's begin(2.00)

44 CB:What's your attitudes(.) towards the college entrance examination reform=

第38到43行是六级"双人互动"部分考官在考生互动前给出的答题指示,该指示就考生的答题时长、互动话题、互动形式等做出了要求。第44行是考生B就考官所给话题"the discussion(.) is about the effect(.) of the recent reform(.) of the college entrance examination"向考生A提出的问题。

64 E:Can you say a bit more about that? =

65 C:= My,um,this building? =

66 E:= Um.

第65行,雅思考生使用"um"为标志来转移话题。

3.2.3　对考生主题发展影响的对比

表 6.3 显示,雅思口语考试面对面、一对一的考试形式使考生在展现与主题相关性(紧扣考官问题关键词、直接回应考官问题、确认性类指词、确认考官问题、使用毗邻语对、使用轻松自信的微笑口吻、巧夺考官话轮)、保持主题发展连续性(回答体现逻辑性、使用的词汇或词组体现思维方向性、对自身见解具有自辩能力、对问题具有讨论和推测能力、避免造成不自然的停顿或重复使用相同的词汇)的策略数量最多。虽然六级口语考试和托福口语考试同为机考,六级口语考试展现出与主题相关性(紧扣考官问题关键词、直接回应考官问题、使用毗邻语对)和考生发起提问权力(根据考官要求发起提问、使用类指词标示、使用末标示)的策略数量更丰富。因为六级"双人互动"的考试题型使两位考生能够互动,但互动要按照考官的要求进行,这可能是六级口语考试考生发起提问权力的策略数量多于雅思的原因。此外,三项口语考试在保持主题发展时长和发音准确性、词汇和语法使用的多样性和准确性的策略数量是一样的。因为尽管考试形式和题型不同,三项口语考试都会对考生的答题时长、发音准确性、词汇和语法使用的多样性和准确性作出要求。

表 6.3　三项口语考试形式与题型对考生主题发展影响的对比

考生管理主题发展的策略	六级口语考试	雅思口语考试	托福口语考试
展现与主题相关性的策略数量	3	7	2
保持主题发展时长的策略数量	1	1	1
保持主题发展连贯性的策略数量	1	5	1
保持发音准确性的策略数量	1	1	1
词汇和语法使用的多样性和准确性的策略数量	1	1	1
考生发起提问权力的策略数量	3	2	0

4　结论及启示

本研究以六级、雅思、托福口语考试的样本视频为语料,以考试的评分标准为参照,对比分析了三项口语考试形式和题型对考官和考生主题发展的影响。

研究发现三项口语考试考官和考生的主题发展具备以下共同点:1)三项口语考试的考官都会根据事先给定的题目发起提问,并使用明确指示标志来转移话题。2)三项口语考试的考生都会按照保持主题发展时长和发音准确性、词汇和语法使用多样性和准确性的要求发展主题。

三项口语考试考官和考生的主题发展存在以下不同点：1）雅思考官管理主题发展的策略最丰富；其次是六级和托福。这可能因为雅思面对面、一对一的考试形式和前后部分题型关联的考试题型为考官提问和话题转移提供了更为灵活、多样的选择；六级"双人互动"和前后部分题型关联的考试题型也在一定程度上丰富了考官的提问方式。2）雅思考生管理主题发展的策略最丰富；其次是六级和托福。这也可能因为雅思面对面、一对一的考试形式和前后部分题型关联的考试题型对考生展现与主题的相关性和保持主题发展的连贯性提供了便捷，也提出了更高的要求；六级口语考试"双人互动"的考试题型和前后部分题型关联也对考生展现与主题的相关性和保持主题发展的连贯性提供了便捷与要求。同时，这种"互动"型口语考试题型在很大程度上丰富了考生发起提问的权力管理策略。

本研究在样本视频、语料容量、研究方法等方面存在不足，具体请参见第 5 章的结论与启示。然而，本研究为口语考试设计、英语口语教学实践、考试机构职能的进一步完善提供了启示与建议。

雅思面对面、一对一的考试形式和前后部分题型关联的考试题型使考官提问和话题转移的方式增加，使考生发展主题的策略更丰富，不仅使考生的语言能力结构得以较好地展现，而且使考生与考官的交互较为灵活，体现了测试的真实性（Bachman，1990）。因此，口语考试的改革需要完善考试形式和题型以进一步提高考试的真实性。

本研究反映出基于评分标准的口语考试样本视频能够在很大程度上体现考官和考生的主题发展策略，这为英语口语教学与实践，尤其是为如何培养和提升学生的主题发展策略提供了较强的指导意义。大规模、高风险口语考试样本视频有助于促进学习机会均等，促进测试公平，面对同样的测试内容，考生应具备同等的学习或备考机会（AERA et al.，1999）。因此，考试机构应该更好地履行职能，发布更多、更全，且具代表性和公平性的样本视频。

参考文献

AERA.，APA.，& NCME.（1999）．*Standards for educational and psychological testing*［M］．AERA.

Bachman，L. F.（1990）．*Fundamental considerations in language testing*［M］．Oxford University Press.

Brown，G.，& Yule，G.（1983）．*Discourse analysis*［M］．Cambridge University Press.

Levinson，S.（1983）．*Pragmatics*［M］．Cambridge University Press.

Sacks，H.（1992）．*Lectures on conversation*［M］．Blackwell.

Seedhouse, P., & Harris, A. (2011). *Topic development in the IELTS speaking test* (IELTS research reports No. 12) [R]. IELTS Australia and British Council.

Seedhouse, P., & Nakatsuhara, F. (2018). *The discourse of the IELTS speaking test: Interactional design and practice* [M]. Cambridge University Press.

辜向东 等, 2014. 大学英语四、六级考试反拨效应历时研究(上、下) [M]. 成都:四川大学出版社.

贾国栋, 2016. 大学英语口语测试的预期反拨效应——以全国大学英语四、六级口语测试为例 [J]. 外语测试与教学(4):1-9.

金艳, 2006. 提高考试效度,改进考试后效——大学英语四、六级考试后效研究 [J]. 外语界(6):65-73.

后果效度

第7章　基于考生证据的六级、雅思、托福口语测试反拨效应对比研究		
受试	研究/分析工具	数据采集
问卷调查	问卷调查	有效问卷共308份
六级(118人)	六级72个分项目	六级118份
雅思(103人)	雅思73个分项目	雅思103份
托福(87人)	托福71个分项目	托福87份
	分析工具:SPSS 24.0	
半结构式访谈	半结构式访谈	访谈记录及转写
六级(9人)		
雅思(6人)		
托福(4人)		
第8章　基于考生证据的六级、雅思、托福写作测试反拨效应对比研究		
受试	研究/分析工具	数据采集
问卷调查	问卷调查	有效问卷共308份
六级(106人)	六级60个分项目	六级106份
雅思(85人)	雅思60个分项目	雅思85份
托福(73人)	托福60个分项目	托福73份
	分析工具:SPSS 24.0	
半结构式访谈	半结构式访谈	访谈记录及转写
六级(15人)		
雅思(9人)		
托福(6人)		

第 7 章
基于考生证据的六级、雅思、托福口语测试
反拨效应对比研究

摘要：本研究融合 Jacob & Eccles（2000）的期望价值理论、Hughes（1993）的"参与者—过程—结果"模型以及 Xie（2010）的反拨效应模型，采用问卷调查和访谈两种研究方法，调查考生对六级、雅思、托福三项口语考试的认识与备考过程，旨在对比分析三项口语考试对考生的反拨效应。研究发现考生对六级、雅思、托福口语考试的认识和备考过程存在异同。相同点在于：三项口语考试的考生均认为语言技能比应试技能重要，对三项口语考试的评价也较高，并且认为其积极影响强于消极影响；考生普遍认为三项口语考试难度较大，因考试产生的焦虑和对自己负面印象的担忧被视为深度负面反拨效应。不同点在于：六级考生偏向于工具性测试使用，而雅思、托福考生偏向于成就性测试使用，且对考试分数的预期更高；六级口语考试对考生的反拨效应强度较低、且持续时间较短，而雅思和托福反拨效应强度更大且持续时间更长。本研究为三项口语考试的反拨效应提供了考生方面的证据，并对测试设计者与实施者、教师和学生提供了启示与建议，同时期望为今后口语测试对比研究提供理论与方法上的参考。

关键词：反拨效应；考试认识；备考过程；口语测试；对比研究

1 引言

世界范围内的考试种类繁多，有测试的存在，就必定会产生相应的结果或影响，而这些结果或影响在很大程度上将直接或间接影响利益相关者。在语言测试领域，测试对教与学的影响被广泛称为反拨效应（Hamp-Lyons，1997；Shohamy，2001；Hawkey，2006）。作为最直接和最大的利益相关群体，学生会调整他们的学习过程，特别是备考过程，以求在高风险考试中表现得更好。而这些备考过程主要由他们对测试使用和测试设计的看法决定。反拨效应

的大多数实证研究集中在语言教学上,而关注学生的认识及其学习过程的相关研究较少(Hamp-Lyons,1997;Cheng et al.,2010)。因此,研究考试,特别是高风险考试对学生的反拨效应,具有现实意义。

本研究拟整合 Jacob & Eccles(2000)的期望价值理论、Hughes(1993)的"参与者—过程—结果"模型以及 Xie(2010)的学习反拨效应模型,旨在对比分析六级、雅思、托福三项口语考试对考生的反拨效应,其中主要内容包括考生对三项口语考试的认识及备考过程。本研究拟回答两个研究问题:

1)考生对六级、雅思、托福口语考试的认识有何异同?

2)考生针对六级、雅思、托福口语考试的备考过程有何异同?

2 文献综述

2.1 期望价值理论

在语言测试中,研究者认为学生的学习会受到心理因素的影响,特别是他们对测试的认识,包括其信念、期望、对测试要求的认识等(Hughes,1993;Cheng,1998;Gosa,2004;Green,2007)。在心理学学习领域,期望价值理论关注心理特征对学习的诸多影响。期望价值理论认为,个人的选择、毅力和表现可以通过他们在考试活动中的表现和对考试的重视程度来解释(Wigfield & Eccles,2000:68)。这一理论首先由 Atkinson(1957,1964)提出,随后由Fishbein & Ajzen(1975)和 Feather(1992)对其进行了拓展。Eccles et al.(1983)和她的同事提出一个关于青少年成绩相关的选择和表现的期望价值模型,并对该模型进行进一步的发展和阐述(Eccles & Harold,1991;Wigfield & Eccles,2000)。完整的期望价值模型如图 7.1 所示。整个模型右侧的四个模块是本研究的关注点,包含目标和一般自我图式、对成功的期望、与成绩相关的选择和主观任务价值。

期望价值理论假设学生在面临任务和需要做出选择时会提出两个问题:"我想做吗?"和"我能做到吗?"(Eccles & Wigfield,2002)。如果对两者的问答为"是",学生就更有可能参与到任务中,并取得好成绩。学生的个人目标(包括长期目标和短期目标)、对测试设计的认识和对自身能力的自我认知会影响他们对以上两个问题的回答。期望成功是指个体对自己在学术环境中能成功完成某一特定学术任务的信念(Schunk,1991)。期望成功强调对结果的期望(Xie & Andrews,2012),期望成功与自我效能(Bandura,1982)密切相关。自我效能涉及个人对完成任务的信心。从学生的角度看,这相当于回答"我能做到吗?"主观任务价值是个人对即将到来的任务的期望程度,它可以通过激励价值(对任务的享受或感兴趣程度)、成就价值(完成任务的个人重要性)、效用价值(任务的有用性)和成本(参与任务产生的负面影响)得到体现(Eccles & Harold,1991;Jacobs & Eccles,2000)。前三个组成部分产生的是积极影响,而最后一个则是消极影响。从学生的角度看,主观任务价值类似于回答"我想做吗?"对成功的期望和主观任务价值起着媒介作用,二者共同作用,调节学生目标和一般自我图式对成就相关选择和表现的影响。

迄今为止,采用期望价值模型的研究大多集中在以下领域:与学业相关的成绩领域(如Wigfield,1994;Jacob & Eccles,2000;Brown & Hirschfeld,2007);自我调节学习(如Pintrich,1999,2003);运动心理学和体育教育(如 Eccles & Harold,1991;Gao et al.,2008)等。但在语言测试中,期望价值理论直到近几年才引起学者们的关注(如 Xie & Andrews,2012;徐莎莎,2014)。

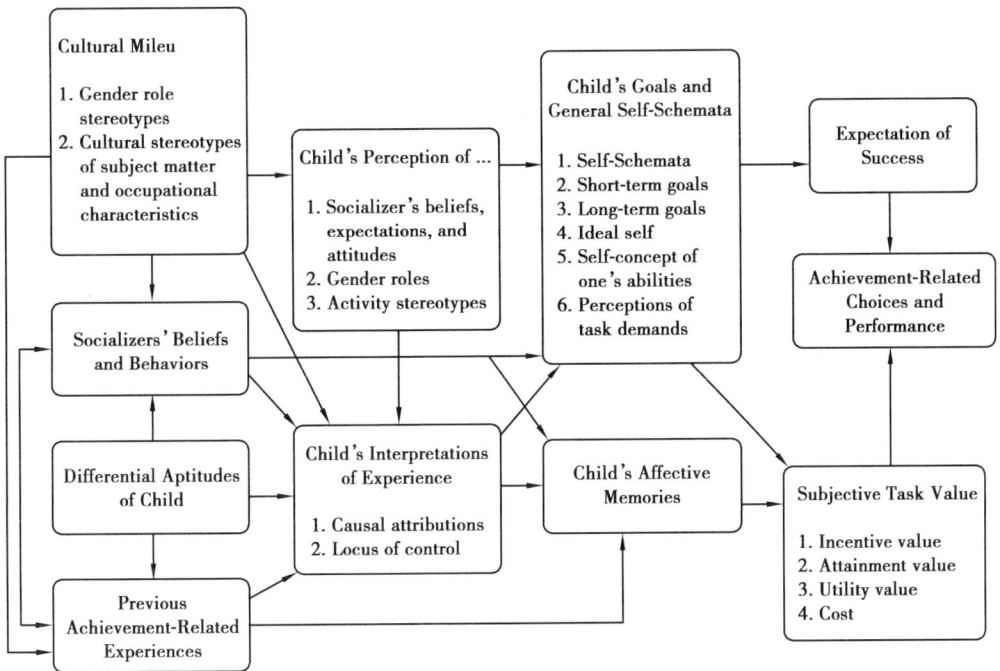

图 7.1 期望价值模型(Jacob & Eccles,2000:407)

从理论上讲,测试本身可视为一种任务;考生的学习过程与考试成绩和对成绩相关的选择与表现类似。考生的自我效能和对测试成绩的期望可视作对成功的期望。考生对考试正面影响的认识与正面价值相似,而他们对考试负面影响的认识可视为代价,而所有这些都涵盖在主观任务价值中。考生的目标和一般自我图式包括考生认识的目标或测试使用、自我能力概念和任务设计认识,这些都会影响考生的期望和认识,进而影响考生学习和考试成绩。

实践证明期望价值理论除了理论上合理外，还适用于反拨效应研究。Xie & Andrews（2012）采用期望价值理论，以四级考试的反拨效应研究为例，探究对测试设计和测试使用的认识的影响。同样，徐莎莎（2014）用期望价值理论解释了考生对考研英语写作任务的认识是如何影响他们的备考的。然而，在语言测试中，还没有采用期望价值理论进行反拨效应对比研究的案例。

基于此，本研究引入期望价值理论，整合 Hughes（1993）的"参与者—过程—结果"模型和 Xie（2010）的反拨效应模型，提出一个测试者学习反拨效应的改进模型，并将其作为理论框架。

2.2 Hughes 的反拨效应模型

Hughes（1993）探讨了反拨效应机制，并提出三重反拨效应模型。在这个模型中，他将参与者、过程和结果确定为三个组成部分，并认为这三个部分都可能受到教学测试性质的影响。Hughes（1993）认为，参与者指的是课堂教师、学生、教育管理者、教材开发者和出版商，"这些人对自己工作的看法和态度可能会受到测试的影响"（1993：2）；"过程"是指"参与者采取的可能有助于学习过程的任何行动"（1993：2），包括材料开发、教学大纲设计、教学方法改变、学习或考试策略的使用等；结果指的是"所学内容和学习质量"（1993：2）。Hughes进一步说明了该模型的组成部分是如何相互作用，以及其机制的运作原理。

"考试的性质可能首先影响参与者对其教学任务的看法和态度，而这些认识和态度反过来可能会影响参与者在完成他们的工作（过程）时所做的事情，包括练习考试中的题目，这将影响学习结果，即工作结果"（Hughes，1993：2）。

Hughes（1993）的"参与者—过程—结果"模型说明了反拨作用是如何运作的，并认识到Alderson & Wall（1993）的假设中所缺失的反拨作用的确定性。Hughes 的反拨效应基本模型对反拨效应研究产生了深远影响，更多的反拨效应模型也在此基础上出现。

2.3 Xie 的学习反拨效应模型

Xie（2010）把心理学中的期望价值理论应用到反拨效应研究中，基于统计建模，她提出一种新的反拨效应学习模型，并特别关注考试前特殊备考阶段的学习。在该模型中（图7.2），如双向箭头所示，学生的考前成绩、对测试使用的认识和与对测试设计的认识高度相关。学生对测试使用和测试设计的认识可以通过学生认识的任务价值和期望对他们的备考产生直接或间接的影响。此外，备考会影响到学生考后成绩，而考后成绩也会受到学生考前成绩的影响。

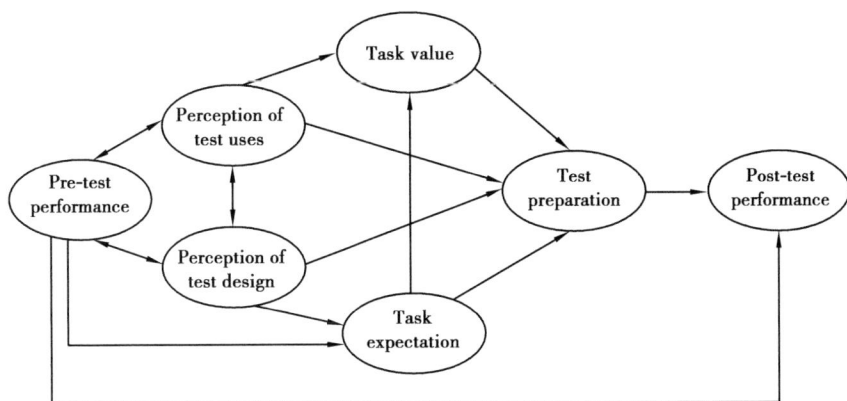

图 7.2　Xie 的反拨效应学习模型(Xie,2010:217)

但是,Xie(2010)的模型将后效限定在备考阶段,降低了它对其他情况的适用性,例如,一些理论上存在的因素之间的相互作用(如学生对测试使用的认识对期望的影响;从学生认识测试设计的作用到认识任务价值的作用)似乎无法得到实证数据的支撑,且未在模型中得到体现。对这一点需要进一步的研究。此外,由于学生的学习过程会受到多种因素的影响,因此可以考虑更多的个人、环境和社会因素来拓展这一模式。尽管 Xie(2010)的模型存在一些局限性,但她首次尝试将期望价值理论应用于反拨效应研究,为我们理解考试对学生的反拨效应提供了有益启示。

2.4　本研究的理论框架

本研究采用 Hughes(1993)"参与者—过程—结果"模型和 Xie(2010)对学习的反拨效应模型,结合 Jacob & Eccles(2000)的期望价值理论提出了一个新的考生反拨效应模型,并将其作为本研究的理论框架(见图7.3)。

在本研究中,考生为 Hughes 模型中的"参与者"。对测试使用的认识指考生参加考试的主要动机。该模型确定了成就性测试使用和工具性测试使用。使用成就性测试的考生为了获得自身学习和学术成就而参加考试,而使用工具性测试的考生参加考试是为了获得赖以生存的必备技能(Xie,2010;Xie & Andrews,2013)。对测试设计的认识集中在考生如何看待考试要求,特别是考生认为有必要用到的语言技能和考试技能。此外,考生对整体测试设计的评价也是以测试设计认识的尺度来衡量的(Xie & Andrews,2013)。测试用途的认识和测试设计的认识属于一般自我图式框架(Jacobs & Eccles,2000)。任务预期是指考生对自己在任务中表现情况的信念,包括自我效能和测试成绩期望。主观任务价值指考生对考试的积极和消极反拨效应的认识。备考涉及考生在备考过程中采用的备考实践,共分为五类,即备考管理、训练、记忆、技能提升和社会情感策略（Xie，2010）。考试表现是指模型中的考试结果。测试使用和后续学习指考生如何使用他们的考试结果并在未来进行学习实践。

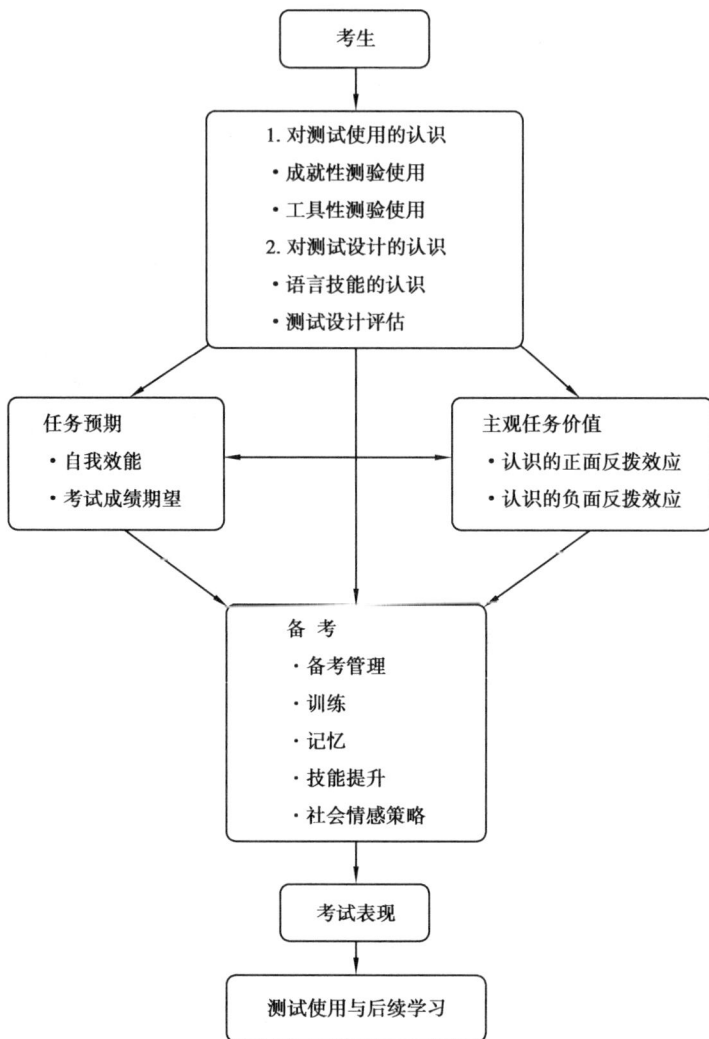

图 7.3　结合期望价值理论的考生口语考试反拨效应理论框架

　　该模式运作如下：考生对测试使用和对测试设计的认识通过任务预期和主观任务价值两个中介因素直接或间接地影响他们的备考过程（Jacobs & Eccles，2000；Xie & Andrews，2012）。考生的备考也会对他们的考试成绩产生影响。该框架与 Hughes（1993）的反拨效应模型一致，并包含了期望价值理论。考生指的是"参与者"，考生的认识包括对测试使用的认识、对测试设计的认识、任务预期和主观任务价值，符合 Hughes（1993）的观点，即考试可能影响考生对任务的认识。考生的备考过程可以视为"过程"。"结果"是指模型中的考试成绩、测试使用及其后续学习。

3 研究方法

3.1 混合方法设计

混合方法（mixed methods）是研究者在研究中收集和分析数据、综合研究发现、使用定性和定量方法得出推论的一种研究方法（Tashakkori & Creswell, 2007）。混合方法定性和定量的互补观点已被广泛采纳，它既吸取了定性和定量方法的优点，又最大限度地摒弃了这两种方法的缺点。

考虑到反拨效应研究的复杂性，应该采用多种研究方法对其进行研究。通过对反拨效应研究的回顾发现，大多相关研究采用的是混合方法，混合方法"无论是在数据收集方面，还是在分析层面，都涉及定性与定量研究的不同组合"（Dörnyei, 2007）。综述表明，反拨效应研究常用的三种研究方法包括问卷调查、访谈和课堂观察。问卷调查是一种定量方法，而访谈和课堂观察本质上是定性方法。根据亓鲁霞（2004）和 Phakiti（2014），问卷调查在时间、精力与效率、主题和问题覆盖面以及可靠性方面具有优势。然而，问卷调查在很大程度上取决于受访对象，他们可以回答"是什么"的问题，但很难回答"怎么样和为什么"的问题（Phakiti, 2014）。通过访谈和课堂观察收集定性数据虽然耗时费力，但可以提供证据将信息联系起来，以更深入和更全面的视角审视特定的研究问题。从这个角度看，这些研究方法的优势和不足在很大程度上是互补的，同时采用定量和定性的方法最大限度地利用每种方法的优势是重要且合理的。在本研究中，主要的方法是定量的问卷调查法，而定性的访谈法则起补充作用。

3.2 研究对象

表 7.1 列出了六级、雅思、托福三项口语考试受试的背景信息，包括性别、大学类型、专业、年级、之前是否参加过该考试。如表 7.1 所示，参加六级、雅思、托福口语问卷调查的对象一半以上是女生，分别占 59.3%、59.2% 和 51.7%。70.3% 的六级受试来自重点大学，雅思和托福问卷调查来自重点大学的受试比例与其相似，分别为 64.1% 和 75.9%。雅思和托福分别有 9 位和 7 位受试来自其他大学，也就是说，这类受试的学校不在中国大陆。就考生专业而言，大部分六级考生属于自然科学类专业，占 61.9%，但人文社科类专业的考生在雅思和托福受试中所占比例较大，分别为 62.1% 和 65.5%。同样，这三项口语考试中本科生比研

生多,在六级、雅思、托福中的比例分别为 89.8%、81.6% 和 82.8%。

表 7.1　问卷调查对象的背景信息

		六级		雅思		托福	
		样本量	%	样本量	%	样本量	%
性别	男	48	40.7	42	40.8	42	48.3
	女	70	59.3	61	59.2	45	51.7
大学	重点高校	83	70.3	66	64.1	66	75.9
	普通高校	35	29.7	28	27.2	14	16.1
	其他	0	0.0	9	8.7	7	8.0
专业	人文社科类(HSS)	45	38.1	64	62.1	57	65.5
	自然科学类(NS)	73	61.9	39	37.9	30	34.5
年级	本科生	106	89.8	84	81.6	72	82.8
	研究生	12	10.2	19	18.4	15	17.2
考试经历	有	13	11.0	32	31.1	21	24.1
	无	105	89.0	71	68.9	66	75.9

除问卷调查,9 名六级考生(S1-S9),6 名雅思考生(S1-S6)和 4 名托福考生(S1-S4)接受了半结构式访谈。19 名访谈对象的背景信息见表 7.2,包括性别、大学类型、专业和年级。

表 7.2　访谈对象的背景信息

		样本量	%
性别	男	6	31.6
	女	13	68.4
大学	重点大学	10	52.6
	普通大学	6	31.6
	其他	3	15.7
专业	人文社科类(HSS)	12	63.2
	自然科学类(NS)	7	36.8
年级	本科生	13	68.4
	研究生	6	31.6

3.3 研究工具

3.3.1 问卷调查

本研究主要采用问卷调查的研究方法。基于本研究的理论框架,通过查阅和修订现有的一些有效量表和调查问卷,包括 Xie(2010,2013)的考试认识量表和备考量表、Pintrich(1999)的任务预期量表、辜向东等(2014)的历时反拨效应研究中的学生问卷以及一些官方文件,如六级教学大纲、雅思官方指南、托福官方文件等,于 2016 年 4 月分别编写了三份关于六级、雅思、托福口语考试的独立调查问卷。由于三份问卷的起草、修改和定稿过程是同时进行的,我们以六级为例,在表 7.3 中详细介绍整个过程。

表 7.3 六级问卷设计过程概述

日期	程序
2015.12—2016.3	审查现有的有效量表和问卷;问卷结构**列出提纲**
2016.3—2016.4	**采访**五名学生的考试经历
2016.4.1—2016.4.15	**起草**六级口语问卷
2016.4.15—2016.4.18	对 5 名受访学生进行**初步试点问卷调查**
2016.4.18—2016.5.3	**收集**专家、研究生、本科生和受访学生的**反馈和建议**
2016.5.4	根据指示和考生的背景信息**改出第二稿**
2016.5.5—2016.5.10	根据测试使用、测试设计、准备实践和任务价值**改出第三和第四稿**
2016.5.10—2016.5.12	对 30 名受访者进行**试测研究**,收集反馈和建议
2016.5.13	从措辞和格式上**改出第五稿和第六稿**
2016.5.14	**完成**六级口语问卷的设计

与此同时对参加过三项口语考试的 5 名学生进行了访谈,了解他们的考试经历,尤其是他们对考试和备考过程的看法。在此基础上,研究人员多次反复修改问卷题目,使其更有针对性。

对 5 名受访学生进行了初步试点问卷调查,请他们检查所有问题,标记出任何难以理解的问卷题目,对他们认为没有必要的项目予以删除。关于三项口语考试的认识和备考过程,其他可能值得询问的题目也在最初的试验中得到认可。问卷中收到来自 20 多名本科生、研究生和语言测试专家的意见和建议。在修订三份口语考试问卷的过程中,研究团队对三份问卷进行了多轮讨论和修改,以确保问卷的结构、内容、格式和措辞准确恰当。根据从初始试点小组、研究团队和专家处收到的反馈,我们对 30 名受访对象进行了最终试点。试点为问卷项目描述的清晰性、项目措辞的适当性以及完成问卷所需时间提供了反馈。所有这些程序都有利于提高问卷的有效性和可靠性。

最终确定的六级、雅思、托福口语问卷具有相同的结构,但由于每项口语考试的结构不同,有些项目会有所不同。

背景信息涉及考生的人口统计信息,包括性别、年龄、考试经历、大学类型、年级和专业。

问卷的考试认识部分由四个分量表组成:

1) 对测试使用的认识(三份问卷中的 Q6)

· 成就性测试使用

· 工具性测试使用

2) 对测试设计的认识

· 语言技能的认识(三份问卷中的 Q10)

· 测试设计评估(三份问卷中的 Q11)

3) 任务预期

· 自我效能(三份问卷中的 Q12)

· 测试成绩期望(三份问卷中的 Q13)

4) 主观任务价值(三份问卷中的 Q14)

· 认识的正面反拨效应

· 认识的负面反拨效应

六级问卷共有 52 个分项目,雅思问卷 51 个,托福问卷 50 个。问卷用于调查考生对相应测试的认识。采用李克特 5 级量表,1 代表"完全不同意",5 代表"完全同意",只有一个项目旨在通过多项选择的形式评估他们的测试成绩期望。

问卷的备考过程由两个分量表组成:

1) 时间投入

· 备考总时长(三份问卷中的 Q7)

· 备考日均时长(三份问卷中的 Q8)

2) 备考实践(三份问卷中的 Q9)

· 备考管理

· 训练

· 记忆

· 技能提升

· 社会情感策略

考生备考时间投入采用多项选择的形式进行调查,采用李克特 5 级量表,从"1 从不"到"5 总是"。六级问卷有 20 个关于备考实践的分项目,雅思有 22 个,托福有 21 个。

三份问卷的结构见表 7.4,三份问卷的完整内容见附录。

表 7.4　三份问卷的结构

结构		内容	分项目			项目类型		
			六级口语	雅思口语	托福口语	李克特5 级量表	多项选择	填空
背景信息		性别、年龄、考试经历、大学、年级、专业	5	5	5		√	√
考试认识	对测试使用的认识	成就性测试使用	3	3	3	√		
		工具性测试使用	5	5	4			
	对测试设计的认识	语言技能的认识	16	16	14	√		
		测试设计评估	8	8	8			
	任务预期	自我效能	3	3	3	√	√	
		测试成绩期望	7	10	4			
	主观任务价值	认识的正面反拨效应	10	10	10	√		
		认识的负面反拨效应	7	6	8			
备考过程	时间投入	总时长	6	8	8			√
		日均时长	6	7	7			
	备考实践	备考管理	4	5	4	√		
		训练	6	7	7			
		记忆	3	3	3			
		技能提升	3	4	3			
		社会情感策略	4	3	4			

3.3.2　访谈

除问卷调查外,访谈是本研究的辅助工具,目的是提供更多关于考生对三项口语考试的看法和备考过程的信息,并"允许研究者控制提问范围"(Creswell,2013)。

每次访谈持续约 20 分钟，由六个关键问题和几个灵活的后续问题组成，让受访对象拓展其回答并涵盖与本研究相关的必要问题。基于本研究的研究问题，访谈侧重于考生的个人背景、考试动机、对口语考试的评价、他们认为参加考试所必需的技能、备考时间投入以及备考过程中采用的备考实践。此外，访谈中还讨论了参加考试的影响和考生的自我效能。关键问题如下：

1）是什么促使你参加六级/雅思/托福口语考试？

2）你对六级/雅思/托福口语考试有什么看法？（可从任务难度、时间分配、主题熟悉度、考试环境等方面回答）

3）你认为在六级/雅思/托福口语考试中什么是获得高分的必备技能（发音、词汇、语法、流利性、连贯性）？

4）你是如何准备六级/雅思/托福口语考试的？（记忆、训练、备考管理、技能提升和社会情感策略）？你准备六级/雅思/托福口语考试用了多长时间？

5）六级/雅思/托福口语考试对你的积极和消极影响是什么？

6）你对在六级/雅思/托福口语考试中取得好成绩有多大信心？你对六级/雅思/托福口语考试的预期结果是什么？

3.4　数据收集

2016 年 5 月 15 日，在某样本大学的考试中心向考生发放了最终版的六级口语考试问卷，2016 年 6 月 6 日至 7 月底，在同一所大学的考试中心向考生发放了雅思和托福口语问卷。样本大学位于中国西南部，是中国教育部直属的国家综合性大学，是"211 工程"和"985 工程"大学，在学校建设和发展方面得到中央和地方政府的全力支持。样本大学的六级口语考试中心是该市的四中心之一。同时，该市有两个雅思考试中心和三个托福考试中心。

本研究总共收集了 384 份问卷（包括 152 份六级、128 份雅思和 104 份托福）。之后，对所有收集的问卷进行筛选，并将缺失数据超过 10% 的问卷剔除。由于只有大学生才能参加六级，为使三项问卷调查的考生更加同质，结果更具说服力，雅思和托福口语考试中非在校大学生回答的问卷也被剔除。最后本研究有 308 份有效问卷，包括 118 份六级、103 份雅思和 87 份托福问卷。

除问卷调查外，我们还对 19 名参与者进行了访谈，其中 11 名是面对面访谈，包括 5 名六级考生、5 名雅思考生和 1 名托福考生。由于时间和地点限制，另外的 8 名受试是通过电话和 QQ 接受采访。在采访过程中，研究人员通过手写笔记和录音，记录了每个受访对象的回答信息，之后将录音逐字转录成文本进行分析。采访记录的转录样本如下。

访谈转录一:问题 1

日期:2016 年 5 月 14 日。

受访对象:六级口语考试考生 S1

采访者:R1

R1:我们正在研究六级口语考试对考生的影响,特别是考生对考试和备考过程的看法。谢谢你支持我们的研究接受访谈。你可以放松一点,我们想问一些你对考试的看法。如果你觉得还好,那我们就开始吧?

S1:好的。

R1:首先,我们想知道你参加考试的主要动机是什么?

S1:嗯,我想获得英语口语资格证书,我认为这可能对我未来的求职很重要,也很有益。

3.5 数据分析

本研究的数据清理和数据归集采用 SPSS 24.0。秦晓晴(2009)表示,信度系数(Cronbach α)高于或接近 0.7,表示量表具有较高的信度。在本研究中,六级、雅思、托福口语问卷的 Cronbach α 分别为 0.953、0.929 和 0.919,这表明三份问卷皆非常可靠。

为了回答研究问题,每份问卷的五个分量表首先采用探索性因子分析来探索和确定量表的构念。同时对参与者的基本信息进行了描述性分析。此外,采用独立样本检验、配对样本检验和单因子方差分析来探讨连续变量之间的差异,采用曼-惠特尼检验和卡方检验来研究顺序变量和分类变量之间的差异。

访谈记录的定性分析采用第一阶段转录录音,仔细阅读 19 个转录文本,并重点突出与访谈过程中提出的每个关键问题相关的有用信息。对每个问题的数据进行"编码",根据六个关键问题,将每一份转录分为六个子类别,将属于每一个问题的数据汇集在一个文档中,并为每一个片段制作一个缩写标题,即分别为考试动机、评价、必备技能、准备过程、考试影响和自我效能。定性分析的最后一个程序是将访谈结果转化为后续比较和讨论,为考生对考试的认识和备考过程提供补充证据。

4 六级、雅思、托福口语考试反拨效应描述性数据

本节旨在向读者提供三项口语考试反拨效应的全貌,将详细介绍探索性因子分析的结果和三份关于考生认识与准备过程问卷的描述性数据。接下来的两节将分别着重两个研究问题的比较。

4.1 六级问卷描述性数据

4.1.1 探索性因子分析结果

本研究的问卷量表在现有量表和改进的理论框架的指导下设计和使用,因此有必要先通过对每份问卷的五个分量表进行探索性因子分析来确定其构念:1)对测试使用的认识;2)对测试设计的认识;3)自我效能;4)主观任务价值;5)备考实践。本研究采用 Kaiser-Mayer-Olkin 检验(KMO)和 Barlett 检验,检验利用当前数据进行探索性因子分析是否合适。KMO 范围为 0 到 1,高值(接近 1.0)通常表示因子分析对当前数据非常有用。如果 KMO 值低于 0.50,那么因子分析的结果可能缺乏说服力。在本研究中,取样适切性 KMO 测量值均超过 0.7,Barlett 检验结果为 0.000,这表明探索性因子分析适用于本研究的所有量表。

本研究中因子负荷低于 0.60 的题目被删除,不计入任何因子(荣泰生,2012),异常变量也被删除,因为它们似乎与其他项目无关。本研究选择六级问卷中的 89 个题项进行数据分析,探索性因子分析后,六级问卷中有 72 个题项得到保留并进一步分析。此外,对六级问卷中各量表的其余项目进行信度分析,各分量表的 Cronbach α 均在 0.7 以上,表明问卷中的量表高度可靠。六级口语考试问卷中五个分量表的探索性因子分析结果见表 7.5。

表 7.5 六级口语考试问卷探索性因子分析结果

结构	题目编号	题目计分	α
1.对测试使用的认识			
成就性测试使用	Q6.1—Q6.3	3	0.742
工具性测试使用	Q6.4—Q6.8	5	
2.对测试设计的认识			
认识的语言技能	Q10.1—Q10.10	10	0.900
认识的考试技能	Q10.11—Q10.13, Q10.15—Q10.17	6	
对测试设计的评价	Q11.3—Q11.10	8	
3.自我效能			
自我效能	Q12.1—Q12.3	3	0.771
4.主观任务价值			
认识的正面反拨效应	Q14.1—Q14.10	10	0.890
认识的负面反拨效应	Q14.11, Q14.12, Q14.14—Q14.18	7	

续表

结构	题目编号	题目计分	α
5.备考实践			
备考管理	Q9.1, Q9.3—Q9.5	4	0.936
训练	Q9.8, Q9.9, Q9.11, Q9.13, Q9.14, Q9.16	6	
记忆	Q9.18—Q9.20	3	
技能提升	Q9.21—Q9.23	3	
社会情感策略	Q9.27—Q9.30	4	

4.1.2 考生对六级口语考试的认识

六级口语问卷的描述性数据将分别从考生的认识和备考过程两个方面进行描述。考试认识包括四个子量表,即对测试使用的认识、对测试设计的认识、任务预期和主观任务价值。

◇ 对测试使用的认识

本研究询问考生参加考试的主要动机或目的,并以此来衡量考生对测试使用的认识。测试使用认识有9个题项因子分析,有一个题项为异常变量被删除。因子分析产生两个因子,标记为成就性测试使用和工具性测试使用(见表7.6)。

表 7.6 六级口语测试使用的双因子旋转分量表

项目	成就性测试使用	工具性测试使用
Q6.2	0.706	
Q6.3	0.689	
Q6.1	0.669	
Q6.4		0.757
Q6.8		0.694
Q6.7		0.673
Q6.6		0.660
Q6.5		0.615

成就性测试使用指考生对其内在学习和成绩的渴望,如"了解自己的英语口语水平"。工具性测试使用指视其为工具或以生存为目的,如"找工作"(Xie, 2010; Xie & Andrews,

2012)。表7.7显示,六级口语考试考生在成就性测试使用和工具性测试使用方面有统计学上的显著差异($p=0.000$)。六级口语考试考生更有可能参加以工具为导向的口语考试(均值=3.47),而不是以成就为导向(均值=2.94)。"达到学校要求"(均值=3.99)和"获得授权的英语口语水平证书"(均值=3.72)是六级口语考试考生最常选择的工具性测试使用。

表7.7　对六级口语测试使用认识的统计结果

	均值	标准差	T值	显著性
成就性测试使用	2.94	0.781	−6.962	0.000
工具性测试使用	3.47	0.882		

注:1=完全不同意,2=不同意,3=不确定,4=同意,5=完全同意

◇对测试设计的认识

考生对测试设计的认识从两个子量表进行分析:考生对参加考试的必备技能的认识和对测试设计的评价。

考生对参加考试的必备技能的认识共有18个问卷题项,因子分析后删除两个对所有因素的负荷都很低的题项。分析出的两个因子为必要的语言技能和考试技能。(见表7.8)

表7.8　对六级口语考试必备技能的认识统计结果双因子旋转分量表

项目	语言技能	考试技能
Q10.2	0.900	
Q10.1	0.900	
Q10.5	0.816	
Q10.3	0.791	
Q10.4	0.782	
Q10.8	0.758	
Q10.6	0.720	
Q10.7	0.644	
Q10.9	0.624	
Q10.10	0.606	
Q10.17		0.756
Q10.13		0.702
Q10.12		0.679
Q10.15		0.645
Q10.11		0.612
Q10.16		0.600

总体上,六级考生认为语言技能(均值 = 3.47)比考试技能(均值 = 3.46)更重要,但在这两类技能之间没有显著性差异(T 值 = 0.143, $p>0.05$)(见表 7.9)。这表明六级考生认为语言技能和考试技能对于六级口语考试都是必不可少的。

表 7.9　对六级口语考试必备技能认识的统计结果

	均值	标准差	T 值	显著性
认识的语言技能	3.47	0.853	0.143	0.887
认识的考试技能	3.46	0.733		

注:1=完全不同意,2=不同意,3=不确定,4=同意,5=完全同意

考生对测试设计的评价有 10 个题项,因子分析与时间分配相关的两个题项为异常变量被排除,因子分析结果见表 7.10。

表 7.10　对六级口语考试设计评价的单因子旋转分量表

项目	对测试设计的评价
Q11.6	0.834
Q11.5	0.793
Q11.10	0.744
Q11.7	0.687
Q11.3	0.653
Q11.4	0.633
Q11.9	0.624
Q11.8	0.601

六级考生对考试设计评价中等(均值 = 3.21),他们对"口语考试指令明确"(均值 = 3.71)和"口语考试话题贴近学习生活"(均值 = 3.53)的说法最认同,表明他们对考试说明和考试内容表示认同。而对"六级考试难度小"(均值 = 2.90)的说法不太认同,说明他们认为六级口语考试有点难。他们对考试环境最不满意,因为许多考生反映噪声太大,听不清楚对方在说什么。

◇任务预期

根据期望价值理论,任务预期指的是考生对自己在即将到来的考试中的表现与取得成

功的感受和信念(Wigfield & Eccles,2000)。本研究中,考生的任务预期通过两个子量表进行评价:自我效能量表和测试成绩期望量表。考生自我效能有 4 个题项,因子分析保留三个题项(见表 7.11)。

表 7.11　六级口语考试自我效能的单因子旋转分量表

项目	自我效能
Q12.2	0.758
Q12.3	0.747
Q12.1	0.726

本研究对自我效能量表的三个题项进行了描述性分析,结果表明,六级考生对"若认真准备,我能考好六级口语"(均值 = 3.61)这一项目最认可,表明他们对备考活动的有效性持肯定态度。他们对在六级中取得好成绩有适度的信心(均值 = 2.93),但认为自己本次在六级考试中取得高分的可能性较低(均值 = 2.76)。

考生测试成绩期望,通过考生估计自己的口语分数来检验(参见六级问卷中的 Q13)。评分间隔的设计以官方网站六级评分标准中的等级为基础,包括 7 个等级,即"A+、A、B+、B、C+、C 和 D"。频率分析结果显示,32.2%的六级考生(N = 38)估计他们的口语成绩为 B级;14.4%为 B+(N = 17),18.6%估计为 C 级(N = 22);16.1%的考生预测为 C+(N = 19)。只有 10 名考生(8.5%)有信心获得 A 和 A+。相反,12 名考生(10.2%)认为他们这次考试会失败,预测为 D 级。

◇ 主观任务价值

主观任务价值 18 个题项在因子分析中删除一项"参加考试会增加经济负担"。如表7.12所示,保留 10 项认识的正面反拨效应和 7 项认识的负面反拨效应。

表 7.12　六级口语考试主观任务价值的双因子旋转分量表

项目	认识的正面反拨效应	认识的负面反拨效应
Q14.8	0.863	
Q14.3	0.863	
Q14.1	0.811	
Q14.6	0.739	
Q14.4	0.737	

续表

项目	认识的正面反拨效应	认识的负面反拨效应
Q14.9	0.697	
Q14.10	0.664	
Q14.2	0.644	
Q14.5	0.623	
Q14.7	0.616	
Q14.15		0.857
Q14.16		0.845
Q14.18		0.766
Q14.17		0.734
Q14.14		0.723
Q14.12		0.666
Q14.11		0.608

考生认识的积极反拨效应被认为是认识的正面反拨效应（例如，"能提高口语水平"），而认识的消极反拨效应被认为是认识的负面反拨效应（例如，"使我感到焦虑不安"）。描述性分析和配对样本检验的结果如表 7.13 所示。

表 7.13　六级口语考试主观任务价值描述性分析及配对样本检验结果

	均值	标准差	T 值	显著性
认识的正面反拨效应	3.49	0.838	1.330	0.000
认识的负面反拨效应	3.08	0.606		

注：1＝完全不同意，2＝不同意，3＝不确定，4＝同意，5＝完全同意

总的来说，六级考生认为考试对他们有利，可以产生积极的反拨效应（均值 ＝ 3.49），其中他们完全同意考试"能提高口语水平"（均值 ＝ 3.86）和"提高交际能力"（均值 ＝ 3.72）。六级考生对负面反拨效应持相对中立的态度（均值 ＝ 3.08），考生认为排前两位的负面反拨效应是"会打击英语学习积极性"（均值 ＝ 3.72），"考生同时考口语，会干扰自己思路"（均值 ＝ 3.57）。六级考生认为考试的正面反拨效应明显大于负面反拨效应（T 值 ＝ 1.330，$p = 0.000$）。

4.1.3 六级口语考试的备考过程

通过考查考生的备考和时间投入可衡量其备考过程。表 7.14 总结并展示了六级考生的备考总时长和备考日均时长。

表 7.14 六级口语考试考生备考总时长和日均时长

总时长(%)				
样本量	0~1/2 月	1/2~1 月	1~2 月	2~3 月	超过 3 月
118	79.7	11.0	2.5	0.9	5.9
日均时长(%)				
样本量	0~1/2 小时	1/2~1 小时	1~2 小时	2~3 小时	超过 3 小时
118	77.9	8.5	8.5	5.1	0

79.7%的六级考生花不到半个月的时间准备考试，其中 42.4%的考生几乎没有准备。至于日均时长，高达 77.9%的六级考生每天花不到半个小时。

本研究总共有 30 条关于备考实践的问卷题项。因子分析中 10 项被识别为异常变量被删除。表 7.15 为关于备考实践五因子旋转分量表。

表 7.15 六级口语考试备考实践五因子旋转分量表

项目	训练	社会情感策略	备考管理	记忆	技能提升
Q9.9	0.779				
Q9.8	0.723				
Q9.11	0.695				
Q9.16	0.663				
Q9.13	0.644				
Q9.14	0.605				
Q9.29		0.661			
Q9.30		0.636			
Q9.28		0.628			
Q9.27		0.600			
Q9.4			0.874		
Q9.3			0.696		
Q9.5			0.628		

续表

项目	训练	社会情感策略	备考管理	记忆	技能提升
Q9.1			0.602		
Q9.19				0.693	
Q9.18				0.682	
Q9.20				0.638	
Q9.22					0.691
Q9.23					0.670
Q9.21					0.635

　　六级备考实践量表有 20 个题项包括五种备考实践。备考管理,指通过浏览官方网站、阅读辅导材料、评估和分析口语任务来确定口语考试范围。训练指在参加考试前广泛进行口语练习,使考生"通过重复的试卷练习熟悉考试内容"(Xie,2010)。记忆指记忆口语模板、词汇和短语、句子结构和口语材料,以此发展考试技能并将其运用在考试中。技能提升实践通常指"通过广泛接触和使用目标语言进行语言学习,从长远来看,这通常被认为有利于语言学习"(Xie,2010:166)。社会情感策略指的是考生在备考过程中运用策略寻求支持和提高信心(Xie,2010,2013)。本研究对五种备考实践进行了描述性分析(见表 7.16)。

表 7.16　六级口语考试考生备考实践的描述性分析

	均值	标准差
备考管理	2.42	1.001
训练	2.44	0.912
记忆	2.32	1.021
技能提升	2.89	1.078
社会情感策略	2.62	1.056

注:1=从不,2=很少,3=有时,4=经常,5=总是

　　表 7.16 显示,在六级备考过程中,考生进行备考实践的平均频率低于李克特 5 级量表中的"有时"。在这五类六级备考练习中,与技能提升相关的活动相对频繁(均值=2.89),其中"听英语材料"被认为是"通过参与和接触语言使用来练习听力并有益于语言学习的一种基本和常见的方法"(六级,S2)。遵循技能提升实践,六级考生还进行社交情感实践(均值=

2.62），如与同伴交流备考经验（均值＝2.53），以及与训练有关的活动（均值＝2.44），如观看备考视频（均值＝3.11）。六级考生最少使用的两项准备活动是备考管理（均值＝2.42）和记忆（均值＝2.32）。

4.2 雅思问卷的描述性数据

4.2.1 探索性因子分析结果

雅思问卷共有91个题项用于收集数据，因子分析后，有73个题项保留用于进一步分析。本研究进行了信度分析，雅思问卷中各量表的 Cronbach α 均在 0.7 以上，表明问卷中的量表具有很高的信度（表 7.17）。

表 7.17 雅思口语考试问卷的探索性因子分析结果

结构	项目编号	项目数	信度系数
1.对测试使用的认识			
成就性测试使用	Q6.1—Q6.3	3	0.795
工具性测试使用	Q6.5,Q6.6,Q6.8—Q6.10	5	
2.对测试设计的认识			
认识的语言技能	Q10.1—Q10.10	10	0.905
认识的考试技能	Q10.11,Q10.13—Q10.17	6	
对测试设计的评价	Q11.4—Q11.9,Q11.11,Q11.12	8	
3.自我效能			
自我效能	Q12.1—Q12.3	3	0.817
4.主观任务价值			
认识的正面反拨效应	Q14.1—Q14.10	10	0.843
认识的负面反拨效应	Q14.11—Q14.16	6	
5.备考实践			
备考管理	Q9.1—Q9.5	5	0.900
训练	Q9.7—Q9.10,Q9.13—Q9.15	7	
记忆	Q9.18—Q9.20	3	
技能提升	Q9.21—Q9.24	4	
社会情感策略	Q9.26,Q9.29,Q9.30	3	

4.2.2　对雅思口语考试的认识

◇对测试使用的认识

对测试使用的认识 11 个题项因子分析有三项异常变量被删除。因子分析出两个因子,被标记为成就性测试使用和工具性测试使用(见表 7.18)。

表 7.18　雅思口语考试使用的双因子旋转分量表

项目	成就性测试使用	工具性测试使用
Q6.2	0.848	
Q6.3	0.817	
Q6.1	0.627	
Q6.9		0.838
Q6.10		0.832
Q6.5		0.732
Q6.6		0.724
Q6.8		0.633

总体而言,雅思考生更倾向于成就性测试使用(均值 = 3.48)而非工具性测试使用(均值 = 3.03),两者之间有显著差异(见表 7.19)他们认为"促进英语学习"(均值 = 3.63)和"出国留学"(均值 = 4.37)分别是主要的成就性测试使用和工具性测试使用。由于雅思旨在测试考生在英语国家或地区所需的英语能力,该考试被广泛认为是"*考生加快英语学习和提高英语能力的重要动力*"(雅思,S1)。

表 7.19　雅思口语考试使用的描述性分析及配对样本检验结果

	均值	标准差	T 值	显著性
成就性测试使用	3.48	0.778	4.739	0.000
工具性测试使用	3.03	0.769		

注:1 = 完全不同意,2 = 不同意,3 = 不确定,4 = 同意,5 = 完全同意

◇对测试设计的认识

雅思问卷 18 项必备技能因子分析有 2 项对所有因子负荷都很低的题项被删除。因子分析得出两个因子(见表 7.20)。

表 7.20　雅思口语考试必备技能的双因子旋转分量表

项目	语言技能	考试技能
Q10.2	0.853	
Q10.1	0.814	
Q10.4	0.795	
Q10.3	0.775	
Q10.6	0.767	
Q10.9	0.689	
Q10.5	0.660	
Q10.7	0.623	
Q10.8	0.620	
Q10.10	0.612	
Q10.11		0.820
Q10.13		0.774
Q10.15		0.711
Q10.14		0.689
Q10.16		0.680
Q10.17		0.627

从整体来看（见表 7.21），雅思考生认为语言技能（均值 = 3.88）比考试技能（均值 = 3.73）更重要且两者之间有显著差异。他们高度重视口语流利度（均值 = 4.01）和发音（均值 = 3.93），这与雅思口语评分标准一致。就考试技能而言，雅思考生认为"用列举的方式解释所有陈述的信息"（均值 = 4.11）和"说得越多越好，尽量说满规定时间"（均值 = 3.95）对于雅思口语考试取得好成绩最重要。一位受访对象表示，"*我想尽最大努力多说，从我的生活经历中阐述我的观点，让我的回答更丰富*"（雅思，S2）。

表 7.21　雅思口语考试必备技能认识的统计结果

	均值	标准差	T 值	显著性
认识的语言技能	3.88	0.725	2.532	0.013
认识的考试技能	3.73	0.703		

注：1 = 完全不同意，2 = 不同意，3 = 不确定，4 = 同意，5 = 完全同意

雅思口语考试设计子量表有 12 个题项。因子分析有四个题项被确定为异常变量被排除(见 7.22)。

表 7.22　对雅思口语考试设计评价的单因子旋转分量表

项目	对测试设计的评价
Q11.8	0.790
Q11.7	0.772
Q11.12	0.750
Q11.11	0.732
Q11.4	0.682
Q11.6	0.644
Q11.5	0.630
Q11.9	0.609

总的来说,雅思考生对口语考试的评价相对积极(均值 = 3.56)。雅思考生最认同的两个评价性陈述是"考试环境安静、舒适"(均值 = 4.2)和"口语考试话题贴近学习生活"(均值 = 3.98)。相反,雅思考生对"我更喜欢机考形式而非面试方式"这一说法表现出异议(均值 = 2.5),证明他们更喜欢面对面的口语考试形式。他们对"口语考试难度小"表示不赞同,均值为 2.64,说明他们认为口语考试较难。

◇ 任务预期

雅思问卷中考生自我效能有四个题项,因子分析保留了三个(见表 7.23)。

表 7.23　雅思口语考试自我效能的单因子旋转分量表

项目	自我效能
Q12.1	0.920
Q12.2	0.898
Q12.3	0.738

尽管雅思考生对取得高分表示很有信心,但 103 名考生中只有 3 名预计他们的口语成绩会超过 7.5 分。29.1%估计自己只能获得 6 分,其次是 5.5 分(25.2%)和 5 分(19.4%)。4 名考生对口语成绩的期望值很低,估计自己雅思口语考试成绩会低于4.5分。

◇主观任务价值

雅思主观任务价值的 16 个问卷项目在探索性因子分析后都保留了下来。认识的正面反拨效应量表下有 10 个项目,认识的负面反拨效应量表下有 6 个项目(见表 7.24)。

表 7.24　雅思口语考试主观任务价值的双因子旋转分量表

项目	认识的正面反拨效应	认识的负面反拨效应
Q14.3	0.872	
Q14.8	0.823	
Q14.9	0.816	
Q14.10	0.770	
Q14.5	0.744	
Q14.7	0.722	
Q14.6	0.679	
Q14.2	0.659	
Q14.1	0.624	
Q14.4	0.604	
Q14.12		0.853
Q14.14		0.794
Q14.15		0.784
Q14.16		0.770
Q14.11		0.717
Q14.13		0.622

雅思考生认为雅思口语考试产生了积极的反拨效应(均值 = 3.90),一致认可的三个正面反拨效应题项是"能使英语表达更地道"(均值 = 4.11)、"提高批判性思维"(均值 = 4.06)和"能提高口语水平"(均值 = 4.03)。他们也意识到雅思口语的负面反拨效应,但持中立态度(均值 = 3.02)。雅思口语最令考生担忧的是"担心考不好,会影响他人对我的评价"(均值 = 3.22),其次是担心"会加重学习负担"(均值 = 3.13)。总之,雅思考生认为雅思口语考试的积极反拨效应强于消极反拨效应,两者之间差异具有显著性(T 值 = 7.021,$p = 0.000$)(见表 7.25)。

表 7.25　雅思口语考试主观任务价值的描述性分析及配对样本检验结果

	均值	标准差	T 值	显著性
认识的正面反拨效应	3.90	0.779	7.021	0.000
认识的负面反拨效应	3.02	1.060		

注:1＝完全不同意,2＝不同意,3＝不确定,4＝同意,5＝完全同意

4.2.3　雅思口语考试的备考过程

表 7.26 为雅思考生的口语备考总时长和日均时长。23.3%的雅思考生花超过半个月但不到一月的时间准备口语考试。20.4%备考时间为两到三个月。3.9%的雅思考生提到口语准备的总时间超过一年。23.3%每天花 1 到 2 个小时准备雅思口语考试,32%每天花的时间不到半个小时。

表 7.26　雅思口语考试备考总时长和日均时长

	总时长(%)						
样本量	0~1/2 月	1/2~1 月	1~2 月	2~3 月	3 月~1/2 年	1/2~1 年	超过 1 年
103	19.4	23.3	10.7	20.4	12.6	9.7	3.9
	日均时长(%)						
样本量	0~1/2 小时	1/2~1 小时	1~2 小时	2~3 小时	3~4 小时	超过 4 小时	
103	32.0	14.6	23.3	7.8	12.6	9.7	

雅思备考实践共有 30 个问卷题项,因子分析后留下 22 个,其中 3 个为社会情感策略项目,5 个为备考管理项目,7 个为训练项目,3 个为记忆项目,4 个为技能提升项目(见表 7.27)。

表 7.27　雅思口语考试备考实践五因子旋转分量表

项目	社会情感策略	备考管理	训练	记忆	技能提升
Q9.29	0.790				
Q9.30	0.775				
Q9.26	0.740				
Q9.3		0.842			
Q9.2		0.803			

续表

项目	社会情感策略	备考管理	训练	记忆	技能提升
Q9.5		0.740			
Q9.4		0.660			
Q9.1		0.618			
Q9.7			0.826		
Q9.8			0.786		
Q9.10			0.746		
Q9.9			0.744		
Q9.13			0.736		
Q9.15			0.674		
Q9.14			0.625		
Q9.19				0.670	
Q9.20				0.652	
Q9.18				0.608	
Q9.22					0.724
Q9.24					0.719
Q9.23					0.698
Q9.21					0.649

本研究对五类备考实践进行了描述性分析(见表 7.28)。

表 7.28　雅思口语考试考生备考实践描述性分析

	均值	标准差
训练	3.38	0.991
社会情感策略	3.10	0.898
备考管理	2.93	0.820
技能提升	2.91	0.878
记忆	2.89	1.206

注:1=从不,2=很少,3=有时,4=经常,5=总是

雅思考生把最多的精力放在练习上(均值=3.38),比如雅思考生最常使用的练习,练往

年口语真题(均值＝3.56)和官方口语考试样题(均值＝3.52)。雅思 S4 提到"*我需要知道考试内容,然后针对弱点做相应的练习*"。第二类最常用的准备活动是社会情感策略(均值＝3.10),其中"*鼓励自己,增强雅思口语考试的信心*"(均值＝3.82)最常用,这被认为是"*在口语考试中保持镇静和放松*"的有效方法(雅思 S6)。雅思考生还会使用与备考管理相关的活动,如"*查阅雅思中文官网*"(均值＝3.65),熟悉口语考试内容和评分规则。技能提升(均值＝2.91)和记忆(均值＝2.89)的活动被认为是两项较少使用的口语备考练习。

4.3 托福问卷的描述性数据

4.3.1 探索性因子分析结果

托福问卷中共有92个题项用于收集数据,其中有 71 个题项因子分析后保留,用于进一步分析。每个量表的 Cronbach α 均在 0.7 以上,表明托福问卷子量表具有很高的信度(见表 7.29)。

表 7.29 托福口语考试问卷的探索性因子分析结果

结构	项目	项目数	信度系数
1.对测试使用的认识			
成就性测试使用	Q6.1—Q6.3	3	0.794
工具性测试使用	Q6.4—Q6.6,Q6.9	4	
2.对测试设计的认识			
认识的语言技能	Q10.1—Q10.4,Q10.6—Q10.10	9	0.899
认识的考试技能	Q10.11,Q10.12,Q10.16—Q10.18	5	
对测试设计的评价	Q11.2—Q11.6,Q11.8—Q11.10	8	
3.自我效能			
自我效能	Q12.1—Q12.3	3	0.837
4.主观任务价值			
认识的正面反拨效应	Q14.1—Q14.10	10	0.821
认识的负面反拨效应	Q14.11—Q14.18	8	
5.备考实践			
备考管理	Q9.1—Q9.3,Q9.5	4	0.906
训练	Q9.7—Q9.10,Q9.12,Q9.13,Q9.17	7	
记忆	Q9.19—Q9.21	3	
技能提升	Q9.22,Q9.23,Q9.25	3	
社会情感策略	Q9.27,Q9.29—Q9.31	4	

4.3.2 对托福口语考试的认识

◇对测试使用的认识

11 个测试使用题项,因子分析后 4 个项目作为异常变量被删除。表 7.30 为测试使用双因子旋转分量表。

表 7.30 托福口语考试用途的双因子旋转分量表

项目	成就性测试使用	工具性测试使用
Q6.1	0.835	
Q6.3	0.822	
Q6.2	0.801	
Q6.4		0.878
Q6.9		0.864
Q6.6		0.682
Q6.5		0.650

总体而言,托福考生的考试动机更有可能是成就性测试使用(均值 = 3.60)而非工具性测试使用(均值 = 3.41),但两种测试使用之间没有显著性差异(T 值 = 1.941, $p > 0.05$)(见表 7.31)。这表明托福考生希望通过参加托福考试提高语言学习能力并将其用作工具。托福考生以"促进英语学习"(均值 = 3.67)为主要的成就性测试使用,以"获得权威机构的英语水平证明/证书"(均值 = 4.31)为主要的工具性测试使用。他们认为"出国留学"(均值 = 4.22)是参加考试的一个非常重要的动机。

表 7.31 对托福口语考试使用认识的统计结果

	均值	标准差	T 值	显著性
成就性测试使用	3.60	1.113	1.941	0.056
工具性测试使用	3.41	0.884		

注:1 = 完全不同意,2 = 不同意,3 = 不确定,4 = 同意,5 = 完全同意

◇对测试设计的认识

托福问卷必备技能有 18 个题项,因子分析有 4 项因其对所有因子的负荷较低而被删除。表 7.32 为托福必备技能的双因子旋转分量表。

表 7.32　托福口语考试必备技能的双因子旋转分量表

项目	语言技能	考试技能
Q10.2	0.864	
Q10.1	0.836	
Q10.3	0.801	
Q10.4	0.778	
Q10.7	0.769	
Q10.6	0.744	
Q10.9	0.652	
Q10.8	0.616	
Q10.10	0.601	
Q10.16		0.792
Q10.11		0.757
Q10.18		0.705
Q10.17		0.694
Q10.12		0.652

　　总的来说,托福考生认为语言技能(均值=4.14)比考试技能(均值=3.93)更重要,两者之间差异具有显著性(T值=3.737,$p=0.000$)(见表 7.33)。他们非常重视"确保语调自然"(均值=4.22)和"确保表达通顺流利"(均值=4.20)。他们认为"确保语速适中,不会过快或过慢"(均值=4.11)对于取得托福好成绩至关重要。

表 7.33　托福口语考试必备技能认识的统计结果

	均值	标准差	T值	显著性
认识的语言技能	4.14	0.716	3.737	0.000
认识的考试技能	3.93	0.742		

注:1=完全不同意,2=不同意,3=不确定,4=同意,5=完全同意

　　托福考生对测试设计的认识有 10 个问卷题项,因子分析有两个题项被删除。表7.34为测试设计评价的单因子旋转分量表。

表 7.34　对托福口语考试设计评价的单因子旋转分量表

项目	测试设计评价
Q11.3	0.815
Q11.2	0.806
Q11.8	0.769
Q11.4	0.744
Q11.6	0.704
Q11.9	0.680
Q11.10	0.664
Q11.5	0.612

总的来说,托福考生对口语考试的评价是积极的(均值 = 3.32)。他们认为"口语考试指令明确"(均值 = 3.85)并且"口语考试话题贴近学习生活"(均值 = 3.55)。然而,他们对"托福考试难度小"不置可否(均值 − 3.00)。关于每项口语任务的准备时间,他们不赞同"口语考试准备时间充足"(均值 = 2.86)。

◇ **任务预期**

托福问卷有 4 个关于考生自我效能的题项,因子分析保留了三个题项(见表7.35)。

表 7.35　托福口语考试自我效能的单因子旋转分量表

项目	自我效能
Q12.1	0.901
Q12.2	0.893
Q12.3	0.807

总的来说,托福考生对自己在托福口语考试中的自我效能有相对较大的信心(均值 = 3.81)。他们对口语考试取得高分很有信心(均值 = 4.06),对托福成绩的预期也持积极态度(均值 = 3.71),他们也比较认可托福口语备考练习的有效性(均值 = 3.66)。

47.1%的托福考生对自己的口语成绩在 23 分以上抱有很高的期望(N = 41),37.9%认为自己的口语成绩可以达到 15 ~ 22 分(N = 33)。14.9%的考生(N = 13)的期望值较低,估计口语分数低于 14 分。

◇主观任务价值

考生主观任务价值有 18 个问卷题项,因子分析后都保留了下来(见表 7.36)。

表 7.36　托福口语考试主观任务价值的双因子旋转分量表

项目	认识的正面反拨效应	认识的负面反拨效应
Q14.4	0.896	
Q14.7	0.888	
Q14.5	0.879	
Q14.3	0.876	
Q14.1	0.860	
Q14.10	0.802	
Q14.8	0.788	
Q14.2	0.769	
Q14.9	0.731	
Q14.6	0.670	
Q14.15		0.851
Q14.16		0.849
Q14.17		0.842
Q14.14		0.812
Q14.13		0.778
Q14.18		0.765
Q14.11		0.702
Q14.12		0.690

托福考生坚信口语考试对他们有益,并能产生积极的反拨效应(均值 = 3.95),其中认可度最一致的是口语考试"能使英语表达更地道"(均值 = 4.13)、"能提高英语口语交际能力"(均值 = 4.13)和"能提高思辨能力"(均值 = 4.06)。考生对托福的负面反拨效应持中立态度(均值 = 2.91)。考生感受到的前两项负面反拨效应是"由于紧张,没有发挥出正常水平"(均值 = 3.07)和"会加重经济负担"(均值 = 3.02)。托福口语对考生的正面反拨效应明显大于负面反拨效应,且两者有显著性差异(T 值 = 7.332,p = 0.000)(见表 7.37)。

表 7.37　托福口语考试主观任务价值的描述性分析及配对样本检验结果

	均值	标准差	T 值	显著性
认识的正面反拨效应	3.95	0.089	7.332	0.000
认识的负面反拨效应	2.91	0.095		

注:1=完全不同意,2=不同意,3=不确定,4=同意,5=完全同意

4.3.3　托福口语考试的备考过程

如表 7.38 所示,10.3% 的托福考生花不到半个月的时间准备口语考试。74.6% 的托福考生需要一个多月准备,43.6% 花了三个多月准备,27.5% 的考生准备口语的总时长超过半年。

表 7.38　托福口语考试备考总时长和日均时长

样本量	总时长(%)						
	0~1/2 月	1/2~1 月	1~2 月	2~3 月	3 月~1/2 年	1/2~1 年	超过 1 年
87	10.3	14.9	18.4	12.6	16.1	14.9	12.6
样本量	日均时长(%)						
	0~1/2 小时	1/2~1 小时	1~2 小时	2~3 小时	3~4 小时	超过 4 小时	
87	29.9	18.4	31.0	9.2	8.0	3.4	

就备考日均时长而言,29.9% 的托福考生每天投入的时间不到半小时,51.6% 每天要花一个多小时,3.4% 甚至每天要花四个多小时准备托福口语考试。

备考实践有 31 个问卷题项,因子分析保留了 21 个题项(见表 7.39)。

表 7.39　托福口语考试备考实践的五因子旋转分量表

因子	训练	备考管理	社会情感策略	技能提升	记忆
Q9.9	0.790				
Q9.8	0.786				
Q9.7	0.775				
Q9.12	0.761				
Q9.17	0.740				
Q9.13	0.644				
Q9.10	0.621				

因子	训练	备考管理	社会情感策略	技能提升	记忆
Q9.5	0.786				
Q9.3	0.761				
Q9.1	0.636				
Q9.2	0.618				
Q9.29			0.874		
Q9.30			0.818		
Q9.31			0.804		
Q9.27			0.657		
Q9.22				0.731	
Q9.23				0.655	
Q9.25				0.650	
Q9.20					0.802
Q9.19					0.731
Q9.21					0.610

关于托福备考实践,如表 7.40 所示,训练(均值 = 3.22)是托福考生最常用的备考练习。"练口语考试模拟题"(均值 = 3.67)和"按照考试时间计时口语练习"(均值 = 3.61)是最常用的方式。第二类最常用的备考练习与记忆有关(均值 = 3.13)。"记忆口语模板"(均值 = 3.18)是"一种非常有效的方法,能够给出有逻辑且很流利的回答"(托福 S1)。考生投入社会情感策略(均值 = 3.09)的实践中,"鼓励自己,增强托福口语考试信心"(均值 = 3.30)和"向老师寻求帮助以提高口语成绩"(均值 = 3.05)可以用来"振作精神并获得支持"(托福 S3)。备考管理(均值 = 2.92)和技能提升(均值 = 2.81)是托福考生使用最少的两类备考实践。

表 7.40　托福口语考试考生备考实践描述性分析

	均值	标准差
备考管理	2.92	0.855
训练	3.22	0.886
记忆	3.13	1.267
技能提升	2.81	1.171
社会情感策略	3.09	1.122

注:1 = 从不,2 = 很少,3 = 有时,4 = 经常,5 = 总是

5 考生对六级、雅思、托福口语考试认识的比较

本节将比较和分析考生对测试使用、测试设计、任务预期和主观任务价值的认识,旨在回答第一个研究问题"考生对六级、雅思、托福口语考试的看法有何异同"。由于本研究是对比研究,所以只比较分析三份问卷中的共同项目。

5.1 对测试使用的认识

考生对测试使用的认识需要通过询问他们参加考试的主要动机或目的进行衡量。虽然三份问卷结构相似,但在每份问卷中仍有一些不同的题目涉及考生对测试使用的看法,如"出国工作"(雅思和托福问卷中的 Q6.10)和"移民"(雅思和托福问卷中的Q6.11)不包括在六级问卷中。为了比较六级、雅思、托福考生在测试使用的认识的异同(详细见表7.6、表 7.18 和表 7.30 中的测试使用认识项目),本研究采用了单因素方差分析,结果见表7.41。

表 7.41 三项口语考试考生对测试使用认识的比较

	均值	标准差	F 值	显著性	Post Hoc test(显著性)
成就性测试使用					
六级	2.94	0.781	16.635	0.000	六级 vs 雅思(0.000)
雅思	3.48	0.778			六级 vs 托福(0.000)
托福	3.60	1.113			雅思 vs 托福(0.787)
工具性测试使用					
六级	3.47	0.882	8.343	0.000	六级 vs 雅思(0.001)
雅思	3.03	0.769			六级 vs 托福(0.874)
托福	3.41	0.884			雅思 vs 托福(0.006)

注:1=完全不同意,2=不同意,3=不确定,4=同意,5=完全同意

如表 7.41 所示,不同口语考试的考生成就性测试使用有显著性差异($F = 16.635$, $p < 0.05$)。托福考生是最有可能为成就性测试使用目的而参加口语考试的群体(均值 = 3.60),其次是雅思(均值 = 3.48)和六级(均值 = 2.94)。事后检验结果表明,雅思和托福考生比六级考生更倾向于将考试结果用于成就性测试使用,而在成就性测试使用的认识上没有显著性差异。因为雅思和托福旨在测试考生在英语国家和地区所需的英语水平,而且大多数雅思和托福考生参加考试的目的是在英语国家学习或工作。对他们而言,考试

是加速学习和提高实际语言能力的一个重要动力,正如雅思 S2 报道的那样,"*我需要通过参加考试来了解和提高自己的英语能力,这样我才能在国外谋生。*"

此外,表 7.41 显示,在三项口语考试中,考生在工具性测试使用上存在显著差异(F = 8.343,*p*<0.05)。六级考生比托福(均值 = 3.41)和雅思(均值 = 3.03)考生更有可能使用考试作为工具。事后检验结果表明,六级考生比雅思考生更倾向于工具性测试使用,两者之间存在显著差异(*p*<0.05)。然而,托福考生与六级和雅思考生在工具性测试使用方面没有显著差异。在中国,六级已经成为一项高风险考试,1999 年在全国范围内实施的大学英语四、六级口语考试,旨在更加重视中国大学生的英语口语水平,每年吸引数百万学生参加。人们普遍认为,在政府机构、外资或合资企业的激烈竞争中,拥有四六级口语证书的学生比没有证书的学生拥有更多更好的就业机会(He & Dai,2006)。因此,六级口语的考生更有可能为获得英语口语能力证书而参加考试,从而提高求职竞争力。

5.2 对测试设计的认识

本研究从两个主要方面比较和分析考生对测试设计的认识,一是考生对参加考试必备技能的认识,二是考生对口语测试设计的评价。

5.2.1 对必备技能的认识

本研究要求考生对三项口语考试中的必备口语技能采用李克特 5 级量表进行评价(从 1"完全不同意"到 5"完全同意"),以此确定考生认识的必备技能(每份问卷中认识到的必备技能项目详见表 7.8、表 7.20 和表 7.32)。语言技能指"学生认为回答六级、雅思、托福任务所必需的技能或知识"(Xie,2010:138),这些技能或知识是根据每项口语考试的构念设计的,六级、雅思、托福的评分标准也考虑在内。考试技能是"考生认为完成三项考试所必需的技能,但不是测试设计者想要的,也不在考试大纲中"(Xie,2010:138)。表 7.42 为单因素方差分析的结果。

表 7.42 显示,雅思和托福考生对语言技能和考试技能的认知均值高于六级,这表明考生认为参加雅思和托福比参加六级口语考试需要更高的口语能力和考试技能。事后检验结果表明,六级和雅思/托福考生对必要语言技能和考试技能的认识存在显著差异。这一发现与六级和雅思/托福在评分标准和口语能力要求上具有差异是一致的。雅思口语测试考生的口语能力和交际语言能力(Steve,2008),托福口语考试由 4 项综合任务组成,这些任务还会测试考生的听力和阅读能力。就应试技巧而言,由于雅思口语考试的评分标准重视考生"所用词汇的多样性、充分性和适当性,以及详细阐述的能力……没有明显的犹豫"(Steve,2008:137),雅思考生更有可能尽量多发言,并使用现实生活中的例子来解释

和丰富他们的回答，正如雅思 S6 陈述，"因为雅思口语考试是与考官面对面，题目主要是关于我自己对一些问题的看法或意见，我认为我需要用几个例子和我的现实生活经验来支持我的观点，尽可能丰富我的回答"。由于六级采用小组形式，包括 1 名考官和 2 名考生，因此六级的评分标准之一涉及考生对讨论部分的发言量。因此，六级考生认为"在给定时间尽可能多说话"是参加六级最重要的考试技巧。

表 7.42　三项口语考试中考生对必备技能认识的比较

	均值	标准差	F 值	显著性	Post Hoc test（显著性）
语言技能					
六级	3.47	0.853	18.450	0.000	六级 vs 雅思（0.001）
雅思	3.88	0.725			六级 vs 托福（0.000）
托福	4.14	0.716			雅思 vs 托福（0.064）
考试技能					
六级	3.46	0.753	10.387	0.000	六级 vs 雅思（0.020）
雅思	3.73	0.703			六级 vs 托福（0.000）
托福	3.93	0.742			雅思 vs 托福（0.150）

注：1＝完全不同意，2＝不同意，3＝不确定，4＝同意，5＝完全同意

雅思和托福考生对口语必备技能的认识没有显著差异（$p > 0.05$），这表明雅思和托福考生认为参加口语考试所需的口语能力相似。这一发现与 Zahedkazemi（2015）关于雅思和托福构念效度验证的研究结果一致，即这两项口语考试在测试考生口语能力方面有相似之处。

总的来说，考生认为参加六级、雅思、托福的必备语言技能和考试技能每个子类的均值都高于 3。在三项口语考试中，更多的考生认为语言技能比考试技能更重要。每项考试的考生所认识的语言技能几乎涵盖了六级、雅思、托福口语考试评分标准中规定的所有主要语言技能，如发音、流利程度和连贯性、词汇的多样性和适当性等。这对于三项口语考试的设计者来说是一个有利的证据，因为它验证了测试设计意图和考生对必备技能的认识之间的高度一致。

5.2.2　对测试设计的认识

在测试设计分量表中，关于测试设计的评价，本研究要求考生用李克特 5 级量表（从 1＝完全不同意到 5＝完全同意）对考试时间分配、难度水平、任务说明、评分规则等陈述进

行评价(详细的测试设计评价项目见表 7.10、表 7.22 和表 7.34)。本研究比较三项口语考试设计的总体评价和考试难度、提示、主题、环境和考试形式五个常见项目,结果见表 7.43 和表 7.44。

表 7.43　三项口语考试总体测试设计评价的比较

	均值	标准差	F 值	显著性	Post Hoc test(显著性)
六级	3.21	0.572	8.364	0.000	六级 vs 雅思(0.002)
雅思	3.56	0.651			六级 vs 托福(0.418)
托福	3.32	0.707			雅思 vs 托福(0.033)

注:1 = 完全不同意,2 = 不同意,3 = 不确定,4 = 同意,5 = 完全同意

如表 7.43 所示,考生对六级(均值 = 3.21)、雅思(均值 = 3.56)和托福(均值 = 3.32)口语考试的评价都比较适中,而且考生对雅思的评价比托福和六级($p<0.05$)积极,尤其是在主题和环境方面。雅思考生最认可"口语考试话题贴近学习生活"这一评价性陈述,这表明作为任务型口语考试,雅思口语考试"与个人相关,需要互动,基本贴近现实生活"(Stoynoff,2009:23)。就考试环境而言,六级、雅思、托福考生的评价存在显著性差异($p = 0.000$)。雅思口语考试环境被考生认为是最安静舒适(均值 = 4.20),而六级考试环境最差(均值 = 2.69)。六级考生 S1 说,"*我甚至听不清楚自己的声音,因为在同一个教室里同时有 100 多名学生在说话。太吵了,心烦意乱*"。这提醒六级的设计者和管理者应该思考如何为考生提供一个更加安静、舒适的环境。

表 7.44　三项口语考试测试设计评价具体项目比较

	均值	标准差	F 值	显著性
口语考试难度小				
六级	2.90	1.16	14.510	0.000
雅思	2.64	1.15		
托福	3.00	1.21		
口语考试指令明确				
六级	3.71	1.12	3.544	0.029
雅思	3.73	1.01		
托福	3.85	0.93		

续表

	均值	标准差	F 值	显著性
口语考试话题贴近学习生活				
六级	3.53	0.95	12.304	0.000
雅思	**3.83**	1.01		
托福	3.55	1.09		
考试环境安静、舒适				
六级	**2.69**	0.92	159.352	0.000
雅思	**4.20**	0.95		
托福	3.14	1.26		
我更喜欢机考式而非面对面				
六级	3.49	1.31	50.974	0.000
雅思	**2.50**	1.56		
托福	3.20	1.34		

注:1=完全不同意,2=不同意,3=不确定,4=同意,5=完全同意

考生都认为六级、雅思、托福比预期更难,其中雅思口语似乎最难。这一发现可能归因于雅思面试的特点和考官的提问风格(Karim & Haq,2014)。雅思考生对考官提出的问题需要反应灵活,有时他们可能"*茫然不知所措,因为紧张和不熟悉话题,导致不明白问题是什么*"(雅思,S4)。

在考试形式的评价方面,三项口语考试的考生之间存在显著差异($p<0.05$),即六级和托福考生更喜欢机考,而雅思考生更喜欢面对面。面对面和机考都有其局限性。在面对面口语考试中,考官是主导者,负责所有的主动提问,考生只需做出回应,这"只会引出口语的一个方面,像提问和主动开始讨论这些方面仍然处于休眠状态"(Karim & Haq,2014:156)。机考要求考生对计算机做出反应,减少"考官"和考生之间的互动,这种形式很难评估考生在现实生活中的沟通能力(Barkaoui et al.,2013)。

5.3　任务预期

在本研究中,考生的任务预期指他们对考试成绩和成功的感觉和信念(Wigfield & Eccles,2000)。本研究从考生的自我效能和测试成绩期望两个方面进行分析。

5.3.1　自我效能

总的来说,三项口语考试的考生都有中等以上的自我效能,均值都在 3 以上(见表

7.45）。然而，他们在六级、雅思、托福口语考试中的自我效能有显著性差异（F 值 =
15.227，$p<0.05$）。托福考生对口语考试的信心（均值 = 3.81）高于雅思（均值 = 3.52）和六
级（均值 = 3.10）。事后测验结果发现，六级和雅思/托福考生的自我效能感存在显著性差
异（$p<0.05$），但雅思和托福考生之间没有显著差异，表明雅思和托福考生的自我效能感明
显高于六级考生。

　　自我效能指"相信自己有能力组织和执行为取得某一成就而必须采取的行动"
（Bandura，1997：3），受考生掌握的经验、替代经验、社会说服力和情绪激发的影响
（Bandura，1997；Usher & Pajares，2006）。学生掌握的经验指基于以前的考试经验对自己能
力的自我判断（Bandura，1997）。根据考生考试经历的人口统计资料，11%的六级考生曾经
参加过口语考试，雅思和托福的比例分别为 31.1%和 24.1%。有考试经验的考生"*更有可
能更好地理解考试内容和自身的语言水平*"（托福，S3）。

表 7.45　三项口语考试考生自我效能的比较

	均值	标准差	F 值	显著性	Post Hoc test（显著性）
六级	3.10	0.973	15.227	0.000	六级 vs 雅思（0.000）
雅思	3.52	0.927			六级 vs 托福（0.033）
托福	3.81	0.852			雅思 vs 托福（0.418）

注：1 = 完全不同意，2 = 不同意，3 = 不确定，4 = 同意，5 = 完全同意

　　考生的替代经验是影响考生自我效能的另一个关键因素，它指"观察某人在相关任务
中的成就"（Bandura，1997）。换言之，一个没有经验的学习者处于一个不熟悉的考试环境
中，看到他人表现或分享他人之前的考试经验可以提高他或她的自我效能。根据前面介
绍的六级、雅思、托福备考实践的描述性数据，雅思（均值 = 3.10）和托福考生（均值 = 3.09）
比六级考生（均值 = 2.62）更有可能进行与社会情感策略相关的备考实践，如"与合作伙伴
分享经验和感受""向他人咨询以往的考试经验"，这对于考生保持自我效能感具有重要
作用。

　　总之，考生的考试经历和社会情感策略的运用都揭示出三项口语考试考生自我效能
感的显著差异，这反映了自我效能感的两个主要来源，即"掌握经验和替代经验"
（Bundara，1997；Usher & Pajares，2006）。

5.3.2　测试成绩期望

测试成绩期望通过考生估计自己的口语成绩来衡量。本研究中，三项口语考试的评

分间隔是根据官方网站不同的评分标准设计的。六级有七个等级,包括"A+""A""B+""B""C+""C"和"D"。雅思口语的十个等级是"≤4.5""5""5.5""6""6.5""7""7.5""8""8.5"和"9"。托福口语设置了四个等级,即"0—7""8—14""15—22"和"23—30"(见三份问卷中的 Q13)。

由于每项口语考试的评分标准和数量不同,为了更清楚地比较三项考试,每项口语考试都有三类评分标准,即低分组、中分组和高分组。以下为低分组:考生六级中的自评结果为"C+""C"和"D",雅思为"≤4.5""5"和"5.5",托福为"0—7""8—14";以下为中分组:六级"B+"和"B"、雅思"6""6.5"和"7",以及在托福"15—22";以下为高分组:六级为"A+""A"、雅思为"7.5""8""8.5"和"9",托福为"23—30"。

表 7.46 显示,在三项口语考试中,托福考生对口语考试结果的期望最高。雅思考生最低,六级考生测试成绩期望也较低。有研究表明学生的自我效能感与学业成绩之间存在积极且显著的关系(Usher & Pajares,2006;Liem et al.,2008;Mizumoto,2012)。如果没有高度的自我效能信念,考生的学业成绩很难得到提高(Margolis & McCabe,2006;Pajares,2006)。

表 7.46　三项口语考试结果的期望比较

	样本量	期望值		
		低(%)	中(%)	高(%)
六级	118	44.9	46.6	8.5
雅思	103	48.5	48.5	2.9
托福	87	14.9	37.9	47.1

在本研究中,托福考生在三项口语考试中自我效能感最高,考生对口语考试结果的期望也最积极。这一发现与先前的研究一致,即更高的自我效能感与成功的学业成绩相关联(John & Andrew,2001)。

5.4　主观任务价值

根据期望价值理论,考生的主观任务价值指"学生对即将到来的任务的期望值"(Eccles & Harold,1991;Jacobs & Eccles,2000)。在本研究中,主观任务价值指的是考生对考试正反两方面的反拨效应(见表 7.12、表 7.24 和表 7.36)。考生的主观任务价值用李克特 5 级量表(从 1=完全不同意到 5=完全同意)进行判断。

　　六级、雅思、托福考生都倾向于正面反拨效应高于负面反拨效应，即三项口语考试产生了较好的积极反拨效应。三者的反拨效应差异见表 7.47。

　　如表 7.47 所示，考生对六级、雅思、托福口语考试的积极评价差异显著（F 值 = 9.679，$p < 0.05$）。根据事后检验结果，比起雅思（均值 = 3.90）和六级（均值 = 3.49）考生，托福（均值 = 3.95）考生最认同口语考试具有积极影响。这一发现与 Kyle et al.（2016）的研究一致，该研究表明托福中的独立任务和综合任务对考生的整体英语口语能力产生了强烈的反拨效应。此外，托福和雅思考生认为两项考试积极的反拨效应突出表现为"能提高思辨能力"和"能使英语表达更地道"，而六级考生认识的积极反拨效应表现为提升了交际能力。这些发现可能源于三项口语考试的评分重点不同。托福和雅思口语考试都把考生能"自然准确地使用习惯用语"和"做连贯有序的论述"作为重要的衡量标准，而六级则重视"互动，考生可以就共同构念感兴趣的话题进行交流"（Zhang & Elder，2009）。

表 7.47　三项口语考试主观任务价值的比较

	均值	标准差	F 值	显著性	Post Hoc test（显著性）
认识的正面反拨效应					
六级	3.49	0.838	9.679	0.000	六级 vs 雅思（0.001）
雅思	3.90	0.779			六级 vs 托福（0.000）
托福	3.95	0.089			雅思 vs 托福（0.896）
认识的负面反拨效应					
六级	3.08	0.606	9.389	0.000	六级 vs 雅思（0.006）
雅思	3.02	1.060			六级 vs 托福（0.000）
托福	2.91	0.095			雅思 vs 托福（0.617）

注：1 = 完全不同意，2 = 不同意，3 = 不确定，4 = 同意，5 = 完全同意

　　考生对三项口语考试的负面反拨效应也有显著差异（F 值 = 9.389，$p < 0.05$）。考生认为六级的负面反拨效应最强（均值 = 3.08），其次是雅思（均值 = 3.02）和托福（均值 = 2.91）。本研究发现"担心考不好，会影响他人对我的评价"在三个口语考试中排名靠前，这表明考试焦虑被考生视为强烈的负面反拨效应。已有研究表明，过多的考试焦虑可能会削弱考生的动机（Cizek & Burg，2006），从而导致考试成绩不理想（Chapell et al.，2005）。这应该引起考生、测试设计者和语言教师的注意，并提出一些切实可行的措施来解决这个问题。另外，考生认为雅思和托福考试比六级带来更多经济压力，因为雅思和托福的报名费很高。

6 考生六级、雅思、托福口语备考过程的比较

本节着重回答第二个研究问题"考生六级、雅思、托福的准备过程有何异同"。

6.1 备考时长

为了调查考生参加考试前的考试投入,本研究设计了两个选择题,备考总时长和平均投入时长(见三份问卷中的 Q7 和 Q8)。为了探究备考在三项口语考试中的时间投入是否有差异,我们用卡方检验总时长和每天平均时长,结果见表 7.48 和表 7.49。

卡方检验结果显示六级、雅思、托福考生的总时长存在显著差异(Value = 207.790, df = 14, $p<0.05$)(见表 7.48)。79.7%的六级考生花的时间不到一个月,80.6%的雅思考生和 89.7%的托福考生要花一个多月的时间准备口语考试。

表 7.48　备考总时长的卡方检验结果

	Value	df	显著性
皮尔森卡方检验	207.790a	14	0.000
概率比	220.811	14	0.000
线性趋势检验	102.276	1	0.000
有效案例数	308		

如表 7.49 所示,三项口语考试备考日均时长也存在显著差异(Value = 146.968, df = 12, $p<0.05$)。77.9%的六级考生在备考上每天花的时间不到半小时,而 68%的雅思考生和 70.1%的托福考生在口语上花费的时间每天超过半小时,23.3%的雅思考生和 31%的托福考生每天在口语考试上花费一至两个小时,有些考生甚至花费超过两个小时(雅思 7.8%,托福 9.2%)。

表 7.49　备考日均时长卡方检验结果

	Value	df	显著性
皮尔森卡方检验	146.968a	12	0.000
概率比	181.211	12	0.000
线性趋势检验	71.339	1	0.000
有效案例数	308		

有研究(Bandura,1999;Pintrich & Schunk,2002;Wigfield & Eccles,2000)指出,与考生的成绩相关的结果,如考试成绩和未来期望,主要受他们对特定任务或领域的预期结果和价值观的影响。在本研究中,托福(均值 = 3.95)和雅思(均值 = 3.90)考生比六级(均值 = 3.49)考生有更多的主观任务价值。任务价值较高的考生更有可能在备考中付出更多努力,以便在给定的学术任务中表现出色(Pintrich,2003),这可能是三组考生的备考时间投入有差异的原因之一。许多研究者(Margolis & McCabe,2006;Pajares,2006)也指出,那些不相信自己有能力在即将到来的任务中取得成功的考生不会做出必要的努力来支持他们在学术任务中取得成功,这体现了考生的自我效能和学习过程之间的关系。六级考生在准备方面投入的时间和精力最少,在三类考生中,他们的自我效能最低。

6.2 备考实践

在本研究中,五类备考实践问卷项目中六级有 20 项、雅思 22 项和托福 21 项。李克特 5 级量表用于测量考生备考实践的频率,其中 1 = 从不,2 = 很少,3 = 有时,4 = 经常,5 = 总是。进行差异分析是为了探究考生在三项口语考试中使用的每一个备考练习类别的异同(见表 7.50)。

表 7.50　三项口语考试备考实践的比较

	均值	标准差	F 值	显著性	Post Hoc test(显著性)
备考管理					
六级	2.42	1.002	11.289	0.000	六级 vs 雅思(0.000)
雅思	2.93	0.820			六级 vs 托福(0.001)
托福	2.92	0.855			雅思 vs 托福(1.000)
训练					
六级	2.44	0.912	23.598	0.000	六级 vs 雅思(0.000)
雅思	3.38	0.991			六级 vs 托福(0.000)
托福	3.22	0.886			雅思 vs 托福(0.629)
记忆					
六级	2.32	1.016	13.696	0.000	六级 vs 雅思(0.001)
雅思	2.89	1.206			六级 vs 托福(0.000)
托福	3.13	1.267			雅思 vs 托福(0.470)
技能提升					
六级	2.89	1.082	0.232	0.793	六级 vs 雅思(0.999)
雅思	2.91	0.878			六级 vs 托福(0.944)
托福	2.81	1.171			雅思 vs 托福(0.890)

续表

	均值	标准差	F 值	显著性	Post Hoc test(显著性)
社会情感策略					
六级	2.62	1.056	14.324	0.000	六级 vs 雅思(0.000)
雅思	3.10	0.898			六级 vs 托福(0.007)
托福	3.09	1.122			雅思 vs 托福(0.133)

注:1 = 从不,2 = 很少,3 = 有时,4 = 经常,5 = 总是

表 7.50 显示备考管理实践最常用于备考雅思口语考试(均值 = 2.93),其次是托福(均值 = 2.92)和六级(均值 = 2.42)。总体而言,考生很少在这类备考实践中付出努力,因为备考管理实践,如浏览官方网站、咨询书籍和其他与口语考试相关的材料,有可能在准备过程的早期阶段进行,以帮助考生熟悉考试内容和考试形式。对于那些以前参加过考试或对考试内容和形式了解的考生,他们不会像对待其他练习那样频繁反复进行准备。

考生在准备雅思(均值 = 3.38)和托福(均值 = 3.22)口语时比六级(均值 = 2.44)更频繁地采用操练备考实践。六级与雅思/托福考试之间存在显著差异($p < 0.05$),但雅思和托福之间没有显著性差异,这表明考生在雅思和托福口语备考中比六级更频繁地使用操练,但他们在雅思和托福备考过程中使用操练的频率相似。一些六级受试(六级,S1,S6,S8)提到"他们很难获得像六级这样的口语考试的辅导材料",这可能会很大程度上减少准备过程中大量测试题目练习的频率。Zhang & Elder(2009:309)在关于大学英语四、六级考试的研究中也提出这样的建议:"如果出版商能提供更明确和更容易获得的关于考试构念的信息,那将是有帮助的。"

三项口语考试的考生都表示有时会记忆口语模板、范文和口语材料。方差分析表明,考生记忆练习的频率存在显著差异($p < 0.05$)。一些研究(Xie,2010;徐莎莎,2014)认为考生倾向于在考试驱动的准备中使用记忆策略。本研究中的一些雅思和托福考生在工具性目标驱动下,如获得更高分数以实现出国留学的目标,有可能在考试的每个部分投入巨大努力,尤其是口语和写作,这是大多数中国考生的弱项。尽管记忆练习被认为是一种常见的练习,也是考生获得高分的一种捷径,通常与应试策略有关。考生表示,"利用口语模板和句子结构能帮助他们回答问题时在头脑中形成一个清晰的框架,并减轻他们的焦虑"(雅思,S3;托福,S2)。在备考过程中,操练和记忆练习被认为是"努力密集型但重点狭窄的策略"(Xie,2010),需要考生投入大量的努力。本研究中,更多考生进行的是操练而不是记忆,这可能是因为操练"涉及较少的认识负荷"(Xie,2010,2013),比记忆相对容易。

技能提升实践上三组考生之间没有显著差异（F 值 = 0.232，p = 0.793），表明考生在六级、雅思、托福口语准备中进行技能提升练习的频率相似。在三项口语考试中，考生更有可能在阅读和听力方面进行技能提升的练习，而不是口语练习，这与之前的研究相呼应，即考生倾向于练习更多的输入活动而不是输出活动，并通过能力驱动的备考练习来获得高分（Oxford & Schramm，2007）。

社会情感策略三组之间有显著性差异（F 值 = 14.324，p < 0.05）。雅思考生（均值 = 3.10）比托福（均值 = 3.09）和六级（均值 = 2.62）考生更有可能进行这类备考练习。此外，雅思考生更有可能从网上聊天室（中文称为"机经"）查阅以往考试内容的信息，以获得更有用的口语考试信息（均值 = 3.32）。"机经"被认为是"雅思考生最必要和最常用的备考练习之一"（雅思，S2，S4）。因为"不需要太多的努力，但能有效地获得考试的相关信息"（雅思，S5）。

总之，雅思和托福考生在准备过程中采用了相似的备考实践。与六级考生相比，他们更有可能通过操练和社会情感策略来准备考试。六级考生更倾向于采用技能提升方面的备考练习。

7　结论

本研究构建了融合期望价值理论的考生口语考试反拨效应理论框架，通过问卷调查与半结构式访谈的方法，对比研究了六级、雅思、托福口语考试对考生的反拨效应。

◇研究发现

1）考生对六级、雅思、托福口语考试的认识有何异同？

三项考试的考生都有很强的成就性测试使用和工具性测试使用，但是六级考生更倾向于工具性测试使用，而雅思和托福考生则更倾向于成就导向的考试用途。

考生认为语言技能比考试技能重要，不过也有考生认为，托福口语考试比六级和雅思需要更多的语言和考试技能。考生对三项口语测试设计的总体评价适中，但认为三项口语考试难度都较大。

三项口语考试考生的自我效能属于中等，但六级比雅思/托福考生更低。托福考生测试成绩期望明显高于雅思/六级考生。

考生认为三项口语考试的积极反拨效应大于消极反拨效应，托福的正面反拨效应最大，六级的负面反拨效应最大。考试焦虑和对负面印象的担忧被三项口语考试的考生视为负面反拨效应。

2）考生针对六级、雅思、托福口语考试的备考过程有何异同？

三项口语考试备考过程的反拨效应在时间长度和强度上存在显著差异，雅思和托福的反拨效应较长和较强，六级的反拨效应相对较短和较弱。

考生在准备六级、雅思、托福口语考试时不太倾向于采用考试管理备考实践。考生在雅思和托福口语考试上投入的时间比六级多。在备考过程中，雅思和托福考生更有可能进行练习和社交情感实践，而六级考生则更可能进行技能提升实践。

◇ 研究意义

理论方面，本研究将学习心理学领域的期望价值理论融入反拨效应研究，并通过对 Hughes（1993）"参与者—过程—结果"模型和 Xie（2010）反拨效应模型的修正，提出了一个新的考生口语考试反拨效应研究模型，为未来的口语考试反拨效应研究提供了理论参考。

在方法上，本研究采用问卷调查和访谈相结合的混合研究设计，探讨了考生对三项口语考试的认识和备考过程，给未来考生备考提供了参考，也为测试管理者和测试设计者关于测试设计和管理的改进提供了一定依据，比如考生需要更舒适的考试环境来获得更好的考试体验，需要高质量的辅导材料等。本研究也为语言教师在日常教学中更加注重对学生口语能力的培养和引导学生更自信地表达自己提供了启示。研究发现考试焦虑极大地影响考生的备考情况和考试表现，教师需要思考如何在心理和实际方面给考生以鼓励和有效的指导。学生也应该学会在必要时向他人（如同龄人和老师）寻求帮助。

◇ 研究局限

尽管本研究有一定理论创新和应用价值，但也存在一些局限性。首先，本研究只在一所样本大学的六级、雅思、托福口语考试中心收集数据，其结果的可推广性需要更多实证数据支撑与验证。由于反拨效应研究在不同的背景下具有复杂性，收集更多的考生样本将更有利于证实研究结果。其次，本研究只关注六级、雅思、托福考生对口语考试的认识和备考过程的反拨效应，没有对他们的测试表现和后续学习进行调查，也没能研究引发反拨效应的中介因素，而对中介因素的研究可以更全面、更深入地帮助理解和阐释三项口语考试的反拨效应机制。

◇ 对未来的研究建议

基于上述局限性，本文为今后的研究提出以下建议：扩大受试规模与样本，广泛收集不同背景的考生数据；进一步考察和比较六级、雅思、托福考试其他技能的考察对考生的反拨效应;进一步探索影响六级、雅思、托福考生反拨效应的因素,以便深入探究三项口语考试的反拨效应机制。

参考文献

Alderson,J.,& Wall,D. (1993). Does washback exist? [J]. *Applied Linguistics*,2(14),115-129.

Atkinson,J. W. (1957). Motivational determinants of risk taking behaviour [J]. *Psychological Review*,64(6),359-372.

Atkinson,J. W. (1964). *An introduction to motivation*[M]. Van Nostrand.

Bandura,A. (1982). Self-efficacy mechanism in human agency[J]. *American Psychologist*,37(2), 122-147.

Bandura,A. (1997). *Self-efficacy:The exercise of control*[M]. W. H. Freeman Company.

Bandura,A. (1999). A social cognitive theory of personality[A]. In L. Pervin & O. John(Eds.), *Handbook of personality*(pp. 154-196)[C]. Guilford.

Barkaoui,K., Brooks, L., Swain, M., & Lapkin, S. (2013). Test-takers strategic behaviours in independent and integrated speaking tasks[J]. *Applied Linguistics*,34(3),304-324.

Brown,G. L.,& Hirschfeld,G. F. (2007). Students' conceptions of assessment and mathematics: self-regulation raises achievement [J]. *Australian Journal of Educational & Development Psychology*,7,63-74.

Chapell,M. S.,Blanding,Z. B.,Silverstein,M. E.,Takahashi,M.,Newman,B.,Gubi,A.,& McCann, N. (2005). Test anxiety and academic performance in undergraduate and graduate student[J]. *Journal of Educational Psychology*,97(2),268-274.

Cheng,L. Y. (1998). Impact of a public English examination change on students' perceptions and attitudes towards their English learning[J]. *Studies in Educational Evaluation*,24(3),279-301.

Cheng,L.,Andrews,S.,& Yu,Y. (2010). Impact and consequences of school-based assessment (SBA):Students' and parents' views of SBA in Hong Kong[J]. *Language Testing*,28(2), 221-249.

Cizek,G. J.,& Burg,S. S. (2006). *Addressing test anxiety in a high-stakes environment:Strategies for classrooms and schools*[M]. Corwin Press.

Creswell,J. W. (2013). *Qualitative inquiry & research design:Choosing among five approaches*[M].

Sage.

Dörnyei, Z. (2007). *Research methods in applied linguistics*[M]. Oxford University Press.

Eccles, J. S., Adler, T. F., Futterman, R., Goff, S. B., Kaczala, C. M., Meece, J. L., & Midgley, C. (1983). Expectancies, values, and academic behaviours [A]. In J. T. Spence (Ed.), *Achievement and achievement motivation*(pp. 75-146)[C]. W. H. Freeman.

Eccles, J. S., & Harold, R. D. (1991). Gender differences in sport involvement: Applying the Eccles' expectancy-value model[J]. *Journal of Applied Sport Psychology*, 3(1), 7-55.

Eccles, J. S., & Wigfield, A. (2002). Motivational beliefs, values and goals[J]. *Annual Review of Psychology*, 53(1), 109-132.

Feather, N. T. (1992). Values, valences, expectations, and actions[J]. *Journal of Social Issues*, 48(3), 109-124.

Fishbein, M., & Ajzen, I. (1975). *Belief, attitude, intention and behaviour: An introduction to theory and research reading*[M]. Addison-Wesley Pub.

Gao, Z., Lee, A. M., & Harrison, L. (2008). Understanding students' motivation in sport and physical education: From the expectancy-value model and self-efficacy theory perspectives[J]. *Quest*, 60(2), 236-254.

Gosa, C. M. (2004). *Investigating washback: A case study using student diaries*(Unpublished doctoral dissertation)[D]. Lancaster University.

Green, A. (2007). *IELTS washback in context: Preparation for academic writing in higher education* [M]. Cambridge University Press.

Hamp-Lyons, L. (1997). Washback, impact and validity: Ethical concerns[J]. *Language Testing*, 14(3), 295-337.

Hawkey, R. (2006). *Impact theory and practice: Studies of IELTS test and Progetto Lingue* 2000[M]. Cambridge University Press.

He, L. Z., & Dai, Y. (2006). A corpus-based investigation into the validity of the CET-SET group discussion[J]. *Language Testing*, 23(3), 370-401.

Hughes, A. (1993). *Washback and TOEFL* 2000 (Unpublished manuscript) [A]. University of Reading.

Jacobs, J. E., & Eccles, J. S. (2000). Parents, task values, and real-life achievement-related choices [A]. In C. Sansone & J. M. Harachiewicz(Eds.), *Intrinsic and extrinsic motivation*(pp. 405-

439) [C]. Academic Press.

John, L., & Andrew, L. (2001). Self-efficacy and academic performance [J]. *Social Behaviour and Personality*, 29(7), 687-693.

Karim, S., & Haq, N. (2014). An assessment of IELTS speaking test [J]. *International Journal of Evaluation and Research in Education*, 3(3), 152-157.

Kyle, K., Crossley, S. A., & McNamara, D. S. (2016). Construct validity in TOEFL iBT speaking tasks: Insights from natural language processing [J]. *Language Testing*, 33(3), 319-340.

Liem, A. D., Lau, S., & Nie, Y. (2008). The role of self-efficacy, task value and achievement goals in predicting learning strategies, task disengagement, peer relationship and achievement outcome [J]. *Contemporary Educational Psychology*, 33(1), 486-512.

Margolis, H., & McCabe, P. (2006). Improving self-efficacy and motivation: What to do, what to say [J]. *Intervention in School and Clinic*, 41(4), 218-227.

Mizumoto, A. (2012). Exploring the effects of self-efficacy on vocabulary learning strategies [J]. *Studies in Self-Access Learning Journal*, 3(4), 423-437.

Oxford, R., & Schramm, K. (2007). Bridging the gap between psychological and sociocultural perspectives on L2 learner strategies [A]. In A. D. Cohen & E. Macaro (Eds.), *Language learner strategies* (pp. 47-68) [C]. Oxford Applied Linguistics.

Pajares, F. (2006). Self-efficacy during childhood and adolescence: Implications for teachers and partners [A]. In F. Pajares & T. Urden (Eds.), *Self-efficacious beliefs of adolescents* (pp. 339-367) [C]. Information Age Publishing.

Phakiti, A. (2014). Questionnaire development and analysis [A]. In A. J. Kunnan (Ed.), *The companion to language assessment* (pp. 1245-1261) [C]. John Wiley & Sons.

Pintrich, P. R. (1999). The role of motivation in promoting and sustaining self-regulated learning [J]. *International Journal of Educational Research*, 31(6), 459-470.

Pintrich, P. R. (2003). A motivational science perspective on the role of student motivation in learning and teaching context [J]. *Journal of Educational Psychology*, 95(4), 667-686.

Pintrich, P. R., & Schunk, D. H. (2002). *Motivation in education, theory, research and applications* [M]. Merrill.

Pintrich, P. R., Smith, D., Garcia, T., & McKaechie, W. (1991). *A manual for the use of the motivated strategies for learning questionnaire (MSLQ)* [S]. The University of Michigan.

Schunk, D. H. (1991). Self-efficacy and academic motivation[J]. *Educational Psychologist*, 36(3), 207-231.

Shohamy, E. (2001). *The power of tests: A critical perspective of the uses of language tests* [M]. Pearson Education.

Steve, I. (2008). Improving scores on the IELTS speaking test[J]. *ELT Journal*, 62(2), 131-138.

Stoynoff, S. (2009). Recent developments in language assessment and the case of four large-scale tests of ESOL ability[J]. *Language Teaching*, 42(1), 1-40.

Tashakkori, A., & Creswell, J. W. (2007). The new era of mixed methods[J]. *Journal of Mixed Methods Research*, 1(1), 3-7.

Usher, E. L., & Pajares, F. (2006). Sources of academic and self-regulatory efficacy beliefs of entering Middle School students[J]. *Contemporary Educational Psychology*, 31(2), 125-141.

Wigfield, A. (1994). Expectancy-value theory of achievement motivation: A developmental perspective[J]. *Educational Psychology Review*, 6(1), 49-78.

Wigfield, A., & Eccles, J. S. (2000). Expectancy-value theory of achievement motivation [J]. *Contemporary Educational Psychological*, 25(1), 68-81.

Xie, Q. (2010). *Test design and use, preparation, and performance: A structural equation modeling study of consequential validity* (Unpublished doctoral dissertation) [D]. The University of Hong Kong.

Xie, Q. (2013). Does test preparation work? Implications for score validity[J]. *Language Assessment Quarterly*, 10(2), 196-218.

Xie, Q., & Andrews, S. (2012) Do test design and uses influence test preparation? Testing a model of washback with Structural Equation Modeling[J]. *Language Testing*, 30(1), 49-70.

Zahedkazemi, E. (2015). Construct validation of TOEFL iBT(as a Conventional Test) and IELTS(as a Task-based Test) among Iranian EFL test-takers' performance on speaking modules [J]. *Theory and Practice in Language Studies*, 5(7), 1513-1519.

Zhang, Y., & Elder, C. (2009). Measuring the speaking proficiency of advanced EFL learners in China: The CET-SET solution[J]. *Language Assessment Quarterly*, 6(4), 298-314.

辜向东, 2014. 大学英语四、六级考试反拨效应历时研究（上、下）[M]. 成都：四川大学出版社.

亓鲁霞, 2004. 意愿与现实：中国高等院校统一招生英语考试的反拨作用研究[M]. 北京：外语教学与研究出版社.

秦晓晴,2009. 外语教学问卷调查法[M]. 北京:外语教学与研究出版社.

荣泰生,2012. SPSS 与研究方法[M]. 大连:东北财经大学出版社.

徐莎莎,2014. 高风险考试反拨效应研究:研究生入学统一考试英语写作任务的备考研究
　[D]. 杭州:浙江大学.

第8章
基于考生证据的六级、雅思、托福写作测试
反拨效应对比研究

摘要：本研究基于反拨效应模型（Hughes，1993；Xie，2010）和心理学的期望价值理论（Jacob & Eccles，2000），采用问卷调查和半结构式访谈两种研究方法，从考生认识和备考过程两个方面，对比探究六级、雅思、托福三项写作考试对考生的反拨效应。研究发现：六级、雅思、托福写作对考生认识的影响存在异同。就测试使用而言，考生均有较强的成就性和工具性测试使用认识，三者之间没有显著性差异。就测试设计而言，考生对三项写作考试总体持积极评价，无显著差异。不过考生认为雅思和托福写作任务难度更大，且评分标准更清晰。就语言能力自我认知而言，雅思和托福考生自评的写作能力和非写作能力均强于六级。就任务期望而言，雅思和托福考生的自信程度和测试成绩期望均高于六级。就主观任务价值而言，考生认为三项考试的积极影响强于其消极影响，但是雅思和托福写作的积极影响显著强于六级写作考试。六级、雅思、托福写作对考生备考过程的影响也存在异同。从备考实践而言，雅思和托福的考生比六级考生在备考时更频繁地采用备考管理、训练和社会情感策略类写作备考活动。三项考试的考生在记忆和技能提升这两类写作备考活动的使用频率上无显著性差异。从备考时长而言，无论是备考总时长还是平均日均时长，雅思和托福考生均比六级考生投入时间更多。雅思和托福写作比六级写作对考生的备考过程产生了更高强度和更为长期的反拨效应。

本研究为对比三项考试写作部分的反拨效应提供了来自考生的证据，并从理论、方法和实践层面对科研人员、测试设计者、教师及学生提供了启示与建议。

关键词：反拨效应；写作测试；对比研究；考生

1 引言

在语言测试领域,反拨效应通常指考试对教学和学习的影响以及考试对教育系统和整个社会的影响(Bachman & Palmer,1996;Hamp-Lyons,1997;Shohamy,2001;Hawkey,2006;Saville,2010)。作为关键的利益相关者,为了应对高风险考试,考生会调节学习的备考过程,而备考过程中的行为则受考生对考试目的、测试设计以及对自身语言水平的意识影响。尽管考生是所有考试最直接的利益相关者,目前学界对考生的研究相对较少(Hamp-Lyons,1997;Cheng et al.,2010)。因此,我们需要重视考生的学习过程并更多地倾听考生的声音。

写作是二语或外语学习中的一项重要技能。在六级、雅思、托福考试中,写作测试都受到极大的重视。三项考试的写作任务见表8.1。

表8.1 三项考试写作任务(2017 版)

写作考试	考试内容	考试时间(分钟)	备注
六级	根据所提供信息,写一篇作文(150~200 词)	30	总分的 15%
雅思	任务1:对表格、图表或图表中呈现的信息进行描述、概括、解释(不少于 150 词)	60	总分:9
	任务2:写一篇议论文(不少于 250 词)		
托福	综合写作:根据一篇阅读短文和一篇听力短文写一则概要(150~225 词)	20	总分:30
	独立写作:写一篇议论文(不少于 300 词)	30	

本研究旨在对比六级、雅思、托福写作考试的反拨效应。研究主要基于期望价值理论下的考生学习反拨效应模型,通过问卷调查和半结构式访谈,对考生就三项写作考试的认识及准备过程进行对比分析与研究。拟回答两个研究问题:

1)考生对六级、雅思、托福写作测试的认识有何异同?

2)考生针对六级、雅思、托福写作测试的备考过程有何异同?

2 文献综述

基于上述研究问题,本节将回顾反拨效应的定义、反拨效应与效度、反拨效应理论研究、反拨效应实证研究和期望价值理论等相关重要文献;在文献回顾的基础上,本节最后部分主要介绍本研究的理论框架。

2.1 反拨效应的定义

考试影响总是伴随着考试效用，考试对教学与学习的影响通常被认为是反拨效应。我们对考试影响的认识可以追溯到 20 世纪中叶，Vernon（1956）和 Wiseman（1961）认为，考试使教学变质，导致教师备课只教授应试技巧，而不是语言技能。然而，直到 20 世纪末，反拨效应才被视为一种正常现象，并开始在教育界得到研究者的关注。Pearson（1988:98）对反拨效应进行了如下解释，"公开考试影响教师、学习者和家长的态度、行为和动机，因为考试通常在课程结束时进行，人们认为这种影响是反向的，因此'反拨效应'一词应运而生"。Alderson & Wall（1993）将反拨效应定义为考试对教师和学习者的影响，"若不是因为考试，就可能不会有这种影响"。此外，其他的研究者也纷纷给出了反拨效应的定义（Hughes，1989；Shohamy，1993；Messick，1996；Bachman & Palmer，1996；Hamp-Lyons，1997；Wall，1997；Green，2006a）。尽管研究者对反拨效应的定义不尽相同，但几乎所有的定义都包含了考试对教与学的影响，这就是本研究中所采用的反拨效应定义。

除此之外，"影响（impact）"一词被部分研究者看作"反拨效应"的同义词（如 Wall & Horák，2008），然而更多的研究者倾向于对二者进行区分。一方面，这些研究者将"反拨效应"视为"影响"的一个维度，因为"反拨效应"仅仅是测试对教与学的影响，而全面的"影响"是指测试在社会中的任何影响（Bachman & Plamer，1996；Hamp-Lyons，1997；Wall，1997；Shohamy，2001；Saville，2010）。另一方面，一些研究者将"反拨效应"和"影响"视为彼此独立的概念："反拨效应"涉及环境的微观层面（教与学），而"影响"事关环境的宏观层面，即教育系统和整个社会（McNamara，2000；Hawkey，2006；Hawkey et al.，2006）。在本研究中，"反拨效应"与"影响"被视为独立的概念。因此，"反拨效应"被用于指考试对直接利益相关者和教与学即时环境的影响，而"影响"指考试对除教师和学生之外的其他利益相关者的影响以及对超出教与学的宏观环境的影响。

2.2 反拨效应与效度验证

为了验证考试和考试分数的效度，应不断从各种来源收集证据。伴随高风险考试越发频繁地扮演"守门"的角色这一现象，测试使用的社会影响越来越多地引起研究者的关注（Hawkey，2006）。许多研究人员者认为在考试效度验证中应该收集考试结果和影响的证据（Messick，1989，1996；Backman，2005；Bachman & Palmer，2010；Weir，2005；Shaw & Weir，2007；Kane，2006，2013）。

Messick(1989,1996)认为,效度是一种统一的、综合的判断,并将外部影响或考试结果的有效性纳入效度验证中。Messick(1996)提出,在整体效度观背景下,反拨效应的证据是构念效度的结果体现。

Bachman(2005)提出测试使用论证框架(Assessment Use Argument, AUA),认为测试使用论证不能忽略考试的预期结果。Bachman & Palmer(2010)进一步发展了 AUA 理论,并假设预期结果为 AUA 的四项主张之一。我们应该考虑测试和所做决定的后果,应该意识到考试的使用可能会影响个体利益相关者、教育系统乃至社会(Bachman & Palmer, 2010)。"对于考生而言,他们会受到三个方面的影响:1)备考和参考的经验;2)有关考试表现的反馈;3)根据考试结果可能做出的决定"(Bachman & Palmer, 2010:109)。

Weir(2005)采用了基于证据的方法,他认为应该在效度验证中收集考生特征、情景效度、理论效度(后改为认知效度)、评分效度、后果效度和效标关联效度证据,这些证据都体现在他的社会—认识效度效验框架中。他主张通过收集后果效度的证据来回答考试对各利益相关者有何影响的问题。Weir(2005)认为后果效度的证据可考虑三个方面:区分效度、反拨效应和社会影响。

除了上述研究者的观点,Kane(2006,2013)在基于论证的效度验证框架中强调研究考试结果的必要性(Kane, 2006,2013)。Kane 表示,效度验证包括对解释/使用论证的评估,而决策推理主要是根据结果进行评估。Kane(2013)将基于分数的决策规则的评估结果分为三类:1)预期结果实现的程度;2)对群体的不同影响,特别是对受法律保护的群体以及种族和族裔少数群体的不利影响;3)系统的积极和消极影响,特别是在教育方面。基于这样的分类,Kane 明确了自己的立场,即在评价考试成绩时应考虑对教师和学习者的反拨作用,因此在效验时应重视反拨效应。

通过对这些效度验证框架的简要回顾,可以看出诸多研究者重视在效验过程中收集后果效度的证据。反拨效应是后果效度不可或缺的一部分,将反拨效应视作考试效度的一项功能是可行的(Messick, 1996),且反拨效应的证据应被视为验证测试有效使用所需的多种证据形式之一。

2.3　反拨效应理论研究

迄今为止,诸多反拨效应理论框架对语言测试领域的复杂现象进行了描述和解释。本节将回顾一些具有影响的反拨效应理论研究,特别是与学生和学习密切相关的理论研究。Alderson & Wall(1993)提出了著名的十五个反拨效应假设,这些假设涉及对教学与学习的反拨效应、反拨效应的强度和中介因素,包括:

1)测试会对教学产生影响。

2)测试会对学习产生影响。

3)测试会影响到教师对教学内容的选择。

4)测试会影响到学生对学习任务的选择。

5)测试会影响到老师的教学方法。

6)测试会影响到学生的学习方法。

7)测试会影响到教学的节奏和顺序。

8)测试会影响到学生学习的节奏和顺序。

9)测试会影响到教学内容的难度和深度。

10)测试会影响到学习任务的难度和深度。

11)测试会影响到教师与学生对于学习内容和学习方法的态度。

12)会产生重要结果的测试会带来反拨效应。

13)不会产生重要结果的测试不会带来反拨效应。

14)测试会对所有学生和老师产生反拨效应。

15)测试只会对其中一部分学生产生反拨效应,而对了其他学生则不会产生反拨效应。

(Alderson & Wall,1993:120-121)。

15 个假设中,有 8 个,即(2)、(5)、(6)、(8)、(10)、(11)、(14)和(15)涉及对学习者的反拨效应,并且假设考试将影响学习态度、学习内容、学习策略、学习的速度和顺序、学习的难度和深度等。三年后,Alderson & Hamp-Lyons 以对托福备考课程的反拨效应研究为基础,补充了第 16 个假设,即"测试对一部分教师和学生的反拨效应不同于其他教师和学生。"(Alderson & Hamp-Lyons,1996:296)。这 16 个假设构成了可能受考试影响的主要教学领域,并为实证研究提供了指导。然而,这些假设似乎过于简单和概化,并且它们没有提供一个系统的反拨效应模型来解释反拨效应所涉及的要素及其潜在的相互作用(辜向东 等,2014)。

结合 Hughes(1993)的"参与者—过程—结果"模型和 Alderson & Wall(1993)的反拨效应假设,Bailey(1996)提出了反拨效应的基本模型(见图 8.1)。在这个模型中,考试直接影响考试过程的参与者(学生、教师、教材编写者以及课程设计者和研究人员),从而对每一类参与者产生不同的结果。这个模型描述了更复杂的反拨效应。该模型不仅描述了考试、参与者、过程和结果之间的关系,而且进一步显示了不同参与者的产出之间的交叉效应以及产出对考试参与者可能产生的影响(用虚线表示)。

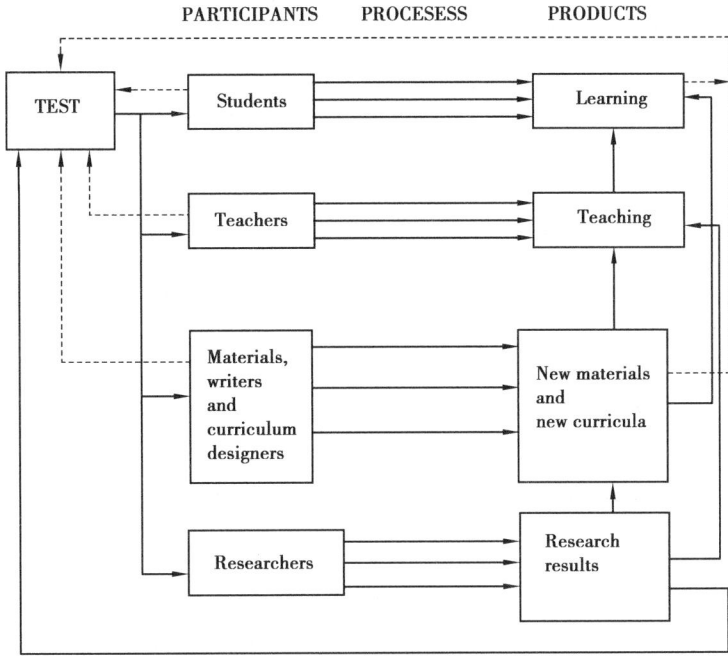

图 8.1　反拨效应基本模型(Bailey,1996)

从这个模型可以看出,学生在这个系统中被视为一个重要的群体。学生进行直接的学习行为,但其他参与者可以间接产生影响,并通过他们的产出,如改进教学、新教材和课程以及有价值的研究成果,为学生的学习做出贡献。这个模型展示了考试对学生和学习的反拨作用十分复杂;学生自己、考试、其他参与者和他们的产出可以调节对学生和学习的反拨效应。

Shih(2007)致力于探索考试对学生起反拨效应的影响因素,并提出一个专门关注学生的学习反拨效应模型(见图8.2)。在该模型中,学生的学习和心理,包括学习内容、学习时间、学习策略、学习动机乃至考试焦虑受到三类因素的影响,即外在因素、内在因素和考试因素。每一类因素都包含一组更加具体的因素。这三组因素相互影响,共同对学生的学习和心理起作用。该模型表明,考虑到测试的潜在后果,考试结果将影响学生的后续学习,并影响内在因素和考试因素。此外,这一模型采用了反拨效应可能随时间而演变的观点(Shohamy et al.,1996),这一观点在"时间轴"上有所展现。尽管该模型忽略了一些交互作用(例如,后续学习将受到三组因素的影响),并且需要更多的实验性证据来验证该模型,但它通过对各种因素的清晰分类及其交互作用为研究者提供了启示。

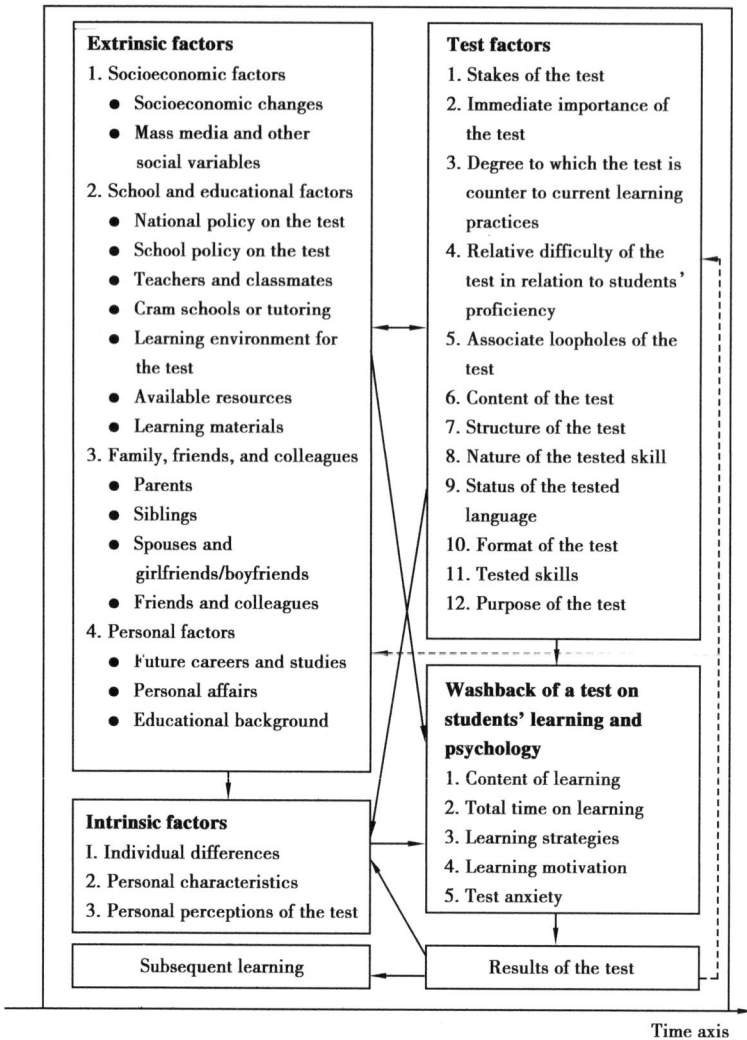

图 8.2　学生学习反拨效应（Shih，2007）

反拨效应可从不同维度进行研究。Watanabe（2004）认为反拨效应可以从五个维度来描述和解释：具体性（一般或特定的反拨效应）、强度（反拨效应有强有弱）、长度（长期或短期反拨效应）、意图（计划之内或预料之外的反拨效应）和价值（也称为"方向性"）（积极或负面反拨效应）。然而，上述反拨效应模型很少涉及反拨效应的维度。随后，Green（2007）提出了学生学习的反拨效应模型，通过拓展反拨效应方向的基本模型，将强度和方向进行结合。

Green（2007）认为，关注测试设计特征（如题型、内容、复杂性等）而非焦点构念，可能会带来消极的反拨效应,考试特征和焦点构念之间的重叠可能会带来积极的反拨效应。反拨效应也可能因参与者的特征和价值观而呈现差异,如对考试要求的认识和理解、满足考试要求的资源及对考试要求的接受程度,其强度则受参与者对考试重要性和难度的认识的影响。Green(2007)认为,考试风险是反拨效应一个强有力的指标。考生认为考试越重要,就越有可能引发强烈的反拨效应。然而,就考试难度而言,考生对考试难度的认识和反拨效应强度之间并不是线性关系。因此,中等难度的考试会产生强烈的反拨效应(Green,2007)。

从Green(2007)的模型可以看出,Green重视考生个人因素在反拨效应里的中介作用,更具创新性的是,Green考虑到反拨效应的维度,并将反拨效应的价值和强度融入到模型中(见图8.3)。他认为考试可以对学生产生积极和消极的反拨效应,反拨效应的强度则可以通过学生对考试难度的认识来进行调节。

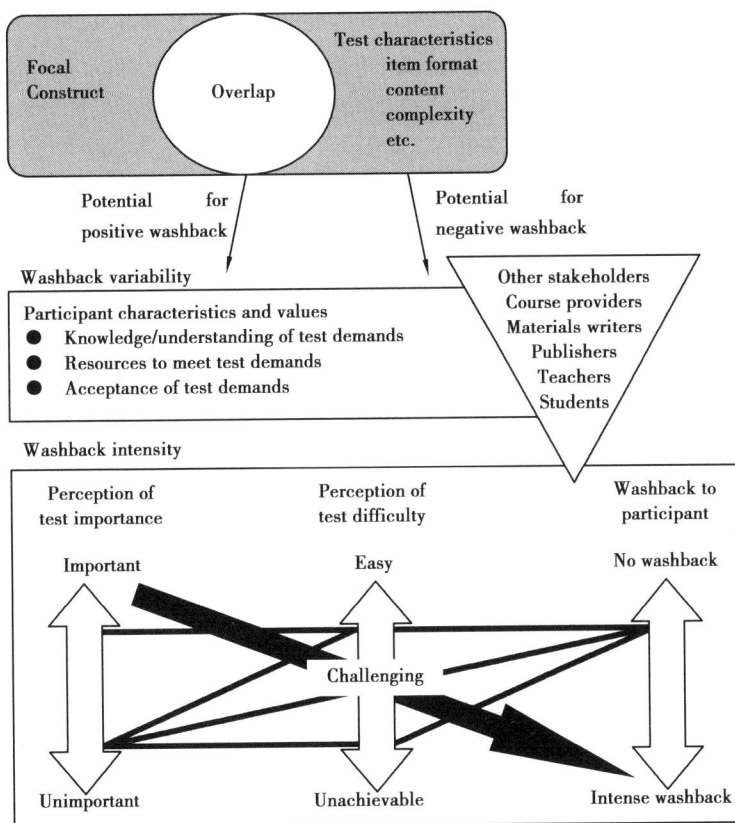

图8.3　Green反拨效应模型,包括强度与方向(Green,2007:24)

Xie(2010)把学习心理学中的期望价值理论应用到反拨效应研究中提出一种新的反拨效应学习模型(详见第 7 章 2.3)。

回顾上述反拨效应理论研究可以得出如下结论：反拨效应是一个复杂的现象，单一的理论框架可能无法揭示反拨效应机制的全貌；先前的研究提出了研究反拨效应的可能领域，例如通过学习者的认识和学习过程来研究反拨效应；利用期望价值理论探索反拨效应是可行的，且有必要将反拨效应理论与跨学科理论相结合，以更好地理解反拨效应。

由于三项写作考试的高风险性及其对考生的巨大影响，我们假设考生对三项写作考试的认识会影响他们的备考过程，并对考试成绩产生显著影响。Hughes(1993)的"参与者—过程—结果"模型与本研究背景高度吻合，为本研究提供了理论支持。此外，Xie(2010)的反拨效应学习模型通过运用心理学中的期望价值理论进一步阐释认识考试、准备考试和考试成绩之间的关系，为当前基于跨学科角度研究复杂的反拨效应提供了理论基础。本研究借鉴 Hughes(1993)的"参与者—过程—结果"模型和 Xie(2010)的反拨效应学习模型，结合 Jacob & Eccles(2000)期望价值理论，构建本研究的理论框架。

2.4　反拨效应实证研究

众所周知，反拨效应是一个值得学界关注的重要问题，许多研究者都对此进行了深入的探究。本节将回顾以往关于写作考试反拨效应的实证研究，并介绍语言测试中的反拨效应对比研究。

2.4.1　写作考试的反拨效应研究

迄今为止，研究者通常从整体上研究一种考试的反拨效应，只有少数反拨效应研究集中在写作部分，涉及学生群体写作考试的反拨效应研究则更少。

蔡基刚(2002)研究了大学英语四、六级写作的反拨效应。通过对大学英语四、六级考试和托福考试的写作要求与评分标准的比较，他认为四、六级考试的写作要求和评分标准会对学生的写作产生一些负面影响；四、六级写作的长度要求、写作形式、评分标准的描述从不同程度上对学生在内容、连贯性和语言表达上带来问题。

Chu & Gao(2006)研究了大学英语四级写作考试对教学的反拨效应。基于分析问卷和访谈数据，他们发现大学英语四级写作的反拨效应被考试的其他部分削弱了，因此，四级写作的负面影响大于正面影响。杨卿、谭颖(2007)关于四级写作对教与学的反拨效应的研究也表明，四级写作所带来的负面反拨效应大于正面反拨效应。尽管四级写作提高了教师和学生对写作重要性的认识并提供了有用的反馈，但四级写作抑制了学生的写作热情和兴趣，引发了应试训练。基于这一发现，他们倡导对大学英语四级写作进行改革。

　　Green(2006b)从学习者和教师的角度研究了雅思写作对学习者的反拨效应,从备考课程的期望和结果两方面探讨了考试对教学的反拨效应如何转化为对学习的反拨效应。该研究收集了108名学习者和39名教师关于雅思和非雅思课程教学的调查问卷。结果表明,学习者对课程结果的认识受教师传授的课程重点的影响,但两者之间的关系不确定。此外,备考课程似乎涉及相对狭窄的技能范围,而狭隘的准备策略并非由学习者的期望所驱动。

　　Qi(2007)通过访谈、课堂观察和问卷调查,考察了高考英语(NMET)写作任务的预期反拨效应,并描述了写作任务对中学教学的实际和预期影响。该研究包括8名测试开发者,388名教师和986名学生在内的各类利益相关者。研究结果表明,高考英语写作任务在一定程度上影响了测试者有意和无意的学习和教学行为。高考英语对教学和学习的内容产生了影响,导致学生在写作练习上花费大量时间和精力。然而,教师和学生在写作中最注重语法的准确性,忽视了写作的交际语境,测试开发者对此并不提倡。

　　Slomp(2008)通过访谈和课堂观察,研究了亚伯达省英语30-1写作考试(一项加拿大当地标准化写作考试)对写作教学的反拨效应。该研究发现,在此考试的反拨效应下,教师根据教学过程、作业设计的范围、评分方案的多样性等方面缩小了教学范围。根据此案例,该研究得出结论,亚伯达英语30-1写作考试对写作教学产生了负面影响。

　　运用"参与者—过程—结果"反拨效应模型(Hughes,1993;Cheng,2005;Green,2007),采用混合式研究方法,包括问卷调查、访谈、课堂观察、备考材料的分析等,徐莎莎(2014)进行了一项关于研究生入学英语考试写作任务对中国学生反拨效应的研究。该研究采用结构方程模型研究了从认识到备考活动的潜在途径。结果表明,考生以考试的工具性认识为导向,对写作要求有全面的理解,认为写作任务很难。在学习过程中,考生进行了严密的备考,最频繁的备考活动为记忆练习,备考时间可以明显预测考生的写作成绩。因此,他们的备考练习可以对写作成绩产生积极和消极影响。

　　Xie(2015)探讨了整体评分的作文考试对考生认识及其认识管理策略的反拨效应。通过对大学英语四级考试考生的问卷和由考生完成四级写作并由4名评分人员进行评分的数据进行分析,研究发现考生对意识管理策略的看法背后有两个对立的因素,即冒险方法和防御方法。在写作考试的反拨效应下,防御型考生的写作字数更多,错误更少,而冒险型考生使用更复杂的词句,错误更多;此外,测试者认为防御型写作更优秀,从而给的分数更高。

　　Kim(2017)研究了托福写作考试对韩国考生认识的反拨效应。通过分析在线论坛数据，Kim 特别探究了学生对有效策略的看法以及他们在考试和备考过程中面临的挑战。该研究发现，考生和测试者对写作考试要测试的内容存在严重分歧。因此，作者建议从考生的角度对托福写作考试的形式、问题和评分进行严格的检查。

尽管针对学生写作考试的反拨效应研究较少，但一些针对普通语言考试或一次整体考试的反拨效应研究仍然在一定程度上揭示了写作任务的影响。例如，Mickan & Motteram（2009）在关于雅思考生备考练习的案例研究中发现，为了准备雅思写作，考生进行了包括写作练习和记忆写作模板在内的备考活动，少数受试则仔细研究了老师的写作反馈。此外，学生还会提高应试策略，例如准备写作部分的话题，提高书写水平等。

Cheng & DeLuca（2011）对 59 名大规模英语考试考生的观点进行了调查，要求他们写下自己的考试经历，重点是对考试有效性和测试使用的看法。研究发现，在写作方面，学生特别关注的是：时间不足、任务不实在以及在写作考试的内容与结构上缺乏选择。

辜向东等（2014）根据学生的学习日志，对三组学生（准备参加四、六级考试和已通过六级考试的学生）的课外学习过程进行了大学英语四、六级反拨效应研究。研究显示，三组学生对写作练习的重视程度远远低于听力和阅读。而考生主要通过英语文章节选、参加课程相关的写作活动练习四、六级写作，也通过写日志等方式进行写作训练。

2.4.2 反拨效应对比研究

已有的反拨效应研究无论是历时还是共时，对不同考试的反拨效应进行对比研究的数量仍较少。

在历时研究方面，研究者在引入新考试或改进考试之前先进行基准研究。随后，再通过研究新引入考试或改进的考试对教师和学生等利益相关者的反拨效应，并将收集的数据与基准研究中的数据进行比较，以确定参与者认识和行为的变化（如 Anderson & Wall，1993；Shohamy et al.，1996；Cheng，1998，2005；Stecher，2002；Wall & Horák，2011；辜向东 等，2014）。例如，Shohamy et al.（1996）采用问卷调查、访谈和文件分析的方法，考察以色列经过改进的阿拉伯语考试和英语口语考试的反拨效应，并将结果与 Shohamy（1993）对改进前考试的反拨效应研究进行对比。研究发现，经过一些改进后，这两项考试产生了相反的反拨效应：英语口语考试的影响显著增加，而阿拉伯语考试的影响显著减少。语言地位、考试风险、考试目的、考试技能和考试形式等在内的因素都会引起不同的反拨效应，因此Shohamy et al.（1996：314）得出结论"反拨效应会随着时间的推移而变化，考试的影响不一定是稳定的。"

在共时研究方面，部分研究对不同利益相关者的反拨效应进行了对比和讨论（如

Coleman et al.，2003；辜向东，2007a，2007b，Cheng et al.，2010；邹申、徐倩，2014）。例如，邹申、徐倩（2014）通过问卷调查的方式研究了全国高校英语专业考试（Test for English Majors，TEM）对教学的反拨效应。研究表明，不同的利益相关者对考试的关注程度不同。科目协调人员和教师有相似的侧重点，他们更熟悉教学大纲、考试大纲和评分标准，而学生更关注具体的考试操作，如时间分配。不过，利益相关者有相似的观点，即 TEM 考试具有强大的信息功能，其积极反拨效应大于消极反拨效应。此外，不同预科课程对教师教学的反拨效应也得到了研究（如 Alderson & Hamp-Lyons，1996；Brown，1998；Green，2006a，2007）。例如，为了研究托福对备考课程的反拨效应，Alderson & Hamp-Lyons（1996）对教师和学生进行访谈，并观察同一位教师的托福备考课程和非托福备考课程。研究发现，托福教学和非托福教学之间存在差异，反拨效应也因教师而异。

无论采用历时研究、共时研究还是历时共时结合的混合式研究，不同考试的反拨效应对比研究都没有得到充分探索。通过综述发现，现有研究以同测试系列下的考试对比研究为主，例如，大学英语四级和六级考试；英语专业四级和八级考试的对比研究，但鲜有研究涉及对比不同考试的反拨效应。

Shohamy（1993）研究了以色列三种语言考试的反拨效应，即阿拉伯语考试、英语口语考试和全国性阅读水平考试对学校教学的反拨效应。通过课堂观察、问卷调查、访谈和文件分析进行数据收集。Shohamy 发现这三种考试的影响是复杂的，多方向的，且取决于考试的性质和目的。所有测试都有助于将注意力转移到以前没有明确学习到的领域，包括教学方法和教学材料在内都偏应试，这一结果可能是由于缺乏教学培训而引起的。Shohamy 提出，利用教育系统中的测试和其他因素，可以实现对教学产生长期而有意义的影响。三年后，Shohamy et al.（1996）再次研究阿拉伯语考试和英语口语考试的反拨效应，这两种考试都经过了改进，并与本节介绍的 Shohamy（1993）的研究进行了纵向比较。结果如前所述，"反拨效应会随着时间的推移而变化，考试的影响不一定是稳定的。"（Shohamy et al.，1996）

Erfani（2012）通过问卷调查、课堂观察和访谈，对比研究雅思和托福考试对伊朗地区备考教学的反拨效应。研究表明，相关课程具有积极和消极的反拨效应。尽管雅思课程对课堂活动的正面反拨效应大于托福，但两种课程在课堂时间方面的负面反拨效应更为明显。虽然托福课程似乎涉及更广泛的学术研究活动，但雅思课程为学习者提供了更多与考试活动一致的互动和交流机会。

在辜向东等（2014）关于大学英语四、六级考试反拨效应的历时研究中，作者根据多轮收集的问卷数据,比较了改革后的大学四、六级考试对学生的反拨效应。研究表明,学生对四、六级考试的认识总体上呈正相关,但学生对四级考试改革更熟悉和认同,且认为六级考试难度更大,部分题型的时间分配太短。此外,虽然学生们更重视六级考试,但备考却没有差异。事实证明,学生备考四、六级呈中等强度,频率大体相似。

2.4.3 总结

通过对实证研究的文献综述,我们发现,研究者在反拨效应对比研究的丰富性、研究方法的多样性等方面取得了一定的成果,但以往的研究中仍然存在以下局限性。

首先,研究者更注重考试整体的反拨效应,而对考试部分的反拨效应重视不够,写作测试的反拨效应没有得到充分探索。反拨效应是一种复杂的现象,研究一种考试的整体反拨效应可能无法详细探索出写作层面的反拨效应。

其次,关于不同考试的反拨效应对比研究很少,其中比较国内外考试反拨效应的研究更少。为了丰富反拨效应实证对比研究文献,并为测试的有效性提供实证后效证据,需要对国内外考试进行反拨效应对比研究。

最后,与教师群体相比,涉及学生群体的反拨效应仍需更多研究。作为考试最直接、最关键和最终的利益相关者,学生需要得到更多的关注,对学生的反拨效应需要更多研究,以便给学习和教学提供反馈,更好地开发考试并合理地利用考试。

因此,本研究将调查六级、雅思、托福考试写作任务对学生的反拨效应,并比较三种考试对学生的影响。

2.5 本研究的理论框架

如上所述,Hughes(1993)的"参与者—过程—结果"模型说明了反拨效应是如何运作的,并认识到反拨效应的决定性,这种经典的反拨效应模型适用于本研究(见第2.3节);Xie(2010)的模型为我们从心理学角度理解反拨效应的复杂性提供了有益见解,证明了基于心理学理论研究反拨效应的必要性和可行性(见第2.3节);作为心理学中的一个重要理论,期望价值理论(Jacob & Eccles,2000)阐明了学生的心理如何影响学习,并且现有研究已从理论和实验中证明它适用于反拨效应研究(见第2.4节)。因此,本研究将 Hughes(1993)的"参与者—过程—结果"模型、Xie(2010)的反拨效应模型、Jacob & Eccles(2000)的期望价值理论相融合,形成基于本研究所使用的期望价值理论的考生学习反拨效应模型,如图8.4所示。

测试使用认识表示考生是否认可测试使用是参加考试的主要动机。区分两种测试使用:成就性测试使用与工具性测试使用。**成就性测试使用**的考生参加考试是为了内在学

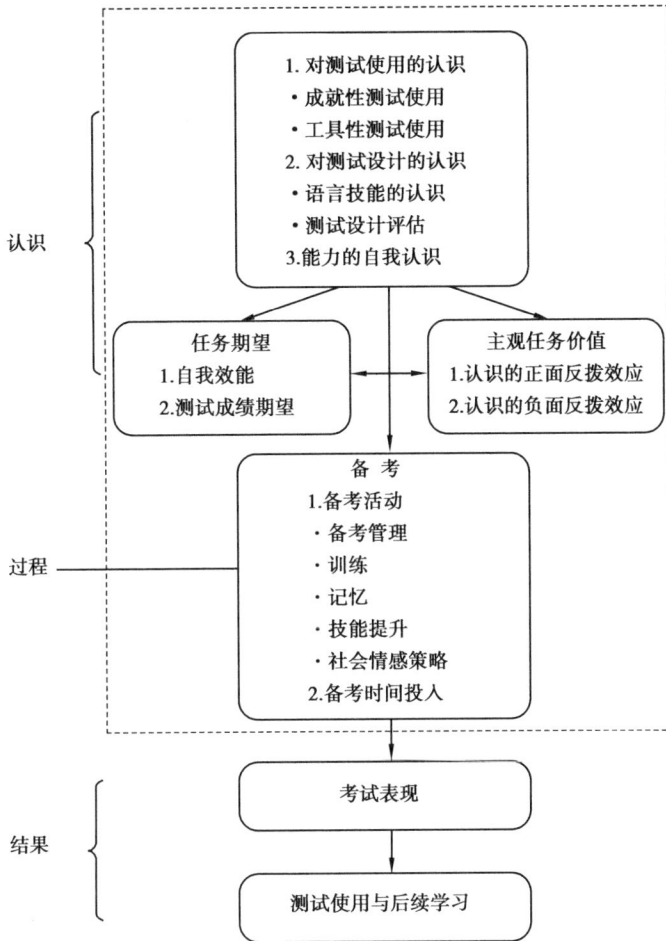

图 8.4　结合期望价值理论的考生学习反拨效应模型

习和学术成就,而**工具性测试使用**的考生参加考试是为了将其作为工具或以其生存为目的(Xie,2010;Xie & Andrews,2012)。

　　对测试设计的认识注重考生如何看待考试要求以及如何评价整个测试设计(Jacob & Eccles,2000;Xie & Andrews,2012)**能力的自我认识**指考生如何看待自己的语言能力。

　　任务期望指考生对完成考试并取得成功的感受和信念(徐莎莎,2014),这蕴含自我效能和期望。**自我效能**指个人对自己成功完成任务的信心和信念(Pintrich et al.,1991)。**期望**指考生期望获得的考试成绩。

　　主观任务价值指考生对考试的正面或负面认识,本研究主要关注考生认识的考试反拨效应。在本模型中,考试的正面价值为**认识的正面反拨效应**,而考试成本或负面价值为认识的负面反拨效应。

备考涉及考生在学习过程中采用的备考方法以及备考投入的时间。该模型确定了五类备考练习：备考管理、训练、记忆、技能提升、社会情感策略（Xie，2010，2013）。**备考管理**指通过浏览官方网站、阅读辅导材料、分析写作任务，以确定写作考核范围的备考活动。**训练**指在准备过程中进行密集的重复写作练习。**记忆**指记住写作模板、写作材料和样本文章，提升考试技能，并在考试中有意使用这些东西作为考试技巧。**技能提升**指考生通过广泛接触真实语境中的英语，用以切实提升语言技能的综合学习策略，通常指综合运用不同的语言能力。**社会情感策略**指考生使用社交策略寻求同伴和教师的帮助，以及使用情感策略激励自己或者减少考试焦虑（Xie，2010，2013）。

考试表现类似于该模型中的考试结果。

测试使用和后续学习指考生将来如何使用考试结果进行语言学习。

此模型的运作方式如下：考生对测试使用的认识、对测试设计的认识和能力的自我认识通过任务期望和主观任务价值两个有用的中介因素直接或间接地影响备考。任务期望与主观任务价值高度相关，二者能在一定程度上直接影响考生的备考（Jacobs & Eccles，2000；Xie & Andrews，2012；徐莎莎，2014）。备考涉及五种类型的准备实践和时间投入，会影响考试成绩，而考试成绩将影响测试使用和后续学习（Hughes，1993；Bailey，1996；Shih，2007）。

尽管该理论结合了期望价值理论，这一模型与 Hughes（1993）的"参与者—过程—结果"模型并不矛盾。这种模式以考生为中心，他们是"参与者"。考生的"认识"包括对测试使用、测试设计、能力的自我认识，符合 Hughes（1993）的观点，即参与者对其工作的认识可能受到考试的影响，Hughes 模型中的认识在当前提出的模型中也有具体说明。Hughes（1993）认为，过程指任何有助于学习过程的行为，在此模型中，备考可视为"过程"。此外，考生的考试成绩、测试使用及其后续学习也可解释为对考生"结果"的反拨效应。该模型展示了对考生学习的反拨效应的完整机制，但由于本研究的重点是对考生认识及其学习过程的反拨效应，因此只有该模型的部分内容（见虚线框）被用作本研究的理论框架。

3 研究方法

同上一篇文章一样，本研究采用的是混合式方法设计。问卷调查被用作描述和比较三项写作考试反拨效应的主要定量方法；访谈是一种补充性的定性方法，以提供对考生反拨效应更深入的见解，并帮助解释写作考试反拨效应的异同。

3.1 研究对象

在本研究中,264 名学生参加了问卷调查,其中包括 106 名六级考生、85 名雅思考生和 73 名托福考生。表 8.2 显示了问卷调查中三个群体的背景信息。其中有 15 名参加了访谈。本研究的所有受试均为自愿参与。

表 8.2 三份问卷调查对象的背景信息

		六级	雅思	托福
		人数(%)	人数(%)	人数(%)
性别	男	49(46.2)	32(37.6)	31(42.5)
	女	57(53.8)	53(62.4)	42(57.5)
大学	重点大学	60(56.6)	46(54.1)	49(67.1)
	普通院校	46(43.4)	39(45.9)	24(32.9)
专业	人文社科	64(60.4)	60(70.6)	46(63.0)
	理工科	42(39.6)	25(29.4)	27(37.0)
年级	本科生	71(67.0)	57(67.1)	44(60.3)
	研究生	35(33.0)	28(32.9)	29(39.7)
考试经历	是	63(59.4)	58(68.2)	39(53.4)
	否	43(40.6)	27(31.8)	34(46.6)

就性别而言,男生六级占 46.2%,雅思占 37.6%,托福占 42.5%,女生分别占六级组、雅思组和托福组的 53.8%、62.4%和 57.5%。重点大学和普通院校的受试比例:六级组分别为 56.6%和 43.4%,雅思组为 54.1%和 45.9%,托福组为 67.1%和 32.9%。参加本研究的考生有 60.4%的六级考生、70.6%的雅思考生和 63.0%的托福考生主修人文社会学科,其余 39.6%的六级考生、29.4%的雅思考生和 37.0%的托福考生为理工科学生。此外,六级考生中,本科生占 67.0%,研究生占 33.0%;雅思组本科生和研究生的比例分别为 67.1%和 32.9%,托福组分别为 60.3%和 39.7%。最后,59.4%的六级考生以前参加过六级考试。68.2%的雅思考生以前有考雅思的经历;53.4%的托福考生曾参加过托福考试。

在本研究中,参与问卷调查的三组学生年龄相近、性别、学校、专业、教育背景和经历的覆盖面和比例相对均衡,反映了三组学生之间的高度同质性,减少了可能影响本研究的无关变量。此外,受试的样本使本研究更具概括性。

除问卷调查外,15 名问卷调查对象参加了访谈。所有访谈对象都参加过六级考试,有

9 名(S1—S9)是雅思考生,还有 6 名是托福考生(S10—S15)。表 8.3 显示了访谈对象的背景信息。

表 8.3　访谈对象的背景信息

考试	受试	性别	大学	专业	年级	雅思/托福经历
六级+雅思	1	女	重点大学	理工科	本科生	否
	2	女	重点大学	人文社科	研究生	是
	3	男	重点大学	人文社科	研究生	是
	4	女	普通院校	人文社科	本科生	否
	5	女	普通院校	理工科	本科生	是
	6	女	重点大学	人文社科	研究生	否
	7	男	普通院校	理工科	研究生	是
	8	男	重点大学	理工科	研究生	否
	9	女	重点大学	理工科	本科生	否
六级+托福	10	女	普通院校	人文社科	本科生	是
	11	男	重点大学	人文社科	研究生	是
	12	男	重点大学	理工科	本科生	否
	13	女	普通院校	人文社科	研究生	否
	14	女	重点大学	人文社科	研究生	否
	15	女	普通院校	理工科	本科生	否

如表 8.3 所示,在所有访谈对象中,5 人为男生,10 人为女生;9 名来自重点大学,6 名来自普通大学。8 名访谈对象学习人文社科,7 名学习理工科。15 名学生中有 7 名是本科生,8 名是研究生。在 9 名六级和雅思访谈对象中,4 人有雅思考试经历,4 人没有,但在受访时已经报名并充分备考。在 6 名六级和托福访谈对象中,2 人参加过托福,其余 4 人已报名,受访时正在备考托福。

3.2　研究工具

3.2.1　问卷

本研究主要采用问卷调查的方法。由于目前没有完全适合本研究的、全面系统的学生学习反拨效应量表,基于本研究的理论框架,结合期望价值理论的考生学习反拨效应模型(见第 2.6 节),我们编制了本研究问卷,问卷的编制主要经历了三个阶段。

第一阶段(2016 年 2—4 月),查阅大量定性研究文献并分析与考生的非正式交流中所做的笔记,起草问卷。对反拨效应和心理学研究的相关文献(Alderson & Wall,1993;Hughes,1993;Jocab & Eccles,2000;Green,2006a;辜向东,2007a;Xie,2010;辜向东 等,2014)和考试相关的官方文件(如六级考试大纲、雅思官方指南、官方托福备考计划)进行了研究。在起草过程中,借用并修改了现有的几份有效量表,包括 Xie(2011)的目标定向量表、Xie(2010,2013)的备考练习量表、Xie 的考试认识量表(2010)、Cheng et al.(2010)的学校评估对学生认识的反拨效应量表、Pintrich et al.(1991)的任务期望量表、辜向东等(2014)的学生反拨效应历时研究问卷等。此外,研究者与六级、雅思、托福考生进行了非正式交流,并在了解他们考试经历的基础上进一步修改了问卷。

第二阶段(2016 年 4—6 月),广泛咨询语言测试领域的专家,并与团队成员反复讨论,修改问卷。在修改过程中,收到 10 多名语言测试专家和 20 多名本科生和研究生对问卷草案的反馈意见。研究小组在几轮讨论和检查中,从结构、内容、措辞、格式等方面讨论和检查超过 15 个版本的修订问卷。例如,在有关备考活动的量表中,我们逐条检查量表问题,确保每个问题都与写作相关,例如,将"听英语广播或播客"修改为"用英语做听写"。

第三阶段(2016 年 6 月),进行试点研究并根据参与者的意见进一步修改问卷。试点研究对于确保问卷调查的内容有效性和构念有效性至关重要(Low,1988;Cheng,2005)。共有 34 名来自课题团队的考生受邀完成纸质问卷并进行反馈。试点研究对问卷数据的分析表明,问卷达到了较高的内部一致性和可靠性(Cronbach $\alpha = 0.875$)。根据考生的反馈,对引起疑惑的问题进行了改写或转述。例如,在对测试使用的认识程度上,考生认为"了解我的英语水平"和"证明我的英语水平"之间差别微妙,所以将"了解我的英语水平"修改为"了解我的英语强项和弱项",以便更好地表述这一问题。

本研究的问卷描述见表 8.4。背景信息部分旨在汇集考生的人口统计信息,包括性别、年龄、学校、年级、专业和考试经历。

考试认识的构念旨在调查考生如何认识考试。根据对测试使用的认识、对测试设计的认识、个人能力的自我认知、任务期望和主观任务价值,设计了一个多项选择题项和六个李克特 5 级量表。

表8.4　问卷描述

构成		内容	编号	项目数	项目类型		
					量表	多选	填空
人口信息		性别、年龄、学校、年级、专业、考试经历	Q1,Q2,Q3,Q4,Q5	6		√	√
认识	对测试使用的认识	成就性测试使用 工具性测试使用	Q6	8	√		
	对测试设计的认识	测试设计评估	Q11	11	√		
	能力的自我认识	写作能力的认识 非写作能力的认识	Q12	8	√		
	任务期望	自我效能 测试成绩期望	Q13,Q14	5	√	√	
	主观任务价值	认识的正面反拨效应 认识的负面反拨效应	Q15	15	√		
备考	备考活动	备考管理 训练 记忆 技能提升 社会情感策略	Q9,Q10	26	√	√	
	备考时间投入	备考总时长 日均备考时长	Q7,Q8	2			√
合计				81			

对测试使用的认识量表表示考生认同测试使用作为主要考试动机的程度。探讨两种测试使用:成就性测试使用和工具性测试使用(问卷中Q6)。考生须从1"完全不同意"到5"完全同意"分级评价他们参加考试的目的。量表中的描述基于前人研究(Xie,2010,2011;辜向东 等,2014)、专家咨询和试点数据。

为测试设计的认识量表是探索考生如何认识和评价考试的整体设计(问卷中的Q11)。考生须从1"完全不同意"到5"完全同意"分级评价问卷中的描述。量表中的项目基于实验数据、官方文件、反拨效应研究(Alderson & Wall,1993;Green,2006a;Cheng et al.,2010;Xie,2010;辜向东 等,2014)、专家咨询和小组讨论。

个人能力自我认知量表旨在探索考生如何认识他们的语言能力。考生被要求使用李克特5级量表(1"非常弱"到5"非常好")来评估自己的语言能力。自我评估的语言能力包括不同体裁的议论文写作、应用文写作、叙事写作、说明文写作能力和非写作能力,包括听、说、读和译（即问卷中 Q12）。

任务期望的问题涉及考生对即将到来的考试的感受和信心。自我效能量表用于评估考生的信心（问卷中的 Q13）。考生须用 1"完全不同意"到 5"完全同意"分级评价他们的信心。该量表中的项目借用了 Pintrich et al.（1991）的任务期望量表和 Xie（2010）的反拨效应问卷。此外，在六级、雅思、托福的基础上，设计了一份关于评分的成分分析表，衡量考生对考试结果的期望（问卷中 Q14）。

主观任务价值量表旨在研究考生对考试的积极或消极认识，特别是正面反拨效应和负面反拨效应（问卷中 Q15）。考生的主观任务价值由考生使用 1"完全不同意"到 5"完全同意"的量表进行评判。项目设计基于前人研究（Brown，1998；Green，2006a；Xie，2010；Cheng & DeLuca，2011；辜向东 等，2014）、专家咨询和试点数据。

学习过程的构念关系到考生如何备考。备考总持续时间和平均时间长度在多项选择项目中探索（问卷中 Q7、Q8），李克特 5 级量表（1"从不"到 5"总是"）用于测量备考练习的频率，包括备考管理、训练、记忆、技能提升和社会情感策略（问卷中 Q10）。该量表中的项目设计基于前人研究（Alderson & Wall，1993；Messick，1996；Green，2006a，2007；Xie，2013；辜向东 等，2014）、专家咨询和试点数据。

3.2.2　访谈

访谈是本研究的补充研究方法。由于所有访谈对象都是问卷调查的受试，半结构化访谈不仅可以在一定程度上交叉验证问卷调查的结果，而且可以更深入地了解问卷中未能回答的"为何"的问题。

在本研究中，在线访谈和离线访谈相结合更具操作性。因此，对于与研究人员居住较近的受访者，采用面对面访谈，优点是使面谈者能够表现出同理心，建立融洽的关系，并且更容易捕捉口头和视觉线索来促进谈话。而对于学习和生活较远的受访者，通过社交软件如 QQ、微信进行在线访谈更现实、更方便。由关键问题、子问题和灵活跟进组成的半结构访谈使研究者能够涵盖研究中的必要问题，同时保留原始回答的背景、深度和丰富性（Seidman，2006）。

根据研究问题，准备了一份访谈提纲指导整个访谈过程，重点是考生的个人背景、对六级/雅思/托福写作任务的看法以及在写作部分的备考经历。一些关键问题列举如下：

1）是什么激励你参加六级、雅思/托福考试？这些激励因素相同还是不同，为什么？它们如何影响你备考？

2）你认为六级、雅思/托福写作任务设计总体如何（任务数量、时间分配、长度要求、难度水平、写作主题、测试方法等)?这对你的备考有何影响?

3)你认为自己的语言能力如何?当你备考六级、雅思/托福时,过程相同还是不同?为什么?它如何影响你的六级、雅思/托福写作备考?

4)你对在六级、雅思/托福考试中取得令人满意的成绩有多大信心?为什么?这对你的备考有什么影响?

5)你认为六级、雅思/托福写作有哪些积极和消极影响?这些影响在六级和雅思/托福写作中相同还是不同?为什么?它们如何影响你的备考?

6)你如何准备六级、雅思/托福写作(备考管理、训练、记忆、技能提升和社会情感策略方面)?为什么这样准备?

3.3 数据收集

问卷数据收集始于2016年6月,结束于2016年8月,包含纸质中文版和在线中文版问卷。

在研究者所在大学向学生分发、收集纸质问卷,因为该校有重庆市六级、雅思、托福考场。由于受试的六级考生都来自该校,而雅思和托福的考生除本校还有来自其他院校的,为了平衡问卷调查中考生之间的差异,扩大样本量,问卷也在网上进行发布。在线问卷通过在线问卷调查网站问卷星分发和收集。为了招募在线问卷调查对象,在线问卷链接在研究团队、朋友、教师和学生的协助下转发给考生;在考生完成考试后,再向他们发送带有二维码的在线问卷。由于在线问卷调查网站问卷星对所有人开放,来自世界各地的考生都可以进行问卷调查。为了减少三组考生的地区差异,本研究只保留了显示在重庆地区回答的问卷。

本研究共收集124份纸质问卷(包括51份六级、38份雅思和35份托福)和190份在线问卷(包括67份六级、65份雅思和58份托福)。然后,对所有收集的问卷进行逐一检查。答案一致的问卷或缺失数据超过10%的问卷被排除在外。由于只有大学生才有资格参加六级,为了使受试更加同质并减少意料之外的变量,雅思和托福的非大学生考生回答的问卷也被排除在外。经过仔细复查,保留了264份有效问卷(包括106个六级、85个雅思和73个托福)供进一步分析。表8.5展示了问卷数据收集的细节。

在问卷调查的实施过程中,研究者联系了一些有兴趣参加访谈的受试。这类受试主要集中在已经参加或报名六级、雅思/托福考试的大学生。性别、考试经历、教育背景等因素也被考虑在内。

表 8.5　问卷数据的收集

分组	时间	形式	有效问卷
六级考生	2016 年 6 月 18 日	纸质版	44
	2016 年 6 月至 8 月	网络版	62
合计			106
雅思考生	2016 年 8 月 22 日	纸质版	33
	2016 年 6 月至 8 月	网络版	52
合计			85
托福考生	2016 年 8 月 27 日	纸质版	28
	2016 年 6 月至 8 月	网络版	45
合计			73

根据上述选择标准,共招募和访谈了 15 名考生,以将访谈中的定性数据作为补充。我们对访谈的时间、地点和类型进行了讨论和调节,访谈安排以方便研究者和访谈对象为主。面对面访谈在安静舒适的办公室、教室或图书馆大厅进行。在线视频或音频采访通过 QQ 或微信进行。所有访谈均在 2016 年 7 月至 9 月进行。采访时间从 25 到 50 分钟不等。访谈用中文进行(受访者和研究人员的共同母语),因为使用母语可以让受访者在表达自己的观点时感到轻松和安全,并避免不必要的误解,且比使用英语节省更多的时间(Zhan,2009)。采访遵循介绍、热身、提问、总结和总结陈述的程序(Vaughn et al.,1996)。提问依照提纲进行。鼓励受访对象不仅描述考试经历,还对其进行解释,并回答许多"如何"和"为何"的问题,这些问题涉及他们对考试的看法和准备,以及他们对考试相似性和差异性的认识。在采访过程中,在受试的允许下,我们对访谈进行了录音并做笔记。

3.4　数据分析

问卷数据在收集后进行定量分析。研究者将收集的数据手动输入到 SPSS 24.0。在数据录入过程中,研究者重新检查项目分布,避免出现异常模式。为了基于定量数据回答研究问题,研究者进行了多项定量分析。首先对问卷的量表进行了探索性因子分析,确定量表的构念,然后进行信度分析,进一步保证量表和数据的可靠性。进行描述性分析以总结参与者的基本信息,描述参与者的认识和备考,并通过检验偏度和峰度统计来检查变量分布。标准正态分布的变量偏度和峰度接近于零,但按照惯例,偏度和峰度在 1.0 范围内的值被认为是可接受的(Xie,2010)。此外,要进行差异检验,检验三组之间的差异。采用单因素方差分析检验组间连续变量的差异,找出考生对测试使用、测试设计、能力自我认知、自我效能、主观任务价值和备考练习的差异。在方差分析中检验到显著性差异的条件下,将进行事后多重比较(Post Hoc tests)。当假设方差齐性($p>0.05$),使用 Scheffe 进行事后检验;否则使用 Tamhane 进行事后检验(秦晓晴,2009;雷蕾,2014)。卡方检验旨在检验组间分类变量的差异,本研究卡方检验将用于检验分类变量三项写作考试中备考时长的差异。

除了定量分析,我们对访谈数据进行了定性分析。采访录音首先由研究人员不经任何修改或删减进行了转录,然后根据 King & Horrocks(2010)的主题分析系统,按照描述性编码(通读样本、突出相关内容和定义描述性代码)、解释性编码(集中描述性编码并解释含义)和主要主题(确认关键主题)的程序对样本进行归纳分析。基于研究问题,从访谈转录中得出的总体主题是:六级、雅思、托福写作对考生认识的反拨效应;六级、雅思、托福写作对考生备考的反拨效应;三项写作考试对反拨效应的认识异同。一则访谈数据解读示例如下:

访谈数据解读案例

受试:S6(六级+雅思考生)

访谈者:研究者 1

日期:2016 年 6 月 20 日

录音	解读
[S6 *正就对六级和雅思写作的看法接受访谈*] R1:你认为六级写作有哪些积极影响? S6:嗯……它提高了我的写作能力,让我更熟悉这种类型的写作。	对六级正面反拨效应的认识
R1:嗯……你还提到雅思写作可以提高你的写作水平。你觉得这些积极的影响是相似的还是不同的? S6:有点不同,我觉得雅思写作能让我受益更多。	六级和雅思的正面反拨效应认识的不同点 1
R1:为什么? S6:因为我觉得它能帮助我们提高更多的语言技能。你知道的,雅思写作,我们不仅应该在任务 2 中写一篇议论文,而且可以在任务 1 中描述图表,这可以提高我的描述性写作能力和应用写作能力。	不同点 1 的理由

4 结果与发现

4.1 探索性因子分析结果

由于本研究采用的量表是基于多个现有量表修改的理论框架和定性数据而编制设计的,因此有必要通过探索性因子分析来检验构念效度(秦晓晴,2009)。本研究对六个子量表(对测试使用的认识、对测试设计的认识、自我能力认知、自我效能、主观任务价值和备考练习)进行探索性因子分析,了解每个子量表中的项目是否被加载到预期的子量表上。

我们用 KMO(Kaiser-Mayer-Olkin)检验和 Barlett 球状检验来检验用当前数据进行探索性因子分析是否适合。KMO 值的范围从 0 到 1。KMO 值若高(接近 1.0)表明数据适用于因子分析。如果该值低于 0.50,通常假设数据不适合因子分析。因子分析中使用了主成分因素分析和方差极大化方法,因为它们最大化了方差并有助于解释推导出的构念(Gorsuch,1983)。在探索性因子分析中,缺失的数值被变量平均数所取代,因子载荷低于 0.40 的项目被删除,不计入任何因子(雷蕾,2014)。还有两类项目也被删除:外围变量和复杂变量。外围变量是指在一个因子中与其他项目无关的项目。复杂变量是指本研究中两个或多个因素的荷载大于 0.40 的项目。复杂变量应该删除,实现结构简单,因为它们含义模糊,难以解释(Xie,2010)。为了确保内部一致性,在探索性因素分析后对结构进行了信度分析。Cronbach α 为 0.70 或更高表示测量量表高度可信。如果 Cronbach α 略低于 0.70 也可以接受,因为 Cronbach α 容易受到项目数量大小的影响(秦晓晴,2009)。

在问卷的所有量表中,KMO 值均超过 0.65,Barlett 球状检验的显著性为 0.000,表明探索性因子分析适用于所有量表。量表中共有 71 个项目。经过探索性因子分析后,保留了 60 个项目。此外,对每个量表中保留的项目进行了信度分析,所有子量表的 Cronbach α 均高于或接近 0.7,表明问卷中的子量表是高度可信的。

表 8.6 列出了探索性因子分析结果及所有量表的描述性统计,表 8.7 至表 8.12 按顺序列出了量表中的因子荷载。

表 8.6　探索性因子分析结果及所有量表的描述性统计

构念	项目	项目数	α	均值	标准差	偏度	峰度
1. 对测试使用的认识							
因子1:成就性测试使用	Q6.1—Q6.4	4	0.697	3.752	0.907	−0.751	0.287
因子2:工具性测验使用	Q6.5—Q6.8	4		3.185	0.878	0.220	−0.619

续表

构念	项目	项目数	α	均值	标准差	偏度	峰度
2.对测试设计的认识							
因子1：测试设计评估	Q11.1—Q11.2, Q11.5—Q11.11	9	0.810	3.676	0.681	−0.406	0.090
3.能力的自我认知							
因子1：非写作认识能力	Q12.1—Q12.4	4	0.886	3.451	0.797	−0.408	0.068
因子2：写作认识能力	Q12.5—Q12.8	4		3.232	0.863	−0.246	0.367
4.自我效能							
因子1：自我效能	Q13.1—Q13.4	4	0.852	3.796	0.772	−0.428	0.473
5.主观任务价值							
因子1：认识的正面反拨效应	Q15.1—Q15.10	10	0.873	3.785	0.790	−0.633	0.911
因子2：认识的负面反拨效应	Q15.11—Q15.15	5		2.817	0.996	0.200	−0.482
6.备考练习							
因子1：备考管理	Q10.1,Q10.4,Q10.5	3	0.905	3.079	1.109	−0.066	0.927
因子2：训练	Q10.7—Q10.9	3		3.325	1.181	−0.183	−0.914
因子3：记忆	Q10.12—Q10.14	3		2.976	1.193	−0.111	−0.954
因子4：技能提升	Q10.15—Q10.18	4		3.229	1.018	−0.057	−0.703
因子5：社会情感策略	Q10.22—Q10.24	3		2.588	1.087	0.267	−0.611

表8.7　对测试使用认识的双因子旋转分量表

项目	成就性测试使用	工具性测试使用
Q6.2	0.839	
Q6.3	0.818	
Q6.1	0.812	
Q6.4	0.571	
Q6.8		0.787
Q6.5		0.778
Q6.6		0.762
Q6.7		−0.410

续表

项目	成就性测试使用	工具性测试使用
特征值	2.910	1.655
方差解释(%)	36.371	20.690

表 8.8　对测试设计认识的单因子成分表

项目	测试设计评估
Q11.7	0.742
Q11.1	0.689
Q11.2	0.682
Q11.11	0.668
Q11.5	0.634
Q11.6	0.609
Q11.8	0.599
Q11.10	0.570
Q11.9	0.521
特征值	3.666
方差解释(%)	40.730

表 8.9　对自我能力认知的双因子旋转分量表

项目	写作认识能力	非写作认识能力
Q12.7	0.864	
Q12.6	0.846	
Q12.5	0.837	
Q12.8	0.821	
Q12.1		0.866
Q12.2		0.795
Q12.3		0.767
Q12.4		0.594
特征值	4.501	1.226
方差解释(%)	56.257	15.322

表 8.10　对自我效能的单因子成分表

项目	自我效能
Q13.3	0.882
Q13.2	0.822
Q13.4	0.819
Q13.1	0.818
特征值	2.794
方差解释(%)	69.851

表 8.11　主观任务价值的双因子旋转分量表

项目	认识的正面反拨效应	认识的负面反拨效应
Q15.5	0.892	
Q15.3	0.874	
Q15.7	0.874	
Q15.4	0.872	
Q15.1	0.803	
Q15.2	0.793	
Q15.6	0.779	
Q15.8	0.777	
Q15.9	0.711	
Q15.10	0.641	
Q15.12		0.877
Q15.13		0.874
Q15.14		0.800
Q15.11		0.761
Q15.15		0.700
特征值	6.531	3.274
方差解释(%)	43.540	21.828

表 8.12　备考活动的五因子旋转分量表

项目	语言技能培训	记忆	社会情感策略	训练	备考管理
Q10.16	0.783				
Q10.17	0.753				
Q10.18	0.708				
Q10.15	0.666				
Q10.12		0.860			
Q10.14		0.842			
Q10.13		0.801			
Q10.24			0.811		
Q10.23			0.750		
Q10.22			0.728		
Q10.9				0.771	
Q10.7				0.759	
Q10.8				0.730	
Q10.5					0.821
Q10.4					0.793
Q10.1					0.640
特征值	6.631	1.713	1.283	1.042	1.028
方差解释(%)	41.445	10.706	8.020	6.510	6.422

4.2　考生认识的反拨效应对比

本节将介绍三项写作考试对考生认识的反拨效应的比较结果和发现,具体为测试使用的认识、对测试设计的认识、对自我能力的认知、任务期望和主观任务价值。

4.2.1　对测试使用的认识

对测试使用的认识指考生将测试使用作为他们参加考试的主要动机或目标的认可程度。探索性因子分析确定了两种测试使用:成就性测试使用和工具性测验使用。成就性测试使用的考生参加考试是为了内在的学习和成就(Xie,2010;Xie & Andrews,2012),例如,"了解英语的强项与弱项",而那些工具性测试使用的考生参加测试是为了将考试结果当成工具或生存目的(Xie,2010;Xie & Andrews,2012),如求职需要。

为了比较三项考试对测试使用的认识,须进行单因素方差分析。数据显示(表8.13)方差齐性检验表明成就性测试和工具性测试使用达到了方差齐性($p>0.05$)。因此,事后检验可用 Scheffe 检验,进一步确定具有差异的配对。方差分析的结果总结在表 8.14 中。

表 8.13　测试使用认识差异的同质性检验

	Levene Statistic	df1	df2	显著性
成就性测试使用	2.092	2	260	0.126
工具性测试使用	0.410	2	261	0.664

表 8.14　三项考试写作部分使用认识比较

		均值	标准差	F 值	显著性	事后检验(Scheffe)	显著性
成就性测试使用	六级	3.61	0.82	2.343	0.098	六级—雅思	0.108
	雅思	3.89	0.87			六级—托福	0.429
	托福	3.79	1.04			雅思—托福	0.786
工具性测试使用	六级	3.29	0.87	2.101	0.124	六级—雅思	0.134
	雅思	3.03	0.89			六级—托福	0.883
	托福	3.22	0.86			雅思—托福	0.398

如表 8.14 所示,就成就性测试使用而言,雅思考生是最有可能为此目的参加考试的群体(均值 = 3.89),其次是托福考生(均值 = 3.79)和六级考生(均值 = 3.61),在这三组中没有发现显著性差异(F 值 = 2.343, $p = 0.098$),这表明六级、雅思、托福的考生均有很高的成就测试使用意识,而且三者之间无显著性差异。

工具性测试使用,六级考生(均值 = 3.29)比托福(均值 = 3.22)和雅思考生(均值 = 3.03)更有可能将测验作为工具,但方差分析显示,总体而言,六级、雅思、托福考试对工具性测试使用也没有显著性差异(F 值 = 2.101, $p = 0.124$)。

在访谈中,无论何种考试的考生都体现了较强的成就性和工具性测试使用认识。对于成就性测试使用,考生想知道他们的语言能力,并通过参加考试来加速英语学习(见例 1 和例 2)。考生还计划用考试成绩作为语言熟练程度的证明来找工作或深造。不过,考生更有可能使用六级成绩在国内大学深造,使用雅思或托福成绩去国外大学深造(见例 3)。

例 1：考试可以帮助我了解自己的语言水平,并督促自己将来更加努力地学习英语。(S2)

例2：*考试是评估英语能力的有用工具，也是加速英语学习和提高实际语言能力的重要驱动力。*（S8）

例3：*我申请的大学要求雅思成绩，这也是我参加雅思考试的主要动力。*（S1）

总之，问卷调查和访谈数据显示，三种考试的考生对成就测试和工具测试使用均有强烈的认识。

4.2.2 对测试设计的认识

测试设计的认识量表旨在通过要求考生对写作考试中关于任务数量、时间分配、难度水平、评分规则清晰度等方面的评估性陈述进行评分，从而得出考生对写作部分整体测试设计的评估意见。

为了比较三项考试对测试设计的认识，须对提取的因子进行单因素方差分析。方差齐性检验（表 8.15）表明测试设计的认识达到方差齐性（$p>0.05$）。因此，用 Scheffe 测验进行事后检验，进一步确定差异项。方差分析的结果见表 8.16。

表 8.15　测试设计认识差异的方差齐性检验

	Levene Statistic	df1	df2	显著性
对测试设计的认识	0.339	2	260	0.713

表 8.16　三项考试写作部分设计的认识比较

		均值	标准差	F 值	显著性	事后检验（Scheffe）显著性
对测试设计的认识	六级	3.68	0.66	2.868	0.059	六级—雅思　0.542
	雅思	3.79	0.71			六级—托福　0.354
	托福	3.53	0.67			雅思—托福　0.059

如表 8.16 所示，考生赞同雅思写作设计的最多（均值 = 3.79），其次是六级（均值 = 3.68）和托福（均值 = 3.53），三者之间没有发现显著性差异（F 值 = 2.868，p = 0.059），这表明考生对三项写作考试都给予了积极评价。

在访谈中，部分受访对象持积极态度，部分对三项写作考试持中立态度。考生普遍认为这三项写作考试能够反映他们的写作能力；写作主题贴近日常生活，写作提示清晰（见例 4）。不过，考生认为雅思和托福写作比六级写作更难（见例 5 和例 6）。此外，考生认为雅思和托福的评分标准对他们来说更加清晰和熟悉（见例 7）。另外，托福考生不太赞同纸质考试。

例4:*我认为六级和雅思的写作提示都很清楚,我只需要按照提示写就行了*(S7)。

例5:*雅思写作时间不够,对总字数的要求有点高。总的来说,雅思写作有点难……六级写作并不难。*(S6)

例6:*毫无疑问,托福比六级写作难多了。*(S14)

例7:*雅思写作的评分标准更清晰、更具体……我不熟悉六级写作的评分标准。*(S8)

综上所述,问卷调查和访谈数据均显示,三项考试的考生对三项写作考试的设计认识有一定程度的分歧,但总体上对测试设计评价持积极态度。

4.2.3 对自我能力的认知

许多心理学研究者已经研究过个人能力认知对其成就行为的重要性(Kukla,1978; Eccles,1983),即个人能力可直接或间接影响个人行为,如个人的期望和价值观(Jacob & Eccles,2000;Eccles & Wigfield,2002)。具有不同认知能力的考生在认识和备考方面也表现出差异(Cheng et al.,2010)。考生的自我认知能力是反拨效应的重要影响因素,值得我们关注。在本研究中,自评语言能力主要集中在写作能力上,包括不同题材的写作能力,如议论文、应用文、记叙文和说明文,以及自评非写作能力,包括听、说、读、译的能力。

我们采用方差分析比较三项写作考试下考生认识的非写作能力和写作能力的反拨效应。数据显示,认识的非写作能力和写作能力的偏度和峰度都在可接受的范围内(1.0),数据满足正态分布,这两个变量适用于方差分析。如表8.17所示,非写作能力认识和写作能力认识具有显著性差异($p<0.05$);因此,采用 Tamhane 测验进行事后检验,以进一步确定具有差异的配对。方差分析的结果见表8.18。

表8.17 自我能力认知差异的方差齐性检验

	Levene Statistic	df1	df2	显著性
非写作能力的认识	14.445	2	261	0.000
写作能力的认识	9.877	2	261	0.000

表8.18 三项考试写作部分的自我能力认知比较

		均值	标准差	F 值	显著性	事后检验(Tamhane)	显著性
非写作能力的认识	六级	3.12	0.70	21.264	0.000	六级—雅思	0.000
	雅思	3.82	0.53			六级—托福	0.015
	托福	3.50	0.98			雅思—托福	0.041

续表

		均值	标准差	F 值	显著性	事后检验（Tamhane）	显著性
写作能力 的认识	六级	3.03	0.71	5.262	0.006	六级—雅思	0.001
	雅思	3.43	0.77			六级—托福	0.261
	托福	3.28	1.09			雅思—托福	0.687

就考生非写作能力的认识而言，雅思（均值 = 3.82）考生是对其非写作能力最有信心的群体，其次是托福（均值 = 3.50）和六级（均值 = 3.12）考生。事后检验进一步表明，雅思和托福考生认为他们的非写作能力明显强于六级考生（$p < 0.05$）。

就考生写作能力的认识，三种考试的考生都认为自己写作能力一般。雅思（均值 = 3.43）考生写作能力的认识明显比六级考生强（均值 = 3.03，$p = 0.001$），但与托福考生的写作能力认识相当（均值 = 3.28，$p = 0.687$）。

在访谈中，考生给出了一致的答案，即在大多数情况下，当他们准备雅思/托福时，觉得自己的英语能力更好（见例 8）；只有 S9 提到她在准备六级和雅思时感觉自己的语言能力处于同一水平，因为该考生是同时准备这两项考试的，并在雅思考试之后马上参加了六级考试。此外，对于非写作能力，无论他们参加何种考试，受访对象通常在阅读方面比对口语和翻译更有信心（见例 9）。就写作能力而言，受访者认为他们可以在论证方面做得更好（见例 10）。

例 8：*当我参加雅思考试时，我的英语水平更高。*（S6）

例 9：*我不擅长口语、写作和翻译，但我能很好地进行听和读。*（S7）

例 10：*我不熟悉其他类型的写作，我想我只能做好议论文写作。*（S11）

总之，研究发现，雅思和托福考生认为他们的写作能力和非写作能力比六级考生更强。

4.2.4　任务期望

任务期望指考生成功完成即将到来的考试并取得成功的感受和信念（徐莎莎，2014）。本研究中的任务期望包含自我效能和考生对考试结果的期望。

◇ 自我效能

自我效能的概念最初是由 Bandura（1982：122）提出，指个人判断"一个人在处理预期情况时，能在多大程度上执行所需的行动方案"。在学术研究中，自我效能跟个人完成任务的信心和信念有关（Pintrich et al.，1991）。

我们通过单因素方差分析比较三项考试中考生的自我效能。如表 8.19 所示，自我效能没有达到方差齐性($p<0.05$)；因此，采用 Tamhane 测验进行事后检验，进一步确定具有差异的配对。方差分析的结果见表 8.20。

表 8.19　自我效能差异方差齐性检验

	Levene Statistic	df1	df2	显著性
自我效能	3.229	2	261	0.041

表 8.20　三项考试写作部分的自我效能对比

		均值	标准差	F 值	显著性	事后检验（Tamhane）	显著性
自我效能	六级	3.56	0.81	9.377	0.000	六级—雅思	0.006
	雅思	3.89	0.65			六级—托福	0.000
	托福	4.02	0.77			雅思—托福	0.553

总体而言，三项考试的考生都有很高的自我效能感，不过六级考生的自我效能（均值＝3.56）低于雅思（均值＝3.89）和托福（均值＝4.02）考生。三组考生的自我效能具有显著性差异（$p=0.000$），事后检验进一步表明，六级和雅思/托福考试之间存在显著性差异（$p<0.05$），而雅思和托福考试之间没有差异（$p=0.553$），这表明雅思考生的自我效能与托福考生一样高，且两组考生的自我效能都明显高于六级考生。

此外，我们发现受访对象有不同的自我效能。一些人认为他们对雅思/托福写作比六级写作更有信心，这与问卷结果一致（见例 11）；然而，有人对六级写作更有信心，这与我们在问卷数据中发现的情况相反（见例 12）。

例 11：*我不太确定我的六级写作，因为那时我真准备不充分……我对自己有信心。我努力准备雅思写作，希望会有回报。*（S1）

例 12：*我不知道在托福写作中能否表现得好；一点儿都不简单……六级写作更简单，我能应付自如。*（S12）

◇ 测试成绩期望

本研究要求考生通过选择题来评估他们的写作成绩，以此衡量对考试成绩的期望。针对六级考试的选项有"0""1—3""4—6""7—9""10—12"和"13—15"。雅思为受试设置了八个选项评估写作成绩，即"≤4.5""5""5.5""6""6.5""7""7.5"和"≥8"。就托福而言，这个问题的选项包括"0—16""17—23"和"24—30"。这些选项是根据不同的标准和不同的数量设置的;在一个标准下比较三项写作考试很有必要。因此,须采用相同的方法划分考生的期望水平,并对考生的数据进行分析。

考生预测写作成绩,六级考试为"0""1—3""4—6","雅思≤4.5"或托福为"0—16",将被归类为低预期组;预期能在六级考试中获得"7—9"、在雅思考试中获得"5""5.5""6"或在托福中获得"17—23"的学生将被归类为中等预期组;认为自己能在六级考试中取得"10—12""13—15",在雅思考试中取得"6.5""7""7.5""8"或在托福考试中取得"24—30"的受试将被归为高预期组。

图 8.5 可见考生对三项考试的预期。总的来说,雅思和托福考生比六级考生预期更高。由图可见,只有小部分考生测试成绩期望值较低,六级考生为 12.7%,雅思8.2%,托福 8.2%。绝大多数学生对自己的写作成绩有中等或较高的信心;一半以上的六级考生(63.3%)和三分之一的雅思(31.8%)和托福(35.6%)考生期望值为中等;只有 24.0%的六级考生有很高的预期,但是超过一半的雅思(60.0%)和托福(56.2%)考生的期望值保持在较高水平。

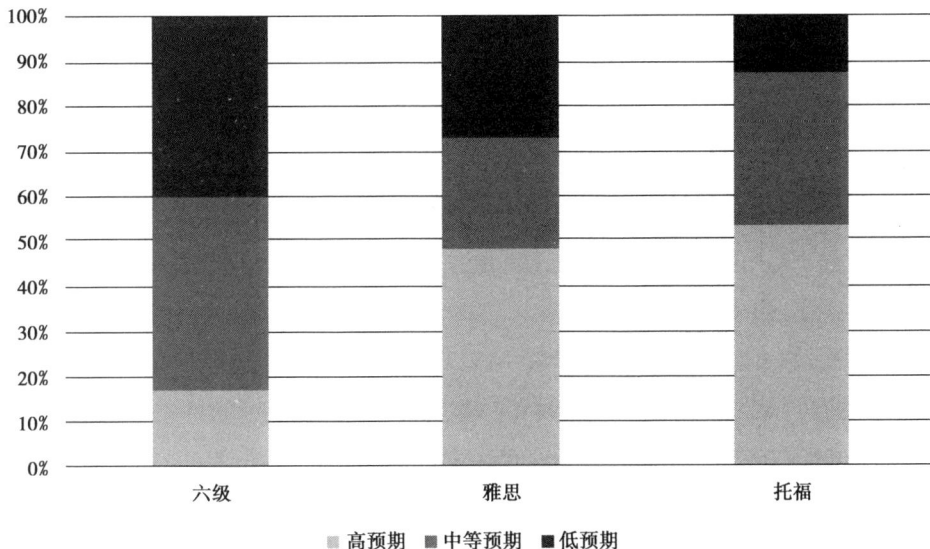

图 8.5   考生对三项考试写作部分成绩的预期

本研究发现,就任务期望而言,雅思和托福考生比六级考生有更高的自我效能和测试成绩期望。

4.2.5   主观任务价值

主观任务价值是个人对即将到来的任务的期望程度,它会受到激励价值(任务的享受或兴趣)、成就价值(做好任务的个人重要性)、效用价值(任务的有用性)和代价(参与任务的负面影响)等因素的影响(Eccles & Harold,1991;Jacobs & Eccles,2000)。在本研究中,主观任务价值指考生对考试的积极和消极认识,本研究侧重于正面反拨效应的认识(如"提高英语学习的兴趣")和负面反拨效应的认识(如"感到焦虑")。

　　本研究采用单因素方差分析对比考生的主观任务值。如表 8.6 所示,认识的正面反拨效应和认识的负面反拨效应的峰度和偏度都在可接受的范围(1.0)内,因此数据满足分布的正态假设,这两个变量适用于方差分析。如表 8.21 所示,认识的正面反拨效应和认识的负面反拨效应方差齐性($p>0.05$);因此,采用 Scheffe 测验进行事后检验,以进一步确定具有差异的配对。方差分析的结果见表 8.22。

表 8.21　主观任务价值的方差齐性检验

	Levene Statistic	df1	df2	显著性
认识的正面反拨效应	2.493	2	261	0.085
认识的负面反拨效应	0.417	2	258	0.659

　　就认识的正面反拨效应,托福最强(均值 = 3.99),其次是雅思(均值 – 3.91),然后是六级(均值 = 3.54),且三项考试具有显著性差异(F 值 = 9.299,$p = 0.000$)。事后检验显示,六级考试与雅思/托福考试之间存在显著性差异($p<0.05$),而雅思与托福考试之间没有显著性差异,这表明雅思与托福考试比六级考试具有更强的正面反拨效应,雅思与托福写作的正面反拨效应强度相似($p = 0.817$)。

　　就负面反拨效应而言,考生认为六级写作具有最强的负面反拨效应(均值 = 2.85),其次是托福(均值 = 2.83)和雅思(均值 = 2.77),三项考试之间没有发现显著性差异,这表明这三项写作考试考生都有中等强度认识的负面反拨效应。

表 8.22　三项考试写作部分主观任务价值的对比

		均值	标准差	F 值	显著性	事后检验(Scheffe)	显著性
认识的正面反拨效应	六级	3.54	0.83	9.299	0.000	六级—雅思	0.004
	雅思	3.91	0.65			六级—托福	0.001
	托福	3.99	0.79			雅思—托福	0.817
认识的负面反拨效应	六级	2.85	0.97	0.136	0.873	六级—雅思	0.878
	雅思	2.77	1.04			六级—托福	0.992
	托福	2.83	0.98			雅思—托福	0.941

在访谈中,受试总体认为三项写作考试的正面反拨效应大于负面反拨效应(见例 13)。就认识的正面反拨效应而言,受试认为他们整体写作能力的提高是三项写作考试中最积极的反拨效应,例如,提高写作速度和丰富写作表达。此外,受访对象还意识到写作考试可以增强他们的写作信心,提高其他语言和技能,如提高思辨能力。总的来说,受访者认为雅思和托福写作考试能让他们受益更多(见例 14)。就负面反拨效应而言,受访者称考试加重了他们的学习负担,使他们感到焦虑和压力(见例 15)。此外,令受访对象感到不安的是,严格的考试形式会在一定程度上挫伤写作热情(见例 16)。

例 13:*托福和六级写作的影响总体上是正面的。这些考试促使我练习写作,提高我的写作能力。*(S14)

例 14:*我觉得[雅思写作]可以帮助我们提高语言技能。你知道的,对于雅思写作,我们不仅要在任务 2 中写一篇议论文,还要在任务 1 中描述图表,这可以提高我的描述性写作能力和应用写作能力。*(S6)

例 15:*我很紧张,尤其是在考前一周。满脑子都是它,无论是白天还是晚上,我整天都在想这个考试。*(S8)

例 16:*议论文这种题型,我不太喜欢。严格的考试形式逼得我不得不做三段式或者五段式的枯燥练习。*(S13)

总之,研究发现考生认为三项写作考试带来的正面反拨效应大于负面反拨效应。雅思和托福写作比六级写作有更多的正面反拨效应,但它们也同样带来了中等强度的负面反拨效应。

4.3　考生备考反拨效应的对比

本节将介绍三项写作考试对考生备考的反拨效应对比,特别是备考活动和备考时长。

4.3.1　备考

本研究最终确定五类备考活动,即备考管理、训练、记忆、技能提升和社会情感策略。备考管理指通过浏览官方网站、阅读辅导材料、分析写作任务来确定写作考点的备考活动(Xie,2010,2013),这与 Purpura(1999)"测试"的元认知策略因素相似,例如"浏览官方网站"。训练指在备考阶段集中进行的大量重复性写作练习(Xie,2010,2013),如"做往年考试真题"。记忆是指记忆写作模板、写作材料和样本文章的实践,以发展考试技能,并有意将它们作为考试的作答方式(Xie,2010,2013),例如,"背写作模板"。技能提升指考生通过广泛接触真实语境中的英语来发展语言技能的综合学习策略,通常综合运用不同的语言能力(Xie,2010,2013),例如"阅读英语材料"和"网上英语在线交流"。社会情感策略是考生使用社会策略向同伴和老师寻求帮助，以及使用情感策略来激励自己和减少考试焦虑（Xie，2010，2013），例如，"鼓励自己。增加该考试写作部分的信心"。

本研究采用单因素方差分析比较考生进行的备考活动。如表 8.23 所示，所有五类备考活动均达到方差齐性（$p>0.05$），因此，采用 Scheffe 测验进行事后检验，进一步确定差异配对。方差分析的结果见表 8.24。

表 8.23　备考活动差异的方差齐性测验

	Levene Statistic	df1	df2	显著性
备考管理	1.498	2	260	0.226
训练	1.434	2	259	0.240
记忆	2.702	2	260	0.069
技能提升	0.518	2	260	0.596
社会情感策略	0.223	2	260	0.800

表 8.24　三项考试写作部分备考活动的比较

		均值	标准差	F 值	显著性	事后检验（Scheffe）显著性	
备考管理	六级	2.60	1.00	22.610	0.000	六级—雅思	0.000
	雅思	3.60	0.95			六级—托福	0.001
	托福	3.17	1.14			雅思—托福	0.035
训练	六级	2.82	1.11	13.164	0.000	六级—雅思	0.000
	雅思	3.58	1.22			六级—托福	0.000
	托福	3.76	1.04			雅思—托福	0.873
记忆	六级	3.08	1.08	1.249	0.289	六级—雅思	0.307
	雅思	2.81	1.26			六级—托福	0.945
	托福	3.02	1.26			雅思—托福	0.555
语言技能发展	六级	3.11	0.98	1.285	0.278	六级—雅思	0.307
	雅思	3.34	1.04			六级—托福	0.570
	托福	3.27	1.04			雅思—托福	0.925
社会情感策略	六级	2.34	1.02	4.774	0.009	六级—雅思	0.019
	雅思	2.78	1.10			六级—托福	0.045
	托福	2.71	1.10			雅思—托福	0.925

考生备考时最常采用备考管理的是雅思写作(均值 = 3.60),其次是托福写作(均值 = 3.17)和六级写作(均值 = 2.60),三项写作考试之间存在显著性差异(均值 = 22.610,p = 0.000)。事后检验显示雅思和托福考生使用备考管理的频率明显高于六级考生(p < 0.05),雅思和托福考生之间也有显著性差异。

考生在托福(均值 = 3.76)和雅思(均值 = 3.58)写作备考时比六级考试(均值 = 2.82)写作更频繁采用训练。六级和雅思/托福之间存在显著性差异(p = 0.000),而雅思和托福之间没有显著性差异,这表明考生在备考雅思或托福写作时比准备六级写作时更频繁地进行训练,而考生在准备雅思和托福写作时进行训练的频率相似。

在问卷中,我们还询问考生在准备过程中完成了多少写作任务(问卷 Q9)。如表8.25所示,27.2%六级考生没有练习,14.4%雅思和 8.2%托福考生没有做任何练习。六级考生(56.3%)、雅思考生(30.6%)和托福考生(27.4%)完成了 1 到 4 次写作任务。只有少部分六级考生(15.9%)做 5 次及以上的写作任务,但雅思(55.3%)和托福(64.3%)考生完成了 5 次及以上的写作任务。由此可见,六级考生比雅思和托福考生对写作的训练更少。

表 8.25 三项考试考生备考所进行的写作任务

	样本量	写作训练的任务数量				
		0(%)	1—4(%)	5—8(%)	9—12(%)	≥13(%)
六级	106	27.2	56.3	12.1	1.9	1.9
雅思	85	14.1	30.6	20.0	15.3	20.0
托福	73	8.2	27.4	41.1	16.4	6.8

就记忆而言,参加三次写作考试的考生都提到有时会记忆写作模板、写作材料和小短文。如表 8.24 所示,六级考生(均值 = 3.08)最倾向于在备考中采用记忆,其次是托福(均值 = 3.02)和雅思(均值 = 2.81)考生。方差分析显示三者之间没有显著性差异(F 值 = 1.249,p = 0.289),这意味着考生在六级、雅思、托福写作准备中进行记忆练习的频率在统计学上是相似的。

与此同时,考生会利用技能提升活动来全面学习和发展语言技能。根据表 8.24,考生在准备雅思(均值 = 3.34)时最频繁地采用技能提升活动,其次是托福(均值 = 3.27)和六级(均值 = 3.11)。不过,方差分析没有发现三者之间存在显著性差异(F 值 = 1.285,p = 0.278),这表明六级、雅思、托福写作对于技能提升相关的应试练习产生了相似程度的反拨效应。

至于社会情感策略,考生采用这种练习的频率较低。雅思考生(均值 = 2.78)最常采用这种策略,其次是托福考生(均值 = 2.71)和六级考生(均值 = 2.34)。在各组之间检测到显著性差异(F 值 = 4.774,p = 0.009)。事后检验进一步表明,在六级和雅思/托福考试中发现了显著性差异($p<0.05$),而在雅思和托福考试中没有发现显著性差异(p = 0.925),这证明六级考生运用社会情感策略的频率明显低于雅思和托福考生,但他们进行写作练习的频率与雅思和托福备考相似。

对访谈数据的定性分析发现,考生在雅思和托福写作准备上投入精力更多,所有考生都进行了多种备考活动。在备考管理方面,考生在雅思和托福写作上比六级写作付出更多努力。考生不仅通过阅读官方指南或辅导书籍来熟悉雅思和托福写作的要求,有些甚至在辅导机构报班,希望更有效地管理备考。然而,六级写作的考生很少进行备考管理(见例 17)。

例 17:我没有六级备考计划,没看辅导书。刚看完考试大纲……读了《托福考试官方指南》,还在一家机构报了托福班。(S14)

对于训练,受访对象表示在三项写作考试中都进行了练习,主要练习了官方模拟题和真题里的写作。然而,研究发现,考生在雅思和托福写作上的练习更多(见例 18)。

例 18:我练了剑桥雅思[官方系列]并且练了不少于 10 个写作任务……对于六级写作,我只练习了一两套真题。(S6)

就记忆而言,无论哪种考试,受访对象经常记忆从辅导书籍和在线备考论坛收集的写作材料和模板(见例 19)。

例 19:我喜欢大声朗读模板、背诵模板。还在笔记本上记下了一些模板和固定表达,时不时地记一下这些内容。(S7)

在技能提升方面,受访对象称在准备三项写作考试期间进行了许多综合性学习活动,例如,收听 BBC 和 VOA,阅读英语杂志和报纸,观看英语演讲和电影(见例 20)。

例 20:事实上,我喜欢通过阅读英语新闻来学习新单词和积累地道表达。词汇量大对写作有帮助。(S8)

此外,受访对象还说他们有时会鼓励自己,在网上征求建议或向周围的人寻求帮助。而受访对象在备考雅思或托福写作时,更倾向于采用社会情感策略(见例 21)。

例 21:六级写作很简单,我只向英语老师咨询过一次,后面我基本上就自己准备好了……我不知道如何有效地备考雅思,所以我在论坛上看很多经验帖,并向以前参加雅思考试的学姐学长和朋友征求建议。(S8)

本研究发现,在写作备考阶段,雅思和托福考生在备考管理、训练和社会情感策略方面投入更多。然而这三项考试的考生开展记忆和技能提升活动的频率相似。

4.3.2 备考时长

研究备考时长投入旨在探索考生在学习过程中花费的总时长和日均时长。表8.26总结了三项写作考试备考时长的结果。为了对比备考时长,我们采用了卡方检验,以检测类别变量组之间的差异。卡方检验结果见表8.27。

表8.26　三项考试写作部分备考时长

	样本量	总时长(%)				
		0—1/2 月	1/2—1 月	1—2 月	2—3 月	3 月+
六级	106	60.4	17.9	10.4	4.7	6.6
雅思	85	15.3	23.5	22.4	10.6	28.2
托福	70	11.4	17.1	25.7	5.7	40.0

	样本量	日均时长(%)				
		0—1/2 小时	1/2—1 小时	1—2 小时	2—3 小时	3—24 小时
六级	106	69.8	24.5	4.7	0.9	0
雅思	85	36.5	23.5	29.4	5.9	4.7
托福	73	32.9	17.8	28.8	9.6	10.9

表8.27　三项考试写作部分备考时长卡方检验结果

		数量	卡方检验	df	显著性
总时长	六级—雅思	191	44.634	4	0.000
	六级—托福	176	54.452	4	0.000
	雅思—托福	155	4.034	4	0.401
日均时长	六级—雅思	191	36.525	4	0.000
	六级—托福	179	47.728	4	0.000
	雅思—托福	158	3.499	4	0.478

就备考总时长而言,表8.26显示,大多数六级考生(60.4%)备考六级的时间不足半月,但雅思(15.3%)和托福(11.4%)考生备考不足半月的比例相对很低。花费半月以上但不超过一月时间的考生比例接近,六级考生为17.9%,雅思为23.5%,托福为17.1%。此外,21.7%的六级考生需要一个多月的时间,但超过一个月的雅思(61.2%)和托福(71.4%)考生相对很多。卡方检验结果显示(如表8.27),六级—雅思($x^2 = 44.634, p = 0.000$)和六级—托福($x^2 = $

54.452,$p=0.000$)之间有显著性差异,但雅思—托福($x^2=4.034$,$p=0.401$)之间没有显著性差异。

就备考日均时长而言,大多数六级考生(69.8%)平均每天花不到半个小时准备六级写作,只有约三分之一的雅思(36.5%)和托福(32.9%)考生花不到半个小时准备写作。花半个多小时但不超过一小时准备写作的考生比例接近,六级考生为24.5%,雅思为23.5%,托福为17.8%。只有5.6%的六级考生用一个多小时来准备写作,但40.0%的雅思和49.3%的托福考生每天需要一个多小时来准备。卡方检验结果显示(见表8.27),六级—雅思($x^2=36.525$,$p=0.000$)或六级—托福($x^2=47.728$,$p=0.000$)在备考日均时长上有显著性差异,但雅思—托福考生($x^2=3.499$,$p=0.478$)之间没有显著性差异。

总之,备考雅思和托福的考生花的时间比在六级写作上长得多,访谈结果也验证了这一点(见例22)。

例22:我在考前两个月开始准备雅思……刚刚花了大约两周时间准备六级。(S5)

本研究发现,考生在雅思和托福写作上的备考总时长和日均时长比六级考生多很多。

5 研究讨论

本研究结果表明,三种写作测试对考生的认识和准备过程的反拨效应有相似和不同之处。

5.1 考生对三项写作考试的认识

本节重点讨论六级、雅思、托福对考生认识的反拨效应。从考生对测试使用的认识、对测试设计的认识、对自我能力的认识、任务期望和主观任务价值五个方面来讨论他们对此三项写作测试认识的异同。

5.1.1 对测试使用的认识

考生认识的测试使用是参加考试的主要动力或目标。本研究发现,考生既有成就性测试用途,即为了内在学习和学术成就而参加测试,也有工具性测试用途,即为了工具或生存目的而参加测试,这与之前的研究结果一致(Xie,2010;Xie & Andrews,2013)。

本研究发现,六级、雅思、托福考生对成就性测试均有较高的认识($p=0.098$)。六级考试旨在衡量大学生的综合英语能力(全国大学英语四、六级考试委员会,2016);雅思要测试考生的英语能力,并反映学术研究中使用的一些语言特征(IELTS,2015);托福测试考生在高校中使用和理解英语的能力,并评估考生结合语言技能完成学术任务的能力(ETS,2015)。因此,考生对三种考试的成就性测试用途有很高的认识,这一发现与测试开发人员促进学生英语语言水平的目的一致,也表明考生认识到测试具有的成就性价值,并意识到不管考试结果如何,考试都具有提高语言能力的教育作用(Coleman et al.,2003),(参见第 4.2.1 节中的例 1 和例 2)。

本研究还发现,六级、雅思、托福考生都有很强的工具性目标,三者没有显著性差异(p = 0.124)。Coleman et al.(2003)的研究表明,学生认为考试的基本功能在于某个特定行业或项目准入中发挥门槛作用。六级、雅思、托福在教育和社会背景下都具有一定程度上的把关作用,这可能会激发考生对工具测试用途的强烈感知。本研究在中国背景下开展更能体现这一点。工具目标与学习另一种语言的功利价值相关联(Gardner,2006);中国的学习以应试和实用功能为特征,这使得考生对考试的工具性用途有强烈的认识(Chen,2011)。对于特定的工具性测试用途,六级考生更倾向于将考试结果用于国内大学的进一步深造,而雅思和托福则倾向于为了出国留学而参加考试。这种差异可能是由国内外大学不同的测试使用所致。许多国内大学若想获得研究生推荐项目的资格,对四六级考试成绩有明确要求,但对于那些选择在英语国家深造的中国学生而言,雅思或托福成绩是证明申请人语言能力的入学要求之一(见第 4.2.1 节例 3)。这些要求在某些教育背景下起到有效的激励作用(Warden & Lin,2000)。因此,国内外大学需要六级、雅思、托福考试成绩的行为激发了考生的"必要动机",增强了考生工具性测试使用的认识。

5.1.2 对测试设计的认识

对测试设计的认识主要集中于考生对考试要求的认识和对整个测试设计的评价。本研究发现,考生对三项写作考试的评价总体积极,没有显著性差异(p = 0.059)。在访谈中,考生对三项写作考试在评分标准、选题和写作提示等方面表示肯定。然而,从访谈数据发现,考生对测试设计的认识存在差异。

首先,考生认为雅思和托福写作比六级写作难(见 4.2.2 节中的例 5 和例 6)。已有相关研究表明,学生觉得四六级写作的难度中等(辜向东 等,2014),而雅思和托福写作的难度和挑战性高(Moore et al.,2012;Kim,2017)。不同的任务难度认识在一定程度上可以由六级和雅思/托福不同的写作要求来解释。雅思和托福对写作的要求高于六级写作。以语言使用中的词汇为例,六级写作要求考生恰当使用词汇(全国大学英语四、六级考试委员会,2016),而雅思和托福不仅要求词汇选择的准确性,而且要求词汇丰富多样、使用流畅自然,对考生写作能力的要求雅思/托福明显高于六级。

第二,考生认为雅思和托福的评分标准更为清晰。在比较了六级、雅思、托福考试的写作评分标准后,我们发现六级的评分标准在内容、结构组织和语言使用上比雅思和托福要宽泛，更模糊。这一发现与考生的感受、前人的研究发现一致，即四、六级考试在结构、内容、示例、语法和词汇方面缺乏详细的评分标准（蔡基刚，2002；费茜，赵毓琴，2008）。

此外，托福考生不喜欢纸质考试。因此，考试形式可能对考生认识产生反拨效应（Shohamy et al.，1996；Shih，2007）。托福采用机考，托福考生更熟悉这种考试形式，这可能会减少他们对传统纸笔考试的认可度，就像 S10 所述" 一开始我很抗拒机考，但是渐渐地我习惯了，现在不管考试形式是什么，对我来说似乎都一样"。

5.1.3　自我能力认知

能力的自我认知关系到考生在考试的反拨效应下如何看待自己的个人语言能力。本研究发现雅思和托福考生认为他们的写作能力和非写作能力比六级考生强。

雅思和托福考试更大的挑战性可能会激励雅思和托福考生更加努力地准备和提高他们的语言能力。受访者（如 S4、S6、S9、S10、S11）提到，他们觉得备考雅思/托福时，他们的写作能力和非写作能力比准备六级时提高更大，他们认为雅思/托福比六级更难，需要在准备方面下更多功夫，从而使自己的语言能力得到更大提高。例如，S9 在访谈时提到" 我觉得准备雅思的时候很努力，我现在的英语比六级的时候要好"。

这一结果的另一原因可能与受试样本有关。本研究尽可能保证了考生人数背景的高同质性，三项写作考试的考生年龄相近，性别、大学、专业、教育背景和考试经历的覆盖面和比例相对均衡，但因数据收集困难，受试的实际语言能力变量没有得到严格控制。因此，雅思和托福考生的实际语言能力可能高于六级考生，雅思和托福考生从而认为他们有更强的写作和非写作能力。

5.1.4　任务期望

任务期望指考生成功完成即将到来的考试并取得成功的感受和信念（徐莎莎，2014）。考生的自我效能（对考试的信心）和对考试结果的预期是本研究所关注的任务期望。

本研究发现雅思和托福考生的自我效能感明显高于六级考生（$p<0.05$）。首先，该显著性差异的结果可能源于考生不同的语言水平。随着语言技能的提高，学生可能会提高写作任务的自我效能（MacArthur et al.，2015），语言能力较强的考生可能对考试更有信心，正如 S3 所说的" 我认为我的英语很好，我有信心考好六级写作"。本研究中雅思和托福考生自我效能感更强的发现也在雅思和托福考生自我能力认识显著提高的结果中得到验证。此外，Gist & Mitchell（1992）认为，对任务要求的认识作为自我效能决定因素之一，与减缓测试焦虑和降低担忧与害怕有关。雅思和托福考生更频繁地开展与备考管理相关的活动，这有助于他们更好地理解任务要求。而了解考试要求有助于消除对考试的恐惧（Xie & Andrews，

2012),增强雅思和托福考生的信心。最后,替代性经验,即观察某人在相关任务中的成就,可以影响考生的自我效能(Bandura,1997)。研究发现雅思和托福考生更频繁地进行社交情感练习,比如看备考论坛上的经验帖和向以前参加过考试的朋友寻求建议,这种做法有助于提高雅思和托福考生的自我效能。

本研究发现,雅思和托福考生比六级考生有更高的预期,原因主要有以下几点。首先,学生的预期成绩最直接地受到自我能力认知的影响(Eccles,1983)。雅思和托福考生的语言能力更高,这激发他们对考试结果有更高的预期。其次,Eccles(1983)指出,父母和教师的期望对影响学生的成功期望发挥着重要作用。一些受访者(如 S4、S7、S12)提到,他们的家人对他们期望很高,支持他们出国学习,但似乎不太关心他们的六级成绩。例如,S12 说"*我的家人在我备考过程中给予了很多支持,我一定要在托福上拿高分*"。由此可见,家庭的高期望可能在影响雅思和托福考生的高期望中发挥了一定的作用。最后,在面谈中,一些考生(如 S5、S10)承认他们对雅思或托福更有动力的部分原因是雅思或托福的报名费比六级考试贵得多,他们输不起。例如,S5 说,"*雅思报名费 2 000 多元。这对我来说是一大笔钱,我不想考试不及格,浪费我的钱*"。因此,雅思和托福的高成本一定程度上也提高了考生的期望值。

5.1.5　主观任务价值

本研究中,主观任务价值指考生对考试的积极和消极两个方面的普遍认识,本研究主要关注认识的正面反拨效应和负面反拨效应。

总体而言,六级、雅思、托福考生都意识到了考试的积极和消极的影响,这与已有研究认为考试能给教学带来积极和消极的反拨效应的研究结论一致(Andrewset et al.,2002;Watanabe,2004;Tsagari,2009)。本研究同时发现,三项写作考试的考生认为测试的正面反拨效应大于负面反拨效应(见第 4.2.5 节中的例 13),这与之前的研究结果一致,即测试可以带来更多正面反拨效应(辜向东,2007a;邹申,徐倩,2014)。不过,这三项写作考试的考生对正面反拨效应和负面反拨效应的认识仍然存在异同。

就正面反拨效应而言,考生总体对考试持高度积极的态度,不过他们认为雅思和托福写作的正面反拨效应明显高于六级写作($p<0.05$)。受访者提到,他们觉得雅思和托福的写作任务能让他们受益更多,能更多地提高语言技能。受访者表示雅思可以提高自己的记叙文写作能力和应用文写作能力(见 4.2.5 节例 14),托福受访者则认为托福的综合写作任务可以提高他们的听力和阅读能力,例如 S13 认为,"*托福的综合写作不仅可以提高写作能力,还可以提高听力和阅读能力*"。这一结果表明,考生似乎从要求更高语言技能的写作任务中感

受到了更多的正面反拨效应。此外,研究者从访谈数据中发现,比起知识技能提升(如批判性思维的提高)和激励性学习(如英语学习兴趣的提高),学生认为这三项考试对他们整体写作能力的提高(如提高写作速度、丰富写作表达)具有更强的正面反拨效应。

关于负面反拨效应,本研究发现六级、雅思、托福考生认为考试对他们的负面反拨效应强度相似,没有显著性差异($p>0.05$)。受访者的两大担忧为考试焦虑和僵化的考试形式(参见第4.2.5节中的例15和例16)。在访谈中,考生强调,考试让他们感到焦虑,害怕表现不佳造成不好的结果。感到焦躁和害怕失败是考试焦虑的典型症状,考试焦虑被考生视为强烈的负面反拨效应。考试焦虑会降低积极性,导致较差的成绩(Cizek & Burg,2006;Chapell et al.,2005),因此需特别注意影响考生心理健康的负面反拨效应。此外,考生认为僵化的考试形式挫伤了他们的写作热情。在写作考试中固化的要求议论文写作可能是考试形式僵化的主要原因,这种考试形式会在固定形式中扼杀学生的批判性思维(Brannon et al.,2008),并诱使学生记忆写作模板以"*使我的作文结构更清晰*"(S11)。因此,未来的写作开发应根据考试目的来设计更具创新性和可行性的写作任务,以评估考生的写作能力。

5.2 备考过程

本节重点讨论六级、雅思、托福对考生备考过程的反拨效应。他们对三项写作考试备考的异同将从两个维度进行讨论:考生的备考活动(包括备考管理、训练、记忆、技能提升和社会情感策略)和备考时长。

5.2.1 备考活动

在本研究中,三项写作考试都对考生的备考产生了强烈的反拨效应,这种反拨效应验证了测试将影响学习和测试将影响学习者如何学习的假设(Alderson & Wall,1993)。总体而言,雅思和托福考生比六级考生准备更充分。Green(2007)指出,测试的风险程度通常被视为反拨效应强度的有力指标。徐莎莎(2014)发现考试风险对备考活动的参与程度产生了重大影响。六级写作部分的比重较低,降低了写作的风险程度并一定程度上降低了考生备考的强度。在六级考试中,写作占总成绩的15%,与翻译(15%)比重相同,低于听力(35%)和阅读(35%),而在雅思和托福中,写作与其他测试技能(听力、口语和阅读)同等重要。受访者S2回答说,"*六级写作不如听和读重要,我宁愿花更多的时间准备六级的其他部分*"。这表明六级写作的比重应该提高,考生的语言技能应该得到平衡发展与评估。此外,Powers & Swinton(1984)指出,备考活动与题型紧密相关。雅思和托福有更复杂的写作任务,这也迫使考生做更多准备。

本研究确定五种类型的备考活动:备考管理、训练、记忆、技能提升和社会情感策略。考生的备考活动并不均匀,他们可能更频繁地进行某些备考活动,有的备考也可能不那么频繁（Xie,2013）。考生的备考活动在不同的考试中也有异同。下面将逐一讨论上述五类备考活动。

备考管理是指通过浏览官方网站、阅读辅导材料、分析写作任务来确定考试范围,类似于 Purpura（1999）有关"测试"的元认知策略。定量研究结果显示,考生在准备雅思和托福写作时比六级写作更频繁地进行备考管理（$p<0.05$）,这表明考生在规划和评估学习过程投入的精力更多。测试的熟悉度和难度是造成这种差异的主要原因。一方面,四六级考试与大学英语课程有着密切的关系,因为它旨在根据《大学英语教学指南》中设定的教学目标来评估大学生的英语能力（全国大学英语四、六级考试委员会,2016）。对于中国考生,在备考前,通常他们比雅思和托福更熟悉六级考试。因此,考生更有可能在雅思和托福备考时采用备考管理以熟悉考试任务。另一方面,雅思和托福写作被公认为更加困难,这推动考生去研究写作任务并进行备考管理。

训练指在准备阶段集中进行的重复性写作练习（Xie,2010,2013）。本研究发现雅思和托福考生比六级考生更频繁地进行训练（$p = 0.000$）。理由有如下三点。首先,如本节开头所述,测试的风险可以调节反拨作用的强度。六级考生可能更愿意在听力和阅读方面做更多的练习,因为听力和阅读的权重更大。其次,熟悉测试会对学生的学习产生影响（徐莎莎,2014）。对于中国考生而言,雅思和托福是国外考试,中国考生不太熟悉,考生倾向于做更多的练习来适应任务,正如 S9 提到的"*我对六级的了解比托福写作要好,所以我需要在电脑上做更多的练习去熟悉托福的写作任务*"。最后,测试难度与学生的熟练程度相关,会影响学生的学习（Shih,2007）。受访者认为雅思和托福写作比六级写作更难,因此他们必须进行更多的练习,这也证明对提高考试成绩有显著影响（Xie,2013）。例如,S5 表示"*我认为雅思写作比六级写作更难,我需要多练习,多准备*"。这一结果与徐莎莎（2014）的研究发现一致,即考生坚信他们能够利用普遍的训练来弥补语言水平的不足。

记忆指记忆写作模板、写作材料和范文,并在考试中有意使用（Xie,2010,2013）。本研究发现考生在准备六级、雅思、托福写作时进行记忆练习没有显著性差异（$p = 0.289$）。这一发现与前人的研究发现一致,即考生在考试驱动的备考过程中倾向于采用记忆的方式（如 Green,2007;Kim,2017;Xie,2010;徐莎莎,2014）。首先,记忆可以使备考更容易,并"*节省大量准备时间*"（S6）。学习者倾向于采取特定的行动,通过使用记忆策略使学习更容易、更快、更具自我导向和更有效（Oxford,1990）,与切实提高语言知识技能相比,一般的考试技能更容易在短时间内得到提高（Xie,2011）。其次,记忆能够在一定程度上快速提高考试成绩。

在"成果导向性备考"的亚洲教育文化中(Chen et al.,2005),中国学生认为记忆非常利于语言学习和考试(Chen et al.,2005),他们倾向于通过不断记忆来提高分数从而立即通过某项考试(He & Shi,2008)。例如,S11表示"*模板和例子可以帮助获得更高的分数,因为它们使我的文章结构更清晰,内容更充实*"(S11),这表明考生使用这种应试策略来打动评分者(Xie,2015)并获得更高的分数。因此,记忆练习被认为是写作中获得高分的捷径,无论考生参加何种写作考试,它都成为一种常见的备考活动。然而,如果分数是通过死记硬背固定形式获得的,这将降低分数的"真实性"和考试效度(Kim,2017),测试使用者和决策者可能无法预测考生的真实写作能力。

技能提升是指考生通过广泛接触真实语境中的英语来发展语言技能的综合学习策略,通常综合运用不同的语言能力(Xie,2010,2013)。本研究发现,总体而言,考生在五种备考练习中采用这种练习的频率相对较高,六级、雅思、托福写作考试对技能提升这一备考活动产生了相似程度的反拨效应($p=0.278$)。技能提升本质上是一种学习策略,可以加强语言学习和习得(Phakiti,2003;Xie,2013)。技能提升也是一种长期策略,它"对于在短期内提高考试成绩不是很有效"(Lumley & Stoneman,2000:72)。但这一发现表明,除了特定考试的准备外,考生重视提高语言技能,采取针对能力提升的备考方式。基于访谈数据,本研究发现,比起用英语写日记或博客以及听英语材料等,学生收听英语新闻、阅读英语材料和看英语演讲的活动开展得更频繁。这表明考生在进行技能提升的练习时采用语言输入活动的可能性大于语言输出或综合活动(输入与输出相结合)的可能性,而考生的六级、雅思、托福写作备考均如此。

社会情感策略指考生使用社会策略寻求同伴和教师的支持,以及他们使用情感策略来激励自己和减少考试焦虑(Xie,2010,2013)。在访谈中,无论考生采取什么样的策略,他们都更倾向于与情感策略相关的练习(例如,鼓励自己),而不是与社会策略相关的练习(例如,寻求老师关于提高写作成绩的建议;与同龄人交流经验。)。这与Stoneman(2006)的研究发现一致,即学生明显更喜欢自学备考,而不是寻求帮助。Karabenick(2004)认为,竞争环境不利于学生寻求与成就相关的帮助。高风险测试可能会加剧竞争环境,因此考生更不愿意采用社会情感策略,尤其是寻求帮助的社会策略。此外,尽管考生参加社会情感策略的频率较低,雅思和托福考生使用社会情感策略的频率明显更高($p<0.05$)。受访者表示,六级写作更容易,也更熟悉,他们觉得没有必要寻求帮助。雅思和托福考试更具挑战性,对他们施加了更大的压力,促使他们使用更多的社会情感策略(见第4.3.1节中的例21)。

5.2.2　备考时长

本研究发现,雅思和托福考生在备考总时长和日均时长上投入更多。大多数六级受访者(60.4%)花不到半个月的时间准备六级考试,日均不足半小时准备六级写作(69.8%)。然而,大多数雅思考生(61.2%)和托福考生(63.0%)在一个月以上的准备时间里,平均每天花半小时以上准备写作(雅思63.5%;托福67.1%)。以往的反拨效应研究已经证明,学生离考试时间越近,反拨效应的季节性越明显(Cheng,2005;Cheng et al.,2010)。本研究表明,六级考试反拨效应的季节性比雅思或托福考试反拨效应的季节性强很多。

对于六级和雅思/托福备考时长产生差异的原因,从考生访谈中可以得出四种解释。首先,认识的考试地位可以调节备考时长的反拨作用。S7和S10认为雅思和托福的地位更高,因为雅思和托福的成绩在全球范围内得到广泛认可,而六级考试的成绩主要在中国得到认可。Stoneman(2006)的研究表明,比起对教育政策规划者有影响的本地考试,学生更有可能对具有国际地位的考试持积极态度。因此,考生倾向于花更多的时间准备雅思和托福,在他们看来,雅思和托福在世界范围内有更广泛的测试使用。

其次,考生对考试风险的认识极大地影响了备考时长。六级写作的分数权重小,降低了六级写作的风险,对考生造成短期的反拨作用,正如S9提到的,"*六级写作只占总分的15%,不如听和读重要,所以我没有花太多时间准备*"。这一结果表明,考试风险不仅影响反拨作用的强度(Green,2007),而且影响反拨作用的时长,从而进一步支持Alderson & Hamp-Lyon(1996)的假设,即反拨作用的大小会根据考试风险的大小而变化。

再次,考生对写作任务的认识,尤其是他们认识到的难度和熟悉度,会影响备考时长。受访者认为雅思和托福更难且不太熟悉,他们愿意投入更多的时间准备,例如"*我花了两个月准备雅思,因为我从朋友那里听说雅思很难*"(S1)。

最后,学校和老师的不同态度可能是备考时长不同的另一个原因。受访者S5、S8和S13提到他们的大学英语老师在六级考试中提供了一些指导。大学英语考试的目的之一是根据《大学英语教学指南》(全国大学英语四、六级考试委员会,2016)中设定的教学目标评估大学生的英语能力。因此,学校和考生的大学英语教师更加重视六级考试,并不时地提供指导。大学英语课堂上没有提供雅思和托福的指导,这迫使考生提前准备雅思托福考试。

6　结论

本研究以构建的融合了期望价值理论的考生写作学习反拨效应模型(Hughes,1993;Jacob & Eccles,2000;Xie,2010)为理论框架,通过问卷调查和半结构式访谈收集考生数据,对比研究了六级、雅思、托福写作任务的反拨效应,回答本研究的两个研究问题。

◇ **研究发现**

1)考生对六级、雅思、托福写作测试的认识有何异同?

考生对六级、雅思、托福写作考试的认识在测试使用、测试设计、自我能力认知、任务期望和主观任务价值等方面存在异同。

第一,考生在六级、雅思、托福写作测试中均有较强的成就性和工具性测试使用,且三者之间没有显著性差异。然而,考生在具体的测试用途的认识上表现出差异,六级考生更有可能将考试结果用于国内大学深造,而雅思和托福考生则倾向于将考试结果用于国外大学深造。

第二,在对测试设计的认识上,考生对三项写作考试的评价总体积极并无显著性差异,但是考生对写作任务难度、评分标准的清晰度和对纸质考试的喜爱程度不同。考生认为雅思和托福写作任务更困难,但评分标准更清晰,且托福考生对纸质考试不太感兴趣。

第三,雅思/托福考生对能力的自我认知、认识的写作能力和非写作能力都显著高于六级。考生认为自己擅长议论文写作,而在其他类型的写作上都很薄弱。三项考试的考生认为自己的非写作能力中阅读能力很好,但口语和翻译水平较低。

第四,三项考试的考生都有中等或较高的自我效能和预期,但雅思和托福考生比六级考生对结果有更高的信心和期望。

第五,总体而言,考生认为六级、雅思、托福写作带来的积极影响大于消极影响。不过,雅思和托福的正面反拨效应明显强于六级,但三项写作在负面反拨效应的强度上没有显著性差异。考试焦虑和僵化的考试形式被考生视为强烈的负面反拨效应。

2)考生针对六级、雅思、托福写作测试的备考过程有何异同?

在备考活动和备考时长上有异同。在备考活动方面,雅思和托福考生比六级考生更频繁地采用备考管理、训练和社会情感策略。然而,三项写作考试的考生在记忆和技能提升方面没有显著性差异。就备考时长而言,无论是总时长还是日均时长,雅思和托福考生均比六级考生投入了更多的时间。

◇ **研究意义**

本研究比较了六级、雅思、托福写作对考生的反拨效应,特别是针对考生认识和备考过程的反拨效应,为研究者和实践者提供了有价值的理论、方法和实践启示。

在理论方面,本研究的理论框架应用了反拨效应模型(Hughes, 1993; Xie, 2010)和心理学中的期望价值理论(Jacob & Eccles,2000),本研究证明这一模型可以应用于教育背景下的反拨效应研究。本研究比较了国内外语言考试中写作任务的反拨效应,主张研究者应注意反拨作用的特殊性,并进一步比较和探索国内外考试的反拨效应。本研究以考生作为研究对象,并为学习者复杂的反拨效应提供研究证据,反映并呼吁反拨效应研究中需充分倾听考生/学生这一未被充分研究的群体的声音。

在方法方面,本研究从多个角度展示了如何将数据源和多方法分析结合起来研究反拨效应。本研究采用混合式研究方法,利用问卷调查和访谈使两种研究工具互补。此外,本研究的纸质和网络问卷及访谈数据,使数据收集更加方便和灵活,增加样本量,可为今后的研究提供参考。

在实践方面,对于测试设计者和组织者而言,本研究比较了六级、雅思、托福写作的反拨效应,为三项写作考试的有效性提供了有价值的证据。三项写作考试的考生都注重成就性测试用途,与测试设计者的意图一致。与此同时,考生也有很高的工具性测试用途,应注意避免考试误用。对于考生而言,六级写作评分标准过于笼统和模糊,测试设计者应该更加明晰写作评分标准。考生认为考试形式僵化影响了他们的写作风格与写作积极性,测试设计者未来需要开发更多创新和可行的写作任务来评估考生的写作能力。

对于教师和学生而言,这项研究也具有参考价值。首先,研究发现负面反拨效应,尤其是考试焦虑强烈困扰着考生。教师和学生可以运用更多通常被忽视的社会情感策略来应对考试焦虑。教师应该给予学生积极的鼓励和有效的指导,学生应该很好地评估他们的预期,必要时向同伴和老师寻求帮助。此外,学生经常使用特定于某项考试的备考方式,如训练和记忆。尽管学生相信这些活动可以提高他们的写作成绩,但其对学生的长期语言学习帮助有限。学生若想提高整体写作能力,需注重整体提升语言技能。最后,六级考生在备考管理上迟疑,备考管理对于考生熟悉考试和评估准备过程很重要,考生应该更加重视这项策略的使用。

◇ 研究局限

尽管本研究有一些创新和有价值的启示,这项研究仍然有一些局限性。就样本而言,问卷调查中各组的样本量不等且相对较小。由于本研究很难招募到大量的雅思和托福考生,其样本量不足100,且小于六级样本量,研究结果的普遍性可能会受到一定影响。此外,尽管我们将考生限制在大学生中,希望减少可能影响研究的个体差异,但无法保证样本完全同质,考生背景(包括性别、专业、学校类型等)没有严格按比例控制,并且由于样本量有限,受试的英语水平变量也未能得到控制。在工具方面,本研究采用了自行开发的问卷。尽管问卷是根据以前的研究编制的，并经过了试点、修订和验证，但仍有进一步完善的空间。在研究内容上，本研究比较了对考生认识和学习过程的反拨效应，但没有探究其结果。考虑到六级考试成绩公布前的时间很长，进一步联系受试的难度很大，以及受试可能不愿真实透露考试成绩这一敏感问题，因此研究对考生的考试成绩、测试使用和后续学习等结果的反拨效应没有进行比较。

◇对未来研究的建议

首先，结合期望价值理论的学习反拨效应模型需要进一步的实证数据检验。由于本研究的重点是描述和比较三项写作测试的反拨效应，并且样本量相对较小，因此该模型尚未根据数据进行优化及最终确定。在未来的研究中，可利用结构方程模型来检验该模型，这对更好地探索反拨效应机制以及认识、过程和结果之间的关系具有重要意义。

其次，考试各部分的具体反拨效应值得关注。本研究调查了写作任务的反拨效应，未来需要进行更多关于听、说、读部分的反拨效应研究，甚至在其他不同的考试之间进行比较，以便更深入地理解具体的反拨效应。

再次，三项写作考试对其他利益相关者的反拨效应值得关注。本研究比较了六级、雅思、托福写作对考生的反拨效应，并从考生的角度提供了相应的后效证据。为了更好地理解和比较这三项考试的反拨效应，提供后效证据，还需要倾听来自其他利益相关者，如教师、家长、学校和用人单位的声音。

参考文献

Alderson,J.,& Wall,D. (1993). Does washback exist? [J]. *Applied Linguistics*,14(2),115-129.

Alderson,J.,& Hamp-Lyons,L. (1996). TOEFL preparation courses：A study of washback [J]. *Language Testing*,13(3),280-297.

Andrews,S.,Fullilove,J.,& Wong,Y. (2002). Targeting washback：A case study [J]. *System*,30, 207-223.

Bachman,L. F.,& Palmer,A. S. (1996). *Language testing in practice*[M]. Oxford University Press.

Bachman,L. F. (2005). Building and supporting a case for test use [J]. *Language Assessment Quarterly*,2(1),1-34.

Bachman,L. F.,& Palmer,A. S. (2010). *Language assessment in practice*[M]. Oxford University Press.

Bailey,K. (1996). Working for washback：A review of the washback concept in language testing[J].

Language testing, 13(3),257-279.

Bandura, A. (1997). *Self-efficacy: The exercise of control*[M]. Freeman.

Bandura, A. (1982). Self-efficacy mechanism in human agency[J]. *American Psychologist*, 37(2), 122-147.

Brannon, L., Courtney, J. P., Urbanski, C. P., Woodward, S. V., Reynolds, J. M., Iannone, A. E., Haag, K. D., Mach, K., Manship, L. A., & Kendrick, M. (2008). The five-paragraph essay and the deficit model of education[J]. *English Journal*, 98(2),16-21.

Brown, J. (1998). *Does IELTS preparation work? An application of the context-adaptive model of language program evaluation*(IETLS Research Reports No. 1)[R]. IELTS Australia.

Chapell, M. S., Blanding, Z. B., Silverstein, M. E., Takahashi, M., Newman, B., Gubi, A., & McCann, N. (2005). Text anxiety and academic performance in undergraduate and graduate student[J]. *Journal of Educational Psychology*, 97(2),268-274.

Chen, J. F., Warden, C. A., & Chang, H. (2005). Motivators that do not motivate: The case of Chinese EFL learners and the influence of culture on motivation[J]. *TESOL Quarterly*, 39(4),609-633.

Chen, Q. (2011). *Assessment policy change in relation to English language teaching and learning in China: A study of perspectives from two universities* (Unpublished doctoral dissertation) [D]. Queensland University of Technology.

Cheng, L. (1998). Impact of a public English examination changes on student' perceptions and attitudes toward their English learning[J]. *Studies in Educational Evaluation*, 24(3),279-301.

Cheng, L., & DeLuca, C. (2011). Voices from test-takers: Further evidence for language assessment validation and use[J]. *Educational Assessment*, 16(2),104-122.

Cheng, L. (2005). *Changing language teaching through language testing: A washback study* [M]. Cambridge University Press.

Cheng, L., Andrews, S., & Yu, Y. (2010). Impact and consequences of school-based assessment (SBA): Students' and parents' views of SBA in Hong Kong[J]. *Language Testing*, 28(2), 221-249.

Chu, L., & Gao, P. (2006). An empirical study of the washback of CET-4 Writing[J]. *Sino-US English Teaching*, 3(5),36-38.

Cizek, G. J., & Burg, S. S. (2006). *Addressing test anxiety in a high-stakes environment*[M]. Corwin Press.

Coleman, D., Starfield, S., & Hagan, A. (2003). *The attitudes of IELTS stakeholders: Student and staff perceptions of IELTS in Australia, UK and Chinese tertiary institutions* (IELTS Research Reports No. 5) [R]. IELTS Australia.

Eccles, J. S. (1983). Expectancies, Values, and Academic Behaviours [A]. In J. T. Spence (Ed.), *Achievement and achievement motivation* (pp. 75-146) [C]. Freeman.

Eccles, J. S., & Harold, R. D. (1991). Gender differences in sport involvement：Applying the Eccles' expectancy-value model [J]. *Journal of Applied Sport Psychology, 3* (1), 7-55.

Eccles, J. S., & Wigfield, A. (2002). Motivational beliefs, values, and goals [J]. *Annual Review of Psychology, 53*, 109-132.

Erfani, S. (2012). A comparative washback study of IELTS and TOEFL iBT on teaching and learning activities in preparation courses in the Iranian context [J]. *English Language Teaching, 5* (8), 185-195.

ETS. (2015). *Test and score data summary for TOEFL iBTR Tests* [R]. http://www. ets. org/s/toefl/ pdf/94227_unlweb. pdf.

Gardner, J. (Ed.) (2006). *Assessment and learning* [M]. Sage.

Gist, M. E., & Mitchell, T. R. (1992). Self-efficacy：A theoretical analysis of its determinants and malleability [J]. *The Academy of Management Review, 17* (2), 183-211.

Gorsuch, R. L. (1983). *Factor analysis* [M]. Lawrence Erlbaum.

Green, A. (2006a). Watching for washback：Observing the influence of the International English Language Testing System Academic Writing Test in the classroom [J]. *Language Assessment Quarterly, 3* (4), 333-368.

Green, A. (2006b). Washback to the learner：Learner and teacher perspectives on IELTS preparation course expectations and outcomes [J]. *Assessing Writing, 11* (2), 113-114.

Green, A. (2007). *IELTS Washback in context：Preparation for academic writing in higher education* [M]. Cambridge University Press.

Hamp-Lyons, L. (1997). Washback, impact and validity, ethical concerns [J]. *Language Testing, 14* (3), 295-337.

Hawkey, R. (2006). *Impact theory and practice：Studies of IELTS test and Progetto Lingue 2000* [M]. Cambridge University Press.

Hawkey, R., Thompson, S., & Turner, R. (2006). Developing a classroom video database for test washback research [J]. *Research Notes, 26*, 5-9.

He, L., & Shi, L. (2008). ESL students' perceptions and experiences of standardized English writing tests[J]. *Assessing Writing*, *13*(2), 130-149.

Hughes, A. (1993). *Washback and TOEFL 2000* (Unpublished manuscript) [A]. University of Reading.

Hughes, A. (1989). *Testing for language teachers*[M]. Cambridge University Press.

IELTS. (2015). *Test taker performance 2015*[R]. https://www. ielts. org/teaching-and-research/test-taker-performance.

Jacobs, J. E., & Eccles, J. S. (2000). Parents, task values, and real-life achievement-related choices [A]. In C. Sansone & J. M. Harachiewicz (Eds.), *Intrinsic motivation* (pp. 405-439) [C]. Academic Press.

Kane, M. T. (2006). Validation[A]. In R. L. Brennan(Ed.), *Educational measurement* (4th ed., pp. 17-64) [C]. American Council on Education/ Praeger.

Kane, M. T. (2013). Validating the interpretations and uses of test scores[J]. *Journal of Educational Measurement*, *50*(1), 1-73.

Karabenick, S. A. (2004). Perceived achievement goal structure and college student help seeking[J]. *Journal of Educational Psychology*, *96*(3), 569-581.

King, N., & Horrocks, C. (2010). *Interviews in qualitative research*[M]. Sage.

Kim, E. J. (2017). The TOEFL iBT writing: Korean students' perceptions of the TOEFL iBT writing test[J]. *Assessing Writing*, *33*(2), 1-15.

Kukla, A. (1978). An attributional theory of choice [A]. In L. Berkowitz (Ed.), *Advances in Experimental Social Psychology*(pp. 113-144) [C]. Academic.

Low, G. D. (1988). The semantics of questionnaire rating scales [J]. *Evaluation & Research in Education*, *2*(2), 69-79.

Lumley, T., & Stoneman, B. (2000). Conflicting perspectives on the role of test preparation in relation to learning? [J]. *Hong Kong Journal of Applied Linguistics*, *5*(1), 11-13.

MacArthur, C. A., Philippakos, Z. A., & Ianetta, M. (2015). Self-regulated strategy instruction in college developmental writing[J]. *Journal of Educational Psychology*, *107*(3), 855-867.

McNamara, T. (2000). *Language testing*[M]. Oxford University Press.

Messick, S. (1989). Validity[A]. In R. L. Linn(Ed.), *Educational measurement* (3rd edition, pp. 13-103) [C]. Macmillan.

Messick, S. (1996). Validity and washback in language testing [J]. *Language Testing*, *13*(3), 241-265.

Mickan, P., & Motteram, J. (2009). *The preparation practices of IELTS candidates: Case studies* (IELTS Research Reports No. 10) [R]. IELTS Australia.

Moore, S., Stroupe, R., & Mahony, P. (2012). *Perceptions of IELTS in Cambodia: A case study of test impact in a small developing country* (ELTS Research Reports No. 13) [R]. IELTS Australia.

Oxford, R. L. (1990). *Language learning strategies: What every teacher should know* [M]. Newbury House Publisher.

Pearson, I. (1988). Tests as levers for change [A]. In D. Chamberlain & R. Baumgardner (Eds.), *ESP in the classroom: Practice and evaluation* (pp. 98-107) [C]. Modern English Publications.

Phakiti, A. (2003). A closer look at the relationship of cognitive and metacognitive strategy use to EFL reading achievement test performance [J]. *Language Testing*, 20(1), 26-56.

Pintrich, P. R., Smith, D., Garcia, T., & McKaechie, W. (1991). *A manual for the use of the motivated strategies for learning questionnaire (MSLQ)* [S]. The University of Michigan.

Powers, D. E., & Swinton, S. S. (1984). Effects of self-study for coachable test item types [J]. *Journal of Educational Psychology*, 76(2), 226-278.

Purpura, J. E. (1999). *Learner strategy use and performance on language tests: A structural equation modeling approach* [M]. Cambridge University Press.

Qi, L. (2007). Is testing an efficient agent for pedagogical change? Examining the intended washback of writing test in a high-stakes English test in China [J]. *Assessment in Education*, 14(1), 51-74.

Saville, N. (2010). Developing a model for investigating the impact of language assessment [J]. *Research Notes*, 42, 2-8.

Seidman, I. (2006). *Interviewing as qualitative research* [M]. Teacher College Press.

Shaw, S. D., & Weir, C. J. (2007). *Examining writing: Research and practice in assessing second language writing* [M]. Cambridge University Press.

Shih, C. (2007). A new washback model of students' learning [J]. *The Canadian Modern Language Review*, 64(1), 135-162.

Shohamy, E. (1993). *The power of tests: The impact of language tests on teaching and learning* [R]. https://files. eric. ed. gov/fulltext/ED362040. pdf.

Shohamy, E. (2001). *The power of tests: A critical perspective of the uses of language tests* [M]. Pearson Education.

Shohamy, E., Donitsa-Schmidt, S., & Ferman, I. (1996). Test impact revisited: Washback effect over time [J]. *Language testing*, 13(3), 298-317.

Slomp,D. H. (2008). Harming not helping:The impact of a Canadian standardized writing assessment on curriculum and pedagogy[J]. *Assessing Writing*,*13*(3),180-200.

Stecher,B. (2002). Consequences of large-scale high-stakes testing on school and classroom practice [A]. In L. S. Hamilton,B. Stecher & S. P. Klein(Eds.),*Making sense of test-based accountability in education*(pp. 79-100)[C]. Rand Education,National Science Foundation.

Stoneman,B. W. H. (2006). *The impact of an exit English test on Hong Kong undergraduates:A study investigating the effects of test status on students' test preparation behaviours*(Unpublished doctoral dissertation)[D]. Hong Kong Polytechnic University.

Tsagari,D. (2009). Revisiting the concept of test washback:Investing FCE in Greek language school [J]. *Research Notes*,*35*,5-10.

Vaughn,S.,Schumm,J., & Sinagub,J. (1996). *Focus group interviews in education and psychology* [M]. Sage Publications.

Vernon,P. (1956). *The measurement of abilities*[M]. University of London Press.

Wall,D. (1997). Imapct and washback in language testing[A]. In C. Clapham & D. Corson(Eds.), *Language testing and assessment*(pp. 291-302)[C]. Kluwer Academic Publishers.

Wall,D., & Horák,T. (2008). *The impact of changes in the TOEFL examination on teaching and learning in central and eastern Europe:Phase 2,coping with change*[R]. https://eric. ed. gov/? id=EJ1111215.

Wall,D.,& Horák,T. (2011). *The impact of changes in the TOEFL examination on teaching and in a sample of countries in Europe:Phase 3,the role of the course book*[R]. https://onlinelibrary. wiley. com/doi/abs/10. 1002/j. 2333-8504. 2011. tb02277. x#references-section.

Warden,C.,& Lin,H. J. (2000). Existence of integrative motivation in Asian EFL setting[J]. *Foreign Language Annals*,*33*(5),535-545.

Watanabe,Y. (2004). Teacher factors mediating washback[A]. In L. Cheng,Y. Watanabe & A. Curtis (Eds.),*Washback in language testing:Research context and methods*(pp. 129-146)[C]. Lawrence Erlbaum Associates.

Weir,C. J. (2005). *Language testing and validation*[M]. Macmillan.

Wiseman,S. (1961). The efficiency of examinations[A]. In S. Wiseman (Ed.),*Examinations and English education*[C]. Manchester University Press.

Xie Q.,& Andrews,S. (2012). Do test design and uses influence test preparation? Testing a model of washback with Structural Equation Modeling[J]. *Language Testing*,*30*(1),49-70.

Xie,Q. (2010). *Test design and use,preparation,and performance:A structural equation modeling study of consequential validity*(Unpublished doctoral dissertation)[D]. The University of Hong Kong.

Xie,Q. (2011). Is test taker perception of assessment related to construct validity? [J]. *International Journal of Testing,11*(4),324-348.

Xie,Q. (2013). Does test preparation work? Implications for score validity[J]. *Language Assessment Quarterly,10*(2),196-218.

Xie,Q. (2015). "I must impress the raters!" An investigation of Chinese test-taker' strategies to manage rater impressions[J]. *Assessing Writing,25,22-37.*

Zhan,Y. (2009). *Washback and possible selves:Chinese non-English-major undergraduates' English learning experience*(Unpublished doctoral dissertation)[D]. The University of Hong Kong.

蔡基刚,2002. 大学英语四、六级写作要求和评分标准对中国学生写作的影响[J]. 解放军外国语学院学报(5):49-53.

费茜,赵毓琴,2008. 大学英语四级写作评分标准中的问题分析[J]. 外语教学理论与实践(4):45-52.

辜向东,2007a. 正面的还是负面的?——大学英语四、六级考试反拨效应实证研究[M]. 重庆:重庆大学出版社.

辜向东,2007b. 大学英语课堂教学的特征——兼论大学英语四、六级考试对课堂教学的影响[J]. 西安外国语大学学报(4):39-45.

辜向东,张正川,刘晓华,2014. 改革后的 CET 对学生课外英语学习过程的反拨效应实证研究——基于学生的学习日志[J]. 解放军外国语学院学报(5):32-39.

辜向东,2014. 大学英语四、六级考试反拨效应历时研究(上、下)[M]. 成都:四川大学出版社.

雷蕾,2014. 应用语言学研究设计与统计[M]. 武汉:华中科技大学出版社.

秦晓晴,2009. 外语教学问卷调查法[M]. 北京:外语教学与研究出版社.

全国大学英语四、六级考试委员会,2016. 大学英语四、六级考试大纲[S]. 上海:上海交通大学出版社.

徐莎莎,2014. 高风险考试反拨效应研究:研究生入学统一考试英语写作任务的备考研究[D]. 杭州:浙江大学.

杨卿,谭颖,2007. 大学英语四级写作测试反拨效应调查[J]. 华中农业大学学报(社会科学版)(6):154-157.

邹申,徐倩,2014. 标准参照考试及其反拨效应——以 TEM 考试为例[J]. 外语教学理论与实践(1):42-48.

求索 外语学术研究系列
ACADEMIC SERIES ON FOREIGN LANGUAGE STUDIES

重庆大学外国语学院学术文库
重庆大学"双一流"学科重点建设项目
外国语言文学一级学科水平提升计划

CET

传承性与创新性：
基于证据的六级、雅思、托福考试效度对比研究（下）

辜向东 编 著

T OEFL I ELTS

重庆大学出版社

图书在版编目（CIP）数据

传承性与创新性：基于证据的六级、雅思、托福考
试效度对比研究. 下 / 辜向东编著. -- 重庆：重庆大
学出版社，2020.12
ISBN 978-7-5689-2524-2

Ⅰ. ①传… Ⅱ. ①辜… Ⅲ. ①英语水平考试—对比研
究—世界 Ⅳ. ①H310.41

中国版本图书馆 CIP 数据核字（2020）第 245517 号

传承性与创新性：基于证据的六级、雅思、托福考试效度对比研究（下）

辜向东　编著
策划编辑：安　娜
责任编辑：安　娜　　版式设计：叶抒扬
责任校对：关德强　　责任印制：赵　晟

*

重庆大学出版社出版发行
出版人：饶帮华
社址：重庆市沙坪坝区大学城西路 21 号
邮编：401331
电话：(023) 88617190　88617185（中小学）
传真：(023) 88617186　88617166
网址：http://www.cqup.com.cn
邮箱：fxk@cqup.com.cn（营销中心）
全国新华书店经销
重庆市正前方彩色印刷有限公司印刷

*

开本：720mm×1020mm　1/16　总印张：32.75　总字数：672千
2020 年 12 月第 1 版　　2020 年 12 月第 1 次印刷
ISBN 978-7-5689-2524-2　定价：146.00 元（含上、下册）

书刊检验
合格

第 10 章

第 13 章

结　语

创新性研究

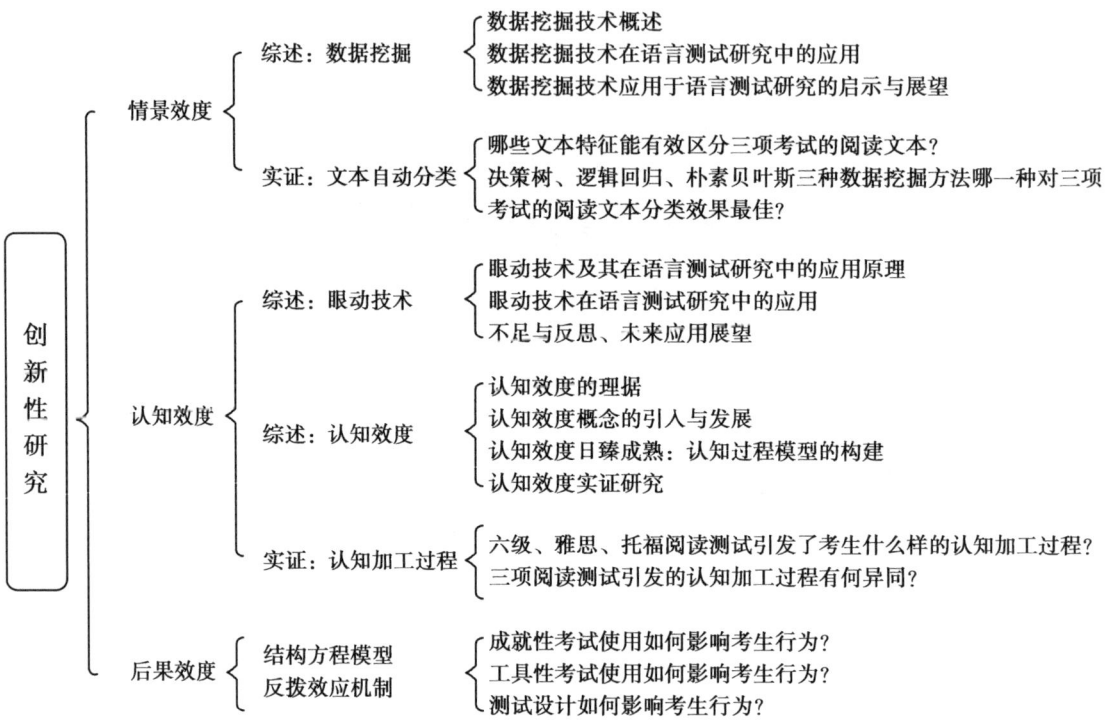

创
新
性
研
究
├─ 情景效度
│   ├─ 综述：数据挖掘
│   │   ├ 数据挖掘技术概述
│   │   ├ 数据挖掘技术在语言测试研究中的应用
│   │   └ 数据挖掘技术应用于语言测试研究的启示与展望
│   └─ 实证：文本自动分类
│   ├ 哪些文本特征能有效区分三项考试的阅读文本？
│   └ 决策树、逻辑回归、朴素贝叶斯三种数据挖掘方法哪一种对三项
│   考试的阅读文本分类效果最佳？
├─ 认知效度
│   ├─ 综述：眼动技术
│   │   ├ 眼动技术及其在语言测试研究中的应用原理
│   │   ├ 眼动技术在语言测试研究中的应用
│   │   └ 不足与反思、未来应用展望
│   ├─ 综述：认知效度
│   │   ├ 认知效度的理据
│   │   ├ 认知效度概念的引入与发展
│   │   ├ 认知效度日臻成熟：认知过程模型的构建
│   │   └ 认知效度实证研究
│   └─ 实证：认知加工过程
│   ├ 六级、雅思、托福阅读测试引发了考生什么样的认知加工过程？
│   └ 三项阅读测试引发的认知加工过程有何异同？
└─ 后果效度
    └─ 结构方程模型
       反拨效应机制
        ├ 成就性考试使用如何影响考生行为？
        ├ 工具性考试使用如何影响考生行为？
        └ 测试设计如何影响考生行为？

情景效度

第9章　数据挖掘技术在语言测试研究中的应用		
研究主题		
数据挖掘技术概述 数据挖掘技术在语言测试研究中的应用 数据挖掘技术应用于语言测试研究的启示		
第10章　六级、雅思、托福阅读文本自动分类——基于数据挖掘的方法		
数据采集	数据来源	分析工具
六级文本(132 篇)	六级:考试真题(2006—2016)	Coh-Metrix (自动文本分析工具)
雅思文本(134 篇)	雅思:剑桥雅思真题(4—12 册)	
托福文本(74 篇)	托福网上练习(TPO 1—50)	WEKA (数据挖掘工具)

第 9 章
数据挖掘技术在语言测试研究中的应用①

摘要:信息技术的发展给语言测试带来了新变化,也对语言测试研究方法提出了新要求。在大数据背景下,越来越多的语言测试学者尝试运用数据挖掘技术研究语言测试问题。为方便读者了解数据挖掘技术应用于语言测试研究的现状,本文首先介绍数据挖掘的基本概念、主要方法以及数据挖掘过程,然后重点介绍数据挖掘技术在语言测试研究中的应用现状,并按研究主题对相关文献进行分类讨论。最后,对数据挖掘技术应用于语言测试研究的启示、不足和未来的研究方向进行阐述。

关键词:数据挖掘技术;语言测试;跨学科研究;研究方法

1 引言

语言测试是语言教学中不可或缺的组成部分(杨惠中、桂诗春,2007),也是外语教育工作者一直关心的重要议题。近年来,在教育信息化、远程教育等背景下,信息技术对外语教育的影响越发显著(周庆 等,2015)。信息技术在改变传统的课程体系和教学模式的同时,也对语言测试的形式和方法产生了诸多影响,从最初的基于计算机的考试、基于网络的考试到后来的作文自动评分系统的开发和应用,如文本自动评分工具 E-rater、文本智能改编、题库建设、自适应考试系统的设计与开发等。除了改变语言测试的形式和方法外,信息技术尤其是数据挖掘技术对语言测试领域的研究方法也有显著影响,越来越多的研究者开始尝试用数据挖掘技术来解决语言测试研究中的难题(Aryadoust & Goh,2014)。

本文将首先介绍数据挖掘的概念、任务以及数据挖掘过程,然后按主题分类讨论数据挖

---

① 本文发表在《国外英语考试教学与研究》2020 年第 4 期"语言测试人才培养的国际化及可持续发展"专栏,本专著收录时有修改。

掘技术在语言测试研究中的应用,最后对大数据时代背景下数据挖掘技术应用于语言测试研究的未来进行展望。

2 数据挖掘技术概述

2.1 数据挖掘的概念与任务

数据挖掘是指从大量的数据中发现隐藏的模式和知识的过程(Witten & Frank, 2005)。数据挖掘兴起于 20 世纪 90 年代,融合了统计学、人工智能,尤其是机器学习技术和数据库技术(Cios et al., 2007),目前已广泛应用于金融、医疗及其他科学领域(周庆 等,2015)。

数据挖掘有两类任务,描述和预测。描述是指发现数据中存在的模式,使用户更容易理解数据(Gorunescu, 2011;Aggarwal, 2015)。预测是指用已知变量预测未知变量(Hand et al., 2001;Yin et al., 2011)。

两类数据挖掘任务常用的方法主要包括分类、聚类、关联规则挖掘等。分类的目的在于为对象划分一个类别(Cios et al., 2007;周庆 等,2015),如将试题难度划分为高、中、低三个类别。常用的分类算法有决策树、贝叶斯网络、逻辑回归、人工神经网络和支持向量机等。聚类是将相似的对象划分到同一个簇,使得同一簇中对象之间的相似性最大,而不同簇中对象之间的相似性最小(Aggarwal, 2015)。与分类不同,聚类所要划入的类别通常是未知的,即聚类过程是探索性的,对要划入的类别没有预设,常用的聚类算法有 K-means 算法(周庆 等,2015)。关联规则挖掘旨在发现数据之间隐含的关联(Yin et al., 2011),例如挖掘超市售货记录数据后,发现啤酒和尿不湿的销售额之间存在关联。常用的关联规则挖掘算法有 Apriori 算法、Brute Force 算法、Enumeration-Tree 算法等。

此外,对于不同的数据类型,还有其他的数据挖掘方法,如数据流挖掘、文本挖掘、时间序列挖掘、空间数据挖掘、网页挖掘和图数据挖掘等。

2.2 数据挖掘过程

数据挖掘主要有数据准备、建模和模型评估三个步骤(见图 9.1)。

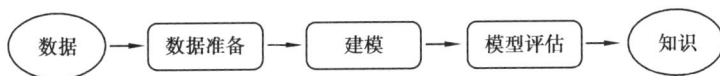

图 9.1 数据挖掘流程

数据准备是指将原始数据转换为符合数据挖掘要求的数据。因为原始数据可能包含噪声、缺失值和不一致的数据,因此需要对数据进行转换以满足数据挖掘要求(周庆 等,

2015)。数据准备主要包括:数据清洗,即处理数据中的缺失值、噪声和不一致数据等的过程;数据归约,指压缩原始数据的大小以提高数据挖掘效率,常见的数据规约类型有数据取样、降维等;数据转换,即将数据转换成数据挖掘算法需要的类型(Aggarwal,2015)。

建模是指用模型展示对象之间的关系。数据挖掘模型主要分为描述类模型和预测类模型。前者旨在发现数据中已有的关系和规律,如近年来部分高校通过挖掘学生的校园卡消费数据,发现贫困学生,进而实现贫困补助的"精准"发放。后者则是通过已知变量预测和推断未知变量,如通过分析学生的学习行为数据,预测学生是否存在挂科的风险,进而对其进行教学干预。

模型评估是指评估模型的性能,选出最优模型(Gorunescu,2011;Aggarwal,2015)。常用的模型评估指标有:准确率(accuracy)、召回率(recall)、精确度(precision)。此外,其他指标如 F-measure,AUC 等也可以用作模型评估的参考。

数据挖掘技术因其诸多优点,如方法多样,大多数算法已相当成熟,可直接应用;能够高效处理大规模数据,并从中发现隐藏的规律和知识;以数据为驱动,无须对变量之间的关系做出预设,对数据的分布也没有严格要求,等等,越来越多学者尝试将数据挖掘技术应用于语言测试研究。

3 数据挖掘技术在语言测试研究中的应用

语言测试研究中对数据挖掘技术的应用尚处于探索阶段,研究文献数量相对较少,且主要集中于近几年。笔者以"数据挖掘+语言测试""数据挖掘+题目难度/文本难度""算法+语言测试/语言教学""人工智能+教育/教育测量/语言测试"等为关键词进行大范围搜索,然后逐篇筛选,最终得到 26 篇最相关的符合要求的文献。文献来源主要有:语言测试期刊和教育测量期刊、大规模考试研究报告、数据库等。

按研究主题可以将文献分为五类,分别是成绩预测、语言知识与语言技能的关系、题目难度预测、评分员行为研究和写作测试。

3.1 成绩预测

成绩预测,即预测学生的考试成绩和考试表现,主要有两种类型:一是根据一项考试的成绩预测其他考试的成绩,如 Gurlitz(2015)用托福口语成绩预测学生的 SPEAK(Speaking Proficiency English Assessment Kit)成绩;二是根据学生的背景信息和学习行为等,预测其能否通过某项考试,如 Meng et al.(2017)根据学生的人口学信息、学习日志和绩点预测其专四考试成绩。成绩预测研究中用到的数据挖掘技术主要有回归分析和贝叶斯算法。

现有研究多集中于用托福考试成绩预测学生在 ITA（International Teaching Assistant）考核中的表现，如 Xi（2008）为了验证国外高校将托福口语成绩作为考核 ITA 申请者的参考标准之一是否理据充分，用逻辑回归分析托福口语成绩对学生 SPEAK 成绩的预测力，结果显示托福口语成绩能够有效预测考生的 SPEAK 成绩，且能够对考生的能力水平作显著区分。

尽管托福口语成绩作为选拔 ITA 的参考具有一定的理据，然而由于考生群体的多样性，考生的个体差异对选拔结果可能产生的影响有待研究。Gurlitz（2015）用考生的托福口语成绩预测其 SPEAK 考试成绩，根据生源地将考生分为东亚组、印度半岛组和其他组，通过建立贝叶斯成绩预测模型。研究发现当托福口语成绩为 24 分时，无论考生来自哪个地区，均不能通过 SPEAK 考试的几率为 0.56，说明决策者在筛选 ITA 时应要求考生的托福口语成绩高于 24 分；当托福口语成绩高于 24 分时，东亚考生不能通过 SPEAK 考试的几率为 0.79，而印度半岛的考生则为 0.43，其他地区的考生为 0.15。有趣的是，该研究发现当托福口语成绩>=28 分时，印度半岛的学生 SPEAK 考试失败的几率最大。以上研究表明，将托福考试成绩尤其是口语成绩作为选拔 ITA 的参考时，应考虑学生的个体差异，如地域差异、文化和语言环境等。

除了总成绩以及口语成绩，有学者也研究了托福其他单项成绩对 ITA 选拔的参考价值。如 Mercado（2017）研究了托福考试各单项成绩对学生 SPEAK 考试成绩的预测作用。通过建立亚高斯贝叶斯成绩预测模型，该研究发现，在托福考试各单项成绩以及所有单项成绩的组合中，口语成绩的预测准确率最高，其次是听力成绩。说明在选拔 ITA 时，除参考总成绩外，还应综合考虑各单项成绩，尤其是口语成绩和听力成绩。

还有学者根据学生的课业成绩预测其某项考试的成绩，如 Meng et al.（2017）以国内某高校英语专业本科生为研究对象，提取学生大学四年每门课的成绩、家庭经济状况、父母文化水平以及从学生大学四年记录的学习日志中反映学生学习状态的关键词，用以预测学生专四表现。该研究收集了问卷调查和学校教务管理系统中学生的成绩数据，分别用朴素贝叶斯算法、神经网络算法和逻辑回归这三种数据挖掘技术建立成绩预测模型，用预测准确率、精确度、召回率、F 值等指标评估模型，最终发现在所采用的三种数据挖掘技术中，朴素贝叶斯模型能够最准确地预测学生的专四成绩。该研究的创新性在于综合考虑了多种因素（如家庭经济条件、父母文化程度和学业成绩等）对专四考试成绩可能产生的影响。研究意义在于能及早发现可能无法通过考试的学生，并从多方面着手，如家庭经济条件、学生的心理状况（压力、焦虑）等对学生进行教学干预。

数据挖掘中的预测任务应用于成绩预测时：一方面，对于学业成绩的预测能够及早发现可能会挂科或学习困难的学生，从而建立预警机制，对学生进行有针对性的指导和帮助；另一方面，对考试成绩的预测能够为相关政策的制定和人才选拔提供参考。

3.2 语言知识与语言技能的关系

语言知识与语言技能的关系研究主要是分析语言知识，如词汇、语法等对听力、口语、阅读、写作以及翻译等语言技能的影响。语言测试中此类研究多使用回归分析、基于进化算法的符号回归分析、神经网络算法等数据挖掘技术，集中于分析学习者的词汇知识和语法知识对其阅读理解和听力理解能力的影响，如 Han（2012）采用回归分析的方法研究词汇提取能力和工作记忆容量对阅读理解的影响。

然而有学者（Perkins et al., 1995；Aryadoust, 2015）指出，人文社科领域往往涉及众多变量，且变量之间关系错综复杂，而线性回归方法预设自变量和因变量呈线性关系且自变量之间不存在交互影响，因此用线性回归的方法分析数据可能会得出不够准确的结果。此外，在人文社科领域，异常的数据本身往往包含重要信息，而线性回归方法往往忽略了这些异常数据（Alamir, 1999；Keith, 2006）。例如某学生的成绩远远低于平均值，在线性回归中这样的异常数据可能由于不具代表性而被忽略，然而对于人文社科领域的学者而言，进一步挖掘其异常成绩背后的社会学原因，如家庭和教育环境等，进而更全面地了解并帮助学生，可能更有价值和意义。因此，在人文社科研究中，仅仅用线性回归的方法是不够的，某些时候得出的结果甚至不准确，那么探索更适合用来解决问题的非线性的方法就显得尤为重要。

Aryadoust（2015）将进化算法的思想融入回归分析中，用基于进化算法的符号回归研究认知策略的使用和词汇语法知识对听力理解的影响。结果显示，词汇知识和语法知识以及元认知策略中的计划和评估策略、问题解决策略对听力理解有显著的预测作用。而使用线性回归得出的结论则显示语法知识和问题解决策略对听力理解有预测作用，但预测作用较弱。上述两种方法得出的结果差异表明，在建模之前应先检验数据，根据数据的实际情况采取合适的数据分析方法，即如果自变量和因变量呈非线性关系，则应采用非线性模型。

Aryadoust & Baghaei（2016）用神经网络算法研究学生的词汇知识和语法知识与其阅读水平之间的关系。结果显示，训练的神经网络模型准确预测出了78%的学生阅读水平，表明词汇知识和语法知识对阅读理解有着重要影响。

将数据挖掘技术应用于分析语言知识和语言技能的关系，有助于深入理解语言学习和语言技能发展的本质，揭示语言加工过程，且数据挖掘技术中的很多非线性模型（如神经网络模型、逻辑回归模型等）因其自身的特点，在人文社科领域包括教育测量研究中具有很强的适用性。

3.3 题目难度预测

题目难度预测主要在于发现影响题目难度的因素有哪些,进而通过操纵这些因素实现题目难度调控的目的。此类研究用到的数据挖掘技术主要有回归分析、分类回归树、神经网络算法、路径分析、自适应神经模糊推理系统等。Freedle & Kostin(1991,1999)在其系列研究中,运用多元回归来考查影响题目难度的因素。主要思路是,对阅读/听力理解文本、多项选择题题干和选项中可能影响题目难度的变量进行编码和提取,用多元回归分析研究这些变量对题目难度变异的解释力,解释的难度变异越多,表明该组变量对难度的影响越大。

Perkins et al.(1995)尝试用神经网络算法研究题目难度,考查了阅读文本特征,如所谈论的话题是否属于人文学科,段落数、平均每段的词数、阅读文本和多项选择题题干及选项的论元/修饰语/谓词数。结果显示,经过训练的神经网络模型能够较准确地预测题目难度。该研究探索了神经网络算法对题目难度预测的适用性,对后来的研究具有重要的启示和借鉴意义,如在 Perkins et al.(1995)研究的基础上,韩蒞(2005)和付佩宣(2014)用神经网络算法预测汉语考试阅读理解题目难度,发现经过训练的神经网络模型对题目难度预测准确率较高。然而,值得指出的是,Perkins et al.(1995)的研究仍存在不足之处,例如其关于阅读理解所涉及的认知要求的界定过于简单,而且理论依据不足。Gao & Rogers(2011)基于广泛的文献梳理,提出了一个相对全面且有充分理论依据的阅读理解认知加工模型,用基于决策树的回归分析方法探究影响阅读理解题目难度的认知因素有哪些,加深了学界对阅读理解认知加工过程的理解。

还有学者对比分析多种数据挖掘技术对题目难度预测的适用性,如 Aryadoust(2013a)对比分析了自适应神经模糊推理系统和路径分析两种方法对听力理解题目难度的预测。结果表明,自适应神经模糊推理系统在教育测量领域有很强的适用性,可以与路径分析方法结合使用。Aryadoust & Goh(2014)对比分析了回归分析、分类回归树、神经网络算法在听力理解多项选择题题目难度预测中的差异,发现人工神经网络算法的预测效果最佳。Rupp et al.(2001)将多元线性回归与分类回归树结合起来研究影响听力理解和阅读理解多项选择题题目难度的文本因素、题目因素以及文本和题目的交互因素。研究表明,将上述两种方法结合使用有助于得到更全面准确的结果。

题目难度调控是试题开发的重要环节,因为只有难度适宜的题目才能有效地测量出考生的真实水平,而要确保题目难度适宜,试题开发者需要不断试测和调整题目难度。数据挖掘技术能够从多方面、多角度入手,研究影响题目难度的多种因素。而用数据挖掘技术探索影响题目难度的因素,进而实现题目难度调控,将极大地减轻试题开发者的工作量,节省人力和物力资源。

3.4 评分员行为研究

评分员行为研究主要是通过问卷调查和访谈等了解评分员在评分过程中所侧重的方面,进而识别出不同类型的评分员。此外,也有研究通过调查评分员的认识和实际评分行为,分析两者之间有没有偏差,研究评分员的认识如何影响其实际评分行为。

在此类研究中,聚类分析技术比较常用。如 Eckes(2008)收集了评分员对作文进行评分的数据,先用 Rasch 模型检验评分员的评分行为是否存在显著差异,然后对评分员做聚类分析,结果显示共有六类评分行为,分别侧重词汇句法成熟度和写作任务完成度、单词拼写和语法运用准确规范、文章结构清晰完整、文章流畅通顺、句法多样且行文流畅、思路清晰且个人观点鲜明。Eckes(2012)进一步研究了评分员的认识与其实际评分行为之间的关系,聚类分析结果显示,共有四种不同类型的评分员,且评分员的认识在很大程度上决定其评分行为,例如对于他们认为比较重要的语言点,在评分过程中会比较严格,相反,对于他们认为不太重要的语言点,在评分过程中就会适当宽松。

评分是测试的重要环节,与考生、考试研发者、用人单位等多方利益相关者密切相关,因此对于评分行为的研究意义重大。由于评分一定程度上属于个体化的行为,且不同的人对评分规则的解读可能存在差异,那么能否确保评分员在评分之前对评分规则有正确的理解,对评分规则的解读出现分歧时该如何协调。在实际评分过程中,评分员是否会严格按照评分规则执行,抑或会加入自己的评分经验、主观感受、个人观点等对评分规则进行"过滤"等,都值得深入研究。数据挖掘中的聚类分析技术可以从大量评分行为数据中发现特有的评分规律和模式,具有一定的客观性和科学性,将极大便利于评分结果的解读,对评分员进行培训,以提升评分准确性与可靠性。

3.5 写作测试

数据挖掘技术应用于写作测试研究主要分为两类:一是研究写作的文本特征(词汇、语法、语篇)与写作质量之间的关系;二是关于作文自动评分系统的优化问题。写作测试研究中用到的数据挖掘技术主要有支持向量机、自动线性建模、基于遗传算法的符号回归分析。如 Aryadoust(2013b)用自动线性建模技术研究随着 ESL 写作教学的推进,作文的文本特征(词汇复杂度、词汇多样性、句法复杂性、文本的衔接性等)和写作质量之间的关系呈现怎样的动态变化。研究发现,上述文本特征对写作质量的预测力随着时间的推进(从学期初到学期末)有所下降。同样是关于 ESL 写作质量的预测,Aryadoust(2016)用基于遗传算法的符号回归研究词汇、句法、语篇层面的文本特征对写作质量的预测,发现词汇多样性、实词数量、词汇熟悉度、潜在语义分析指标对写作质量具有显著的预测作用。

除了写作质量预测,数据挖掘技术也被用来研究写作自动评分系统的优化和改进,Jin & He(2015)提出假设,认为词的潜在语义特征或可提高作文自动评分系统的准确率。该研究首先基于一部分人工批改的作文样例提取了作文的语法、篇章流畅性、写作任务要求等特征,同时提取了三个潜在语义特征,分别是切题度、CBOW(continuous bag-of-words model)文章连贯性、RAE(recursive autoencoder)文章连贯性。用支持向量机算法构建作文自动评分模型,通过对比人工评分与模型评分之间的差异,发现增加上述三个潜在语义特征后,作文自动评分系统的准确率有所提高。

数据挖掘技术能高效地处理大规模写作数据,自动挖掘出作文的各项文本特征与写作质量之间的关系,有助于教师更详细地了解学生写作能力的发展。数据挖掘技术将有利于对作文文本特征进行全面纵深的研究,不仅限于文章的表层或部分特征,这将有望不断提高作文自动评分系统的准确性,促进写作评分的客观性和公平性。

4 数据挖掘技术应用于语言测试研究的启示

上述五个方面的研究,对语言测试具有理论、方法和实践意义。理论上,上述研究在某种程度上均能为语言测试的效度验证,尤其是为构念效度和评分效度提供证据。方法上,研究中多种数据挖掘技术的应用,尤其是非线性模型如神经网络模型、决策树模型、逻辑回归模型等,表明在语言测试领域,应根据数据的真实情况选择合适的数据分析方法,当自变量与因变量呈非线性关系且自变量之间存在交互影响时,采用非线性的模型有助于得出更准确的结论。实践上,成绩预测能够及早发现可能挂科或学习困难的学生,进行教学干预;题目难度预测能发现与题目难度有关的因素,在开发试题时可以通过调控这些因素合理控制试题难度等。

值得注意的是,数据挖掘技术应用于语言测试研究时仍存在不足。数据挖掘只是对数据进行描述和预测,即揭示变量间隐藏的关系,它不能发现变量间的因果关系。以题目难度预测为例,数据挖掘技术只是挖掘出了和题目难度有关联的因素,而不能证明正是这些因素决定了题目难度。数据挖掘技术属于工程领域,其关注的是模型的最优化,而语言测试研究需要探究问题背后的教育学和社会学因素,最终服务于语言测试效度的提升,更好地满足考生、用人单位以及其他利益相关者的需求。因此,将数据挖掘技术应用于语言测试研究时,需要做一些适应性的改变,使之更好地服务于语言测试研究,如减少特征个数使模型更容易解释。

综上可知，数据挖掘技术已用于研究诸多语言测试问题，并取得了一定成果。然而除上述五个方面的研究外，更多主题（如测试的社会公平性、教师测评素养等）尚待开展。更多语言测试数据有待挖掘，如论坛或贴吧上关于备考和考试的讨论以及经验贴等数据、相关的考试政策和文件、历年考试真题、考生关于备考的日志或学习记录等。其他数据挖掘技术有待尝试，如时间序列分析、关联规则挖掘、异常检测等。数据挖掘技术以高效处理海量数据，并从中发现隐藏的规律和模式见长，在未来的语言测试研究中，将发挥更大的作用和价值。

参考文献

Aggarwal, C. (2015). *Data mining：The textbook*［M］. Springer.

Alamir, M. (1999). Optimization based nonlinear observers revisited［J］. *International Journal of Control*, 72(13), 1204-1217.

Aryadoust, V. (2013a). *Predicting item difficulty in a language test with an adaptive neural fuzzy inference system*［Paper Presentation］. IEEE Workshop on Hybrid Intelligent Models and Applications.

Aryadoust, V. (2013b). *Can computer-generated linguistic features predict second language students' writing score across time?*［Paper presentation］. Technology Enhanced Learning Symposium.

Aryadoust, V. (2016). Application of genetic algorithm-based symbolic regression in ESL writing research［A］. In V. Aryadoust & J. Fox (Eds.), *Trends in language assessment research and practice：The view from the Middle East and the Pacific Rim*(pp. 36-47)［C］. Cambridge Scholars Publishing.

Aryadoust, V., & Baghaei, P. (2016). Does EFL readers' lexical and grammatical knowledge predict their reading ability? Insights from a perceptron artificial neural network study［J］. *Educational Assessment*, 21(2), 135-156.

Aryadoust, V., & Goh, C. (2014). *Predicting listening item difficulty with language complexity measures：A comparative data mining study*［R］.［2020-12-6］https://michiganassessment. org/wp-content/uploads/2014/12/CWP-2014-02. pdf.

Aryadoust, V., Alizadeh, M., & Mehran, P. (2016). Using an artificial neural network to classify reading test items of an Iranian entrance exam for engineering graduate students［A］. In V. Aryadoust & J. Fox(Eds.), *Trends in language assessment research and practice：The view from the*

Middle East and the Pacific Rim(pp. 14-35)［C］. Cambridge Scholars Publishing.

Aryadoust, V. (2015). Application of evolutionary algorithm-based symbolic regression to language assessment: Toward a nonlinear modelling［J］. *Psychological Test and Assessment Modelling*, 57 (3),301-337.

Cios, K., Pedrycz, W., Swiniarski, R., & Kurgan, L. (2007). *Data mining: A knowledge discovery approach*［M］. Springer.

Eckes, T. (2008). Rater types in writing performance assessment: A classification approach to rater variability［J］. *Language Testing*, 25(2),155-185.

Eckes, T. (2012). Operational rater types in writing assessment: Linking rater cognition to rater behaviour［J］. *Language Assessment Quarterly*, 9(3),270-292.

Freedle, R., & Kostin, I. (1991). *The prediction of SAT reading comprehension item difficulty for expository prose passages*(ETS Research Report RR-91-29)［R］.［2020-12-16］https://doi. org/ 10. 1002/j. 2333-8504. 1991. tb01396. x.

Freedle, R., & Kostin, I. (1999). Does the text matter in a multiple-choice test of comprehension? The case for the construct validity of TOEFL's mini-talks［J］. *Language Testing*, 16(1),2-32.

Gao, L., & Rogers, W. (2011). Use of tree-based regression in the analyses of L2 reading test items ［J］. *Language Testing*, 28(1),77-104.

Gorunesco, F. (2011). *Data mining: concepts, models and techniques*［M］. Springer.

Gurlitz, M. (2015). *Forecasting speak test score from TOEFL score: A Bayesian model for screening international teaching assistants*［Paper presentation］. Systems and Information Engineering Design Symposium.

Hand, D., Mannila, H., & Smyth, P. (2001). *Principles of data mining*［M］. Massachusetts Institute of Technology Press.

Jin, C., & He, B. (2015). *Utilizing latent semantic word representations for automated essay scoring* ［Paper presentation］. IEEE 12th Intl Conf on Ubiquitous Intelligence and Computing & IEEE 12th Intl Conf on Autonomic and Trusted Computing & IEEE 15th Intl Conf on Scalable Computing and Communications and Its Associated Workshops.

Keith, T. (2006). *Multiple regression and beyond*［M］. Pearson.

Meng, Y., Gu, X., Zhou, Q., & Zhong, Y. (2017). *Analyzing and predicting the TEM-4 performance of English Majors in China*［Paper Presentation］. Proceedings of the 9th International Conference on

Computer Supported Education.

Mercado, V. (2017). *Using TOEFL sub-scores to predict speak test outcome: a multivariate Bayesian model* [Paper presentation]. IEEE Systems and Information Engineering Design Symposium.

Perkins, K., Gupta, L., & Tammana, R. (1995). Predicting item difficulty in a reading comprehension test with an artificial neural network [J]. *Language Testing*, 12(1), 34-53.

Rupp, A., Garcia, P., & Jamieson, J. (2001). Combine multiple regression and cart to understand difficulty in second language reading and listening comprehension test items [J]. *International Journal of Testing*, 1(4), 185-216.

Witten, I., & Frank, E. (2005). *Data mining: Practical machine learning tools and techniques* [M]. Morgan Kaufmann Publishers.

Xi, X. (2008). *Investigating the criterion-related validity of TOEFL speaking scores for IAT screening and setting standards for ITA* (TOEFL iBT Research Reports) [R]. https://doi. org/10. 1002/j. 2333-8504. 2008. tb02088. x.

Yin, Y., Kaku, I., Tang, J., & Zhu, J. (2011). *Data mining: Concepts, methods and applications in management and engineering design* [M]. Springer.

付佩宣,2014. 基于人工神经网络的 C. TEST 阅读理解题目难度的预测研究[J]. 华文教学与研究(4):71-78.

韩菡,2005. 基于人工神经网络预测汉语阅读理解测验题目难易度的研究[D]. 北京:北京语言大学.

杨惠中,桂诗春,2007. 语言测试的社会学思考[J]. 现代外语(4):368-374.

周庆,牟超,杨丹,2015. 教育数据挖掘研究进展综述[J]. 软件学报(11):3026-3042.

第 10 章

六级、雅思、托福阅读文本自动分类
——基于数据挖掘的方法[①]

摘要:本研究采用了三种数据挖掘方法,六级、雅思、托福阅读文本进行对比。运用 Coh-Metrix 对所收集的 340 篇三项考试的阅读文本进行特征提取,共获取 106 个文本特征,其中有 43 个被选为预测变量。然后分别训练决策树、逻辑回归、朴素贝叶斯模型对三项考试阅读文本进行分类。根据分类精确率、召回率、F1 和 ROC 面积等指标对模型进行评估。结果表明,所选的 43 个文本特征能有效区分三项考试的阅读文本,分类准确率达到 90.29%。在三种模型中,决策树的分类效果最好。本研究发现,六级、雅思、托福考试的阅读文本在词汇、短语、句子和语篇层面存在诸多差异。本研究结果有望在分数解释、测试材料选择、文本改编、计算机自适应测试和考试对接等方面对三项考试,甚至更广泛的语言测试领域产生实质性影响。

关键词:阅读文本;文本难度;文本自动分类;数据挖掘

1 引言

阅读理解作为语言学习的重要技能之一,在外语考试中一直占据较大比重。阅读理解测试的难度一直是语言测试研究者关注的重要议题(杨惠中 & Weir,1998),试题难度控制也是试题开发工作的重要步骤(杨惠中、金艳,2018),只有难度适宜的试题才能测出考生真实的语言水平(Green,2014)。语言测试领域对阅读理解试题难度的研究较多,然而现有研究多集中于对阅读理解试题中单项选择题题目难度的研究(如 Freedle & Kostin,1991,1992,

---

① 本文发表在《外语与翻译》2020 年第 4 期"传承性与创新性:基于证据的六级、雅思、托福考试效度对比研究"专栏,本专著收录时有修改。

1993,1996,1999;Perkins et al.,1995;Rupp et al.,2001;Gao & Rogers,2011;Aryadoust & Goh,2014;Aryadoust et al.,2016),对阅读文本本身的关注相对较少(江进林、韩宝成,2018),而阅读文本难度在一定程度上直接影响阅读理解试题的整体难度。六级、雅思、托福分别是国内外大规模、高风险的英语考试,对比这三项考试阅读测试文本难度的异同有助于形成对这三项考试的关联论证,推动我国语言测试开发与研究的国际化。

2　文本难度研究文献综述

对英语文本难度的研究由来已久,文本难度研究方法大致可分为以下四种:基于文本易读度公式的方法、基于自然语言处理技术的方法、基于信息计算与应用的方法、数据挖掘方法。

基于文本易读度公式,此类方法主要是采用文本易读度公式来测量文本的易读度,如常见的弗莱士易读度(Flesch Reading Ease),计算出来的值介于 0 到 100 之间,数值越高,表明文本越易读。弗莱士-金凯德年级水平(Flesch-Kincaid Grade Level)计算出的值为对应的年级,即处于该年级的学生应该具备阅读相应难度级别文本的能力。上述文本易读度公式用于测量文本难度时简单易操作。然而,此类方法主要是对表层的语言形式进行量化,而文本阅读理解涉及众多层面,如文本加工过程中的心理认知因素(Carroll,2000;Gao & Rogers,2011;Schütze,2016)。因此,易读度公式不能全面表征文本难度(刑富坤,2007;江进林、韩宝成,2018)。

基于自然语言处理技术,很多学者尝试将自然语言处理技术纳入文本难度的测量中,如Lu(2010)基于自然语言处理技术进行句子边界识别、分词、词性标注及句法分析,开发了二语句法复杂度分析器(L2 Syntactic Complexity Analyzer)。该分析工具提取语言单位长度、句子复杂度、从属子句使用量、并列结构使用量、特定短语结构等五个类别的文本复杂度测量指标,对文本的句法复杂度进行全面详细的测量(陆小飞、许琪,2016)。然而,除了句法复杂度之外,文本难度还应包括词汇复杂度、语义复杂度等其他层面的难度因素。因此,句法复杂度的分析结果需要与其他文本层面复杂度的分析结果相结合,从而得出相对全面的文本难度指标。

基于信息计算与应用技术,很多学者将信息熵(Shannon,1948)引入文本复杂度的测量(如 Juola,1998,2008;Kockelman,2009;Febres & Jaffé,2017;Zhu & Lei,2018),信息熵越大表明文本所含的信息越多,文本越复杂。如 Zhu & Lei(2018)分析了 Hansard 语料库中英国议会的演讲语料,通过计算不同时期语料的信息熵来分析其所反映的英国社会文化复杂度的历时变化。刑富坤等人（2008）通过计算词汇、句子、语篇层面的信息熵来测量文本复杂度，并开发了基于信息论的文本易读度测量系统（Information-based Readability Measuring System，IMRS）。将信息论与信息计算技术融入文本复杂度的测量超出了传统的主要关注文本表层信息如词长、句长、词频等范畴的文本复杂度测量，为文本复杂度的测量与研究提供了新思路。

基于数据挖掘技术，数据挖掘能高效处理大规模数据，从大量数据中发现隐藏的模式和知识（Gorunescu，2011）。由于此类方法以数据为驱动，无须对变量之间的关系做出预设，对数据的分布也没有严格要求（Perkins et al., 1995；Keith，2006；Aryadoust，2015），越来越多的学者尝试将数据挖掘技术应用于文本复杂度研究。如付宇博（2018）用一系列文本特征如文章的总词数、词族、平均句子长度、从句数量等，通过构建决策树模型对文本难度进行预测，其预测准确率达 92.5%，但尚未有研究将此类技术应用于三项考试的阅读文本难度对比研究。

本文将采用数据挖掘方法对比研究六级、雅思、托福阅读文本的难度，主要解决以下三个研究问题：

1）哪些文本难度特征能够有效区分六级、雅思、托福阅读文本？

2）在这些区别性文本特征上，上述三项考试的阅读文本有何差异？

3）在本文所使用的决策树、逻辑回归、朴素贝叶斯三种数据挖掘方法中，哪种方法最有效？

3　研究设计

3.1　研究数据

本研究收集了从 2006 年到 2016 年[①]六级真题阅读理解文本 132 篇，剑桥雅思真题 4—12 册阅读文本 134 篇，托福网上练习 TPO 1—50 阅读文本 74 篇。

3.2　数据分析方法

决策树、逻辑回归、朴素贝叶斯这三种方法是数据挖掘中最常用的分类算法，简单易操作且模型结果易解释（Aryadoust & Goh，2014；Meng et al., 2017）。因此，本文将采用这三种方法对三项考试阅读文本进行自动分类。对于模型评估，我们采用常用的指标准确率

---

① 因 2006 年大学英语四、六级改革幅度较大，同年托福网考全面实施，因此本文选用了 2006—2016 年三项考试的阅读文本进行对比研究。

(accuracy)、召回率(recall)、精确度(precision)、F1、ROC 面积等(Aggarwal,2015)。

3.3 研究工具

本研究使用的工具有 Coh-Metrix 和 WEKA。Coh-Metrix 是自动文本分析工具,能对文本进行 11 个模块的分析。这些模块包括描述性统计量、文本易读性主成分得分、指称衔接、潜语义分析、词汇多样性、连词、情景模式、句法复杂度、句法型式密度、词汇信息、可读性(McNamara et al.,2014;江进林,2016)。本研究使用 Coh-Metrix 提取一系列用于自动文本分类的文本特征。

WEKA 是较为成熟的数据挖掘工具,可以实现分类、聚类、关联规则分析等数据挖掘任务,具备特征选择以及结果可视化等功能,操作简单(Mark et al., 2009)。本研究将使用 WEKA 进行数据挖掘实验。

3.4 研究步骤

如图 10.1 所示,本研究首先收集了六级、雅思、托福阅读文本,并做了相应的预处理,如删掉原文中个别词语的中文释义,改正拼写错误,删除空格等。然后用 Coh-Metrix 对收集到的文本进行分析,共得到 106 个文本特征。

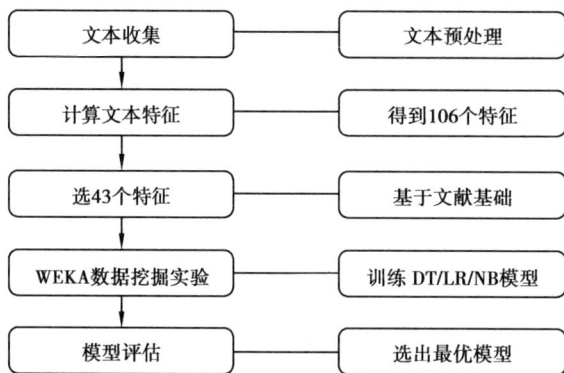

图 10.1　研究步骤

注:DT:Decision Tree;LR:Logistic Regression;NB:Naïve Bayes.

因特征过多会影响模型的性能,也可能导致模型不易解释,本研究从上述 106 个特征中选出了 43 个特征(见表 10.1)用于文本自动分类,选择的主要依据是已有文献基础,尤其是关于文本加工过程所涉及的认知因素、文本易读度、文本分析等相关研究,例如 McNamara et al.(2014)发现文本包含的已知信息多,有助于文本的加工,因此新旧信息比这个文本特征被选用。Khalifa & Weir(2009)指出语义更具体的词语容易激活读者对该词语的心理意象,因此有助于文本的理解,于是词汇语义具体性这个特征被选用。本研究使用数据挖掘工具WEKA3.9进行文本分类。

表 10.1　三项考试阅读文本的 43 个特征及平均值

特征	六级	雅思	托福	特征	六级	雅思	托福
词汇层面 词长	1.63	1.65	1.68	词数	677.21	864.22	700.08
词义具体性	−0.06	0.03	0.41	名词动词上下义关系	1.89	9.09	1.93
名词重复率	0.26	0.28	0.38	实词重复率	0.05	0.05	0.07
形符类符比	0.74	78.95	0.67	实词 CELEX 词频	2.18	1.37	2.02
实词熟悉度	69.75	450.43	560.16	实词语义具体性	371.05	415.3	395.66
实词具象性	406.31	110.32	421.59	实词语义丰富性	431.85	116.80	426.69
实词多义性	3.87	2.20	3.69				
短语层面 名词短语的修饰语数	0.94	0.92	1.06	名词短语密度	363.34	120.30	370.44
动词短语密度	200.82	143.19	169.99	副词短语密度	30.18	14.94	29.14
介词短语密度	116.97	39.34	134.34	否定结构密度	9.31	14.83	5.47
动名词短语密度	21.26	213.70	15.63	不定式短语密度	19.32	92.45	12.69
句法层面 句子数	33.67	43.63	32.2	句长	21.15	20.30	22.40
句法简约性	−0.33	−0.16	−0.27	句子左镶嵌结构	5.33	1.94	5.87
无主体被动结构密度	6.79	16.88	11.35	句法相似度	0.08	141.25	0.08
语篇层面 叙事性	−0.55	−0.73	−0.9	深层连贯性	0.45	0.54	0.41
动词连贯性	−0.11	−0.40	−0.74	衔接性	−2.12	−2.15	−2.35
时序性	−0.71	−0.39	−0.48	潜在语义重复	0.17	0.32	0.27
新旧信息比	0.29	0.59	0.36	连接词总数	84.60	50.50	89.10
因果连接词	25.78	20.42	26.89	逻辑连接词	38.32	22.94	35.65
对比对照连接词	17.88	17.81	16.59	时间连接词	16.22	38.11	17.59
否定性连接词	13.23	28.92	13.00	指代连贯性	−1.17	−0.95	−0.22
时序连贯性	−1.17	−0.95	−0.22	弗莱士易读度	47.57	19.22	42.48

4 结果

本节将分别详细阐述三种数据挖掘方法所得出的分类结果,然后选出分类效果最佳的模型。

4.1 决策树的分类结果

如表 10.2 所示,决策树分类的准确率达 90.29%,即在所有样本中,90.29%的样本被正确分类;召回率达 90.3%,即在所有正样本中,90.3%的正样本被正确分类,仅 9.7%的正样本被错误地识别为负样本;精确度达 90.4%,表明所有被识别为正样本的数据中,被正确识别的正样本占 90.4%,原本为负样本却被错误地识别为正样本的数据仅9.6%;F1 值和 ROC 面积分别为 0.903 和 0.942,均非常接近 1,表明分类结果较准确,决策树分类器的性能相当好。

具体对比三项考试阅读文本的分类结果发现,六级阅读文本分类的召回率(93.9%)、精确度(96.9%)、F1 值(0.954)最高,其次为雅思阅读文本(分别是 89.6%,86.3%,0.879),最后是托福阅读文本(分别是 85.1%,86.3%,0.857)。值得特别一提的是,在三项考试阅读文本分类结果中,ROC 面积均大于 0.92,表明分类效果相当好。由此可见,在三项考试的阅读文本分类中,六级阅读文本的分类效果最好,雅思阅读文本次之,最后是托福阅读文本。

表 10.2 决策树分类结果

类别	样本量	召回率	精确度	F1 值	ROC 面积	准确率
托福	74	85.1%	86.3%	0.857	0.929	
六级	132	93.9%	96.9%	0.954	0.971	
雅思	134	89.6%	86.3%	0.879	0.922	
加权平均		90.3%	90.4%	0.903	0.942	90.29%

4.2 逻辑回归分类结果

如表 10.3 所示,逻辑回归分类的准确率为 78.82%,召回率为 78.8%,精确度为78.7%,F1值为 0.787,ROC 面积为 0.911。上述指标表明逻辑回归的分类效果不理想。对比三项考试阅读文本的分类结果发现,除 ROC 面积外,六级阅读文本和雅思阅读文本的各项分类指标比较接近,而托福阅读文本的各项分类指标则远低于前两项考试阅读文本。由此可见,六级阅读文本和雅思阅读文本的分类结果相当,托福阅读文本的分类结果较差。

表 10.3　逻辑回归分类结果

类别	样本量	召回率	精确度	F1 值	ROC 面积	准确率
托福	74	67.6%	73.5%	0.704	0.923	
六级	132	81.8%	80.0%	0.809	0.923	
雅思	134	82.1%	80.3%	0.812	0.893	
加权平均		78.8%	78.7%	0.787	0.911	78.82%

4.3　朴素贝叶斯分类结果

如表 10.4 所示,朴素贝叶斯分类的准确率为 88.52%,召回率为 88.5%,精确度为 90.2%,F1 值为 0.882,ROC 面积为 0.955。上述指标表明,朴素贝叶斯的分类效果较好。

具体对比三项考试阅读文本分类结果发现,六级阅读文本分类的召回率(100%)和托福阅读文本分类的召回率(94.6%)远高于雅思阅读文本分类的召回率(73.9%);雅思阅读文本分类的精确度(100%)远高于六级阅读文本(84.1%)和托福阅读文本(83.3%);六级阅读文本分类的 F1 值(0.913)和 ROC 面积最高(0.983),托福阅读文本次之,最后是雅思阅读文本。上述模型评估指标表明,在朴素贝叶斯分类结果中,三项考试阅读文本的分类效果没有呈现明显的优劣趋势。

表 10.4　朴素贝叶斯分类结果

类别	样本量	召回率	精确度	F1 值	ROC 面积	准确率
托福	74	94.6%	83.3%	0.886	0.981	
六级	132	100%	84.1%	0.913	0.983	
雅思	134	73.9%	100%	0.850	0.912	
加权平均		88.5%	90.2%	0.882	0.955	88.52%

4.4　三种数据挖掘方法分类结果对比

由表 10.5 可以看出,决策树和朴素贝叶斯的各项指标较接近,且二者都远高于逻辑回归;朴素贝叶斯的 ROC 面积最大,决策树次之,最后是逻辑回归。综合上述模型评估指标发现,决策树的分类效果最佳,朴素贝叶斯次之,最后是逻辑回归。

表 10.5　数据分类结果对比

数据挖掘技术	召回率	精确度	F1 值	ROC 面积	准确率
决策树	90.3%	90.4%	0.903	0.942	90.29%
逻辑回归	78.8%	78.7%	0.787	0.911	78.82%
朴素贝叶斯	88.5%	90.2%	0.882	0.955	88.52%

由分类效果最好的决策树文本分类结果可以看出，本研究所考查的 43 个文本特征确实能够非常准确地将六级、雅思和托福的阅读文本区分出来。换言之，三项考试的阅读文本在上述 43 个文本特征上存在差异。

5　讨论

本研究的数据分析结果表明，三项考试的阅读文本在本文所选取的 43 个文本特征上存在差异，这些文本特征可以分为词汇、短语、句法、语篇四个层面，下文将从上述四个层面对木研究的数据分析结果进行讨论。

在词汇层面，从表 10.1 可以看出，雅思阅读文本的词汇（78.95）比六级（0.74）和托福（0.67）多样；托福阅读文本的词义具体性最高（0.41），而六级阅读文本的词义具体性最低（−0.06）；较之雅思（450.43）和托福（560.16），六级阅读文本的实词熟悉度最低（69.75）；雅思阅读词汇具象性（110.32）远低于六级（406.31）和托福（421.59）；雅思阅读词汇丰富性（116.80）远低于六级（431.85）和托福（426.69）；与六级（1.89）和托福（1.93）相比，雅思阅读文本的词汇上下义关系指标显示，雅思阅读文本使用了更多语义具体的词汇（9.09）。

在短语层面上，与六级和托福相比，雅思阅读文本的名词短语、动词短语、副词短语、介词短语少很多；相反，雅思阅读文本的动名词短语比六级和托福多得多（15.63<21.26<**213.70**），其不定式短语比六级和托福多得多（12.69<19.32<**92.45**），其否定结构也比六级和托福多（5.47<9.31<**14.83**）。

在句子层面上，雅思阅读文本的句子中左镶嵌结构比六级和托福少（**1.94**<5.33<5.87）；雅思阅读文本的无主体被动结构最多（16.88），托福阅读文本次之（11.35），六级阅读文本的无主体被动结构最少（6.79）。

在语篇层面上，与六级阅读文本（84.60）和托福阅读文本（89.10）相比，雅思阅读文本（**50.50**）的连接词总数较前两者少；雅思阅读文本的逻辑连接词比六级和托福少，但其时间性连接词和否定连接词较其他两者多，其弗莱士易读度指标比其他两者低。

6　结语

本研究采用了三种数据挖掘方法对六级、雅思、托福阅读文本进行对比。运用 Coh-Metrix 对所收集的 340 篇三项考试的阅读文本进行特征提取,共获取 106 个文本特征,其中有 43 个被选为预测变量。然后分别训练决策树、逻辑回归、朴素贝叶斯模型对三项考试阅读文本进行分类。根据分类精确率、召回率、F1 和 ROC 面积等指标对模型进行评估。结果表明,所选的 43 个文本特征能有效区分三项考试的阅读文本,分类准确率达到 90.29%。在三种模型中,决策树的分类效果最好,朴素贝叶斯次之,最后是逻辑回归。本研究发现,六级、雅思、托福考试的阅读文本在词汇、短语、句子和语篇层面存在诸多具体的差异。探明这些差异,有助于试题开发者进一步明确三项考试阅读文本的不同,在分数解释、测试材料选择、文本改编、计算机自适应测试和考试对接等方面对三项考试,甚至更广泛的语言测试领域产生实质性的影响。此外,本研究尝试运用数据挖掘方法,有望为相关研究提供研究思路和研究方法上的参考。

参考文献

Aggarwal,C. (2015). *Data mining：The textbook*[M]. Springer.

Anderson,N. J., Bachman, L., Perkins, K., & Cohen, A. (1991). An exploratory study into the construct validity of a reading comprehension test：Triangulation of data sources[J]. *Language Testing*,8(1),41-66.

Aryadoust, V. (2015). Application of evolutionary algorithm-based symbolic regression to language assessment：Toward a nonlinear modelling[J]. *Psychological Test and Assessment Modelling*,57(3), 301-337.

A ryadoust, V., & Goh, C. (2014). *Predicting listening item difficulty with language complexity measures：A comparative data mining study*[R]. [2020-11-26] https：//michiganassessment. org/wp-content/uploads/2014/12/CWP-2014-02. pdf.

Aryadoust,V., Alizadeh, M., & Mehran, P. (2016). Using an artificial neural network to classify reading test items of an Iranian entrance exam for engineering graduate students. In V. Aryadoust & J. Fox(Eds.), *Trends in language assessment research and practice：The view from the Middle East and the Pacific Rim*(pp. 14-34)[M]. Cambridge Scholars Publishing.

Bachman, L., Kunnan, A., Vanniarajan, S., & Lynch, B. (1998). Task and ability analysis as a basis for examining content and construct comparability in two EFL proficiency test batteries[J]. *Language Testing*, 5(2), 128-159.

Bachman, L., & Palmer, A. (1996). *Language testing in practice*[M]. Oxford University Press.

Carroll, D. W. (2000). *Psychology of language* (3rd ed) [M]. Foreign Language Teaching and Research Press.

Febres, G., & Jaffé, K. (2017). Quantifying structure differences in literature using symbolic diversity and entropy criteria[J]. *Journal of Quantitative Linguistics*, 24(1), 16-53.

Freedle, R., & Kostin, I. (1991). *The prediction of SAT reading comprehension item difficulty for expository prose texts* [R]. [2020-10-15] https://doi. org/10. 1002/j. 2333-8504. 1991. tb01396. x.

Freedle, R., & Kostin, I. (1992). *The prediction of GRE reading comprehension item difficulty for expository prose texts for each of three item types: Main ideas, inferences, and explicit statements*[R]. [2020-12-6] https://doi. org/10. 1002/j. 2333-8504. 1991. tb01426. x.

Freedle, R., & Kostin, I. (1996). *An analysis of factors affecting the difficulty of dialogue items in TOEFL listening comprehension* [R]. [2020-11-16] https://doi. org/10. 1002/j. 2333-8504. 1995. tb01671. x.

Freedle, R., & Kostin, I. (1999). Does the text matter in a multiple-choice test of comprehension? The case for the construct validity of TOEFL's mini-talks[M]. *Language Testing*, 16(1), 2-32.

Freedle, R., & Kostin, I. (1993). The prediction of TOEFL reading item difficulty: Implications for construct validity[M]. *Language Testing*, 10(2), 133-170.

Gao, L., & Rogers, W. T. (2011). Use of tree-based regression in the analyses of L2 reading test items [J]. *Language Testing*, 28(1), 77-104.

Gorunescu, F. (2011). *Data mining: Concepts, models and techniques*[M]. Springer.

Green, A. (, 2014). *Exploring language assessment and testing: Language in action*[M]. Routledge.

Juola, P. (1998). Measuring linguistic complexity: The morphological tier[J]. *Journal of Quantitative Linguistics*, 5(3), 206-213.

Juola, P. (2008). Assessing linguistic complexity[A]. In M. Miestamo, K. Sinnemaki, & F. Karlsson (Eds.), *Language complexity: Typology, contact, change*(pp. 89-108) [C]. John Benjamins Press.

Keith, T. (2006). *Multiple regression and beyond*[M]. Pearson.

Khalifa, H., & Weir, C. J. (2009). *Examining reading: Research and practice in assessing second language reading*[M]. Cambridge University Press.

Kockelman, P. (2009). The complexity of discourse[J]. *Journal of Quantitative Linguistics*, 16(1), 1-39.

Lu, X. (2010). Automatic analysis of syntactic complexity in second language writing[J]. *International Journal of Corpus Linguistics*, 15(4), 474-496.

Mark, H., Eibe, F., Geoffrey, H., Bernhard, P., Peter, R., & Ian, H. W. (2009). The WEKA data mining software: An update[J]. *SIGKDD Explorations*, 11(1), 24-35.

McNamara, S., Graesser, A., McCarthy, P., & Cai, Z. (2014). *Automated evaluation of text and discourse with Coh-Metrix*[M]. Cambridge University Press.

Meng, Y., Gu, X., Zhou, Q., & Zhong, Y. (2017). *Analyzing and predicting the TEM-4 performance of English Majors in China*[Paper Presentation]. Proceedings of the 9th International Conference on Computer Supported Education.

Perkins, K., Gupta, L., & Tammana, R. (1995). Predicting item difficulty in a reading comprehension test with an artificial neural network[J]. *Language Testing*, 12(1), 34-53.

Rupp, A., Garcia, P., & Jamieson, J. (2001). Combine multiple regression and cart to understand difficulty in second language reading and listening comprehension test items[J]. *International Journal of Testing*, 1(4), 185-216.

Schütze, U. (2016). *Language learning and the brain: Lexical processing in second language acquisition*[M]. Cambridge University Press.

Shannon, C. E. (1948). A mathematical theory of communication[J]. *Bell System Technical Journal*, 27(3), 379-423.

Zhu, H., & Lei, L. (2018). British cultural complexity: An entropy-based approach[J]. *Journal of Quantitative Linguistics*, 25(2), 190-205.

付宇博, 2018. 基于决策树的英语文本难度评估研究[D]. 武汉:华中师范大学.

江进林, 2016. Coh-Metrix 工具在外语教学与研究中的应用[J]. 中国外语(5):58-65.

江进林, 韩宝成, 2018. 基于 Coh-Metrix 的大学英语六级与托福、雅思阅读语篇难度研究[J]. 中国外语(3):86-95.

陆小飞, 许琪, 2016. 二语句法复杂度分析器及其在二语写作研究中的应用[J]. 外语教学与研究(3):409-420.

刑富坤，2007. 基于信息计算的英语易读性研究及 IRMS 应用系统开发［D］. 洛阳：解放军外国语学院.

刑富坤，程东元，濮建忠，2008. 英文文本难度自动测量系统的研制与开发［J］. 现代教育技术（6）：79-85.

杨惠中，Weir，1998. 大学英语四、六级考试效度研究［M］. 上海：上海外语教育出版社.

杨惠中，金艳，2018. 走中国特色的语言测试道路：大学英语四、六级考试三十年的启示［J］. 外语界（2）：29-39.

认知效度

第 11 章　眼动技术在语言测试研究中的应用
研究主题
眼动技术及其在语言测试研究中的应用原理 眼动技术在语言测试研究中的应用 不足与反思 未来应用展望

第 12 章　认知效度理据、概念、模型及实证研究综述
研究主题
认知效度的理据 认知效度概念的引入 认知效度概念的发展 认知效度日臻成熟:认知过程模型的构建 认知效度实证研究

第 13 章　六级、雅思、托福阅读考试认知过程对比研究——基于眼动和访谈的证据		
受试	研究工具	数据采集
人数:10 人 专业:外国语言学及应用语言学和英语语言文学 语言水平:均通过专八,语言水平较高	定量:眼动追踪(Eyelink 1000 plus 遥测型眼动仪) 定性:回顾性访谈	10 位受试完成三项阅读测试时的 15 个眼动指标 10 位受试回顾性访谈视频

第 11 章
眼动技术在语言测试研究中的应用①

摘要:眼动技术能够真实地记录语言加工活动中即时的眼球运动,将眼动技术应用于语言测试研究,有助于以实验心理学的研究方法为语言测试认知过程提供客观可靠的数据。本文简要介绍了近年国外语言测试研究中眼动技术的应用,相关研究主要关注:考生在测试环境和真实语境中认知过程的相似性,得分考生和失分考生认知过程的差异,特定题型所引发的认知过程,任务模态对考生认知过程的影响以及评分员的认知过程。在此基础上作者从多角度分析了相关研究存在的不足,以期为国内学者从事相关研究提供一定参考。

关键词:眼动技术;认知过程;语言测试研究;应用现状;展望

1 引言

自 20 世纪 80 年代以来,随着语言测试研究对过程证据的重视,考生的认知过程进入研究视野。基于考生的认知过程,语言测试研究者可以验证考试任务在多大程度上引发了考生在心理层面与预设构念相关的加工,深化人们对考试概念的认识,为考试效度验证提供依据(Field,2012)。考生作答的过程证据有助于分析考生的测试表现和支持考试分数的解释与使用(Purpura,2013)。然而考生的认知过程难以直接观察,如何准确真实地记录和分析考生的认知过程一直是相关研究的难点和关键。

眼动技术的发展为语言测试,尤其是阅读测试的认知过程研究提供了新视窗。眼动仪可以实时记录考生在考试过程中的眼球运动,数据客观丰富且易于获得,其研究结果具有较高的生态效度(Kathy & Pellicer-Sánchez,2016;Liversedge et al.,2011)。与以往认知过程研究

---

① 本文发表在《国外英语考试教学与研究》2020 年第 4 期"语言测试人才培养的国际化及可持续发展"专栏,本专著收录时有修改。

中所使用的数据收集方法如有声思维、内省法、访谈和问卷调查相比,眼动技术在这方面有其独特优势,在语言测试领域的应用越来越多(Winke et al.,2013)。本文拟综述近年眼动技术在国外语言测试研究中的应用,以期为我国语言测试认知过程研究提供一定参考。

2 眼动技术及其在语言测试研究中的应用原理

2.1 眼动技术和眼动研究发展

眼动技术指通过眼动仪记录和测量被试在处理特定视觉信息时的眼动轨迹(闫国利、白学军,2018)。研究者可以利用眼动仪决定被试加工何种视觉信息材料,以及材料的呈现时间和呈现顺序(Holmqvist et al.,2011)。通过眼动数据所反映的视觉信息选择模式,研究者可以对刺激材料本身展开探索,并对被试的认知加工过程进行有效推测(Rayner et al.,2005;Rayner,2009;Van Gog & Jarodzka,2013)。基于相关实证研究的梳理分析,Rayner(1998)将眼动技术在阅读以及其他信息加工任务中的应用分为三个主要时期:第一代眼动研究(1879—1920)源于 Javal 对眼球运动在阅读中作用的初始观察,主要揭示了基本眼球运动的事实性信息,包括眼跳潜伏期,眼跳抑制和知觉广度;第二代眼动研究(1930—1958)受实验心理学行为主义运动的影响,注重应用研究,主要关注刺激材料本身的特征,很少有研究者利用眼球运动探索认知过程;第三代眼动研究(1970—1998)的标志在于眼动技术本身的发展,眼动数据更加精确且更易于获得。目前,随着交互应用的出现,眼动研究迈入了第四代(Duchowski,2002),眼动设备可以呈现更为复杂的视觉刺激,在研究中的应用范围越来越广泛。

2.2 眼动技术在语言测试研究中的应用原理

心理学家认为眼球运动与大脑加工联系密切,可以反映人类多种认知活动,如注意,阅读,预测,推理和记忆(吴迪、舒华,2001)。Just & Carpenter(1980)提出了"眼脑一致"假说,认为眼球正在注视的内容即为大脑正在加工的内容,视觉过程和大脑认知加工过程之间没有延迟。大量的实证研究发现也基本证实了这一假说,奠定了眼动技术在研究中应用的理论基础。在语言测试研究中,通过眼动仪记录和分析考生完成测试任务时的眼球运动,可以准确地获知考生正在接收和加工的信息,从而推测考生即时的思维过程。

3 眼动技术在语言测试研究中的应用

眼动技术记录和分析被试的眼动轨迹,极大地促进了对潜在认知过程的探究。近年来,语言测试学者逐渐认识到这一技术的优势,开始结合眼动技术和认知过程研究开展创新性尝试,从不同角度揭示语言测试情境下的认知过程。下文将从五个方面对眼动技术在语言测试领域中的应用研究进行综述。

3.1 考生在测试环境与真实语境中认知过程的相似性

语言测试研究中的效度是一个整体概念,需要多方面的证据予以支持(李清华,2006)。长久以来,效度研究都围绕着考试分数与所测构念之间的关系展开量化分析,忽视了考生的考试过程和语言能力构念本身的认知成分(Cohen,2006)。Weir(2005)从考生的视角出发,提出了认知效度概念,将其作为社会—认知效度验证框架的一个重要方面,旨在探究考生在考试环境中所经历的认知过程在多大程度上与真实语境中经历的认知过程相似。

剑桥高级英语证书考试(Cambridge English:Advanced,CAE)是一项全球范围内认可的学术英语能力测试,通过该考试的考生有机会参加英语国家院校的大学课程学习和学术研修,因此考生在 CAE 考试中经历的认知加工过程理应与真实学术环境下的认知加工过程相似。为了验证 CAE 的认知效度,Bax & Weir(2012)结合眼动技术和问卷调查探究了考生在 CAE 阅读考试中所经历的认知过程。基于眼动数据的可视化分析和量化统计,Bax & Weir 识别和比较了被试在每道题项上的作答行为,包括对文本、题干和选项的视觉加工情况。结合问卷调查数据,Bax & Weir 对考生的认知加工过程做出了有效推测,发现 CAE 阅读考试任务成功地引发了考生在真实学术环境中一系列相似的认知过程,包括较高层次(如段落和篇章层次)上的信息加工。该研究结果为 CAE 阅读测试的认知效度提供了过程证据,一定程度上证明了眼动技术在语言测试效度验证研究中应用的可行性,弥补了以往质性研究方法存在的局限性。

3.2 得分考生和失分考生认知过程差异

有研究表明,考生的考试表现与认知过程有着密切的联系,考试表现不同的考生在认知过程上存在一定的差异(Purpura,1997,1998;Phakiti,2003,2007;Van Gelderen et al.,2004)。为了探究考试表现不同的考生在认知过程上的差异,Bax(2013)结合眼动技术和访谈,分析比较了得分考生和失分考生完成雅思阅读测试的认知过程。基于得分考生和失分考生在回答每个题项时的注视时间和注视次数,Bax 发现得分考生和失分考生在多个题项上的注视指标存在差异。与失分考生相比,得分考生在题项对应的原文兴趣区上注视次数更多,注视时间更长。这说明得分考生能够更好地利用快速阅读的策略,迅速定位对应的原文并展开仔细阅读,获取有效信息。此外,该研究利用可视化数据,如注视轨迹图(Gazeplot)和热点图

（Heatmap），直观呈现了被试在答题过程中的注意分配情况,并结合访谈数据对考生当时的认知加工做出准确判断。结果表明雅思阅读测试题项能够有效区分得分考生和失分考生,不过该研究的比较分析仅限于较低层次的阅读认知加工,如词汇层面的匹配和句法层面的歧义处理。

3.3 特定题型所引发的认知过程

完形填空是语言测试中一种常见的考试题型,要求考生联系上下文补全某一语篇中被删除的词汇（Davies et al.,1999）。完形填空题型考查了何种语言能力构念?语言测试学界对这一问题并没有达成一致意见。一些研究者认为完形填空能够考查考生较高层次的语言加工能力（Bachman,1985;Jonz,1990）,而另有研究者认为完形填空受语句范围的制约,只能考查较低层次语言技能,如语法和词汇（Alderson,1980;Yamashita,2003）。对于这一争论,Brown（2013）提出了自己的假设,认为完形填空题型所考查的语言能力构念与考生本身的语言能力水平相关。对于语言水平低的考生而言,完形填空题型可能考查低层次的句内认知加工,因为考生会受到语言水平的限制而无法加工复杂的篇章信息。反之,对于语言水平高的考生,完形填空则是考查较高层次认知加工的有效测试方法。

为了验证 Brown 的假设,McCray & Brunfaut（2018）运用眼动技术从考生的认知过程角度研究了集库式完形填空题型考查的构念。通过比较高分考生和低分考生在整体加工（包括文本和词库的加工）、文本加工、任务加工（包括词库加工和与文本加工之间的转换）三个维度上的注视指标。该研究发现,与高分考生相比,低分考生在局部阅读和较低层次的加工上需要更多的认知努力,其注视情况与删除词汇所在的句子语境以及词库中词汇的复杂度密切相关。由此,McCray & Brunfaut 得出结论,考生自身的语言水平是影响集库式完形填空题型引发什么样认知过程的重要因素,一定程度上支持了 Brown 的假设。

3.4 任务模态对考生认知过程的影响

听力理解过程涉及的因素非常复杂,其测试的构念很难定义和描述（Batty,2014）。大多数研究者认为视觉输入加工是二语听力技能的重要组成部分,因为真实语境中的听力过程是在多模态形式中进行的,听者需同时接收视觉和听觉信息（Taylor,2013;Weir,2005）。然而,语言测试学界对于是否将视频材料纳入二语听力测试仍存在争议。有些研究者认为视频材料理应纳入二语听力测试中,这样可以避免构念代表不足,并增加二语听力测试的真实性（Ockey,2007;Wagner,2010）。然而有些研究者则认为语言测试考查的是考生的语言能力,而非视觉信息理解能力,将视频材料引入二语听力测试中会损害考试的公平性（Buck,

2001)。已有研究通过分析考试分数和考生的有声思维数据探究视觉信息对考生二语听力测试表现的影响,但鲜有研究揭示考生在听力测试过程中的视觉行为(Wagner,2007;Suvorov,2015)。

为了弥补这一研究空白,Suvorov(2015)采用眼动技术记录了33名受试完成基于视频的学术听力测试(The Video-based Academic Listening Test)时的眼动指标,以探究考生在听力测试过程中观看两类视频材料(情境视频和内容视频)时的眼动参与及其与考试表现之间的关系。通过配对样本 t 检验,Suvorov 发现被试在观看两类视频材料时的注视比率和总停留时间有显著差异,而停留比率无显著差异;被试的眼动指标和考试分数之间并未呈现显著相关。这意味着被试在考试过程中会与视频材料产生密切互动,且加工不同类型视频的视觉行为有所差异,但视频材料的使用并未对考生的考试表现产生明显影响。同时 Suvorov 强调二语听力测试构念的界定应取决于不同的目标语言使用域(Bachman & Palmer,1996),如果视觉信息是目标语言使用领域中不可或缺的一部分,相应的听力测试应引入视频材料。就该研究中的测试而言,视觉信息在所考查的学术听力过程中扮演着重要作用,相应的听力测试应引入视频材料。

3.5 评分员的认知过程

语言测试认知过程研究的对象除考生外,还有评分员。就写作测试这样的主观性测试而言,评分员信度是衡量测试质量、保障测试结果公平、公正的重要指标。然而,由于个体不同的性格和专业背景,评分员在写作文本评分中较易产生差异。为减少这种差异,提高主观评分的信度,测试开发者尝试过多种方法与措施,其中之一就是评分量表的使用。评分量表在主观评分中被视为引导评分员认知过程的导图(Knoch,2009)。Barkaoui(2010)的研究发现评分量表对评分员决策的影响甚至超过评分员自身的评分经历。在整体评分中,评分员倾向于仅关注他们自身认为重要的评分标准,而在分项评分中,评分员会关注评分量表中所有的评分标准(Barkaoui,2010;Lumley,2002)。

评分员对保证评分质量和测试公平有着举足轻重的影响。那么,评分员在使用评分量表时经历了怎样的认知过程?评分员在评分过程中会关注评分量表中的哪些标准?Winke & Lim(2015)通过眼动技术探究了评分员在使用评分量表对英语作文进行评分决策的认知过程。基于评分员的注视时间和注视次数,研究发现评分员最关注"结构"和"内容"分项标准,最不关注"写作规范"分项标准。Winke & Lim 推测,这有可能是因为评分量表的排列顺序而导致的首因效应(the primacy effect),即最先出现在评分量表中的分项标准最容易被评分员记住,且对评分员的评分影响最大。由此,他们指出写作评分量表的设计对于评分员的评分以及测试概念的阐释都具有重要意义。

4 不足与反思

眼动技术的应用为语言测试领域认知过程研究提供了一种全新的途径,但相关研究还存在较多局限性。首先,眼动技术有其本身的客观局限性。眼动技术能呈现时间和空间维度上精确的眼球运动数据,帮助研究者有效推测个体的心理认知过程,但不能直接揭示信息加工的生理机制,解释考生的认知过程。因此,相关研究应促进眼动数据与其他来源的数据结合,采用混合式研究方法为揭示语言测试认知过程提供更为充分的证据。此外,在眼动实验中,研究者需要事先对刺激材料进行一定处理,但目前的眼动技术对较大篇幅视觉刺激的追踪敏感度不高,如何真实地呈现语言测试任务也是语言测试眼动研究亟待解决的问题。

其次,现有语言测试眼动研究大多采用非标准的实验设计,并没有准确合理地划分和控制兴趣区,这在一定程度上可能损害眼动数据的准确性,增加研究结果的误差。在眼动数据的选择上,上述研究选用的指标多以注视时间和注视次数为主,比较单一。事实上,可供分析的眼动指标种类非常丰富,研究者可以根据其研究目的综合使用多种眼动指标,验证所推测的认知加工过程和具体的认知负荷,如结合平均注视时间,向前眼跳次数,回视次数,注视位置等整体分析指标从宏观上分析被试阅读的眼动特征,推测被试的认知过程(闫国利 等,2013)。

最后,眼动技术在语言测试领域的应用研究中,被试的数量有限也是一个显著的局限。现有研究被试的数量为二三十人,或者更少。与语言测试,尤其是大规模、高风险的语言测试考生规模相比,二三十人的样本容量显得十分有限,其研究结果难以概化推广。且现有研究大多止步于对眼动数据的阐释和研究问题的解答,较少深入探究数据结果产生的原因以及对现实语言测试实践的建议。

5 未来应用展望

眼动技术在语言测试研究中的应用还处于萌芽状态,相关实证研究数量尚不多,但这些创新性尝试为未来的研究提供了宝贵的借鉴。笔者认为在语言测试研究中应用眼动技术,可以从认知过程视角进一步推动构念、效度验证、考试表现、评分员信度、考试任务设计和开发等研究。

5.1 构念研究

测试的核心是构念,构念指测量的能力特质(Davies et al.,1999)。构念既是编写测试任务的基础，也是解释和使用测试分数的依据。明确界定考查的构念是语言测试开发首先需要解决的问题。随着拟测语言能力的变化和考试形式的丰富，语言测试所考查的构念也会随之改变。以往研究对测试构念的定义和验证主要依赖专家判断和考试分数的量化统计分析（Bax & Weir，2012），很大程度上忽视了考生自身经历的思维过程，并且量化统计数据本身无法形成概念定义（Cohen，2006；Weir，2005）。眼动技术从考生的视角出发，记录考生在自然状态下完成测试任务的眼球运动，对于界定语言测试的构念具有重要意义。以听力测试为例，在传统的听力测试中，考生只需要对听觉信息进行加工处理，听力测试所测量的构念十分明确（孔文 等，2011）。然而，视频材料的引入使得听力测试不仅考查考生对听觉信息的加工处理，还涉及考生对非听觉信息的理解能力。因此，为了探究含视频材料的听力测试构念，研究者可以招募与目标考生群体背景相似的被试，采用眼动技术记录被试在传统听力测试和含视频材料的听力测试中的眼动数据，推测考生在完成两种听力测试任务时经历的认知过程，比较分析实际考查的构念。

5.2 效度验证研究

"除非我们能够证明依照测试结果对考生语言能力所做的推论是有效的，否则无法论证基于考试成绩所做的决策"（Bachman & Palmer，1996：95）。效度一直是语言测试研究的主要议题，认知效度概念在 20 世纪 90 年代逐渐得到研究者的认同（Baxter & Glaser，1998；Glaser，1991）。该概念强调从心理认知过程的视角补充传统的结果导向型构念效度验证模式。然而，以往的认知过程研究依赖于有声思维和回顾性访谈等质性研究方法，这些研究方法从考生的视角出发，在提供丰富的认知加工过程数据的同时，也因其自身的局限性而受到质疑。有声思维要求考生在答题的同时口头报告思维过程（郭纯洁，2015），给考生增加了额外的认知负荷（Green，1998）。回顾性访谈这种延迟报告可能掺杂考生对考试过程的失真与过度描述。此外，基于质性方法的过程研究样本容量往往较小，数据分析比较主观，研究结果可推广性不强。

眼动技术能够客观真实地记录语言加工活动中即时的眼球运动，对受试干扰较少，数据客观丰富，为语言测试过程导向型效度验证研究提供了新的可靠数据来源。以阅读测试研究为例，研究者可以通过眼动技术记录考生在考试过程中的眼动数据，通过眼动指标特别是兴趣区内注视时间、回视次数和眼跳距离等指标反映考生的认知加工负荷，利用可视化数据如注视轨迹图和热点图还原考生的作答过程，比较考生在真实环境和考试环境中的认知过程异同，探究构念在实际测试中的实现情况，为测试效度提供强有力的证据。

5.3 考试表现研究

影响考试表现因素很多,相关语言测试研究主要围绕三个方面开展:测试程序的特征、考生的答题过程和策略、考生的个体特征(Bachman,2000)。其中,通过探究考生的答题过程和答题策略,研究者可以推测考生测试中具体语言资源的使用、策略使用以及不同层次的认知加工。通过结合即时的眼动数据和考生的作答情况,语言测试学者可以深入分析考生的测试表现,发现考生在考试中遇到的困难和挑战,给语言学习和教学提供建议和反馈。

5.4 评分员信度研究

对于主观性测试而言,影响测试质量的一大重要因素就是评分员信度。评分量表是测试构念的操作化描述(李航,2013),评分量表的使用是确保写作和翻译等主观性测试评分效度的重要方法之一。通过眼动技术记录评分员在评分过程中阅读评分量表的眼动数据,可以获悉评分员决策时所接收和加工的评分标准,反映评分员对评分量表中各项标准的关注,揭示评分员的评分过程,指导评分员的评分实践。

5.5 考试任务设计和开发研究

20世纪90年代,Bachman(1990)结合实证研究成果,提出了交际语言能力(Communicative Language Ability)模型。他将交际语言能力定义为结合语言知识和语言使用场景,创造和解释意义的能力。在2001年,《欧洲语言共同参考框架》将交际语言能力作为核心理念进行详细阐述,对欧洲各国甚至世界的语言教学和测评产生了重要影响(刘壮 等,2012;邹申 等,2015)。对语言测试的启示在于,测试不仅要考查语言形式,还要考查考生在目标情境中语言使用的能力。因此,考试任务特征需要反映真实语言使用任务的特征。然而,单一模态的测试无法全面考查考生的真实语言交际能力。多媒体和计算机技术的发展使得多模态测试任务以及综合技能测试任务成为现实,眼动技术能够记录考生加工静态文本、图片、动态网页和视频时的即时眼球运动,揭示考生完成多模态考试任务和综合技能考试任务时的思维过程,为考试任务的设计和开发提供有效反馈,确保测试内容的全面性,增强考试任务的真实性。

6   结语

虽然眼动技术被广泛应用于认知科学和心理学研究中,并逐渐受到二语研究学者的关注,但在语言测试领域,相关的实证研究数量不多。将眼动技术引入语言测试认知过程研究,可以充分发挥眼动数据客观丰富、真实精确、对受试干扰较小的优势,从全新的视角推动语言测试领域构念、效度验证、考试表现、评分员信度、考试任务设计和开发等重要议题的深入探究。

参考文献

Alderson, J. C. (1980). Native and non-native speaker performance on cloze tests[J]. *Language Learning*, 30(1), 219-223.

Bachman, L. F. (1985). Performance on cloze tests with fixed-ratio and rational deletions[J]. *TESOL Quarterly*, 19(3), 535-556.

Bachman, L. F. (1990). *Fundamental considerations in language testing*[M]. Oxford University Press.

Bachman, L. F. (2000). Modern language testing at the turn of the century: Assuring that what we count counts[J]. *Language Testing*, 17(1), 1-42.

Bachman, L. F., & Palmer, A. (1996). *Language testing in practice*[M]. Oxford University Press.

Barkaoui, K. (2010). Variability in ESL essay rating processes: The role of the rating scale and rater experience[J]. *Language Assessment Quarterly*, 7(1), 54-74.

Batty, A. O. (2014). A comparison of video-and audio-mediated listening tests with many-facet Rasch modeling and differential distractor functioning[J]. *Language Testing*, 32(1), 3-20.

Bax, S. (2013). The cognitive processing of candidates during reading tests: Evidence from eye-tracking [J]. *Language Testing*, 30(4), 441-465.

Bax, S., & Weir, C. J. (2012). Investigating learners' cognitive processes during a computer-based CAE reading text[A]. In J. Banerjee(Ed), *Research notes: Issues 47*(pp. 3-14)[C]. Océ Ltd.

Baxter, G., & Glaser, R. (1998). Investigating the cognitive complexity of science assessments[J]. *Educational Measurement: Issues and Practices*, 17(3), 37-45.

Brown, J. D. (2013). Twenty-five years of cloze testing research: So what? [A]. In G. Poedjosoedarmo (Ed.), *Teaching and assessing language proficiency* (pp. 589-642)[C]. SEAMEO Regional Language Center.

Buck, G. (2001). *Assessing listening*[M]. Cambridge University Press.

Cohen, A. D. (2006). The coming of age of research on test-taking strategies[J]. *Language Assessment Quarterly*, 3(4), 307-331.

Davies, A., Brown, A., Elder, C., Hill, K., Lumley, T., & McNamara, T. (1999). *Dictionary of language testing*[M]. Cambridge University Press.

Duchowski, A. T. (2002). A breadth-first survey of eye-tracking applications[J]. *Behaviour Research Methods, Instruments, & Computers, 34*(4), 455-470.

Field, J. (2012). The cognitive validity of the lecture-based questions in the IELTS academic listening paper[A]. In L. Taylor & C. J. Weir(Eds.), *IELTS collected papers 2: Research in reading and listening assessment*(pp. 391-453)[C]. Cambridge University Press.

Glaser, R. (1991). Expertise and assessment[A]. In M. C. Wittrock & L. Taylor(Eds.), *Testing and cognition*(pp. 17-30)[C]. Englewoo Cliffs.

Green, A. (1998). *Verbal protocol in language testing research*[M]. Cambridge University Press.

Holmqvist, K., Nyström, M., Andersson, R., Dewhurst, R., Jarodzka, H., & Van de Weijer, J. (2011). *Eye-tracking: A comprehensive guide to methods and measures*[M]. Oxford University Press.

Jonz, J. (1990). Another Turn in the conversation: What does cloze measure? [J]. *TESOL Quarterly, 24*(1), 61-83.

Just, M. A., & Carpenter, P. A. (1980). A theory of reading: From eye fixations to comprehension[J]. *Psychological Review, 87*(4), 329-354.

Kathy, C., & Pellicer-Sánchez, A. (2016). Using eye-tracking in applied linguistics and second language research[J]. *Second Language Research, 32*(3), 453-467.

Knoch, U. (2009). Diagnostic assessment of writing: A comparison of two rating scales[J]. *Language Testing, 26*(2), 275-304.

Liversedge, S. P., Gilchrist, I. D., & Everling, S. (2011). *The Oxford handbook of eye-movement*[M]. Oxford University Press.

Lumley, T. (2002). Assessment criteria in a large-scale writing test: What do they really mean to the raters? [J]. *Language Testing, 19*(3), 246-272.

McCray, G., & Brunfaut, T. (2018). Investigating the construct measured by banked gap-fill items: Evidence from eye-tracking[J]. *Language Testing, 35*(1), 51-73.

Ockey, G. J. (2007). Construct implications of including still image or video in computer-based listening tests[J]. *Language Testing, 24*(4), 517-537.

Phakiti, A. (2003). A closer look at the relationship of cognitive and metacognitive strategy use to EFL reading achievement test performance[J]. *Language Testing, 20*(1), 26-56.

Phakiti, A. (2007). *Strategic competence and EFL reading test performance* [M]. Peter Lang

Publishing.

Purpura,J. E. (2013). Cognition and language assessment[A]. In A. J. Kunnan(Ed.),*The companion to language assessment*(pp. 1452-1476)[C]. Wiley-Blackwell.

Purpura,J. E. (1997). An analysis of the relationships between test-takers' cognitive and metacognitive strategy use and second language test performance[J]. *Language Learning*,47(2),289-325.

Purpura,J. E. (1998). Investigating the effects of strategy use and second language test performance with high-and low-ability test-takers:A structural equation modelling approach[J]. *Language Learning*,15(3),333-379.

Rayner,K. (1998). Eye movements in reading and information processing:20 years of research[J]. *Psychological Bulletin*,24(3),372-422.

Rayner,K. (2009). Eye movements in reading:Models and data[J]. *Journal of Eye Movement Research*,2(3),1-10.

Rayner,K.,Reichle, E. D.,& Pollastek,A. (2005). Eye movement control in reading and the E-Z reader model[A]. In G. Underwood(Ed.),*Cognitive processes in eye guidance*(pp. 131-162)[C]. Oxford University Press.

Suvorov,R. (2015). The use of eye tracking in research on video-based second language(L2)listening assessment:A comparison of context videos and content videos[J]. *Language Testing*,32(4),463-483.

Taylor,L. (2013). Introduction[A]. In A. Geranpayeh & L. Taylor(Eds.),*Examining listening:Research and practice in assessing second language listening*(pp. 1-35)[C]. Cambridge University Press.

Van Gelderen,A.,Schoonen,R.,De Glopper,L.,Hulstijn,J.,Simis,A.,Snellings,P.,& Stevenson,M. (2004). Linguistic knowledge,processing speed,and metacognitive knowledge in first-and second-language reading comprehension:A componential analysis[J]. *Journal of Educational Psychology*,96(1),19-30.

Van Gog, T.,& Jarodoza, H. (2013). Eye tracking as a tool to study and enhance cognitive and metacognitive processes in computer-based learning environments[A]. In R. Azevedo & V. Aleven (Eds.),*International handbook of metacognition and learning technologies*(pp. 143-156)[C]. Springer.

Wagner,E. (2007). Are they watching? Test-taker viewing behaviour during L2 video listening test

［J］. *Language Learning & Technology*, *11*(1), 67-86.

Wagner, E. (2010). Test takers' interaction with an L2 video listening test［J］. *System*, *38*(3), 280-291.

Weir, C. J. (2005). *Language testing and validation: An evidence-based approach*［M］. Palgrave Macmillan.

Winke, P., & Lim, H. (2015). ESL essay raters' cognitive processes in applying the Jacobs et al. rubric: An eye-movement study［J］. *Assessing Writing*, *25*(2), 38-54.

Winke, P. M., Golfroid, A., & Gass, S. M. (2013). Introduction to the special issue: Eye-movement recordings in second language research［J］. *Studies in Second Language Acquisition*, *35*(2), 205-212.

Yamashita, J. (2003). Processes of taking gap-filling tests: Comparison of skilled and less skilled EFL readers［J］. *Language Testing*, *20*(2), 267-293.

郭纯洁, 2015. 有声思维在外语教学研究中的应用［M］. 北京: 外语教学与研究出版社.

孔文, 王淑琼, 周芸, 等, 2011. 视频信息对 EFL 听力理解影响的实证研究［J］. 外语电化教学 (5): 37-45.

李航, 2013. 整体和分项量表的使用对 EFL 作文评分信度的影响［J］. 外语与外语教学(2): 45-51.

李清华, 2006. 语言测试之效度理论发展五十年［J］. 现代外语(1): 87-110.

刘壮, 韩宝成, 阎彤, 2012. 《欧洲语言共同参考框架》的交际语言能力框架和外语教学理念 ［J］. 外语教学与研究(4): 616-623.

吴迪, 舒华, 2001. 眼动技术在阅读研究中的应用［J］. 心理学动态(4): 319-324.

闫国利, 白学军, 2018. 眼动分析技术的基础与应用［M］. 北京: 北京师范大学出版社.

闫国利, 张巧明, 张兰兰, 等, 2013. 不同掩蔽材料对阅读知觉广度的影响［J］. 心理科学(6): 1317-1322.

邹申, 张文星, 孔菊芳, 2015. 《欧洲语言共同参考框架》在中国: 研究现状和应用展望［J］. 中国外语(3): 24-31.

第 12 章
认知效度理据、概念、模型及实证研究综述[①]

摘要:认知效度指考试任务在多大程度上引发了考生在真实语言使用中相似的认知过程,是 Weir(2005)社会—认知效度验证框架的重要方面。认知效度的引入不仅深化了对语言测试构念的理解,还为语言测试的效度验证提供了少有的过程证据,补充拓展了传统的以因子分析为主的结果导向型效度验证模式。本文简要梳理了认知效度的理据、概念引入和发展、认知模型及相关实证研究,指出认知效度研究在理论模型的构建、实证研究范围、研究方法以及研究成果应用等方面的局限性,旨在促进认知效度及其研究在考试开发和效度验证中发挥更大作用。

关键词:语言测试;认知效度;认知过程;构念;效度验证

1 引言

效度是评价语言测试质量的一项重要标准,效度验证是语言测试研究的永恒主题。早期的效度观认为如果一项测试测量了它所要测量的东西,那么它就是有效的(Lado,1961)。后来的整体效度观认为经验证据和理论证据在多大程度上支持基于考试分数的解释以及使用的准确性和合理性,对这一问题的全面评价即为效度(Messick,1989)。目前,整体效度观在语言测试领域被广为接受。

整体效度观认为,构念效度是测试效度中最为重要的组成部分,是效度验证的核心(范劲松 等,2014;金艳,2012)。因此,明确界定和验证测试的构念具有十分重要的意义。传统效度研究中所收集的证据大多基于测试结果(分数),很大程度上忽视了考生的动态认知加工过程(Anderson et al.,1991;江进林、文秋芳,2010)。具体而言,传统效度验证研究主要通

---

① 本文在《当代外语研究》2020 年第 6 期发表,本专著收录时有修改。

过对测试结果(分数)进行相关分析、因子分析、多维尺度分析或建模,探讨考试内部结构、试题表现、信度等,反映测试结果(分数)与该测试构念之间的关系,逆向推理测试所考查的语言能力构念(Alderson,2000;Cohen,2006;Davies et al.,1999;孔菊芳,2016;邹申 等 2002)。然而,考试分数常常受到考试形式、内容及其他因素的影响,并不单单是语言能力构念的结果。此外,研究中所采用的数据分析方法本身存在一定局限性,只能反映某种关系的概率,无法准确解释和界定测试的构念(Bachman,1990;Cohen & Upton,2006;Field,2012;孔菊芳,2016)。因此基于测试结果(分数)的统计分析并不能全面评估语言测试的效度,并且效度的验证是一个贯穿测试始终的过程,需要多方面的证据支持。

受认知心理学和信息加工理论影响,语言测试领域的效度研究重心从过于关注考试结果开始转向结果与过程并重。相关研究指出效度与具体的语言能力认知模型的结合可以有利于更好地解析构念、细化考生在考试过程中的思维活动和作答表现、解释分数的意义和完善考试效度主张(Gorin,2006;Leighton & Gierl,2007;Vanderveen et al.,2006;Yang & Embretson,2007)。因此,将考生如何处理测试任务以及考生认知加工过程与考试内容、考试表现的交互纳入效度验证研究中十分必要(Bachman,1990;Xi & Sawaki,2017;胥云、武尊民,2011)。

《教育与心理测试标准》(AERA et al.,2014)这份在教育与心理测试领域的权威性文件将作答过程(response process)作为效度证据的一个重要方面,认为不管在理论还是实证分析中,考生的作答过程都为考试构念和考试表现本质的关联性提供了实质性证据。

然而,在语言测试领域尽管认知过程证据一再被强调,但实际的效度研究还没有给予认知过程足够的重视(Newton & Shaw,2014)。在整体效度观的框架下,Weir(2005)结合语言测试效度研究最新成果和大量研究实例,提出了基于证据的效度验证框架,将认知过程证据独立出来,作为效度验证的一个重要方面,从考生本身出发,强调考生在实际考试中所经历的认知过程。Weir 将认知效度引入效度验证框架中,详细阐述了听、说、读、写四大技能认知过程模型,强调从考生认知过程视角进一步深化对语言测试构念的认识,补充传统的以考试结果为导向的效度验证模式,为相关效度研究提供新的参考。

本文拟简要梳理认知效度的理据、概念引入和发展、理论模型构建和相关实证研究,指出认知效度研究在认知模型构建、实证研究范围、研究方法以及研究成果应用等方面的局限,旨在促进认知效度及其研究在考试开发和效度验证中发挥更大作用。

2 认知效度的理据

效度验证研究不仅要关注考生的考试结果,也应该重视考生在考试中所经历的认知过程（AERA et al.,2014）。考生的认知过程指的是考生加工考试任务、组织和生成答案所经历的思维过程。20世纪80年代以来，随着语言测试研究者对过程证据的重视，考生的考试过程逐渐受到关注。Alderson（2000:97）认为"测试的效度与考试题项所引发的正确回答的解释相关，所以重要的是哪种回答是正确的，以及考生作出正确回答的过程，而不是考试开发者对题项考查内容的预设"。Field（2011）也持相同的观点，认为效度的一个重要方面在于测试在多大程度上使考生经历了真实语境中相似的认知过程。考试任务引发了考生哪些认知过程，考生的答题过程是否符合预期，这些对于测试效度验证具有重要意义（Alderson，2000；Bachman，1990；Storey，1997；Messick，1989）。此外，语言测试不仅考查语言形式，更需考查考生在目标情境中使用语言的能力。因此，除非更好地了解考生完成具体测试任务的过程，否则很难厘清语言测试情境下认知构念的内在关系，预测考生在目标情境中的语言使用表现，论证测试分数的解释和有效使用。

以往的认知过程研究主要关注考生的考试策略和策略能力。考试策略是指考生完成考试任务时有意识选择的答题步骤和过程，或者说认知行为（Cohen，2000；Cohen，2006）。考生在完成测试任务时使用了什么策略，考生所采取的策略是否与测试构念相符，这些问题的探究为测试效度验证提供了重要依据。如Cohen & Upton（2006）利用有声思维探究考生在新托福阅读考试中的策略使用，研究发现考生大多运用语言学习者策略和考试管理策略而非应试策略完成测试任务，以此支持新托福阅读测试引发了考试构念相关策略的主张。此外，认知过程研究还围绕考试策略与题型、考试表现之间的交互关系展开了深入探究（Anderson et al.,1991；Cohen，2011，2012；Gao & Gu，2008；Thompson & Rubin，1996；Yamashita，2003）。尽管这些研究通过考生策略使用的视角一定程度上揭示了考生答题过程中的想法和行为，对试题设计和考试分数的解释及使用有极为重要的参照意义（Cohen，2006），但是仅仅根据考生的口头陈述、访谈和问卷调查，孤立地归类考试策略，很大程度上是描述性的，缺乏具体的语言学习和认知理论支持。

Bachman（1990）结合心理学理论，将策略能力作为重要组成部分纳入交际语言能力模型，为考生的策略行为提供了理论支撑。Bachman & Palmer（2010）将策略能力视为一组较高层次的元认知策略，包括确定目标、制订计划和评估，在语言使用和其他认知活动中起管理作用。考试过程的研究因此实现了从策略使用向策略能力的转向，开始研究考生元认知意识在考试表现中的作用。Zhang & Zhang（2013）探究了中国考生的CET-4阅读成绩和元认知策略之间的关系，研究发现考生的元认知策略使用对其CET-4阅读测试分数有显著的积极影响。同时，不同语言水平的考生在策略能力上存在差异。还有一些研究表明，语言水平高的考生元认知策略的使用频率明显高于语言水平低的考生,说明语言水平高的考生对自己的考试过程有更清晰的认识,能够更好地管理考试策略和整合语言资源(Aryadoust & Zhang, 2015)。策略能力在考生的语言知识、话题知识和个人特质之间起着重要的交互协调作用(Bachman & Palmer, 2010)。因此,策略能力的研究逐渐成为语言测试的重要内容,是效度验证的必要环节。

以往认知过程研究从策略使用和策略能力的视角一定程度上揭示了考生在考试过程中的心理认知活动,推动了效度验证研究重心从考试结果向考试过程的转移,也为语言测试领域认知效度的引入提供了支持,至此考生在心理和认知层面上与测试任务的互动成为效度验证的重要方面。但值得注意的是,以往认知过程研究所收集的效度证据集中于考生在测试过程中有意识的策略行为,对考生在测试中具体的语言信息加工、理解和产出动态过程观测不足。

3 认知效度概念的引入

认知效度概念在 20 世纪 90 年代开始得到研究者的认同(Baxter & Glaser, 1998; Glaser, 1991)。在美国教育测量界,认知效度被逐渐应用于考查高层次思维能力的测试,如历史思维能力测试和科学量化推理测试(Linn et al., 1991; Ruiz-Primo et al., 2001; Smith, 2017; Thelk & Hoole, 2006),并不断发展演化出了多个认知效度验证框架(Baxter & Glaser, 1998; Karabenick et al., 2007; Ruiz-Primo et al., 2001; Snow et al., 1996)。

Weir(2005)总结了效度验证研究多年的成果,将基于理论的效度(即本文讨论的"认知效度")作为社会—认知效验框架的重要方面引入语言测试领域。Weir 认为效度证据来源于五个方面:认知效度、环境效度、评分效度、效标关联效度和后果效度①。其中认知效度、环境效度和评分效度三个方面的证据紧密联系,彼此依存,共同形成构念效度(Geranpayeh & Taylor, 2013; Khalifa & Weir, 2009; O'Sullivan & Weir, 2011; Shaw & Weir, 2007; Taylor, 2011; Weir, 2005)。认知效度为所考查的构念提供理论支持,结合听、说、读、写具体技能认知模型,界定和验证测了什么,即测试构念是什么,在测试中的实现情况怎么样?环境效度的对象是引发构念的测试任务和施考环境,主要验证怎么测,即任务设计和施考环境是否影响考生的考试表现。评分效度关注评分标准和过程,验证怎么评,即测试构念是否被准确有

---

① 在语言测试领域,认知效度和概念效度在概念意义上多少存在一定的重叠,但本文是在"社会—认知框架"下讨论认知效度及其与概念效度的关系,因此遵循社会—认知框架的话语体系。

效评估。认知效度、环境效度和评分效度三者互相联系，贯穿测试始终，确保测试构念的有效性，从理论、逻辑和实证维度加强测试效度主张。

Weir(2005)强调考生的认知过程，将认知效度定义为测试任务在多大程度上引发了考生在真实环境下相似的认知过程。至此，在语言测试领域，认知效度有了明确的概念意义以及验证标准。认知效度方面的证据包括测试前(a priori evidence)对测试构念的清晰界定和细致探究，以及测试后(a posteriori evidence)构念在具体的测试任务和考试环境中的实现情况(Weir,1988)。从考试前的构念定义到考试中的构念实现，认知效度研究可以在认知过程方面为构念效度提供更为充分的理论支撑和证据支持。就语言测试而言，测试设计和开发者需要结合系统的语言能力理论模型，充分考虑学习者在真实语言使用中所经历的认知过程，并尽可能使考生在完成考试任务时经历相似的认知过程，以支持测试分数的解释和有效使用，根据测试分数预测考生是否能够在真实语境中完成具有相似认知要求的任务。

虽然研究者对考生语言测试表现的认知过程的关注由来已久(Carroll,1968)，但认知效度概念的引入才使语言测试界更充分地认识到过程证据的重要性。认知效度不仅在于强调从心理认知过程的视角深入了解语言测试的构念，还在于拓展了传统的结果导向型效度验证模式。

4 认知效度概念的发展

围绕认知效度，O'Sullivan & Weir(2011)提出了两个有针对性的问题：完成测试任务所要求的认知过程是否合适？考生完成测试任务时的认知过程与真实环境中的认知过程是否相似？ Field(2012)则认为认知效度研究的目的在于探究测试任务是否正确引发了语言使用者在真实目标情境中具有代表性的认知过程，这一认知过程的代表性主要包含以下三个方面的内容：

1)加工相似性(similarity of processing)：考生在考试环境中采用的认知过程在多大程度上与真实目标情境中的认知过程相似？考生是否经历了与测试构念无关的认知加工过程？

2)全面性(comprehensiveness)：测试题项是否引发了考生多层次的认知加工过程？考生在测试情境中采用的认知过程是否全面地代表了真实目标情境中的认知加工过程？

3)校准性(calibration)：测试任务施加给考生的认知要求是否与不同水平考生的语言表现特征相对应？

认知过程的代表性丰富了认知效度的概念意义，为实证研究提供了实施认知效度验证的具体标准。为了更好地收集测试效度在认知方面的证据，相关研究既要考虑考生在考试环境以及真实环境中认知过程的相似程度,又需探究考试任务所引发的认知过程是否全面,以及考试任务所施加的具体认知要求是否与不同水平考生语言表现的特征相对应。此外,通过比较考生在测试环境和真实环境中使用的认知过程相似性以及分析评估测试任务所引发的认知加工全面性,Field 提出的代表性概念在一定程度上将考生的认知过程信息与探究构念效度的两大主要威胁(构念代表不足和构念无关因素)进行了对应。

5 认知效度日臻成熟:认知过程模型的构建

语言测试认知效度的研究离不开对语言技能的认识和认知过程的系统分析。结合信息加工理论,研究者围绕听(Field,2013)、说(Field,2011)、读(Khalifa & Weir,2009)、写(Shaw & Weir,2007)四大技能构建了认知过程模型,并划分出认知过程的组成成分和各个层次,突出考生在答题时的动态认知加工,对全面揭示考生在考试中所经历的心理活动和行为具有重要意义。下文将对四大技能认知过程模型进行简要介绍。

听力测试方面,Field(2013)整合了 Culter & Clifton(1999)的加工层次理论和二语听力理解框架,提出了五层次二语听力认知过程模型。尽管模型以序列的方式展示,但是 Field 认为在处理考试任务时考生可能会同时进行多个层次上的加工。根据 Field 的模型,听力认知过程包括输入解码(input decoding)、词汇搜索(lexical search)、句法分析(parsing)、语意构建(meaning construction)和语篇构建(discourse construction)五个层次。其中,输入解码、词汇搜索、句法分析属于较低层次的认知加工,而语意构建、语篇构建属于较高层次的认知加工。Field 的听力过程模型描绘了熟练母语学习者在真实环境中的听力理解动态认知加工过程,为识别任意水平的二语学习者听力测试表现提供了基准,但该模型并不局限于测试环境。因此在认知效度研究中,研究者还需要补充交际策略和应试策略方面的证据(Field,2013)。Field(2013)基于这一模型探究了考生在完成剑桥通用英语五级证书系列考试听力部分的认知过程,发现考试任务能够引发多个层次上的认知加工,较好地对应了相应级别考试所要求的英语水平,但考试形式在一定程度上削弱了认知过程的代表性。

口语测试方面,Field(2011)将心理语言学中的话语产出模型(Levelt,1989,1999)引入语言测试中,并根据这一模型解释口语测试的构念,建立口语测试认知效度验证框架。话语产出模型将话语生成过程分为四个层面:概念生成(conceptualisation)、形式生成(formulation)、言语发声(articulation)和自我监控(self-monitoring)。概念生成负责表达内容的筹划,随后在形式生成阶段欲表达的信息被赋予合适的语言符号。在言语发声阶段这些语言符号被转换成真实话语,而自我监控负责评估形式生成和发声阶段的言语是否合适准确。Levelt 在

1999 年对该模型进行了补充，认为形式生成由语法编码和语音编码组成。在语法编码中，基于词项所提供的语法和语义信息，产生抽象的表层结构。表层结构经过语音编码，生成具体的语音计划，而后在言语发声阶段执行，产生真实的言语。基于 Levelt 的模型，Field（2011）研究了剑桥通用英语五级证书系列考试中的口语部分所考查内容是否与模型中的具体认知加工过程相对应，分析发现两者紧密相符，从而为该系列考试口语测试任务的认知效度提供了支持。

　　阅读测试方面，Urquhart & Weir（1998）认为阅读本质上是一种认知活动，并提出基于过程观的阅读模型，有效区分了不同的阅读类型（快速阅读和仔细阅读）和阅读层面（整体层面和局部层面）。Khalifa & Weir（2009）在此模型基础上，结合测试环境提出了阅读认知过程模型。该模型主要包含三个部分：元认知活动（决定合适的阅读类型，监控阅读过程以及采取补救行为），认知加工中心（在阅读行为中所激活的具体认知加工，包括词汇识别、词汇提取、句法分析、建立句子命题、推论、建立篇章框架、建立篇章表征以及建立多文本表征）和知识基础（理解和答题所需的语言知识与背景知识）。Khalifa & Weir 的模型全面描述了阅读测试中不同复杂程度的认知过程，建立了认知加工的层次体系，为实证研究提供了可操作的分析模式。Weir et al.（2012）利用这一模型探究了雅思学术类阅读测试任务所引发的认知过程，通过 352 名受试的回顾性有声报告发现受试在雅思阅读考试和真实学术阅读中会经历相似的认知过程，都会采取仔细阅读和快速阅读方式，完成多个层次上的信息加工。研究还发现受试使用的考试策略受到题型的影响，但两者并未形成显著的对应关系。

　　写作测试方面，Shaw & Weir（2007）借鉴前人写作过程模型（Field，2004；Grabe & Kaplan，1996；Hayes & Flower，1980；Kellogg，1994，1996），总结出二语写作过程的六个主要阶段，依次是：宏观计划（macro-planning）、组织（organisation）、微观计划（micro-planning）、转化（translation）、监控（monitoring）以及修改（revising）。宏观计划是指根据任务要求（如文本体裁、主题、写作目的）构建文章整体思路。组织是指权衡各部分内容的比重整理思路。微观计划是指根据写作总体目标进行句子和篇章层面的构思。在转化阶段，命题内容实现由抽象形式向语言形式的转换。监控和修改两个阶段紧密联系，意味着发现和修改微观层面上的拼写、标点和句法错误以及在宏观层面上的主题和整体结构不当。从语言加工维度看，写作认知过程模型（Shaw & Weir，2007）很好地解释了考生在考试过程中对语言资源的实时加工处理。在此基础上，Shaw & Weir（2007）比较了剑桥通用英语五级证书系列考试的写作部分所施加的认知要求，发现写作测试施加给考生的认知要求随着考试级别上升而增高。就宏观计划阶段而言，英语入门考试写作测试只要求考生传达明确清晰的信息，而熟练英语证书考试写作测试要求合适的体裁和语言风格,考生需要全面评价给定材料并提出个人观点。值得注意的是,任务环境和个体语言能力对考生在写作测试中的认知过程有着不可忽视的影响。因此,研究者仍需对相关影响因素展开细致调查,以便于全面、准确地解读考生的考试表现。

6 认知效度实证研究

认知过程模型的构建为认知效度研究提供了完善的理论基础,为研究者识别和分析具体认知加工提供了可靠的参照,大力推动了相关实证研究的发展。以阅读模型为例,国内外语言测试学者对考生在不同测试环境下的动态认知加工过程开始了全面研究,并提出基于过程证据的效度验证模式设想。Owen(2016)利用有声思维对比分析了考生完成雅思和托福阅读考试的认知过程,发现除了建立多文本表征外,两个考试都能够引发考生在多个层次上的认知加工,说明雅思和托福阅读考试任务有较好的认知效度。施雅俐(2015)为验证CET-4阅读测试的效度,从阅读类型、认知加工过程和信息基础三个方面深入分析了考生的阅读过程和答题过程。该研究发现CET-4长篇阅读匹配题基本上能够引发受试与预期相符的阅读加工,但高低水平的受试在符合程度上存在差异。此外,孔菊芳(2016)从认知过程的视角提出基于过程的效度验证模式设想,强调根据测试过程证据补充对于测试构念及其表征的认识,得到受试在目标情境中语言使用能力的推论。为了验证设想的可行性,孔菊芳以阅读测试为例,通过对测试题型(选择题和简答题)的比较研究,分别从测试分数和测试过程两方面探讨了题型概化的可能性。

最新的认知效度实证研究结合眼动技术为考生的认知过程提供客观自然的证据。Bax & Weir(2012)结合眼动追踪和问卷调查,为CAE阅读试题的认知效度提供了有力证据。该研究发现CAE阅读试题有效地引发了考生在多个层次上的认知加工,包括真实学术阅读活动中较高层次的认知加工。Bax(2013)基于眼动数据探究了考生完成雅思阅读任务的认知加工过程,并在此基础上评估该阅读考试的认知效度。研究结果表明成功考生与不成功考生的阅读行为在多个维度上存在差异,包括快速阅读能力以及对阅读文本和题项的关注。因此,从认知加工的角度看,雅思阅读测试确实能够有效区分成功考生和不成功考生。McCray & Brunfaut(2018)通过眼动技术研究了集库式完形题型所测的阅读构念,研究发现测试题目所引发的认知加工差异主要取决于考生的语言水平,在完成同样题型的阅读测试中,低分考生更倾向采用较低层次的认知加工。

7　结语

认知效度研究的意义不仅在于深化对测试构念的认识,还在于为测试效度提供更为充分的过程证据,丰富效度验证模式,拓展传统的以因子分析为主的效度验证研究。纵观认知效度研究的发展历程,概念意义不断深化,理论模型不断完善,且实证研究采用多种方法交叉验证,从而取得了丰硕的研究成果。

应该指出的是,认知效度研究仍然存在一定的局限性。第一,认知效度所采用的理论模型并不完全针对测试环境,因此在模型的应用上研究者需根据具体的测试环境加以调整。第二,听力、口语和写作认知过程模型在实际认知效度验证研究中的使用寥寥无几,说明相关模型很大程度上还停留在理论探讨层面,可能缺乏实际可操作性。因此应进一步推动相关理论模型在实证研究中的应用和论证,在应用的基础上予以补充和完善。第三,认知效度的实证研究范围大多局限于阅读测试,对其他技能测试的研究极少。造成这一现象的主要原因在于研究方法,如有声思维法很难在听力、写作和口语测试中实施,考试后的回顾可能造成考生对考试过程的失真和过度描述。研究者可以综合多种研究方法收集更为丰富的证据。第四,与眼动等技术结合的认知效度实证研究还处于萌芽状态,如何利用如眼动这样的数据更准确全面地解释考生的认知过程需要进一步研究。第五,认知效度研究成果大多停留在为测试效度验证提供证据的层面,没有明确指出测试任务设计方面可能存在的不足。在以后的研究中,应充分发挥研究成果在考试设计上的作用,为语言测试开发和使用提供具体的建议。

参考文献

AERA., APA., & NCME. (2014). *Standards for educational and psychological testing* (Revised version)[S]. American Educational Research Association.

Alderson, J. C. (2000). *Assessing reading*[M]. Cambridge University Press.

Anderson, N. J., Bachman, L., Perkins, K., & Cohen, A. (1991). An exploratory study into the construct validity of a reading comprehension test: Triangulation of data sources[J]. *Language Testing*, 8(1), 41-66.

Aryadoust, V., & Zhang, L. M. (2015). Fitting the mixed Rasch model to a reading comprehension test: Exploring individual difference profiles in L2 reading[J]. *Language Testing*, 33(4), 529-553.

Bachman, L. F. (1990). *Fundamental considerations in language testing*[M]. Oxford University Press.

Bachman, L. F., & Palmer, A. S. (2010). *Language assessment in practice: Developing language assessments and justifying their use in the real world*[M]. Oxford University Press.

Bax, S. (2013). The cognitive processing of candidates during reading tests: Evidence from eye-tracking [J]. *Language Testing*, *30*(4), 441-465.

Bax, S., & Weir, C. (2012). Investigating learners' cognitive processes during a computer-based CAE reading test[J]. *Research Notes*, *47*(2), 3-14.

Baxter, G. P., & Glaser, R. (1998). Investigating the cognitive complexity of science assessments[J]. *Educational Measurement: Issues and Practices*, *17*(3), 37-45.

Carroll, J. B. (1968). The psychology of language testing[A]. In A. Davies(Ed.), *Language testing symposium: A psycholinguistic approach*(pp. 46-69)[C]. Oxford University Press.

Cohen, A. D. (2000). Exploring strategies in test-taking: Fine-tuning verbal reports from respondents [A]. In G. Ekbatani & P. Pierson(Eds.), *Learner-directed assessment in ESL*(pp. 127-150)[C]. Lawrence Erlbaum Associates.

Cohen, A. D. (2006). The coming of age of research on test-taking strategies[J]. *Language Assessment Quarterly*, *3*(4), 307-331.

Cohen, A. D. (2011). *Strategies in learning and using a second language*[M]. Pearson.

Cohen, A. D. (2012). Test-taking strategies and task design[A]. In G. Fulcher & F. Davidson (Eds.), *The Routledge handbook of language testing*(pp. 262-277)[C]. Routledge.

Cohen, A. D., & Upton, A. T. (2006). I want to go back to the text: Response strategies on thereading sub-test of the new TOEFL[J]. *Language Testing*, *24*(2), 209-250.

Cutler, A. & Clifton, C. (1999). Comprehending spoken language: A blueprint of the listener[A]. In C. M. Brown & P. Hagoort(Eds.). *The neurocognition of language*(pp. 123-166)[C]. Oxford University Press.

Davies, A., Brown, A., Elder, C., Hill, K., Lumley, T., & McNamara, T. (1999). *Dictionary of language testing*[M]. Cambridge University Press.

Field, J. (2004). *Psycholinguistics: The key concepts*[M]. Routledge.

Field, J. (2011). Cognitive validity[A]. In L. Taylor(Ed.), *Examining speaking: Research and practice in assessing second language listening*(pp. 65-111)[C]. Cambridge University Press.

Field, J. (2012). The cognitive validity of the lecture-based question in the IELTS academic listening paper[A]. In L. Taylor & C. J. Weir(Eds.), *IELTS collected papers 2: Research in reading and listening assessment*(pp. 391-453)[C]. Cambridge University Press.

Field, J. (2013). Cognitive validity[A]. In A. Geranpayeh & L. Taylor(Eds.), *Examining listening: Research and practice in assessing second language listening* (pp. 77-151) [C]. Cambridge University Press.

Gao, X., & Gu, X. (2008). An introspective study on test-taking process for banked cloze[J]. *CELEA Journal, 31*(4), 3-16.

Geranpayeh, A., & Taylor, L. (2013). *Examining listening: Research and practice in assessing second language listening*[M]. Cambridge University Press.

Glaser, R. (1991). Expertise and assessment[A]. In M. C. Wittrock & E. L. Baker(Eds.), *Testing and cognition*(pp. 17-30)[C]. Englewood Cliffs.

Gorin, J. S. (2006). Test design with cognition in mind [J]. *Educational Measurement: Issues and Practices, 42*(4), 351-373.

Grabe, W., & Kaplan, R. B. (1996). *Theory and practice of writing: An applied linguistic perspective* [M]. Longman.

Hayes, J. R., & Flower, L. S. (1980). Identifying the organisation of writing process[A]. In L. M. Gregg & E. R. Steinberg(Eds.), *Cognitive processes in writing*(pp. 3-30)[C]. Lawrence Erlbaum Associates.

Karabenick, A. A., & Woolley, M. E., Friedel, et al. (2007). Cognitive processing of self-report items in educational research: Do they think what we mean? [J]. *Educational Psychologist, 42*(2), 139-151.

Kellogg, R. T. (1994). *The psychology of writing*[M]. Oxford University Press.

Kellogg, R. T. (1996). A model of working memory in writing [A]. In C. M. Levy & S. Ransdell (Eds.), *The science of writing*(pp. 57-72)[C]. Lawrence Erlbaum.

Khalifa, H., & Weir, C. J. (2009). *Examining reading: Research and practice in assessing second language reading*[M]. Cambridge University Press.

Lado, R. (1961). *Language testing*[M]. McGraw-Hill.

Leighton, J. P., & Gierl, M. J. (2007). Defining and evaluating models of cognition used in educational measurement to make inferences about examinees' thinking processes [J]. *Educational Measurement: Issues and Practices, 26*(2), 3-16.

Levelt, W. (1989). *Speaking: From intention to articulation* [M]. Massachusetts Institute of Technology Press.

Levelt, W. (1999). Language production: A blueprint of the speaker [A]. In C. Brown & P. Hagoort (Eds.), *Neuro-cognition of language* (pp. 83-122) [C]. Oxford University Press.

Linn, R., Baker, E. L., & Dunbar, S. B. (1991). Complex, performance-based assessment: Expectations and validation criteria [J]. *Educational Researcher*, 20(8), 15-21.

McCray, G., & Brunfaut. T. (2018). Investigating the construct measured by banked gap-fill items: Evidence from eye-tracking [J]. *Language Testing*, 35(1), 51-73.

Messick, S. (1989). Validity [A]. In R. Linn (Ed), *Educational measurement* (pp. 13-103) [C]. American Council on Education.

Newton, P. E., & Shaw, S. D. (2014). *Validity in educational & psychological assessment* [M]. SAGE Publication.

O' Sullivan, B., & Weir, C. J. (2011). Test development and validation [A]. In B. O' Sullivan (Ed.), *Language testing: Theories and practices* (pp. 13-32) [C]. Palgreve Macmillan.

Owen, N. (2016). *An evidence-centred approach to reverse engineering: Comparative analysis of IELTS and TOEFL iBT reading sections* (Unpublished doctoral dissertation) [D]. University of Leicester.

Ruiz-Primo, M. A., Shavelson, R. J., Li, M., & Schultz, S. E. (2001). On the validity of cognitive interpretations of scores from alternative concept-mapping techniques [J]. *Educational Assessment*, 7(2), 99-141.

Shaw, S. D., & Weir, C. J. (2007). *Examining writing: Research and practice in assessing second language writing* [M]. Cambridge University Press.

Smith, M. D. (2017). Cognitive validity: Can multiple-choice items tap historical thinking processes [J]. *American Educational Research Journal*, 54(6), 1256-1287.

Snow, R. E., Corno, L., & Jackson, D., (1996). Individual differences in affective and conative functions [A]. In D. Berliner & R. C. Calfee (Eds.), *Handbook of educational psychology* (pp. 243-310) [C]. Macmillan.

Storcy, P. (1997). Examining the test-taking process: A cognitive perspective on the discourse cloze test [J]. *Language Testing*, 14(2), 14-231.

Taylor, L. (2011). *Examining speaking: Research and practice in assessing second language speaking* [M]. Cambridge University Press.

Thelk, A. D., & Hoole, E. R. (2006). What are you thinking? Post-secondary student think-alouds of scientific and quantitative reasoning items[J]. *The Journal of General Education*, 55(1), 17-39.

Thompson, I., & Rubin, J. (1996). Can strategy instruction improve listening comprehension? [J]. *Foreign Language Annals*, 29(3), 331-342.

Urquhart, A. H., & Weir, C. J. (1998). *Reading in a second language: Process, product and practice* [M]. Longman.

VanderVeen, A., Huff, K., Gierl, M., McNamara, D. S., Louwerse, M., M & Graesser, A. C. (2006). Developing and validating instructionally relevant reading competency profiles measured by the critical reading section of the SAT[A]. In D. S. McNamara (Eds.), *Reading comprehension strategies: Theory, intervention and technologies* (pp. 137-174)[C]. Lawrence Erlbaum.

Weir, C. J. (1988). Construct validity[A]. In A. Hughes, D. Porter & C. J. Weir (Eds.), *ELT validation project: Proceeding of a conference held to consider the ELTS validation project report* (pp. 38-65)[C]. The University of Cambridge Local Examination Syndicate.

Weir, C. J. (2005). *Language testing and validation: An evidence-based approach* [M]. Palgrave Macmillan.

Weir, C. J., Hawkey, R., Green, T., & Devi, S. (2012). The cognitive processes underlying the academic reading construct as measured by IELTS[A]. In P. Thompson (Ed.), *International English language testing system (IELTS) research reports* (pp. 157-189)[C]. British Council and IELTS Australia.

Xi, X., & Sawaki, Y. (2017). Methods of test validation[A]. In E. Shohamy & L. G. Stephen (Eds.), *Language testing and assessment* (3rd ed. pp. 170-186)[C]. Springer.

Yamashita, J. (2003). Processes of taking a gap-filling test: Comparison of skilled and less skilled EFL readers[J]. *Language Testing*, 20(3), 267-293.

Yang, X., & Embretson, S. E. (2007). Construct validity and cognitive diagnostic assessment[A]. In J. P. Leighton & M. J. Gierl (Eds.), *Cognitive diagnostic assessment for education: Theory and application* (pp. 119-145)[C]. Cambridge University Press.

Zhang, L. M., & Zhang, L. J. (2013). Relationships between Chinese college test takers' strategy use and EFL reading test performance: A structural equation modeling approach[J]. *RELC Journal*, 44 (1), 35-57.

范劲松，季佩英，俞理明，2014.语言测试效度研究的另一视角：考试的因子结构研究[J].外语教学理论与实践(4):34-40.

金艳, 2012. 计算机化语言测试的效度研究——浅析计算机能力与测试构念的关系[J]. 外语电化教学(1):11-15.

江进林, 文秋芳, 2010. 基于 Rasch 模型的翻译测试效度研究[J]. 外语电化教学(1):14-18.

孔菊芳, 2016. 基于过程证据的英语阅读测试效度验证[D]. 上海:上海外国语大学.

施雅俐, 2015. 从答题过程检验 CET-4 长篇阅读匹配题的构念效度[J]. 外语测试与教学(1):24-31.

胥云, 武尊民, 2011. 国外考试策略研究综述——五十年回顾[J]. 外语教学理论与实践(1):43-51.

邹申, 张艳莉, 周越美, 2002. 阅读测试中题目类型、策略与分数的关系——TEM 4 考试阅读项目的答题效度研究[J]. 外语与外语教学(5):19-22.

第 13 章

六级、雅思、托福阅读考试认知过程对比研究
——基于眼动和访谈的证据[①]

摘要:本文结合眼动追踪和回顾式访谈数据对受试完成六级、雅思和托福阅读考试的认知过程进行对比分析,进而评估三项阅读考试的认知效度。研究结果表明:三项阅读考试成功地诱发了受试在多个信息层次上的认知加工,其中使用频率最高的认知加工为句子命题建立。整体而言,三项阅读考试较为全面地考查了受试在真实阅读实践中相似的认知过程,均具备良好的认知效度。此外,本研究在一定程度上揭示了受试特征、考试任务和施考环境对受试的答题认知过程的影响。研究结果旨在为试题开发者设计阅读试题、为英语教师了解考试情境下的阅读行为、为学习者备考和语言测试学者探究考试表现下的动态认知加工过程提供了有益参考。

关键词:认知过程;对比研究;阅读考试;眼动追踪;回顾式访谈

1 引言

六级、雅思、托福是全球范围内具有代表性的英语作为外语/二语的语言考试。虽然三项考试在考试目的、考试题型、分数解释和使用等方面存在差异,但都具备大规模、高风险的特性,考试对象大多正在或即将接受高等教育,主要考查内容都反映了学术英语的特征,因此,三项考试具有较强的可比性。

阅读是一项非常重要的语言技能,也是大规模、高风险语言测试中不可或缺的部分。阅读理解本质上是一个复杂的认知过程。然而,现有研究多通过考试分数的统计分析对语言

---

① 本文发表在《外语与翻译》2020 年第 4 期"传承性与创新性:基于证据的六级、雅思、托福考试效度对比研究"专栏,本专著收录时有修改。

测试阅读部分进行多方面的效度验证,也有学者从考生认知过程角度为阅读考试效度提供证据,但不多见(Cohen,2006)。本文基于 Khalifa & Weir(2009)提出的阅读模型,结合眼动追踪和回顾式访谈,识别和探讨考生完成三项阅读考试的动态认知加工过程,进而评估三项阅读考试的认知效度,即考试任务在多大程度上诱发了考生在真实阅读中相似的认知过程。

2 文献综述

2.1 阅读认知加工模型

六级、雅思和托福阅读部分侧重考查考生的学术阅读能力,因此合理的考试设计应使考生经历真实学术阅读中一系列相似的认知过程,从而论证考试分数的解释和使用。Khalifa & Weir(2009)所提出的阅读认知模型较好地涵盖了被试在文本阅读和任务加工中可能经历的思维加工,为研究者识别和分类考生的认知过程提供了有益参考。该模型分为三个部分:元认知、知识基础和核心认知加工。元认知活动对阅读核心认知加工进行全程调节和监控;知识基础提供核心认知加工所需的语言知识和背景知识;核心认知加工包含多个层次上的信息加工,是最重要的组成部分,包含阅读者在单词、句子、段落和篇章等多个信息水平上的认知加工,共分为八个层次:词汇识别、词汇提取、句法解析、句子命题建立、推理、篇章心理模型构建、篇章表征生成和跨文本表征生成。

Khalifa & Weir(2009)的阅读认知模型具有三方面优势:首先,模型建立在很多认知心理学家和阅读研究者的研究基础之上,具备坚实的理论和实证支撑;其次,模型被设计为一个层级系统,包含一系列较低层次和较高层次的认知加工,使该模型适合用作定性数据的编码框架,并且随着信息水平的提高,较高层次的认知加工要求更多的认知资源,因此便于研究者分析和比较不同考试任务给考生带来的认知负荷;最后,该模型已经在多项考试的效度验证中成功应用(Brunfaut & McCray,2015;Weir et al.,2012;金艳、张晓艺,2013)。因此,本研究根据这一模型对被试完成三项考试的阅读认知过程,尤其是核心认知加工进行了详细分析。

2.2 效度和效度验证

效度,作为一项评价语言测试质量的重要标准,一直受到学界的关注。早期的效度观认为:效度的问题在于一项考试是否测量了它想要测量的东西(Lado,1960)。这一定义虽简单明了,但缺乏实际可操作性,因为确定考试所要测量的东西并非易事。后来 Messick(1989)提出了具有突破意义的整体效度观,认为效度是经验证据和理论证据在多大程度上支持考试分数的解释以及使用的全面评价。Messick 的整体效度观丰富并深化了效度的内容,推动了效度理论的发展,为语言测试领域相关理论和实证研究带来了重大变革(McNamara,2006)。然而 Messick 的整体效度观抽象复杂,并未提出具体实施步骤指导研究者收集效度验证各方面的证据。

为解决这一实际问题,语言测试学者不断探索效度验证方法,提出具体可实施的框架,组织各方面的证据(Bachman,2003;Bachman & Palmer,1996;Kane,1992,2001,2002;Messick,1995;Mislevy et al.,2003;Weir,2005)。近来讨论较多的主要为"基于论证的效度验证模式"(An Argument-based Approach)(Bachman,2003,2004;Kane,2006)和"基于证据的效度验证模式"(An Evidence-based Approach)(Weir,2005)。其中 Weir(2005)从社会—认知视角出发,主张效度证据包含五个方面:基于理论的效度(后称为认知效度)、环境效度、评分效度、效标关联效度以及后果效度。其中认知效度作为社会—认知效验框架的重要方面,指导研究者基于具体技能认知模型,界定和验证一项考试测了什么,即测试构念是什么,在测试中的实现情况如何。本研究从这一重要效度方面出发,通过收集考生完成六级、雅思和托福阅读考试任务的认知过程证据,探讨大规模、高风险考试情境下考生的阅读行为。

为了验证考试效度,研究者已经进行了大量研究。传统的语言测试效度验证研究主要围绕考试分数展开。研究者广泛采用包括相关分析、因子分析、多维尺度分析、建模等量化统计方法,探讨考试内部结构、试题质量(包括试题难度和区分度)和信度等议题,反映考试分数与考试构念之间的关系,逆向验证考试所考查的语言能力构念,从而收集效度证据(Alderson,2000;Cohen,2006;Davies et al.,1999;孔菊芳,2016;邹申 等,2002)。如 Kunnan(1995)采用结构方程模型探究了英国剑桥外语考试部和美国教育考试服务中心开发的八项测试所考查的语言能力因子结构,Yoo & Manna(2017)利用验证性因子分析探究了托业考试听力和阅读部分的因子结构及其结构的不变性。围绕考试分数的效度验证研究不仅局限于某一考试内部,还可以通过比较一项考试与其他测量相同构念的考试或标准之间的相关程度,收集考试以外的效度证据,即效标关联效度。如 Ginther & Yan(2018)的研究发现考生托福考试的总成绩和分项成绩与考生三个学年 GPA 之间未呈现出一致的正相关关系,因此建议相关院校和机构在进行生源选拔时综合考虑多种语言能力标准和考试结果。

虽然基于考试分数的效度验证研究取得了较为丰硕的成果,但存在两点不足:首先,考试分数在一定程度上受考试形式、内容及其他因素的影响,并不仅仅是语言能力预设构念的结果,因此从考试分数倒推考试实际考查的构念在逻辑上存在一定问题(Field,2013;Phakiti,2003)。其次,定量统计分析结果在一定程度上取决于研究中所选取的变量和模型,只可反映某种关系的概率,难以说明关系本身并定义具体考试情境下的认知构念(孔菊芳,2017)。除非更好地了解考生完成具体考试任务的过程,否则不能正确地厘清语言测试情境下认知构念的内在关系(Vollmer,1981)。Alderson(2000:97)认为"测试的效度与测试题目正确回答的解释相关,所以重要的是确定正确回答以及考生做出正确回答的过程,而不是考试开发者对题项考查内容的预设"。可见,收集考生自身的认知过程证据是效度验证过程中必不可少的环节。

20世纪末,语言测试研究者开始意识到收集过程证据的重要性,认为过程证据与结果证据具有同等地位(Bachman,1990;Messick,1989)。Weir(2005)将过程证据独立出来,提出认知效度概念,并划分出认知过程的组成成分以及各个层次,强调动态认知加工过程在语言测试效度验证研究中的重要地位。基于完备的理论基础和概念构建,语言测试认知效度验证围绕听(Geranpayeh & Taylor,2013)、说(Taylor,2011)、读(Khalifa & Weir,2009)、写(Shaw & Weir,2007)四项技能全面展开,极大地丰富了该领域的研究,也为后来的研究积累了宝贵经验。然而,在以往语言测试效度验证研究中,过程证据的收集主要依赖于有声思维、答题后的回顾、问卷和访谈(Conklin & Pellicer-Sánchez,2016;Latif,2019)。这些研究方法虽然提供了丰富的过程证据,但也因其自身的局限性受到质疑。有声思维要求考生在答题的同时口头报告思维过程(Green,1998),给考生增加了额外的认知负荷(郭纯洁,2015)。答题后回顾提供的报告具有延迟性,可能掺杂了考生对答题过程的失真和过度描述。问卷和访谈提供的是间接、"二手"的数据,无法直接反映考生真实的认知过程(孔菊芳,2017)。与以往过程记录的方法相比,眼动记录有其特有的优势,记录过程真实自然,不要求被试做额外任务,同时数据丰富客观,因此在研究领域的使用日益增多。

2.3　眼球运动与认知过程

外部世界80%~90%的信息是通过眼睛感知获取的(韩玉昌,2000)。心理学家很早就开始通过直接观察眼球运动对人类心理过程进行研究,认为眼球运动是视觉过程的直接反映,对揭示深层次的认知加工活动具有重要意义。Just & Carpenter(1980)最早提出眼脑一致假说,认为眼球注视和大脑加工之间没有延迟。Rayner(1998,2009)也指出:在大多数任务加工中,眼睛所处位置和注意力所在位置重合,因此眼动数据可以被用来对大脑的即时认知过程做出合理推测。Pickering et al(2004)在此基础上提出了两个扩展假设:被注视的内容即为加工的内容;注视时长表明加工刺激材料所需的认知努力强度。眼动可以反映视觉信息的选择模式,使不易直接观察的认知加工行为外显化,为解释大脑认知加工过程提供了精确而丰富的信息(Liversedge et al.,2011)。

眼动跟踪指通过眼动仪器测量和记录被试在观看特定刺激材料时眼球的注视和运动。眼动仪可以提供被试眼球在时间和空间维度上的注视和运动指标，同时对被试任务加工没有干扰，确保数据真实自然。通过眼动仪，研究者还可以决定被试看何种刺激材料，所看时长和呈现顺序（Holmqvist et al.，2011；Van Gog & Jarodzka，2013），对刺激材料本身展开探究。目前眼动分析技术已经广泛应用于心理学研究，但与语言测试研究的结合仍处于起步阶段，相关文献数量不多，如 Winke & Lim（2015）通过眼动分析探究了评分员使用评分量表进行评分决策的认知过程。就阅读考试而言，Bax & Weir（2012）结合眼动技术和问卷调查识别和比较了被试在每道题项上的作答行为，包括对文本、题干和选项的视觉加工情况。Bax（2013）结合眼动技术和访谈，分析比较了得分考生和失分考生完成雅思阅读考试的认知过程，发现两类考生在快速阅读能力以及对文本和题项的关注等多个维度上存在显著差异。McCray & Brunfaut（2018）通过眼动分析研究考生完形填空试题的作答认知过程，发现相较于得分高的考生，得分低的考生更偏向于局部阅读与低层次认知加工，一定程度上为揭示该题型考查的语言能力构念提供了有价值的信息。以上研究为眼动技术与语言测试重要议题的结合做了创新性尝试，不仅证实了眼动技术应用在相关研究中的可行性，更为今后的研究提供了宝贵借鉴。然而，这些研究大多基于一项阅读考试，未能比较分析被试在不同测试情境下的阅读行为。

综上所述，语言测试效度验证研究不仅要关注考生的考试结果，也应该重视考生在考试中所经历的认知过程（AERA et al.，2014）。现有的过程导向效度验证研究较少，且过于依赖有声思维和访谈等质性研究方法。眼动技术为语言测试研究者揭示考试环境下的认知过程提供了新视窗。因此，本文基于 Khalifa & Weir（2009）所提出的阅读模型，结合眼动数据和访谈数据，对考生完成六级、雅思和托福阅读任务的认知过程做出有效推测，旨在回答以下三个研究问题：

1）六级、雅思和托福阅读考试诱发了考生什么样的认知过程？

2）考生在三项阅读考试中的认知过程是否存在相似性和差异？如果有，有什么样的相似性和差异？

3）三项阅读考试在多大程度上诱发了真实阅读中相似的认知过程，即认知效度如何？

3 研究设计

3.1 被试

国内某综合大学 10 名英语专业硕士研究生自愿参加此次眼动实验和回顾式访谈，其中

8 名女生,2 名男生。被试平均年龄为 23 岁,母语为汉语,英语为第二语言。所有被试均通过了英语专业八级考试,语言水平较高。

3.2 实验材料和工具

本研究选用六级 2014 年 6 月施考的第 1 套阅读试题,剑桥英语雅思真题 9 中的第 4 套阅读试题和托福网考在线练习第 30 套阅读试题。三套阅读试题的篇章主题和题型分布如表 13.1 所示。

表 13.1　三套阅读试题的篇章主题和题型分布表

阅读考试	篇章主题	题型		
六级	Americans' Perception of Retirement Age	选词填空题		
	What If Middle-Class Jobs Disappear	段落匹配题		
	Deep Reading/Immigration	单选题		
雅思	The Life and Work of Marie Curie	正误判断题	完成笔记题	
	Young Children's Sense of Identity	信息配对题	特征配对题	
	The Development of Museums	标题配对题	单选题	正误判断题
托福	Role of Play in Development	单选题	句子插入题	多选题
	The Pace of Evolutionary	单选题	句子插入题	多选题
	The Invention of the Mechanical Clock	单选题	句子插入题	多选题

三套试题均由在线考试网页呈现于电脑屏幕。在线考试网页左侧三分之二处显示阅读篇章,右侧三分之一处显示相应的试题,被试可以自由拉动滚轴反复浏览篇章和试题并作答。研究者在正式实验时采用 Screen Recorder 软件进行录屏,记录被试的眼动轨迹和完整作答过程。录屏的视频在回顾式访谈中用作刺激材料回放,帮助被试更好地报告思维过程。

3.3 实验步骤

1)实验培训和信息收集:对 10 名被试进行眼动实验和回顾式访谈培训,并以一篇阅读理解任务作为演示。被试完成培训后需填写个人信息表,同意书和计算机熟悉度问卷。

2)校准:本研究采用 Eyelink 1000 plus 桌面遥测式眼动仪对被试进行严格校准,记录被试各自的眼动模式,确保数据的准确性。

3)眼动数据收集:被试在规定时间内分三次于在线考试网页上完成阅读试题,眼动仪在考试过程中记录被试的眼球运动;同时,采用 Screen Recorder 录屏,完整记录被试的作答过程。

4)访谈数据收集:被试每完成一套阅读考试后,研究者会播放 Screen Recorder 记录的视频,被试结合视频并根据每个题项的作答报告当时的思维过程。访谈全程录音录像以供后续深入分析。

5)数据导出和转录编码：研究者通过 Data Viewer 划分兴趣区,并导出相应的注视、回视和眼跳指标。研究者聘请某高校语言测试团队的五名成员对访谈数据进行初期转录和编码,然后根据眼动轨迹视频和访谈视频对转录文本进行核对,确保转录的真实性和完整性。对于题项编码出现分歧的地方,研究者会和五名成员进行讨论并确定该题项作答的最终编码。

4 结果与讨论

4.1 被试阅读考试表现

本研究采用答题正确率以比较被试的三项阅读考试表现。从答题正确率看,被试在三项阅读考试中均表现良好。其中被试的六级阅读考试平均正确率达到 84%,雅思阅读考试平均正确率达到 83%,托福阅读考试平均正确率达到 81.5%。

4.2 眼动追踪数据

本研究根据在线考试网页划分了三个兴趣区:整体加工兴趣区(单独的考试任务整体区域)、文本加工兴趣区(篇章文本区域)和任务加工兴趣区(题项作答区域),并借鉴 Brunfaut & McCray(2015)的研究,综合选取了 13 个眼动指标(见表 13.2)。

表 13.2 三个兴趣区及相应的眼动指标

兴趣区	眼动指标名称	眼动指标定义
整体加工兴趣区	总注视次数	被试在整体加工兴趣区内的总注视次数
	总注视时间	被试在整体加工兴趣区内的总注视时间,以秒为单位
文本加工兴趣区	向前眼跳次数	被试在文本加工兴趣区内向前眼跳次数
	平均向前眼跳距离	被试在文本加工兴趣区内向前眼跳的平均距离
	回视次数	被试在文本加工兴趣区内的回视总次数
	平均回视距离	被试在文本加工兴趣区内的所有回视平均距离
	回视比率	被试在文本加工兴趣区内的回视次数在总眼跳次数中所占比率(总眼跳次数是向前眼跳次数和回视次数之和)
	总注视时间	被试在文本加工兴趣区内的总注视时间,以秒为单位
	总注视时间占比	被试在文本加工兴趣区内的总注视时间在整体加工兴趣区内的总注视时间中所占比率
	单词平均注视时间	被试在文本加工兴趣区内每个单词上的平均注视时间,以秒为单位

续表

兴趣区	眼动指标名称	眼动指标定义
任务加工兴趣区	文本加工和任务加工兴趣区之间的转换次数	被试在文本加工兴趣区和任务加工兴趣区之间的转换总次数
	总注视时间	被试在任务加工兴趣区内的总注视时间,以秒为单位
	总注视时间占比	被试在任务加工兴趣区内的总注视时间在整体加工兴趣区内的总注视时间中所占比率

Friedman 检验结果显示,除文本加工兴趣区上的单词平均注视时间和平均回视距离外,被试在加工三项阅读考试时的 11 个眼动指标上存在显著性差异,说明三项阅读考试在整体、文本篇章和题项上施加给被试的认知负荷不同。具体结果如下:

1) 从表 13.3 可以看出,整体加工兴趣区上,被试完成三项阅读考试的过程中在总注视次数($X^2=15.200, df=2, p=0.001$)和总注视时间/s($X^2=18.200, df=2, p<0.001$)指标上存在显著差异。

表 13.3 三项阅读考试整体加工兴趣区上眼动指标差异

眼动指标	六级		雅思		托福		Friedman test		
	M	SD	M	SD	M	SD	X^2	df	Sig.
总注视次数	7 341	1 090	10 221	841	9 982	1 178	15.200	2	.001
总注视时间	2 138	349	2 872	263	3 026	369	18.200	2	.000

2) 从表 13.4 可以看出,文本加工兴趣区上,被试完成三项阅读考试的过程中在向前眼跳次数($X^2=15.200, df=2, p=0.001$)、平均向前眼跳距离($X^2=16.800, df=2, p<0.001$)、回视次数($X^2=18.200, df=2, p<0.001$)、回视比率($X^2=15.800, df=2, p<0.001$)、总注视时间/s($X^2=15.800, df=2, p<0.001$)、总注视时间占比($X^2=15.200, df=2, p=0.001$)指标上存在显著差异。

表 13.4 三项阅读考试文本加工兴趣区上眼动指标差异

眼动指标	六级		雅思		托福		Friedman test		
	M	SD	M	SD	M	SD	X^2	df	Sig.
向前眼跳次数	2 948	378	4 225	338	3 169	422	15.200	2	.001
平均向前眼跳距离	1.99	0.29	2.12	0.31	1.91	0.24	16.800	2	.000

续表

眼动指标	六级		雅思		托福		Friedman test		
	M	SD	M	SD	M	SD	X^2	df	Sig.
回视次数	1 565	480	2 278	558	1 773	504	18.200	2	.000
平均回视距离	5.36	0.89	5.60	1.02	5.41	0.82	2.600	2	.273
回视比率	0.35	0.06	0.35	0.06	0.41	0.04	15.800	2	.000
总注视时间	1 365	239	1 892	191	1 509	190	15.800	2	.000
总注视时间占比	0.64	0.04	0.66	0.03	0.50	0.04	15.200	2	.001
单词平均注视时间	0.69	0.15	0.69	0.07	0.75	0.09	1.400	2	.497

3）从表 13.5 可以看出，任务加工兴趣区上，被试完成三项阅读考试的过程中在文本加工和任务加工兴趣区之间的转换次数（$X^2 = 9.600$, $df = 2$, $p = 0.008$）、总注视时间/s（$X^2 = 18.200$, $df = 2$, $p < 0.001$）和总注视时间占比（$X^2 = 15.800$, $df = 2$, $p < 0.001$）指标上存在显著差异。

表 13.5　三项阅读考试任务加工兴趣区上眼动指标差异

眼动指标	六级		雅思		托福		Friedman test		
	M	SD	M	SD	M	SD	X^2	df	Sig.
文本和任务加工兴趣区之间的转换次数	163	40	211	40	211	59	9.600	2	.008
总注视时间	773	144	980	128	1517	180	18.200	2	.000
总注视时间占比	0.36	0.03	0.34	0.03	0.50	0.04	15.800	2	.000

根据事后两两比较结果，本研究发现并非三项考试两两之间在上述三个兴趣区的眼动指标上都存在差异。整体加工上，六级阅读考试和雅思阅读考试、六级阅读考试和托福阅读考试在总注视次数和总注视时间上均存在统计学意义上的显著差异（$p < 0.001$, $p = 0.002$; $p = 0.014$, $p < 0.001$），而雅思阅读考试和托福阅读考试无显著差异（总注视次数：$p = 0.655$；总注视时间：$p = 0.074$）。整体上，被试完成雅思和托福阅读考试的总注视次数（$MD = 2\ 880$, $MD = 2\ 641$）和总注视时间（$MD = 734$, $MD = 888$）指标显著高于六级阅读考试。这意味着被试完成雅思和托福阅读考试需要分配更多的视觉注意，即这两项阅读考试对考生的认知要求更高。

文本加工上，眼动分析指标呈现的结果更为复杂。在完成三项阅读考试过程中，被试在篇章加工的单词平均注视时间指标上无显著差异,意味着被试在单词层面上的加工差异不大。三项阅读考试所选择的篇章文本都未涉及过多专业知识,因此词汇难度对被试而言差异并不明显。此外,访谈数据显示被试考虑到时间限制,不会过分纠结个别单词,较多采用快速阅读方式。被试加工雅思阅读篇章的总注视时间、向前眼跳次数、回视次数指标显著高于六级($p<0.001$, $MD=527, 1\ 277, 713$)和托福阅读篇章($p=0.004, 0.002, 0.014$; $MD=383,$ $1\ 056, 505$)。可以看出雅思阅读篇章对于被试而言更为复杂,被试需仔细阅读甚至是重复阅读相应的文本。虽然被试加工托福阅读篇章的回视比率显著高于六级($p=0.004$, $MD=0.06$)和雅思阅读篇章($p<0.001$, $MD=0.06$),但加工托福阅读篇章的总注视时间占比显著低于六级($p=0.002$, $MD=-0.14$)和雅思阅读篇章($p<0.001$, $MD=-0.16$)。说明被试在加工托福阅读篇章时进行了反复阅读,但在考试过程中,被试对托福阅读篇章的关注还是低于对六级和雅思阅读篇章的关注。

任务加工上,被试在六级阅读考试和雅思阅读考试、六级阅读考试和托福阅读考试文本加工和任务加工兴趣区之间的转换次数指标呈显著差异($p=0.007, 0.007$)。被试完成雅思和托福阅读题项时需要更多地在文本加工兴趣区和任务加工兴趣区之间转换,说明在这两项阅读考试中被试整合题项信息和文本信息难度更高。在总注视时间和总注视时间占比指标上,托福阅读考试和六级阅读考试($p<0.001$; $p=0.004$),托福阅读考试和雅思阅读考试($p=0.014$; $p<0.001$)呈显著差异。被试在托福阅读试题上的总注视时间和相应占比显著高于六级($MD=744$, $MD=0.14$)和雅思阅读试题($MD=537$, $MD=0.16$)。可见,被试在托福阅读考试中分配了更多的认知资源加工题项信息,一定程度上揭示了托福阅读试题的难度较高。这一点在访谈数据中也有体现,被试一致认为托福阅读试题难度较高,尤其是应用题,要求对文章的主要观点进行总结归纳,这对他们的作答是一个不小的挑战。此外,托福阅读试题以选择题为主,选项具有一定的干扰性,被试需要更多的时间理解题干和选项所蕴含的信息。

总体而言,被试在三项阅读考试的大部分眼动指标结果存在显著差异,雅思和托福阅读考试给被试施加了更高的认知加工负荷,尤其是雅思阅读考试的篇章和托福阅读考试的题项,对被试而言难度较大。

4.3 回顾式访谈

通过被试的眼动轨迹和访谈发现,被试完成三项考试的过程中综合使用了快速阅读和仔细阅读两种阅读方式,并主要遵循了三种作答模式:(1)预览部分文本,读题项,找寻答案;(2)预览全部文本,读题项,找寻答案;(3)预览题项,读部分文本,找寻答案。大多数被试会遵循第三种模式，先预览题项，再根据题项考点阅读部分文本，找寻答案，可见被试的阅读行为主要受到考试情境的影响。

访谈转录文本编码（见表13.6）表明，除了跨文本表征生成以外，三项阅读考试均成功诱发了被试在多个信息层次上的认知加工：词汇识别、词汇提取、句法解析、句子命题建立、推理、构建篇章心理模型、篇章表征生成（雅思阅读考试除外），说明三项阅读考试均具备较好的认知效度。三项阅读考试诱发的认知加工存在共同点，即句子命题建立的使用频率最高，说明三项阅读考试主要考查了句子层面的认知加工，要求被试理解句意。

表 13.6　访谈转录文本编码统计

核心认知加工	六级阅读考试 （n=300，100%）	雅思阅读考试 （n=400，100%）	托福阅读考试 （n=410，100%）
跨文本表征生成	0/0%	0/0%	0/0%
篇章表征生成	3/1%	0/0%	8/2%
篇章心理模型构建	3/1%	10/3%	41/10%
句子层面的推理	36/12%	92/23%	64/16%
单词层面的推理	29/10%	0/0%	18/4%
句子命题建立	96/32%	202/51%	140/34%
句法分析	69/23%	13/3%	15/4%
词汇提取	35/12%	58/15%	110/27%
词汇识别	26/9%	4/1%	4/1%

注：访谈转录文本的编码在题项水平上展开，n为该阅读考试的10名被试访谈转录文本的总编码次数。

然而，在三项阅读考试中，被试其他层次认知加工的使用频率反映出不同考试任务对被试的认知加工过程的影响不同。被试在完成六级阅读考试过程中较多使用了句法解析，这一层次认知加工的使用主要集中于选词填空任务的作答。选词填空任务要求被试从所给词库中选择一个单词填入文中的空白处，被试可以结合空白处前后的词汇确定所填单词的词性继而快速作答。

例（1）：因为 It turns out that husbands and wives may have ___37___ different ideas about the subject 是一个完整的句子，所以从结构上看这里应该填副词或者 ed 形式的，但是所给词库里没有 ed 形式的，只能找副词。我就去找副词，副词有 3 个，从意思上说，mysteriously"神秘地"，不对，separately"分开地"，也不对，所以选了 K，radically 虽然我不知道这个单词是什么

意思,但是只能填它了,主要还是根据句子结构做出来的。(被试1,六级阅读第37题思维过程)

在托福阅读考试作答过程中,被试则较多使用了词汇提取,主要集中于词汇题的作答。托福词汇题要求考生根据单词所在句子语境推测其意思,但由于本研究中的被试都是英语专业的学生,语言水平相对较高,可以直接从记忆中提取词义成功作答,无须根据句子语境进行推理。因此托福词汇仅考查了考生的词汇提取,并未考查考生对词义的推理。

例(2):题目问 comparative 的意思,comparative"相对的",对应选项中 relative 的意思,不需要看文章就能够看出两个单词意思相近。(被试3,托福阅读第8题思维过程)

雅思阅读考试则较多考查了被试句子层面上的推理,被试需要综合多个句子意思,对隐含的信息或观点进行正确推理。

例(3):看到 G 段,第14题问哪一段里包含 an account of method 的信息,也就是对研究方法的解释。G 段中最后一句话说研究者在孩子们的鼻子上抹了一些红色粉末,然后让他们在镜子前面玩耍,观察他们触摸鼻子的频率。可以推测出这里就是在介绍一种具体的研究方法。(被试9,雅思阅读第14题思维过程)

此外,从访谈转录文本编码频率来看,雅思和托福阅读考试引发了更多较高层次的认知加工(与眼动分析指标结果一致),但三项阅读考试对较高层次认知加工的考查频率仍较低,且均未能考查被试生成跨文本表征的能力。这一发现与之前其他学者的研究结果一致(Bax & Chan 2019;Owen,2016)。整合归纳多个文本信息是真实阅读中不可或缺的部分,因此考试设计者和开发者应对此技能给予足够重视。此外,访谈数据分析结果显示被试在三项考试过程中并不只是使用了阅读模型中所描述的认知加工,在少数题项中,通过利用主题相关知识和其他题项的线索、分析题干和选项、猜测等策略也可正确作答。虽然这些策略的使用频数较低,但仍对考试效度和公平性造成了一定威胁。

总体而言,被试在绝大部分的题项作答时采用了 Khalifa & Weir(2009)阅读模型中的核心认知加工,说明三项阅读考试都能使考生经历真实阅读中大部分相似的认知加工过程,具有良好的认知效度。被试在少数题项作答时采用了构念无关的应试策略。为了确保考试分数准确有效地反映所要测量的语言能力,考试开发者应在任务设计时尽可能排除这些无关因素对考生表现的影响,提高题项的质量。

5 结论

本文结合眼动追踪和回顾式访谈,研究了考生完成六级、雅思和托福阅读部分的认知过

程。研究结果表明,三项阅读考试引发了考生在多个层次上的信息加工,较为全面地涵盖了
Khalifa & Weir(2009)阅读模型中的核心认知过程,具有较好的认知效度。但三项阅读考试
未充分实现对较高层次认知加工的考查,尤其未能考查被试生成跨文本表征的能力。

本研究结果可为语言测试学者探究考试过程和收集效度证据提供理论和方法上的借
鉴;为语言教师了解考试环境下的阅读行为,开展针对性的英语阅读教学提供有效反馈;为
学习者了解自身阅读考试作答过程,知晓优势与不足,并积极备考提供有价值的信息;为考
试开发者设计阅读任务和具体题项提供有益参考。

不过,本研究发现被试三项阅读考试的答题认知过程会受到被试特征(语言水平)、考
试任务(阅读文本选取和题项设计)和施考环境(时间限制)的影响。本研究被试样本量较
小,为了更为深入地了解这些因素对考生认知过程的影响,未来研究需采用更大样本进行分
析与验证。

参考文献

Alderson,J. C. (2000). *Assessing reading*[M]. Cambridge University Press.

AERA,APA & NCME. (2014). *Standards for educational and psychological testing*[S]. American
Educational Research Association.

Bax,S. (2013). The cognitive processing of candidates during reading test:Evidence from eye-tracking
[J]. *Language Testing*,4(3),441-465.

Bax,S.,& Weir, C. J. (2012). Investigating learners' cognitive processes during a computer-based
CAE reading text[J]. *Research Notes*,47(2),3-14.

Bax,S.,& Chan,S. (2019). Using eye-tracking research to investigate language test validity and design
[J]. *System*,87(3),64-78.

Bachman,L. F. (1990). *Fundamental considerations in language testing*[M]. Oxford University Press.

Bachman,L. F. (2003). Constructing an assessment use argument and supporting claims about test
taker assessment task interactions in evidence-centered assessment design [J]. *Measurement*:
Interdisciplinary Research and Perspectives,1(2),63-65.

Bachman,L. F. (2004). *Statistical analyses for language assessment*[M]. Cambridge University Press.

Bachman,L. F.,& Palmer,A. S. (1996). *Language testing in practice*[M]. Oxford University Press.

Brunfaut,T., & McCray, G. (2015). *Looking into test-takers' cognitive processes whilst completing* reading tasks: *A mixed-method eye-tracking and stimulated recall study* [R]. [2020-8-16] https://www. britishcouncil. org/sites/default/files/brunfaut_and_mccray_report_final_0. pdf.

Cohen, A. D. (2006). The coming of age of research on test-taking strategies [J]. *Language Assessment Quarterly*, 4(5), 307-331.

Conklin, K., & Pellicer-Sánchez, A. (2016). Using eye-tracking in applied linguistics and second language research [J]. *Second Language Research*, 3(2), 453-467.

Davies, A., Brown, A., Elder, C., Hill, K., Lumley, T. & McNamara, T. (1999). *Dictionary of language testing* [M]. Cambridge University Press.

Field J. (2013). Cognitive validity [A]. In A. Geranpayeh & L. Taylor(Eds.). *Examining listening: Research and practice in assessing second language listening* (pp. 77-151) [C]. Cambridge University Press.

Green, A. (1998). *Verbal protocol in language testing research* [M]. Cambridge University Press.

Geranpayeh, A., & Taylor, L. (2013). *Examining listening: Research and practice in assessing second language listening* [M]. Cambridge University Press.

Ginther, A., & Yan, X. (2018). Interpreting the relationships between TOEFL iBT scores and GPA: Language proficiency, policy, and profiles [J]. *Language Testing*, 2(1), 271-295.

Holmqvist, K., Nystrom, N., Andersson, R., Dewhurst, R., Jarodzka, H., & J. van de Weijer. (2011). *Eye-tracking: A comprehensive guide to methods and measures* [M]. Oxford University Press.

Just, M. A., & Carpenter, P. A. (1980). A theory of reading: From eye fixations to comprehension [J]. *Psychological Review*, 4(3), 329-354.

Kunnan, A. J. (1995). *Test taker characteristics and test performance: A structural equation modeling approach* [M]. Cambridge University Press.

Kane, M. T. (1992). An argument-based approach to validity [J]. *Psychological Bulletin*, 112(1), 527-535.

Kane, M. T. (2001). Current concerns in validity theory [J]. *Journal of Educational Measurement*, 4(3), 319-342.

Kane, M. T. (2002). Validating high-stakes testing programs [J]. *Educational Measurement: Issues and Practice*, 21(1), 31-41.

Kane, M. T. (2006). Validation [A]. In R. L. Brennan(Ed). *Educational measurement* (4th ed., pp. 17-64.) [C]. American Council on Education and Praeger.

Khalifa, H., & Weir, C. J. (2009). *Examining reading: Research and practice in assessing second language reading*[M]. Cambridge University Press.

Lado, R. (1960). *Language testing*[M]. Longman.

Latif, M. A. (2019). Eye-tracking in recent L2 learner process research: A review of areas, issues and methodological approaches[J]. *System, 83*(1), 25-35.

Liversedge, S. P., Gilchrist, I. D., & Everling, S. (2011). *The Oxford handbook of eye-movement*[M]. Oxford University Press.

Messick, S. (1989). Validity[A]. In R. Linn(Ed). *Educational measurement*(3rd ed., pp. 13-103)[C]. American Council on Education.

Messick, S. (1995). Validity of psychological assessment: Validation of inferences from person's responses and performance as scientific inquiry into scoring meaning[J]. *American Psychologist, 9*(5), 741-749.

McNamara, T. (2006). Validity in language testing: The challenge of Sam Messick's legacy [J]. *Language Testing, 3*(1), 31-51.

McCray, G., & Brunfaut, T. (2018). Investigating the construct measured by banked gap-fill items: Evidence from eye-tracking[J]. *Language Testing, 35*(1), 51-73.

Mislevy, R., Steinberg, L., & Armond, R. (2003). On the structure of educational assessment[J]. *Measurement Interdisciplinary Research and Perspectives, 12*(5), 17-32.

Owen, N. (2016). *An evidence-centered approach to reverse engineering: Comparative analysis of IELTS and TOEFL iBT reading sections*(Unpublished doctoral dissertation)[D]. University of Leicester.

Phakiti, A. (2003). A closer look at the relationship of cognitive and metacognitive strategy use to EFL reading achievement test performance[J]. *Language Testing, 20*(4), 26-56.

Pickering, M., Frisson, S., Mcelree B., & Traxler, M. (2004). Eye movements and semantic composition [A]. In M. Carreriras & C. Clifton(Eds). *On-line wtudy of sentence comprehension: Eye tracking, ERPs and beyond*(pp. 33-50)[C]. Psychology Press.

Rayner, K. (1998). Eye movements in reading and information processing: 20 years of research[J]. *Psychological Bulletin, 3*(1), 372-422.

Rayner, K. (2009). Eye movements in reading: Models and data [J]. *Journal of Eye Movement Research, 62*(8), 1457-1506.

Shaw, S. D., & Weir, C. J. (2007). *Examining writing: Research and practice in assessing second language writing*[M]. Cambridge University Press.

Taylor, L. (2011). *Examining speaking: research and practice in assessing second language speaking* [M]. Cambridge University Press.

Vollmer, H. (1981). Why are we interested in "General Language Proficiency"? [A]. In C. Klein-Braley & D. K. Stevenson (Eds). *Practice and problem in language testing* (pp. 96-123) [C]. Lang.

Van Gog, T., & Jarodzka, H. (2013). Eye tracking as a tool to study and enhance cognitive and metacognitive processes in computer-based learning environments[A]. In R. Azevedo & V. Aleven (Eds). *International handbook of metacognition and learning technologies* (pp. 143-156) [C]. Springer.

Weir, C. J. (2005). *Language testing and validation: An evidence-based approach* [M]. Palgrave MacMillan.

Weir, C. J. R., Green, A., & Devi, S. (2012). The cognitive processes underlying the academic reading construct as measured by IELTS[A]. In L. Taylor & C. J. Weir(Eds). *IELTS collected papers* 2: *Research in reading and listening assessment* (pp. 212-269) [C]. Cambridge University Press.

Winke, P., & Lim, H. (2015). ESL essay raters' cognitive processes in applying the Jacobs et al. rubric: An eye-movement study[J]. *Assessing Writing*, 25(1), 38-54.

Yoo, H., & Manna, V. F. (2017). Measuring English language workplace proficiency across subgroups: Using CEFA models to validate test score interpretation[J]. *Language Testing*, 34(2), 101-126.

郭纯洁, 2015. 有声思维在外语教学研究中的应用[M]. 北京: 外语教学与研究出版社.

韩玉昌, 2000. 眼动仪和眼动实验法的发展历程[J]. 心理科学(4): 454-457.

金艳, 张晓艺, 2013. 技能综合对语言测试构念效度的影响——培生英语考试与大学英语六级网考的对比研究[J]. 外语电化教学(6): 3-10.

孔菊芳, 2016. 基于过程证据的英语阅读测试效度验证[D]. 上海: 上海外国语大学.

孔菊芳, 2017. 眼动技术在语言测试研究中的应用展望[J]. 外语测试与教学(3): 51-59.

邹申, 张艳莉, 周越美, 2002. 阅读测试中题目类型、策略与分数的关系——TEM 4 考试阅读项目的答题效度研究[J]. 外语与外语教学(5): 19-22.

后果效度

第 14 章　六级、雅思、托福写作测试的反拨效应机制对比研究——基于结构方程模型		
受试	研究/分析工具	数据采集
问卷调查：	问卷调查：	有效问卷共 719 份
六级（455 人）	六级 60 个分项目	六级 455 份
雅思（157 人）	雅思 60 个分项目	雅思 157 份
托福（107 人）	托福 60 个分项目	托福 107 份
	分析工具：SPSS 24.0；Amos24	

第 14 章

六级、雅思、托福写作测试的反拨效应机制对比研究
——基于结构方程模型[①]

摘要:写作是二语/外语学习中的一项重要产出性技能,写作测试是国内外许多大规模、高风险考试的重要组成部分。然而,目前对写作测试反拨效应机制及其考试间变异的研究甚少。本文以期望价值理论为视角,通过多群组结构方程建模,探讨和对比了六级、雅思、托福写作部分的反拨效应机制。研究发现:总体上,成就型考试使用以考试价值为中介影响语言学习和应试备考;工具型考试使用直接影响语言学习;考试设计以考试价值为中介影响语言学习,以价值和期望共同作为中介影响应试备考。工具型考试使用对语言学习、考试设计对考试价值、考试价值对应试备考的影响上,三项考试写作部分存在显著差异。本文证实了反拨效应在写作测试上的特定性,以及在不同考试之间的变异性。

关键词:反拨效应;写作测试;结构方程模型;期望价值理论

---

① 本文在《外语教学理论与实践》处于终审环节,有可能发表,因此本专著暂不收录。论文数据分析见附录1。

结　语

本课题以"基于证据的社会—认知效度验证框架"(Weir,2005)为理论指导,从情景效度、认知效度、评分效度和后果效度四个方面,开展了基于证据的六级、雅思、托福考试效度对比研究。一方面,本课题运用语言测试效度研究普遍使用的研究方法(自动文本分析、有声思维、话语分析、问卷调查和半结构式访谈)做了八项传承性研究,主题涉及三项考试阅读文本词汇复杂度、阅读文本选择与改编、听力长对话和阅读测试受试有声思维认知过程、口语测试样本视频考官和考生会话特征和主题发展、三项考试的口语和写作测试对考生的反拨效应;另一方面,又尝试使用语言测试领域近年来较新的跨学科研究方法(数据挖掘、眼动技术、结构方程模型)做了三项创新性研究,主题涉及文本自动分类、受试认知加工过程、写作反拨效应机制。

这些研究使用了丰富的数据:测试文本 900 余篇,受试作答题目 777 项(听力和阅读),口语测试样本视频 7 段;参与问卷调查、访谈、有声思维、眼动的考生和受试共 1 000 余人次。这些丰富的数据充分体现了本课题的宗旨:基于证据的六级、雅思、托福考试效度对比研究。所有这些实证研究旨在回答一个总的研究问题:六级、雅思、托福考试的效度有何异同?

1 主要研究结论

本课题研究结果表明,六级、雅思、托福三项考试均具有良好的效度。换言之,根据三项考试的成绩对考生英语语言能力做出的推论是可靠合理的。总体而言,雅思与托福的效度在各方面相同点较多,而六级的效度与二者相比差异性更大。三项考试效度的异同具体见表1。

表 1　六级、雅思、托福考试效度的异同

效度研究	相同点	不同点
词汇复杂度		• 三项考试词汇复杂度各项指标均有显著差异(BNC 型符、类符除外),托福词汇难度最高,雅思其次,六级最低;相反,六级词汇多样性最高,雅思其次,托福最低。

续表

效度研究	相同点	不同点
文本选择与改编	● 六级、雅思阅读测试选材话题覆盖面较广,且都选自原版杂志、报刊、学术书籍,语言真实性强。 ● 六级、雅思阅读文本改编方式多样。两项测试文本改编前后在 BNC1000 词、范围外词、隐性衔接指标、二语可读性指标改革前后均有显著差异。	● 六级选材更青睐英语国家讨论国际时事的主流杂志与报纸,而雅思阅读文本大多选自关注科学技术发展或学术研究问题的书籍与学术性杂志。 ● 雅思改编前后多项文本特征指标没有显著性差异,而六级改编后很多文本性特征(词汇、句法、显性衔接、文本抽象性、Flesh 易读度)有显著差异。
听力长对话构念	● 三项考试听力长对话主要测量了语法知识和认知策略及部分元认知策略,说明三项考试的构念效度较好。 ● 三项考试听力长对话都未测量语用知识和社会语言知识,且都有构念无关知识和构念无关策略使用,对三项听力长对话的构念都形成了一定威胁。	● 托福构念的无关知识比例最高,六级其次,雅思最低。 ● 托福听力长对话构念无关因素还涉及阅读策略。
阅读构念	● 三项考试均考查了单句、句间和段落三个信息层面的知识,且考查比例均按单句、句间和段落依次递减;三项考试都考查了受试理解细节、理解大意和推断的能力,表明三项考试均注重考查考生是否理解阅读材料并能读出言外之意。 ● 三项考试受试的答题过程与预期答题操作的拟合度高,说明三项阅读测试均有较好的构念效度。 ● 三项考试受试都有不同程度的不符合答题预期操作却选对答案、或理解错误却选对答案、或推理解释不清却选对答案的情况,说明存在对构念无关信息或技能的使用,这对三项考试的构念形成了一定威胁。	● 托福受试答题过程使用排除法的比例最高,六级理解错误但答对题的比例最高,雅思推理解释不清但答对题的比例最高。

续表

效度研究	相同点	不同点
会话特征	• 三项口语测试考官和考生都表现出较为丰富的话轮转换关联位置特征，均能使用多样化的话轮保持方式，且都能提供话轮。 • 三项口语测试都基本按照一问一答的序列结构展开，且大都按照毗邻语对的形式展现。 • 三项口语测试考官和考生都没有体现他人修正和他人启动—自我修正。	• 雅思考官和考生表现出的话轮转换关联位置特征和比邻语对最丰富，六级、托福其次。 • 雅思考官会发起自我启动—自我修正；雅思考生和托福考生同样会发起自我启动—自我修正，但是六级考生未发起自我启动—自我修正。
主题发展	• 三项口语测试的考官都会根据事先给定的题目发起提问，并使用明确指示标志来转移话题。 • 考生都会按照保持主题发展时长和发音准确性、词汇和语法使用多样性和准确性的要求发展主题。	• 雅思考官和考生管理主题发展的策略最丰富，六级、托福次之。
口语反拨效应	• 三项口语测试的考生都有中等偏强的成就性和工具性测试使用认识；有中等偏肯定的测试设计评价；有中等偏高的自我效能；有中等偏积极的反拨效应和中偏负面的反拨效应。 • 都倾向于认为语言技能和测试技能在三项口语测试中都很必要；考生语言技能发展在三项口语测试之间没有显著性差异。	• 六级与雅思、六级与托福在多项上存在显著差异，而雅思与托福之间相似程度很高。 • 六级与托福在工具性使用和对测试设计的评价方面没有显著性差异。
写作反拨效应	• 考生有较强的成就性工具使用和中等的工具性测试使用；对写作测试任务设计比较认可；有比较积极的反拨效应和中等偏弱的消极反拨效应；技能提升和记忆两项备考活动频率均为中等。 • 上述这些方面三项写作的反拨效应没有显著差异。	• 考生在非写作能力和备考管理方面均有显著差异，均为雅思最高，托福、六级次之。 • 六级与雅思、六级与托福在自我能力认知、自我效能、主观任务价值、备考过程投入多方面存在显著差异，但雅思和托福差异不显著。

2　对策建议

除了上述主要研究结论,本课题为三项考试不同利益相关群体提出了以下针对性的对策和建议。

1)考生:大力加强真实语言材料输入,阅读六级、雅思、托福考试文本来源报刊杂志、新闻网站、广播电台、学术教材、著作等,如《时代周刊》《经济学人》《卫报》《纽约时报》《新科学家》《国家地理》等。加强实践性练习,切实提升语言综合运用能力。要深信"语言学好了,考试没问题"。促进成就性测试使用,增强能力自我认知,提升自我效能,加强社会情感策略和备考管理,加大学习投入等。

2)教师:通过语言教学,培养学生人生胜任力(life competencies)。充分利用现有教学资源,更新教学内容。关注学生情感因素,如鼓励他们建立学好语言的信心,降低考试焦虑度,实现"三全育人"。

3)考试设计者/考试机构/决策者:提升命题质量,全面测量受试的语言能力和策略能力,如在听力测试中加强语用知识和社会语言知识的考查,在阅读中加强语篇层次的考查,丰富考试题型。避免构念无关因素影响,如字面匹配、随机猜题、背景知识运用等。改善测试环境,提供高质量、有代表性、连贯性、完整性的样本视频、样题、备考材料等。提供明晰的评分标准,做到标准化与人性化的统一,确保考试的公平性、公信力和透明度。

3　本课题的价值和意义

◇学术价值

本研究探索、验证、丰富和发展了效度研究理论,充实、完善和建立了新的效度研究模型,尤其是三项考试效度对比研究的多个子框架或模型,比如听力长对话测试构念描述框架,三项阅读测试分析框架,三项口语考试考生反拨效应理论框架,写作考试考生反拨效应理论框架等,为今后其他大规模、高风险考试的效度研究,尤其是效度对比研究,提供了理论和方法上的借鉴。

◇应用价值

本课题为考生的学习、教师的教学提供了富有建设性的意见和建议,为三项考试设计者/考试机构/决策者进一步提高命题质量、施测环境、评分标准等提供了具有针对性和可操作性的方案与决策依据,为语言测试研究者和工作者以及对此感兴趣的广大读者提供了思路和方法上的参考。

◇社会影响

由于三项考试涉及的考生人数达数千万,对其效度的对比研究的社会价值难以估量。本研究有理论、有实践、有数据、有分析,论点鲜明、论据充分、论证有力。研究成果具有启迪性、说服力和实用价值,部分成果在国内高校、出版社、科研机构,如上海交通大学、武汉大学、四川大学、大连理工大学、东北师范大学、西安交通大学、外语教学与研究出版社、高等教育出版社等上百场学术讲座、工作坊上分享,而且在中小学国培计划、中小学外语教学与研究中得以应用,如词汇复杂度、阅读文本选择与改编等的研究思路与方法已经应用于高考、高中英语教材、报刊等的研究与中小学教学实践,并通过个人和机构的微信公众号、出版社网课等途径得以广泛传播,受益人次达数十万。

◇社会效益

人才培养的国际化及可持续发展可能是本课题最大的社会效益。依托该课题研究,我们带动和培养了一批国际化的语言测试工作者和研究者,正在实现可持续发展。在研期间,课题负责人受聘世界一流测试机构(剑桥大学英语考评部)高级学术研究顾问。一位课题组成员应聘到国外高水平大学任专职研究员,四位团队成员获国家留学基金委全额奖学金赴境外、国外攻读博士学位,两位获得国际英语教育研究基金会首届硕士研究奖。课题部分成果在国际高水平会议上宣读,如国际语言测试界最高级别会议语言测试国际研讨会年会(LTRC)、欧洲语言测试者协会年会(ALTE)、亚洲语言测试者协会年会(AALA)、国际英语教师协会年会(IATEFL)等;在世界一流大学做专题研讨,如剑桥大学、纽约大学、香港理工大学等;部分成果在国际高水平期刊发表,如 *Applied Linguistics*, *TESOL Quarterly*, *Language Testing*, *Language Assessment Quarterly*, *Assessment & Evaluation in Higher Education*, *Innovations in Education and Teaching International*, *System* 等。

另外,课题组有三位成员从硕士生导师晋升为博士生导师,一位课题组成员博士论文获省优秀博士论文,两人硕士论文被评为市优秀硕士论文,五名团队成员获国家奖学金,多人次被评为优秀青年教师、优秀研究生、优秀毕业生、优秀共产党员。我们因此建立起了一支成长型和研究型语言测试团队,领衔了中国大百科全书语言测试词条的编制,成为雅思、托福、普思、剑桥英语系列考试与《中国英语能力等级量表》对接的专家组成员,并申请获得国际合作语言测试研究基金项目、教育部人文社科项目、重庆大学中央高校基金重大项目和跨学科项目等。因该项目而建立的跨学科导师团队最近被评为市级研究生导师团队,正在实现可持续发展。课题负责人因其在科学研究和人才培养中的突出成绩,于 2019 年获得国家留学基金委高级访问学者奖,将再赴剑桥大学访问与合作研究。课题组和团队期望通过人才培养的国际化和可持续发展,为我国语言测试与研究的国际化贡献力量。

4　课题成果存在的不足

1)文献综述和研究方法分布在各章。

本课题设计的重心是基于证据的系列实证研究,课题组在设计的时候认为每项实证研究都会涉及相关的文献综述和研究方法,为了避免重复,专著中没有单独设文献综述和研究方法两章。不过这样的谋篇布局可能会让人觉得两个部分不够集中或凸显。

2)差异成因阐释不够深入。

课题实证研究数据十分丰富,发现了三个考试效度的异同,尤其是差异,但对差异的成因阐释不够深入。三个考试的目的、构念、考试形式、考试题型、受试的水平等有诸多不同,因此对于考试对比发现的差异,其成因本身很难阐释。

3)创新性研究还处于起步阶段。

创新性研究在本课题中属于延伸性研究,尚处于起步阶段。因为主客观原因,创新性研究推进相当艰难。主观原因在于跨学科难度大,耗时长;客观原因在于有些资源我们无法获取,比如数据挖掘文本分类中三个考试的样本太小。另外,有些设备迟迟不能到位,比如眼动设备因行政、财务管理缺乏灵活性和经费使用严格受限,至今没有到位,课题中的眼动实验设备是课题组临时租借的。

4)三项考试的社会性影响研究不足。

关于三项考试的社会性影响我们也进行了相关的研究,比如考试结果的使用,2015 年我们调查了中国财富 500 强企业对三项考试结果的使用,发现只有 12 家企业对雅思和托福成绩有要求,而且要求参差不齐,其余全部是对四六级考试成绩的要求。我们很希望跟踪调查在“一带一路”倡议下,在雅思和托福与《中国英语能力等级量表》对接结果公布之后,中国财富 500 强企业对三项考试结果的使用是否有变化,如果有,变化的成因是什么。另外,我们对知乎问答社区上三个考试的考生上百万词的经验帖进行了初步分析,非常意外地发现三项考试考生的备考模式非常相似。只是这两项研究偏向调研报告而非学术研究,尚需更深入的调研,所以未将其收入此专著。

5)研究受试的代表性不足。

虽然课题组尽了最大的努力通过多种渠道(纸质、网络、考试、实验等)收集考生数据,但三项考试考生的样本量和代表性仍不足，因此未能将受试分为高中低不同水平组进行研究。此外，本课题研究对象未涉及三项考试其他利益相关者群体，比如教师、培训机构、教育主管部门等。

6）平行研究成果呈现未能高度统一。

本课题研究远比申报时预计的庞大和复杂，需要多个强有力的团队通力合作，而我们只有一个团队，且在成长中。团队由本科生、硕士生、博士生、青年教师、研究员、副教授、教授组成，尽管我们考虑了效度对比研究在每个方面都尽可能有平行研究，以获取充分的证据并实现数据的三角验证，但平行研究相对独立，最后很难保证平行研究的逻辑、内容、思路、方法和结果的呈现高度统一。

5　对未来研究的启示与建议

根据上述研究中存在的不足，我们对未来的考试效度对比研究提供如下启示与建议：

1）高水平、高质量文献输入，穷尽性文献收集、系统性文献综述是效度对比研究必须完成的第一步，是做好顶层研究设计的基石。

2）借鉴其他学科的理论、实证研究的方法，挖掘、分析、阐释效度对比研究发现的异同背后的成因。

3）加强考试的社会性、公平性、考试结果的使用等研究，充分利用大数据方法，挖掘更多类型的语言测试数据，如论坛或贴吧上关于备考和考试的讨论以及经验帖、相关的考试政策和文件、历年考试真题、考生关于备考的日志或学习记录等。

4）要从不同利益相关者收集证据，尤其要关注不同利益相关者的过程性证据。

5）坚持不懈提升团队能力，尤其是跨学科团队的建设与合作。效度研究是一个持续收集多方面效度证据的过程，一项考试的效度验证已经是一个系统工程，而考试效度对比研究涉及多项考试，其工作量更为庞大，需要强大和强有力的团队，尤其是跨学科团队的通力合作与支持。课题研究是高等教育，尤其是硕士、博士研究生培养必不可少的一部分，是培养学生创新思维、实践能力、团队精神和社会责任感的重要途径；坚持不懈加强团队建设，通过传、帮、带，既要提升团队的整体科研能力，又要培养团队不断创新、无尽求索的科研精神。团队、团队精神和科研精神是出色完成任何考试效度对比研究，甚至任何学术研究的前提条件。

参考文献

Weir, C. (2005). *Language testing and validation*[M]. Prentice Hall.

附　录

第 1 章　六级、雅思、托福阅读词汇复杂度对比研究 ⋯⋯⋯⋯⋯⋯ 343

第 2 章　六级、雅思阅读文本来源与改编对比研究 ⋯⋯⋯⋯⋯⋯ 346

第 3 章　基于有声思维的六级、雅思、托福听力长对话测试构念效度对比研究

第 4 章　基于有声思维的六级、雅思、托福阅读测试构念效度对比研究 ⋯⋯ 386

附录 2　课题研究成果

附录 3　团队建设与人才培养成效

附录1　课题实证研究数据样本

第1章　六级、雅思、托福阅读词汇复杂度对比研究

Ⅰ.六级阅读词汇复杂度数据样本

Version	syl/100w	BNC aveLFCto	BNC aveFLCty	COCA aveLFCto	COCA aveLFCty	VOCD	MTLD	word number c	word number	TEST
1989011	157.38	2 700.41	4 076.81	2 777.63	4 116.76	71.05	61.33	237	237	CET
1989012	149.75	1 963.13	3 021.14	1 921.86	3 068.91	91.80	80.79	394	394	CET
1989013	163.12	2 032.45	3 098.33	1 677.54	2 709.57	102.19	97.21	400	404	CET
1989014	159.25	2 502.96	2 616.36	2 425.90	2 702.55	89.69	89.58	359	373	CET
1990011	178.22	1 620.83	2 223.97	2 484.29	3 133.29	80.89	97.17	302	302	CET
1990012	154.32	1 859.87	2 782.99	1 688.39	2 585.17	106.28	105.77	365	370	CET
1990013	169.28	1 405.62	2 150.55	1 527.33	2 323.25	108.77	82.95	301	306	CET
1990014	144.52	1 810.03	2 468.99	1 997.31	2 767.13	88.32	70.12	437	456	CET
1990061	163.66	2 583.04	2 981.36	2 813.01	3 223.63	110.19	107.85	301	322	CET
1990062	165.34	2 927.72	3 099.11	2 850.82	2 983.96	93.21	82.84	316	326	CET
1990063	183.26	2 725.42	4 052.70	2 532.47	3 680.64	56.26	56.20	429	430	CET
1990064	156.45	2 032.23	2 736.96	2 457.20	3 250.25	93.92	91.35	303	310	CET
1991011	159.13	4 150.85	5 679.72	3 996.21	5 458.04	60.52	60.50	322	323	CET
1991012	160.79	1 645.57	2 667.70	1 954.20	3 194.17	86.12	95.28	380	380	CET
1991013	158.80	2 420.21	2 988.29	1 822.68	2 396.96	124.80	102.49	284	284	CET
1991014	181.75	3 367.53	4 658.07	3 122.42	4 365.36	142.68	143.48	264	274	CET
1991061	140.92	2 488.71	3 779.21	2 550.19	4 087.21	77.43	61.48	347	347	CET
1991062	150.69	2 143.21	3 440.91	2 554.32	4 078.95	110.17	110.56	354	361	CET
1991063	146.34	1 613.70	2 591.76	1 596.37	2 586.10	80.36	68.66	380	382	CET
1991064	157.79	2 356.35	3 253.22	2 352.45	3 404.12	75.39	75.62	350	353	CET
1992011	165.99	2 804.99	3 100.03	3 120.77	3 441.25	110.69	122.33	247	247	CET
1992012	158.88	1 229.95	1 334.46	1 355.34	1 906.58	62.90	62.46	304	304	CET
1992013	172.66	2 813.04	3 833.37	2 478.65	3 633.23	94.13	94.78	289	289	CET
1992014	155.87	1 886.12	2 957.41	2 040.63	3 261.94	78.80	61.67	312	315	CET
1992061	165.56	4 431.64	4 696.57	4 132.12	4 590.46	108.10	115.35	247	270	CET
1992062	174.34	3 361.35	4 337.79	2 860.31	3 984.55	98.37	131.23	333	339	CET
1992063	162.79	2 706.66	3 550.44	2 700.05	3 510.82	110.26	115.82	287	301	CET
1992064	149.42	3 330.71	4 026.46	2 925.90	3 714.66	103.02	71.38	325	344	CET
1993011	163.67	1 856.74	3 074.79	2 219.49	3 664.91	74.64	71.58	305	311	CET

Ⅱ. 雅思阅读词汇复杂度数据样本

Version	syl/100w	BNC aveLFCto	BNC aveFLCty	COCA aveLFCto	COCA aveLFCty	VOCD	MTLD	word number c	word number	TEST
111	164.05	4 615.36	6 447.19	5 336.37	7 338.88	130.25	123.19	734	776	IELTS
112	169.27	3 546.29	4 483.33	4 150.62	5 399.02	105.72	120.08	720	755	IELTS
113	176.09	2 338.84	3 721.90	3 076.94	5 065.40	89.14	115.09	747	778	IELTS
121	155.30	2 849.10	3 865.32	3 656.99	5 017.32	84.44	72.02	941	982	IELTS
122	143.85	6 142.24	7 081.45	5 353.18	6 453.28	95.81	99.70	810	837	IELTS
123	176.74	2 934.09	5 074.09	3 559.12	5 699.46	80.88	69.57	765	774	IELTS
131	161.42	3 103.22	4 844.73	3 856.68	5 810.52	102.85	109.12	579	591	IELTS
132	158.79	3 638.82	5 366.80	4 199.68	6 352.48	142.22	160.55	806	859	IELTS
133	159.49	2 587.96	4 507.95	2 823.95	4 736.87	126.75	134.42	749	780	IELTS
141	152.07	2 820.51	4 732.88	3 165.90	5 095.08	87.73	86.71	755	774	IELTS
142	162.01	1 696.92	2 635.62	1 966.40	3 168.38	103.01	97.73	601	637	IELTS
143	180.66	2 610.38	3 638.09	2 635.01	3 938.66	87.65	86.62	657	667	IELTS
211	147.84	4 268.85	6 974.54	3 988.48	6 893.63	95.82	91.54	906	949	IELTS
212	173.98	1 886.31	3 353.71	2 253.61	4 035.00	71.12	68.33	713	734	IELTS
213	145.08	3 190.36	3 469.55	3 268.31	3 937.89	78.38	64.35	690	721	IELTS
221	182.11	2 915.09	3 133.11	3 509.90	3 802.68	144.49	122.48	774	805	IELTS
222	169.18	1 685.94	2 554.26	2 240.83	3 441.70	114.60	109.55	734	756	IELTS
223	159.45	3 507.84	4 579.40	4 150.29	5 321.04	97.09	78.35	778	831	IELTS
231	170.64	2 168.44	2 999.62	2 673.75	3 626.29	116.64	87.72	864	923	IELTS
232	164.11	2 812.98	3 921.68	3 180.70	4 409.90	136.23	143.43	661	677	IELTS
233	172.85	4 012.16	3 788.74	3 249.93	3 693.22	139.72	163.20	614	641	IELTS
241	163.57	2 245.99	3 264.17	2 413.53	3 662.97	124.37	129.42	542	582	IELTS
242	161.84	3 741.76	4 161.68	3 535.34	4 114.30	95.57	79.74	833	849	IELTS
243	162.09	2 771.84	4 423.79	3 006.65	5 024.78	83.35	86.86	998	1 013	IELTS
311	162.55	3 261.41	5 301.90	3 436.75	5 868.16	82.69	87.90	970	996	IELTS
312	162.99	2 590.01	3 736.25	2 839.11	4 485.48	90.10	90.19	742	770	IELTS
313	172.47	2 336.63	3 694.48	3 036.03	4 962.48	97.69	72.77	668	683	IELTS
321	162.45	6 403.21	5 940.05	5 956.93	6 297.28	89.97	87.66	754	807	IELTS

Ⅲ. 托福阅读词汇复杂度数据样本

Version	syl/100w	BNC aveLFCto	BNC aveFLCty	COCA aveLFCto	COCA aveLFCty	VOCD	MTLD	word number c	word number	TEST
11	152.58	3 791.02	6 178.45	4 128.33	6 729.30	90.43	77.92	712	717	TOEFL
12	179.89	4 557.97	6 164.38	3 724.72	5 809.86	113.53	112.49	712	716	TOEFL
13	156.24	5 651.56	7 240.39	4 638.90	6 753.48	83.83	62.00	653	665	TOEFL
21	181.29	3 950.73	6 012.59	4 041.30	6 148.33	80.08	83.97	755	759	TOEFL
22	157.75	4 296.91	6 212.95	4 435.69	6 004.71	102.09	96.27	594	632	TOEFL
23	167.39	5 880.07	6 222.05	4 396.33	5 014.73	98.95	85.73	648	693	TOEFL
31	170.46	2 635.46	4 614.96	2 676.63	4 514.86	86.84	77.86	707	711	TOEFL
32	171.82	4 394.35	6 892.40	3 756.66	5 906.85	74.15	76.39	693	731	TOEFL
33	175.99	3 134.02	4 468.57	2 768.35	4 119.92	84.48	65.07	674	679	TOEFL
41	157.80	5 662.54	7 264.82	5 021.17	6 648.78	79.11	84.80	675	718	TOEFL
42	160.64	3 874.23	5 360.51	3 448.14	5 206.92	88.55	79.94	686	714	TOEFL
43	157.55	3 792.79	6 461.32	3 743.06	6 362.30	82.01	71.58	695	709	TOEFL
51	180.20	6 041.24	8 899.82	5 746.07	8 147.44	111.46	93.29	698	712	TOEFL
52	191.56	4 570.48	6 452.06	4 495.78	6 262.13	98.94	97.95	604	699	TOEFL
53	185.90	4 771.99	5 842.48	5 587.97	5 954.40	92.56	77.56	670	702	TOEFL
61	158.08	3 680.08	6 025.46	3 934.68	6 144.05	101.30	100.13	709	730	TOEFL
62	155.86	2 928.30	4 040.02	3 742.82	4 800.36	96.40	80.13	662	700	TOEFL
63	171.48	4 407.15	4 354.83	4 017.37	4 141.49	118.55	110.01	727	733	TOEFL
71	175.85	6 049.02	8 212.27	5 778.42	8 052.64	82.73	105.35	596	621	TOEFL
72	171.22	3 010.92	5 218.39	3 222.21	5 484.38	74.76	67.45	663	695	TOEFL
73	170.69	3 227.12	4 922.61	3 295.90	5 068.47	97.77	89.56	669	737	TOEFL
81	177.25	3 311.01	4 807.30	2 851.52	4 349.93	82.99	74.21	635	699	TOEFL
82	171.47	4 239.30	6 342.30	4 483.18	6 242.26	101.66	90.91	689	701	TOEFL
83	158.64	3 985.40	5 329.18	3 499.16	4 966.76	93.65	92.99	683	706	TOEFL
91	172.90	4 383.80	5 971.14	3 688.64	4 739.66	73.98	92.41	656	727	TOEFL
92	174.50	1 997.20	3 248.88	1 941.24	3 401.42	73.23	75.93	678	702	TOEFL
93	153.10	4 629.58	6 915.65	4 334.48	6 593.67	94.91	94.01	700	710	TOEFL
101	171.45	4 561.80	6 156.06	4 687.11	6 494.56	98.72	103.15	670	697	TOEFL

第 2 章　六级、雅思阅读文本来源与改编对比研究

Ⅰ. 六级 SPSS-Test 数据(S 为改编后文本,Y 为对应源文本)

成对样本统计量

		均　值	N	标准差	均值的标准误
对 1	lexical densityS	.570 2	56	−.039 10	.005 23
	lexical densityY	.571 4	56	.031 82	.004 25
对 2	K1S(增加)	68.869 1	56	3.845 31	.513 85
	K1Y	66.078 8	56	4.348 72	.581 12
对 3	K2S(稍微减少)	8.001 4	56	2.003 34	.267 71
	K2Y	8.175 9	56	1.656 25	.221 33
对 4	AWLS(稍微增加)	10.810 0	56	3.517 91	.470 10
	AWLY	10.765 7	56	3.565 83	.476 50
对 5	Off-listS(大大减少)	11.961 6	56	2.847 96	.380 57
	Off listY	14.734 3	56	3.660 14	.489 11
对 6	1S	6.91	56	2.056	.275
	1Y	12.95	56	8.654	1.156
对 7	3S	447.86	56	9.288	1.241
	3Y	926.45	56	627.670	83.876
对 8	4S	3.457 20	56	1.170 262	.156 383
	4Y	3.943 43	56	1.601 528	.214 013
对 9	6S	21.128 25	56	4.536 396	.606 201
	6Y	20.425 96	56	4.825 739	.644 867
对 10	10S	4.976 79	56	.234 471	.031 333
	10Y	4.966 82	56	.234 132	.031 287
对 11	28S	.360 23	56	.167 397	.022 369
	28Y	.311 38	56	.145 175	.019 400
对 12	29S	.463 87	56	.162 609	.021 729
	29Y	.413 25	56	.153 539	.020 517
对 13	30S	.456 91	56	.178 459	.023 848
	30Y	.401 32	56	.164 215	.021 944
对 14	38S	.187 70	56	.057 627	.007 701
	38Y	.163 73	56	.058 324	.007 794

续表

		均　　值	N	标准差	均值的标准误
对 15	40S	.170 39	56	.063 189	.008 444
	40Y	.149 79	56	.060 140	.008 037
对 16	48S	115.195 23	56	23.654 826	3.161 009
	48Y	117.736 70	56	22.043 528	2.945 690
对 17	50S	86.662 05	56	18.745 025	2.504 909
	50Y	85.727 14	56	14.316 068	1.913 065
对 18	51S	24.599 45	56	9.316 596	1.244 983
	51Y	24.169 70	56	7.058 680	.943 256
对 19	52S	39.668 45	56	11.510 436	1.538 147
	52Y	38.117 59	56	9.870 357	1.318 982
对 20	53S	19.098 59	56	7.249 522	.968 758
	53Y	17.796 55	56	5.898 760	.788 255
对 21	54S	16.897 04	56	7.364 435	.984 114
	54Y	16.961 59	56	5.604 581	.748 944
对 22	56S	46.283 84	56	12.623 978	1.686 950
	56Y	46.140 50	56	9.879 354	1.320 184
对 23	67S	5.437 79	56	1.897 197	.253 524
	67Y	4.959 75	56	1.668 257	.222 930
对 24	68S	.915 70	56	.158 397	.021 167
	68Y	.922 34	56	.145 528	.019 447
对 25	74S	362.962 25	56	25.769 826	3.443 638
	74Y	371.622 54	56	19.619 297	2.621 739
对 26	78S	7.609 04	56	5.561 615	.743 202
	78Y	6.760 30	56	5.180 402	.692 260
对 27	79S	9.310 27	56	6.516 834	.870 849
	79Y	6.633 98	56	4.207 117	.562 200
对 28	80S	22.283 73	56	10.465 263	1.398 480
	80Y	21.933 02	56	8.954 978	1.196 659
对 29	86S	40.711 50	56	18.467 532	2.467 828
	86Y	41.014 05	56	16.788 979	2.243 522
对 30	92S	2.154 66	56	.127 818	.017 080
	92Y	2.139 73	56	.119 644	.015 988

续表

		均　值	N	标准差	均值的标准误
对 31	97S	368.589 38	56	21.851 052	2.919 970
	97Y	371.104 87	56	20.402 173	2.726 355
对 32	100S	3.796 39	56	.325 233	.043 461
	100Y	3.674 54	56	.280 026	.037 420
对 33	101S	6.336 91	56	.391 950	.052 377
	101Y	6.247 82	56	.368 808	.049 284
对 34	102S	1.634 59	56	.135 668	.018 129
	102Y	1.668 20	56	.127 680	.017 062
对 35	104S	45.697 14	56	9.715 910	1.298 343
	104Y	46.677 30	56	10.363 067	1.384 823
对 36	105S	12.134 32	56	2.258 753	.301 839
	105Y	11.823 18	56	2.476 928	.330 993
对 37	106S	11.395 21	56	3.858 934	.515 672
	106Y	10.215 95	56	3.856 076	.515 290
对 38	@ 62S	.477 55	56	.384 375	.051 364
	@ 62Y	.474 91	56	.351 046	.046 911

成对样本检验

		成对差分				
		差分的 95% 置信区间				
		下　限	上　限	t	df	Sig.（双侧）
对 1	lexical densityS-lexical densityY	-.007 59	.005 09	-.395	55	.694
对 2	K1S-K1Y	2.112 63	3.468 08	8.251	55	.000
对 3	K2S-K2Y	-.476 23	.127 30	-1.159	55	.252
对 4	AWLS-AWLY	-.307 70	.396 27	.252	55	.802
对 5	Off-listS-Off-listY	-3.308 46	-2.236 89	-10.371	55	.000
对 6	1S-1Y	-8.216	-3.855	-5.548	55	.000
对 7	3S-3Y	-646.877	-310.302	-5.699	55	.000
对 8	4S-4Y	-.763 500	-.208 964	-3.514	55	.001
对 9	6S-6Y	-.255 548	1.660 119	1.469	55	.147

续表

		成对差分				
		差分的 95% 置信区间		t	df	Sig.(双侧)
		下　限	上　限			
对 10	10S-10Y	−.018 976	.038 904	.690	55	.493
对 11	28S-28Y	.014 728	.082 986	2.869	55	.006
对 12	29S-29Y	.013 521	.087 729	2.734	55	.008
对 13	30S-30Y	.017 781	.093 397	2.947	55	.005
对 14	38S-38Y	.012 734	.035 194	4.277	55	.000
对 15	40S-40Y	.006 769	.034 446	2.984	55	.004
对 16	48S-48Y	−6.347 758	1.264 830	−1.338	55	.186
对 17	50S-50Y	−1.939 376	3.809 198	.652	55	.517
对 18	51S-51Y	−1.093 514	1.953 014	.565	55	.574
对 19	52S-52Y	−.099 524	3.201 238	1.883	55	.065
对 20	53S-53Y	.263 593	2.340 479	2.513	55	.015
对 21	54S-54Y	−1.206 547	1.077 440	−.113	55	.910
对 22	56S-56Y	−1.744 719	2.031 398	.152	55	.880
对 23	67S-67Y	−.048 615	1.004 687	1.819	55	.074
对 24	68S-68Y	−.027 477	.014 191	−.639	55	.525
对 25	74S-74Y	−13.663 924	−3.656 647	−3.469	55	.001
对 26	78S-78Y	.116 400	1.581 064	2.323	55	.024
对 27	79S-79Y	1.381 087	3.971 485	4.141	55	.000
对 28	80S-80Y	−.946 820	1.648 248	.542	55	.590
对 29	86S-86Y	−2.483 981	1.878 874	−.278	55	.782
对 30	92S-92Y	.002 149	.027 708	2.341	55	.023
对 31	97S-97Y	−4.379 046	−.651 954	−2.705	55	.009
对 32	100S-100Y	.072 732	.170 982	4.971	55	.000
对 33	101S-101Y	.031 428	.146 751	3.096	55	.003
对 34	102S-102Y	−.060 305	−.006 909	−2.523	55	.015
对 35	104S-104Y	−2.317 842	.357 520	−1.468	55	.148
对 36	105S-105Y	−.090 686	.712 971	1.552	55	.126
对 37	106S-106Y	.541 376	1.817 159	3.705	55	.000
对 38	@ 62S-@ 62Y	−.053 893	.059 178	.094	55	.926

Ⅱ. 雅思 SPSS-Test 数据（S 为改编后文本，Y 为对应源文本）

成对样本统计量

		均值	N	标准差	均值的标准误
对 1	lexical densityS	.561 8	39	.035 46	.005 68
	lexical densityY	.560 0	39	.039 00	.006 25
对 2	K1S（大大增加）	64.729 0	39	4.017 50	.643 31
	K1Y	61.061 5	39	4.696 26	.752 00
对 3	K2S（大大减少）	8.392 6	39	1.704 96	.273 01
	K2Y	9.257 7	39	2.113 12	.338 37
对 4	AWLS（稍微减少）	12.297 2	39	3.617 30	.579 23
	AWLY	12.268 2	39	3.901 84	.624 79
对 5	Off-listS（大大减少）	14.313 8	39	3.444 39	.551 54
	Off-listY	17.265 4	39	4.099 51	.656 45
对 6	1S	8.08	39	2.018	.323
	1Y	20.36	39	11.282	1.807
对 7	3S	859.51	39	74.760	11.971
	3Y	1 809.18	39	875.764	140.235
对 8	4S	5.396 92	39	1.471 317	.235 599
	4Y	4.673 21	39	1.472 606	.235 806
对 9	6S	21.177 05	39	3.032 504	.485 589
	6Y	20.906 44	39	3.611 291	.578 269
对 10	10S	5.005 49	39	.253 116	.040 531
	10Y	4.936 41	39	.242 527	.038 835
对 11	28S	.369 59	39	.134 336	.021 511
	28Y	.329 13	39	.152 080	.024 352
对 12	29S	.479 92	39	.143 984	.023 056
	29Y	.459 18	39	.145 172	.023 246
对 13	30S	.480 28	39	.154 923	.024 808
	30Y	.440 13	39	.186 658	.029 889
对 14	38S	.206 36	39	.062 451	.010 000
	38Y	.189 59	39	.073 493	.011 768
对 15	40S	.196 97	39	.063 863	.010 226
	40Y	.174 87	39	.067 437	.010 799

		均值	N	标准差	均值的标准误
对 16	48S	110.548 97	39	27.276 283	4.367 701
	48Y	114.243 13	39	29.564 555	4.734 118
对 17	50S	85.071 15	39	10.340 963	1.655 879
	50Y	86.445 18	39	9.508 110	1.522 516
对 18	51S	25.170 54	39	5.950 796	.952 890
	51Y	26.041 33	39	5.822 538	.932 352
对 19	52S	35.900 31	39	7.779 770	1.245 760
	52Y	36.526 92	39	7.980 243	1.277 862
对 20	53S	15.936 21	39	4.932 919	.789 899
	53Y	16.491 95	39	4.557 189	.729 734
对 21	54S	17.704 85	39	5.947 693	.952 393
	54Y	16.958 95	39	4.813 904	.770 842
对 22	56S	45.219 49	39	9.708 874	1.554 664
	56Y	45.727 15	39	8.898 770	1.424 944
对 23	67S	5.235 00	39	1.300 090	.208 181
	67Y	4.930 41	39	1.110 531	.177 827
对 24	68S	.937 18	39	.125 748	.020 136
	68Y	.936 56	39	.118 745	.019 014
对 25	74S	375.192 00	39	22.309 312	3.572 349
	74Y	377.372 82	39	20.015 193	3.204 996
对 26	78S	8.860 41	39	5.080 494	.813 530
	78Y	8.029 00	39	4.614 654	.738 936
对 27	79S	6.213 28	39	3.883 859	.621 915
	79Y	6.377 00	39	3.321 960	.531 939
对 28	80S	17.801 13	39	8.132 647	1.302 266
	80Y	17.486 74	39	5.824 955	.932 739
对 29	86S	40.498 49	39	17.722 720	2.837 906
	86Y	43.300 26	39	19.875 590	3.182 642
对 30	92S	2.100 74	39	.111 666	.017 881
	92Y	2.098 56	39	.108 127	.017 314
对 31	97S	379.456 21	39	26.756 155	4.284 414
	97Y	380.449 44	39	24.472 599	3.918 752

续表

		均值	N	标准差	均值的标准误
对 32	100S	3.705 97	39	.230 983	.036 987
	100Y	3.674 05	39	.238 698	.038 222
对 33	101S	6.341 90	39	.527 406	.084 453
	101Y	6.294 59	39	.484 584	.077 595
对 34	102S	1.657 05	39	.117 048	.018 743
	102Y	1.665 92	39	.112 370	.017 994
对 35	104S	45.576 82	39	9.150 790	1.465 299
	104Y	47.716 95	39	9.432 276	1.510 373
对 36	105S	12.163 28	39	1.765 784	.282 752
	105Y	11.797 51	39	2.052 161	.328 609
对 37	106S	10.170 41	39	2.893 957	.463 404
	106Y	9.578 69	39	2.659 307	.425 830
对 38	62S	.425 49	39	.266 525	.042 678
	62Y	.450 62	39	.244 623	.039 171

成对样本检验

		成对差分				
		差分的 95% 置信区间				
		下 限	上 限	t	df	Sig.(双侧)
对 1	lexical densityS-lexical densityY	−.002 96	.006 55	.764	38	.449
对 2	K1S-K1Y	2.674 12	4.660 75	7.474	38	.000
对 3	K2S-K2Y	−1.299 30	−.430 96	−4.034	38	.000
对 4	AWLS-AWLY	−.480 70	.538 65	.115	38	.909
对 5	Off-listS-Off-listY	−3.756 01	−2.147 06	−7.427	38	.000
对 6	1S-1Y	−15.647	−8.917	−7.390	38	.000
对 7	3S-3Y	−1 221.287	−678.046	−7.078	38	.000
对 8	4S-4Y	.250 431	1.197 005	3.096	38	.004
对 9	6S-6Y	−.715 880	1.257 110	.555	38	.582
对 10	10S-10Y	.031 907	.106 247	3.762	38	.001
对 11	28S-28Y	.006 824	.074 099	2.435	38	.020

		成对差分				
		差分的 95% 置信区间		*t*	*df*	Sig.（双侧）
		下　限	上　限			
对 12	29S-29Y	−.012 632	.054 119	1.258	38	.216
对 13	30S-30Y	.002 172	.078 135	2.140	38	.039
对 14	38S-38Y	.003 682	.029 856	2.594	38	.013
对 15	40S-40Y	.009 311	.034 894	3.498	38	.001
对 16	48S-48Y	−9.424 516	2.036 208	−1.305	38	.200
对 17	50S-50Y	−4.243 313	1.495 261	−.969	38	.338
对 18	51S-51Y	−2.101 603	.360 014	−1.432	38	.160
对 19	52S-52Y	−2.478 441	1.225 210	−.685	38	.497
对 20	53S-53Y	−1.720 923	.609 436	−.966	38	.340
对 21	54S-54Y	−.383 111	1.874 906	1.337	38	.189
对 22	56S-56Y	−2.519 094	1.503 760	−.511	38	.612
对 23	67S-67Y	−.074 896	.684 076	1.625	38	.112
对 24	68S-68Y	−.018 091	.019 322	.067	38	.947
对 25	74S-74Y	−6.447 193	2.085 552	−1.035	38	.307
对 26	78S-78Y	−.256 240	1.919 060	1.547	38	.130
对 27	79S-79Y	−1.095 710	.768 274	−.356	38	.724
对 28	80S-80Y	−1.594 190	2.222 959	.333	38	.741
对 29	86S-86Y	−4.973 798	−.629 740	−2.611	38	.013
对 30	92S-92Y	−.012 292	.016 651	.305	38	.762
对 31	97S-97Y	−3.812 000	1.825 539	−.713	38	.480
对 32	100S-100Y	−.015 028	.078 875	1.376	38	.177
对 33	101S-101Y	−.024 003	.118 618	1.343	38	.187
对 34	102S-102Y	−.031 088	.013 344	−.808	38	.424
对 35	104S-104Y	−3.808 108	−.472 148	−2.597	38	.013
对 36	105S-105Y	−.069 885	.801 424	1.700	38	.097
对 37	106S-106Y	.124 063	1.059 373	2.561	38	.015
对 38	62S-62Y	−.086 262	.036 005	−.832	38	.411

第3章　基于有声思维的六级、雅思、托福听力长对话
测试构念效度对比研究

Ⅰ.听力构念框架

1.听力能力描述框架(Buck,2001:104)

Language competence: the knowledge about the language that the listener brings to the listening situation. This will include both fully automated procedural knowledge and controlled or conscious declarative knowledge. Language competence consists of:

Grammatical knowledge: understanding short utterances on a literal semantic level. This includes phonology, stress, intonation, spoken vocabulary, and spoken syntax.

Discourse knowledge: understanding longer utterances or interactive discourse between two or more speakers. This includes knowledge of discourse features, such as cohesion, foregrounding, rhetorical schemata and story grammar, and knowledge of the structure of unplanned discourse.

Pragmatic knowledge: understanding the function or the illocutionary force of an utterance or longer text and interpreting the intended meaning in terms of that. This includes understanding whether utterances are intended to convey ideas, manipulate, learn or are for creative expression, as well as understanding indirect speech acts and pragmatic implications.

Sociolinguistic knowledge: understanding the language of particular sociocultural settings and interpreting utterances in terms of the context of situation. This includes knowledge of appropriate linguistic forms and conventions characteristic of particular sociolinguistic groups, and the implications of their use, or non-use, such as slang, idiomatic expressions, dialects, cultural references, figures of speech, levels of formality and registers.

Strategic competence: includes the cognitive and metacognitive strategies, or executive processes, that fulfill the cognitive management function in listening. This is the ability to use language competence, and includes all the compensatory strategies used by second-language listeners. It consists of:

Cognitive strategies: those mental activities of comprehending and storing input in working memory or long-term memory for later retrieval.

Comprehension processes: associated with the processing of linguistic and non-linguistic input.

Storing and memory processes: associated with the storing of linguistic and non-linguistic input in working memory or long-term memory.

Using and retrieval processes: associated with accessing memory, to be readied for output.

Metacognitive strategies: those conscious or unconscious mental activities that perform an executive function in the management of cognitive strategies.

Assessing the situation: taking stock of conditions surrounding a language task by assessing one's own knowledge, one's available internal and external resources and the constraints of the situation before engaging in the task.

Monitoring: determining the effectiveness of one's own or another's performance while engaged in a task.

Self-evaluating: determining the effectiveness of one's own or another's performance after engaging in the activity.

Self-testing: testing oneself to determine the effectiveness of one's own language use or the lack thereof.

2. 听力理解策略及定义阐述(Vandergrift,1997:392)

Metacognitive strategies

1.**Planning**:	Developing an awareness of what needs to be done to accomplish a listening task, developing an appropriate action plan and/or appropriate contingency plans to overcome difficulties that may interfere with successful completion of the task.	
1a.Advance organization:	Clarifying the objectives of an anticipated listening task and/or proposing strategies for handling it.	I read over what we have to do. I try to think of questions the teacher is going to ask.
1b.Directed attention:	Deciding in advance to attend in general to the listening task and to ignore irrelevant distracters;maintaining attention while listening.	I listen really hard. I pick out the words that are familiar so that...(in combination with **inferencing**)
1c.Selective attention:	Deciding to attend to specific aspects of language input or situational details that assist in understanding and/or task completion.	I listen for the key words. I establish the speakers in the conversation, their relationship by tone of voice, how they will address each other. This will limit the topics of discussion (in combination with **planning, voice inferencing, and elaboration**).
1d.Self-management:	Understanding the conditions that help one successfully accomplish listening tasks and arranging for the presence of those conditions.	I try to get in the frame of mind to understand French. I put everything aside and concentrate on what she is saying.
2.**Monitoring**:	Checking, verifying, or correcting one's comprehension or performance in the course of a listening task.	
2a.Comprehension monitoring:	Checking, verifying, or correcting one's understanding at the local level.	I translate and see if it sounds right (in combination with **translation**). I just try to put everything together, understanding one thing leads to understanding another.
2b.Auditory Monitoring:	Using one's "ear" for the language (how something sounds) to make decisions.	I use my knowledge of Portuguese, primarily sound (in combination with **transfer**). I use the sound of words to relate to other words I know.

续表

2c.Double-check monitoring：	Checking, verifying, or correcting one's understanding across the task or during the second time through the oral text.	I might catch it at the end and then I'd go back. Sunny in the morning,that's not making sense…(earlier)it sounded like a cold front,something doesn't make sense to me any more.
3.**Evaluation**：	Checking the outcomes of one's listening comprehension against an internal measure of completeness and accuracy.	
3a.Performance evaluation：	Judging one's overall execution of the task.	How close was I? (at end of a think-aloud report).
3b.Strategy evaluation：	Judging one's strategy use.	I don't concentrate too much to the point of translation of individual words because then you just have a whole lot of words and not how they're strung together into some kind of meaning.
4.**Problem identification**：	Explicitly identifying the central point needing resolution in a task or identifying an aspect of the task that hinders its successful completion.	I'm not sure but "partager" and I'm not really sure what that means. I think that kind of has something to do with that. Music, there is something,… "des jeux",I don't know what that is.

Cognitive strategies

1.**Inferencing**：	Using information within the text or conversational context to guess the meanings of unfamiliar language items associated with a listening task, or to fill in missing information.	
1a.Linguistic inferencing：	Using known words in an utterance to guess the meaning of unknown words.	I use other words in the sentence. I try to think of it in context and guess.
1b.Voice and paralinguistic inferencing：	Using tone of voice and/or paralinguistics to guess the meaning of unknown words in an utterance.	I listen to the way the words are said. I guess,using tone of voice as a clue.
1c.Kinesic inferencing：	Using facial expressions,body language, and hand movements to guess the meaning of unknown words used by a speaker.	I try to read her body language. I read her face. I use the teacher's hand gestures.

1d.Extralinguistic inferencing:	Using background sounds and relationships between speakers in an oral text, material in the response sheet, or concrete situational referents to guess the meaning of unknown words.	I guess on the basis of the kind of information the question asks for. I comprehend what the teacher chooses to write on the board to clarify what she is saying.
1e.Between-parts inferencing:	Using information beyond the local sentential level to guess at meaning.	Because in the beginning she said "course," so maybe it was, maybe it was a race... may be a horse race... You pick out things you do know and in the whole situation piece it together so that you do know what it does mean.
2.**Elaboration**:	Using prior knowledge from outside the text or conversational context and relating it to knowledge gained from the text or conversation in order to fill in missing information.	
2a.Personal elaboration:	Referring to prior experience personally.	I think there is some big picnic or a family gathering, sounds like fun, I don't know... You know... maybe they missed each other, because that happens to me lots we just miss accidentally and then you call up and say,"Well,what happened?"
2b.World elaboration:	Using knowledge gained from experience in the world.	Recognizing the names in sports helps you to know what sport they are talking about. I use the topic to determine the words that I will listen for (in combination with selective attention).
2c.Academic elaboration:	Using knowledge gained in academic situations.	[I know that] from doing telephone conversations in class. I relate the word to a topic we've studied. I try to think of all my background in French.

续表

2d.Questioning elaboration：	Using a combination of questions and world knowledge to brainstorm logical possibilities.	Something about sixty-one, restaurant, sixty-one. Maybe it's the address. Um, he said he started, probably fixing up his apartment, something about his apartment. Probably just moved in, um, because they're fixing it up.
2e.Creative elaboration：	Making up a storyline or adopting a clever perspective.	Sounded like introducing something, like it says here is something but I can't figure out what it is, it could be like... one of the athletes, like introducing some person or something. I guess there is a trip to the Carnival in Quebec so maybe it is like something for them to enter a date, to write. or draw...
2f.Imagery：	Using mental or actual pictures or visuals to represent information.	I can picture the words in my mind. I make pictures in my mind for words I know, then I fill in the picture that's missing in the sequence of pictures in my mind.
3.**Summarization**：	Making a mental or written summary of language and information presented in a listening task.	I remember the key points and run them through my head, " what happened here and what happened here" and get everything organized in order to answer the questions.
4.**Translation**：	Rendering ideas from one language to another in a relatively verbatim manner.	I translate. I'll say what she says in my head, but in English. A little voice inside me is translating.
5.**Transfer**：	Using knowledge of one language (e.g., cognates) to facilitate listening in another.	I try to relate the words to English. I use my knowledge of other languages: English to understand German and Portuguese (primarily sound) to understand French.
6.**Repetition**：	Repeating a chunk of language(a word or phrase) in the course of performing a listening task.	I sound out the words. I say the word to myself.

7.**Resourcing**：	Using available reference sources of information about the target language, including dictionaries, textbooks, and prior work.	I look it up in a dictionary. I look in the back of the book.
8.**Grouping**：	Recalling information based on grouping according to common attributes.	I try to relate the words that sound the same. (in combination with **auditory monitoring**). I break up words for parts I might recognize.
9.**Note-taking**：	Writing down key words and concepts in abbreviated verbal, graphic, or numerical form to assist performance of a listening task.	I write down the word. When I write it down, it comes to my mind what it means.
10.**Deduction/ induction**：	Consciously applying learned or self-developed rules to understand the target language.	I use knowledge of the kinds of words such asparts of speech.
11.**Substitution**：	Selecting alternative approaches, revised plans, or different words or phrases to accomplish a listening task.	I substitute words, translate and see if it sounds right (in combination with **translation** and **comprehension monitoring**).

Socio-affective Strategies

1.**Questioning for clarification**：	Asking for explanation, verification, rephrasing, or examples about the language and/or task; posing questions to the self.	I'll ask the teacher. I'll ask for a repeat.
2.**Cooperation**：	Working together with someone other than an interlocutor to solve a problem, pool information, check a learning task, model a language activity, or get feedback on oral or written performance.	I ask someone who knows the word. I ask a friend. I ask the person next to me.
3.**Lowering anxiety**：	Reducing anxiety through the use of mental techniques that make one feel more competent to perform a listening task.	I think of something funny to calm me down. I take deep breaths.

续表

4.**Self-encouragement**：	Providing personal motivation through positive self-talk and/or arranging rewards for oneself during a listening activity or upon its completion.	I try to get what I can. OK... my hunch was right. I tell myself that everyone else is probably having some kind of problem as well.
5.**Taking emotional temperature**：	Becoming aware of, and getting in touch with one's emotions while listening, in order to avert negative ones and make the most of positive ones.	I take it home and take it out on my family. OK.I'm getting mad because I don't understand.

Source：Adapted from O'Malley and Chamot(1990：137-139)；Oxford(1990：21)；Vandergrift(1996).

Ⅱ. 使用的长对话听力理解测试试题(1)

1. 六级长对话试题(June,2014)

Part Ⅱ　Listening Comprehension(30 minutes)

Section A

Directions：*In this section, you will hear 8 short conversations and 2 long conversations. At the end of each conversation, one or more questions will be asked about what was said. Both the conversation and the questions will be spoken only once. After each question there will be a pause. During the pause, you must read the four choices marked A), B), C) and D), and decide which is the best answer. Then mark the corresponding letter on Answer Sheet 1 with a single line through the centre.*

注意：此部分试题请在**答题卡 1**上作答。

Questions 9 to 11 are based on the conversation you have just heard.

9. A) The brilliant product design.

　B) The unique craftsmanship.

　C) The new colour combinations.

　D) The texture of the fabrics.

10. A) Fancy products.

　　B) Local handicrafts.

　　C) Traditional Thai silks.

　　D) Unique tourist attractions.

11. A) It will start tomorrow.

   B) It will last only one day.

   C) It will be out into the countryside.

   D) It will be on the following weekend.

Questions 12 to 15 are based on the conversation you have just heard.

12. A) A year of practical training.

   B) A happy childhood.

   C) A pleasant neighbourhood.

   D) A good secondary education.

13. A) He is good at carpentry.

   B) He is academically gifted.

   C) He should be sent to a private school.

   D) He ought to get good vocational training.

14. A) Donwell School.

   B) Carlton Abbey.

   C) Enderby High.

   D) Enderby Comprehensive.

15. **A) Find out more about the five schools.**

   B) Send their children to a better private school.

   C) Talk with their children about their decision.

   D) Put Keith in a good boarding school.

2. 雅思长对话试题(Cambridge IELTS 9—Test 4—Listening)

SECTION 1 *Questions 1—10*

Questions 1—4

Complete the table below.

*Write **ONE WORD ONLY** for each answer.*

Health Centres		
Name of centre	**Doctor's name**	**Advantage**
The Harvey Clinic	*Example* Dr Green	especially good with __1__

续表

Health Centres		
The __2__ Health Practice	Dr Fuller	Offers __3__ appointments
The Shore Lane	Dr __4__	

Questions 5—6

Choose TWO letters, A-E.

Which TWO of the following are offered free of charge at Shore Lane Health Centre?

A. acupuncture

B. employment medicals

C. sports injury therapy

D. travel advice

E. vaccinations

Questions 7—10

Complete the table below.

Write **NO MORE THAN TWO WORDS AND/OR A NUMBER** *for each answer.*

Talks for patients at Shore Lane Health Centre			
Subject of talk	**Date/Time**	**Location**	**Notes**
Giving up smoking	25th February at 7p.m.	Room 4	Useful for people with asthma or __7__ problems
Health eating	1st March at 5p.m.	The __8__ (Shore Lane)	Anyone welcome
Avoiding injuries during excercise	9th March at __9__	Room 8	For all __10__

Answer keys：

1. babies 2. Eshcol 3. evening 4. Gormley 5. & 6. B E 7. Heart 8. primary school

9. 4.30 10. ages

SECTION 3 *Questions 21—30*

Questions 21 and 22

Choose the correct letter, A, B or C.

21. In her home country, Kira had

 A. completed a course.

 B. done two years of a course.

 C. found her course difficult.

22. To succeed with assignments, Kira had to

 A. read faster.

 B. write faster.

 C. change her way of thinking.

Questions 23—25

Complete the sentences below.

*Write **ONE WORD ONLY** for each answer.*

23. Kira says that lecturers are easier to _____ than those in her home country.

24. Paul suggests that Kira may be more _____ than when she was studying before.

25. Kira says that students want to discuss things that worry them or that _____ them very much.

Questions 26—30

Answer the questions below.

*Write **NO MORE THAN THREE WORDS AND/OR A NUMBER** for each answer.*

26. How did students do their practical sessions?

_____

27. In the second semester how often did Kira work in a hospital?

_____

28. How much full-time work did Kira do during the year?

_____

29. Having completed the year, how does Kira feel?

_____

30. In addition to the language, what do overseas students need to become familiar with?

_____

Answer keys:

21. A   22. C   23. approach   24. mature   25. interest   26. Groups   27. Every 2 days

28. 2 weeks   29. confident   30. education system

3. 托福长对话试题(TPO 27—Listening)

Conversation 1

1. **What does the woman go to the information desk?** (**B**)

A. She does not know where the library computers are located.

B. She does not know how to use a computer to locate the information she needs.

C. She does not have time to wait until a library computer becomes available.

D. The book she is looking for was missing from the library shelf.

2. **Why does the man assume that the woman is in Professor Simpson's class?** (**D**)

A. The man recently saw the woman talking with Professor Simpson.

B. The woman mentioned Professor Simpson's name.

C. The woman is carrying the textbook used in Professor Simpson's class.

D. The woman is researching a subject that Professor Simpson specializes in.

3. **What can be inferred about the geology course the woman is taking?** (**C**)

A. It has led the woman to choose geology as her major course of study.

B. It is difficult to follow without a background in chemistry and physics.

C. The woman thinks it is easier than other science courses.

D. The woman thinks the course is boring.

4. **What topic does the woman need information on?** (**A**)

A. The recent activity of a volcano in New Zealand.

B. Various types of volcanoes found in New Zealand.

C. All volcanoes in New Zealand that are still active.

D. How people in New Zealand have prepared for volcanic eruptions.

5. **What does the man imply about the article when he says this:**(reply) (**C**)

A. It may not contain enough background material.

B. It is part of a series of articles.

C. It might be too old to be useful.

D. It is the most recent article published on the subjects.

4. 托福长对话试题(TPO 30—Listening)

Conversation 1

1. **Why does the student go to speak with the woman**?（**B**）

   A. To get permission to organize a club event.

   B. To arrange for a work space for his club.

   C. To inquire about a photography class.

   D. To reserve a room for photography exhibit.

2. **What is the student's attitude toward the room he is offered**?（**B**）

   A. He thinks that sharing a room is a good way to find out about other clubs.

   B. He considers a semiprivate room to be acceptable.

   C. He is concerned that there will not be enough storage space in a semiprivate room.

   D. He is surprised that there are not enough private rooms for all the clubs.

3. **Why does the woman ask the student for an approval letter**?（**D**）

   A. All new clubs must submit an approval letter to the student activities center.

   B. She needs it to request funding for the club on his behalf.

   C. She needs proof that the new club has a faculty advisor.

   D. The approval letter can serve as verification of the club's registration.

4. **Near the end of the conversation，what does the student indicate he will have to do**?

   （**A**）

   A. Retrieve a letter from his dormitory room

   B. Reschedule some club events

   C. Ask a committee to review his registration

   D. Pay a registration fee to start a new club

5. **For what activity does the student consider requesting funding**?（**C**）

   A. Designing a club Web site

   B. Reserving audio-visual equipment

   C. Sponsoring a guest speaker

   D. Setting up a campus e-mail account

Conversation 2

18. **What are the speakers mainly discussing**?（**A**）

A. The student's idea about his class assignments

B. The influence of one painter on another

C. The student's recent visit to museum in Connecticut

D. The challenges associated with painting at night

19. **Why is the student unable to write about the painting by Van Gogh? (B)**

A. It is not on the list of approved paintings that the professor provided.

B. It is not available for the student to study in person.

C. The student does not have enough background knowledge to write about it.

D. Another student has already chosen to write about it.

20. **What does the student say about the painting by Millet? (D)**

A. It seemed brighter than he expected.

B. It is on loan to a distant museum.

C. It is his favorite painting.

D. It is located near his family's house.

21. **According to the speakers, what two features do the Van Gogh painting and the Millet painting have in common? (Click on 2 answers)(AC)**

A. They have the same name.

B. They exemplify Postimpressionist style.

C. They depict a nighttime scene with a lot of light.

D. They depict the same star constellation.

22. **What does the professor imply about the objects held by children in some American miniature portraits? (B)**

A. They increase the value of the portraits.

B. They reveal historical attitudes.

C. They are difficult to analyze.

D. They were often depicted larger than their actual size.

Ⅲ. 听力理解测试试题转录文本

1. 六级听力试题(June, 2014)

Conversation 1

MAN: It's really amazing how many colours there are in these Thai silks?

WOMAN:These are our new designs.

MAN:Oh,I don't think I've seen this combination of colours before.

WOMAN:They're really brilliant,aren't they?

MAN:Quite dazzling! May I have samples of the new colour combinations?

WOMAN:Yes,of course. But aren't you going to place an order?

MAN:We order them regularly,you know,but I do want our buyer who handles fabrics to see them.

WOMAN:Have you looked at the wood and stone carvings? Did you like them?

MAN:Oh,they aren't really what I'm looking for.

WOMAN:What do you have in mind?

MAN:That's the trouble. I never know exactly until I see it. I usually have more luck when I get away from the tourist places.

WOMAN:Out in the countryside you mean.

MAN:Yeah,exactly. Markets in small towns have turned out best for me.

WOMAN:You're more interested,then,in handcrafts that haven't been commercialized.

MAN: Yes, real folk arts, pots, dishes, basket ware—the kinds of things that people themselves use.

WOMAN:I'm sure we can arrange a trip out into the country for you.

MAN:I was hoping you'd say that.

WOMAN: We can drive out of Bangkok and stop whenever you see something that interests you.

MAN:That would be wonderful! How soon could we leave?

WOMAN:I can't get away tomorrow. But I think I can get a car for the day after.

MAN:And would we have to come back the same day?

WOMAN:No,I think I'll be able to keep the car for three or four days.

MAN:Wonderful! That'll give me time for a real look around.

Questions 9 to 11 are based on the conversation you have just heard.

9. What attracts the man to the Thai silks?

10. What is the man looking for in Thailand?

11. What do we learn about the trip the woman promised to arrange for the man?

Conversation 2

WOMAN：Well，before we decide we're going to live in Enderby，we really ought to have a look at the schools. We want the children to have a good secondary education，so we'd better see what's available.

MAN：They gave me some information at the district office and I took notes. It appears there are five secondary schools in Enderby—three state schools and two private.

WOMAN：I don't know if we want private schools，do we？

MAN：I don't think so，but we'll look at them anyway. There're Saint Mary's，that's a catholic school for girls and Carlton Abbey—that's a very old boys'boarding school，founded in 1672.

WOMAN：Are all the state schools co-educational？

MAN：Yes，it seems so.

WOMAN：I think little Keith is very good with his hands. We ought to send him to a school with good vocational training—carpentry，electronics—that sort of thing.

MAN：In that case，we are best off at Enderby Comprehensive. I gather they have excellent workshops and instructors.

But it says here the Donwell also has good facilities. Enderby High has a little，but they are mostly academic. No vocational training at all at Carlton Abbey or Saint Mary's.

WOMAN：What are the schools like academically？ How many children go on to university every year？

MAN：Well，Enderby High is very good，and Carlton Abbey even better，70% of their pupils go on to university. Donwell isn't so good，only 8%，and Enderby Comprehensive and Saint Mary's not much more，about 10%.

WOMAN：Well，it seems like there is a broad selection of schools. But we'll have to find out more than statistics before we can decide.

Questions 12 to 15 are based on the conversation you have just heard.

12. What do the speakers want their children to have？

13. What do the speakers say about little Keith？

14. What school has the highest percentage of pupils who go on to university？

15. What are the speakers going to do next？

2. 雅思听力试题（Cambridge IELTS 9—Test 4—Listening）

SECTION 1

WOMAN：Can I help you?

MAN：Yes, I've just moved to this area with my wife and children and I'd like to know where we can all register with a doctor at a Health Centre.

WOMAN：Okay. Well, there's Doctor Green at The Harvey Clinic. We always recommended her for babies, because she's very good with them and she runs a special clinic.

MAN：Oh... actually my youngest child is five, so that wouldn't be any good for us.

WOMAN：Right.

MAN：Is there anywhere else I could try?

WOMAN：Yes, the Eshcol Health Practice is the next one on my list.

MAN：How do you spell that?

WOMAN：E-S-H-C-O-L. And it's Doctor Fuller, who has space on his list. The clinic only opened a year ago, so the facilities are all very modern.

MAN：That sounds good.

WOMAN：And it's particularly good if you're busy during the day, because they also do appointments in the evening. They're closed on Saturday, though. The only other place on the list is the Health Centre on Shore Lane. You can register with Doctor Gormley, that's G-O-R-M-L-E-Y. He's new there, but the centre has a very good reputation.

MAN：Oh yes, I think I know the road. That would be the best one. Thanks. Could you tell me, will all their services be free?

WOMAN：Erm... there are usually some small charges that doctors make. Let me see what it says about the Shore Lane Centre. If you need to be vaccinated before any trips abroad, you won't have to pay for this. Erm, what else? The sports injury treatment service operates on a paying basis, as does the nutritional therapy service. Some health centres do offer alternative therapies like homeopathy as part of their pay-to-use service. Shore Lane are hoping to do this soon—I think they may start with acupuncture. And finally, if you need to prove you're healthy or haven't had any serious injuries before a new employer will accept you, you can get a free fitness check-up there, but you'd most likely have to pay for insurance medicals though.

MAN：Okay, thanks.

WOMAN:You might also be interested to know the Centre is running a pilot scheme of talks for patients. I've got the list here. Actually,they look very interesting.

MAN:What sort of things?

WOMAN:Well,the first one's about giving up smoking. It's next week,the twenty-fifth of February,at 7 p.m.,and that's in Room 4. It says,the talk will stress the health benefits particularly for people with asthma or heart disease.

MAN:That sounds very interesting.

WOMAN:There's also a talk for families with children. It's on Healthy Eating,and takes place on the first of March at five o'clock.

MAN:Will that be at the Health Centre?

WOMAN:Erm,actually it's at the primary school on Shore Lane. I imagine they're inviting the parents of pupils there—it says here "all welcome".

MAN:Mmm,I might go to that if I have time.

WOMAN:There's a couple of other talks—one giving advice about how to avoid injuries while doing exercise. It's on the ninth of March. Oh,it's a late afternoon talk,at four thirty,and it'll be in Room 6. It also says the talk is suitable for all ages. And finally,there's a talk called "Stress Management" which is...

SECTION 2

PAUL:Hello,Kira,how are you?

KIRA:Fine thanks,Paul,how are you?

PAUL:Well,thanks. It's good to see you. It must be twelve months since you did our course?

KIRA:That's right. It's nice to come back and say hello.

PAUL:What course did you enrol in?

KIRA:Actually,I went straight into third year Pharmacy. They credited me with two years, which probably made it more difficult for me.

PAUL:On the other hand,you were lucky to be granted credits. Is that why you chose the course?

KIRA:Yes. And,as I'd already finished a course in it in my country. I thought it would be easier if I studied something I already knew.

PAUL:I didn't realize you went into third year. I thought you started in first year. No wonder it was so hard! And what do you think is one of the big differences between studying at a university here and studying in your country?

KIRA: Well, I've found it very difficult to write assignments, because I wasn't familiar with that aspect of the system here. The main problem is that the lecturers expect you to be critical. That made me feel really terrible. I thought "How can I possibly do it? How can I comment on someone else's research when they probably spent five years doing it?" I think a lot of people who come from overseas countries have similar problems. But after a while it became easier for me. People expect you to have problems with the process of reading and writing but, in fact, it is more a question of altering your viewpoint towards academic study.

PAUL: How was the content of the lectures? Was it easy for you?

KIRA: I didn't really have many problems understanding lectures. The content was very similar to what I'd studied before.

PAUL: And what about the lecturers themselves? Are they essentially the same as lecturers in your country?

KIRA: Here, they're much easier to approach. After every lecture you can go and ask them something you didn't understand. Or you can make an appointment and talk to them about anything in the course.

PAUL: Maybe you found them different because you're a more mature student now, whereas when you were studying in your country you were younger and not so assertive.

KIRA: No, I don't think that's the difference. Most of the students here do it. In my faculty, they all seem to make appointments—usually to talk about something in the course that's worrying them, but sometimes just about something that might really interest them, something they might want to specialise in. The lecturers must set aside certain times every week when they're available for students.

PAUL: That's good to hear.

PAUL: And how was your timetable? Was it a very busy year?

KIRA: Very, very busy. They make you work very hard. Apart from lectures, we had practical sessions in a lot of subjects. We did these in small groups. I had to go and work four hours every week in a community pharmacy. Actually, I enjoyed this very much—greeting new people all the time. Then in second semester, we had to get experience in hospital dispensaries, so every second day we went to one of the big hospitals and worked there. And on top of all that we had our assignments, which took me a lot of time. Oh, I nearly forgot, between first and second semesters, we had to work full-time for two weeks in a hospital.

PAUL：That does sound a very heavy year. So are you pleased now that you did it? Do you feel some sense of achievement?

KIRA：Yeah, I do feel much more confident, which I suppose is the most important thing.

PAUL：And have you got any recommendations for people who are studying from overseas?

LIRA：Well, I suppose they need very good English. It would be much better if they spent more time learning English before they enter the university, because you can be in big trouble if you don't understand what people are saying and you haven't got time to translate.

PAUL：Anything else?

KIRA：Well, as I said before, the biggest problem for me was a lack of familiarity with the education system here.

PAUL：It sounds as if it was a real challenge. Congratulations, Kira.

KIRA：Thanks, Paul.

3. 托福听力试题（TPO 30—Listening）

Conversation 1

NARRATOR：Listen to a conversation between a student and an employee at the student activity center.

STUDENT：This is the administrative office, right?

EMPLOYEE：Uh-huh. How can I help you?

STUDENT：Well, I am stopping by to reserve a place for my school club that meet and work, pretty much on a regular basis. Ideally, our preference would be to have our own office.

EMPLOYEE：Hmm... well, we are out of private offices. But we do have some semi-private options still available.

STUDENT：What do you mean?

EMPLOYEE：Well, it's a setup where you'll have a larger workspace shared by two other clubs. In other words, each club would have its own work area within that one room.

STUDENT：Oh. Are there any divider, walls or anything?

EMPLOYEE：Oh, yes. There will be a couple of dividers, so there's some privacy.

STUDENT:Um. We'll work with that then. I wouldn't want to be without an office.

EMPLOYEE:OK. Here are the two forms you have to fill out. Why don't you do it now while I set that up through out computer system.

STUDENT:OK.

EMPLOYEE:So what's your club's name? And the last name of the club president.

STUDENT:Oh, it's the photography club. And it's Williams. That's me. John Williams.

EMPLOYEE:Hmm... that's not pulling up anything on my screen. Um... let me try something else. Uh, how about your faculty advisor's name?

STUDENT:Sarah Baker. She is in the Arts Department.

EMPLOYEE:Hmm... No. Strange. You know your club is just not showing up in my online records. Is this an established club?

STUDENT:No. Actually it's a brand-new one.

EMPLOYEE:Hmm... have you completed the registration process?

STUDENT:Yeah, last week. That was my very first step.

EMPLOYEE:Right. Well, for my purposes, a club definitely has to be registered before I can proceed further. At the moment, however, it appears that there's no record of your club's registration.

STUDENT:Really? I thought everything was finalized last week.

EMPLOYEE:Well, it is surprising. Usually there's a 24-hour turnaround in our computer database. So then do you have the registration approval letter from the review committee? That would give me the verification I need.

STUDENT:Yeah. I do. I mean, well, I don't have it with me. But... I... I, uh, can get it from my dorm room, bring it back with me and submit it with those forms you need from me.

EMPLOYEE:Great! That'll work. And just so you are aware, there're lots of benefits to being registered.

STUDENT:Oh, yeah. I think the university will give us permission to set up a website, right? I want to get students sharing their ideas on the website, you know, establish a photography blog.

EMPLOYEE:Yes. You'll be able to do that. And... um... actually there's more. You'll be allowed the use of audiovisual equipment at no cost. You'll receive a club mailbox and a club email address. You'll be allowed to post your flyers and posters around the campus for publicity. And you could be eligible for funding for club events.

STUDENT: Well, we are definitely interested in hiring a professional speaker at one of our campus events at some point in the semester. And speakers almost always charge a fee. So I'll definitely follow up on that.

Conversation 2

NARRATOR: Listen to a conversation between a student and his art history professor.

PROFESSOR: How was the museum?

STUDENT: Great. I hadn't been there for a few years.

PROFESSOR: Did you enjoy the Van Gogh painting?

STUDENT: That's the thing. Looks like I have to change my topic.

PROFESSOR: Hmm... we are getting close to the deadline. You were writing about the theme of night in the paintings of Vincent Van Gogh.

It's a wonderful topic.

STUDENT: I know. People don't usually think of Van Gogh as an artist of nocturnal themes. They think of brightness, sunshine, all that yellow and orange.

PROFESSOR: You are right of course about the intense light associated with his daytime paintings. But his night paintings don't exactly lack brightness.

STUDENT: That's the paradox that I really like, the paradox of painting a nighttime scene using so much colour and light. So I was planning to focus mostly on his painting *Starry Night*.

PROFESSOR: But?

STUDENT: When I went to the museum to look at the actual painting, like you told me to. It wasn't there.

PROFESSOR: Really? Isn't it part of the permanent collection?

STUDENT: Yes. But it's on loan right now to a museum in Europe.

PROFESSOR: Ah, I see. Well, I am strict about having students write about paintings they can observe firsthand.

STUDENT: Well, I found another painting I could study instead.

PROFESSOR: OK.

STUDENT: I read that there are two paintings called *Starry Night*. The first one was done by the French realist painter Millet. It may have been the inspiration for Van Gogh's painting. Millet's painting is located near my family's house in Connecticut. And I am going there this weekend and could study it then. I made sure it's not out on loan.

PROFESSOR: That definitely would work then. Van Gogh copied many of Millet's compositions. We know that he really admired Millet's work. And a lot of us think Van Gogh saw this particular painting by Millet in Paris in the late 1,700s.

STUDENT: Yeah. Although Millet was a realist painter, and Van Gogh a post-impressionist, the two paintings still share lots of features, not just the name. The most striking shared feature has got to be the amazing light effects. I am excited to go see it. But one other thing...

PROFESSOR: Uh-huh.

STUDENT: I was thinking about getting a head start on my next assignment while I am at the gallery in Connecticut, the assignment on miniatures. They have a lot of miniature portraits of children as part of their permanent collection.

PROFESSOR: American miniatures?

STUDENT: Yeah. So I figured I could also get started on that essay, study a few while I am there. I'd focus on the meaning of the objects that some of the children are holding, some are holding flowers, one child has a rattle, another toy violin...

PROFESSOR: That would be fine. Uh, those objects... we call them attributes. The attributes chosen to be included in a particular miniature was often meant to communicate parents' hopes and dreams for their child. So I think you'll learn a lot about how people viewed children at the time the miniature paintings were done.

Ⅳ. 有声思维受试报告节选

注:鉴于篇幅限制,此处只放置 Subject 1 的有声思维材料,且访谈内容由黑色加粗字体表示。

R 代表 Researcher;S1 代表 Subject 1。

1. 六级听力报告

Conversation 1

这个长对话听起来不是很舒服,因为感觉有几个 speakers 在里面,声音也好像是忽高忽低的,不是很自然,有点影响听力心情。

9. 第九题的答案应该是 the new colour combinations,我不是很确定,但是根据 common sense 或者说 world knowledge,感觉应该选择(C),还有就是因为听到了男方说了些与 colour

相关的句子。

R：还记得这道题的题目吗？你为什么这么选？

S1：额，好像是说什么 What attracts the man 的吧？对话不是很长，但是我也没有记清楚，只记得前面总是说什么 colour，colour 的，觉得是（C）。

10. 第十题的答案应该是（B），对话中女方问道"so you are interested in handicrafts?"，对话中女方问道"so you are interested in handicrafts?"我听到了"handicrafts"这个英文单词。答案选项中最相关的貌似就是有"Local handicrafts"的（B）。不知道这种判断是否过于片面。

R：貌似你是直接根据自己听到的内容去选的答案？

S1：算是吧，额，我就是，听到了 handicrafts，选项里面只有（B）啊，只有（B）有这个词语，所以就选（B）喽。

11. 第十一题的答案是采用的排除法，因为女声说自己明天有事无法脱身，所以（A）不对，此外还有女方提到的此次外出可以待 3、4 天的样子，然后男的说可以好好逛一下，所以（B）也不对，而（D）选项似乎不对，不过我也只是猜测，女方说后天可以出发，但后天应该不等同于"the following weekend"，所以这个应该也可以排除，只剩（C）选项，而且两人好像也提到了要去曼谷附近的乡村地区。

R：这个答案确定吗？

S1：我觉得没那么难选啊，因为，我就是，听到了那些句子，然后再简单推论一下，就觉得应该选（C）啊，不过，当然，你还是要先听到一些信息，根据那些句子去推论的。

R：前面你已经说了自己听这个对话时的感觉了，你能再回忆一下对话的主要内容吗？

S1：额，可以，就是，很简单啊，一个男的到泰国去旅游，是旅游吗？应该是吧，嗯，讲到了，和一个当地的导游可能谈论接下来几天的行程安排什么的，我自己也去过泰国啊，所以知道这所谓的导游什么的，不过貌似和我自己的经历不太一样，不太一样的吧？哦，不对，回到对话，就是他们谈论接下来的行程什么的，然后提到了好多的物品什么的，呀，做完题过了一会儿，就忘记了，嘿嘿。

Conversation 2

这一段的对话也是听起来不自然，几个 speaker 的声音交叉，没有真实语境的感觉。另外就是需要注意的信息可能有些多，一下子回答 4 个问题很困难，memory 允许吗？可能自己长时间疏于练习。听长对话不做笔记貌似能记住的东西特别少，做题的正确率也就可想而知了。

R：你在前面的两个听力测试中也做笔记了对吧？

S1：啊，你不提醒我都没注意，原来我做长对话都有做笔记啊，看来这个对我很有用，不过最主要可能还是因为我的记忆力太有限了吧。

12. 第12题，对话开头就提到了好像是3个公立学校，state school和2个私立学校，private school，后面文章中又讲到什么职业教育和上大学的问题，所以感觉这里应该是与中学教育有关的问题，所以我选了(D)与secondary education相关的选项。

R：为什么是secondary school？

S1：因为他提到了和以后升学相关的内容，哦，就是升大学，整个对话都在讲这些，所以我觉得就是和中学教育相关的。

13. 第13题，这道题我根本没有记到相关的信息，所以是蒙上的答案，只隐约记得这个题目中提到的人和carpentry以及什么computer技术联系在了一起，所以貌似这个人是很有学习天赋(B)？不过(D)好像也说得过去，总之，这道题是瞎猜的。

R：这个题你选了哪个？你好像说是瞎猜的？

S1：额，我选了(B)，算是瞎猜的吧，因为虽然我听到了一些单词什么的，我没有用上，我就只能瞎猜了。

14. 第14题，这道题的信息很多，在看题目选项时因为不知道问题题干，所以不敢乱猜，对话后问到升大学比率最高的是那个学校时，才敢判定是(C)，如果在题目中给出了问题的话，可能我在听力过程中立马就能选出来答案，可见，这样出题确实要更难一些。

R：你的意思是六级的听力因为没有显示题目给考生，你觉得更难吗？

S1：是呀，因为没有题目，没有题目的话，我就不知道他要问什么啊，或者就是我猜到了他要问什么，我还是不敢乱选啊，万一别人最后问的就不是你猜到的那个呢？还是要耐心听完才是，嗯，就是这样。

15. 第15题，这道题应该是最简单的一个了，最后女方说我们要多了解一下这几所学校，然后做什么来着不记得了，听的过程中感觉就是要问两人接下来要做什么的问题，所以结合常识和自己听到的内容就选出了最终答案(A)。

R：这个题貌似你猜了一下题目会问什么？

S1：嗯，是的，我主要是看了一下选项什么的，猜了他们接下来要做什么，所幸应该是猜对了，我听到的也是这样，所以答案就选(A)了。

R：对话的主要内容还记得吗？

S1：就是两个人，应该是一对父母吧，讨论给孩子选中学的事情，中间涉及了好多的，就是，那个，好多的数字、数据啊，学校名称啊等等之类的，反正，就是，就是选学校。

2. 雅思听力报告

Section 1

在听录音之前有时间看题目，可以知道在听对话时要听什么，不过时间有点紧凑。前面四道题都很简单，因为录音是标准的英音，听起来很清晰，唯一需要注意的就是在听到拼写的时候要注意一下。

1. 这里需要填写的应该是一个名词，听到女声说、说到这个诊所的医生对小孩疾病的专长，但是男方说自己的孩子最小的五岁，不适合自己家庭。而且要特别听清楚是复数的babies。

R：你为什么一开始就判断要填名词？

S1：很简单啊，初中就学过的，be good at 加动名词或者名词，语法知识嘛，这里肯定是名词，因为我浏览了题干。

2. 这个女声拼写听清楚即可，还要注意对照其他两个诊所的写法，加冠词 the 和首字母大写。

R：你听到的拼写是什么？

S1：E-S-H-C-O-L，Eshcol，我确定，这个拼写很慢，很清晰。

3. 这个答案信息稍微有点难，因为这一块的信息量有点大，要仔细听才能找到答案。

R：你说信息量很大，那你都听到了什么？

S1：具体的记不清楚了，毕竟已经听完有一会儿了，我听到了 evening appointment，所以这个答案就是 evening，晚上的约诊，嗯，是这个意思。

4. 同第二题，仔细听拼写即可，首字母大写注意。

R：这道题和第二题感觉是一样的？

S1：嗯，对的，我听到了拼写，姓名 G-O-R-M-L-E-Y，就是 Gormley。

5—6. 噢，这个部分的内容有点多，要仔细听而且要分辨信息对应的诊所名字。其实每个选项都有听到，但有一部分是后面提到的 Shore Lane 诊所即将会有的一些设施和服务，(B)选项肯定是正确的，因为明确提到了工作的相关信息，后面的一个答案不是很确定。

R：你是怎么样准确判断出来的答案？

S1：我在录音中提到了，就是在讲这个诊所的一些服务设施时，speaker 有提到哪些是免费的，哪些不是，而且好像是分成两块的内容，就是免费的一起说，收费的又一起说，所以我在免费的设施中好像、听到了与就业和运动相关的内容，所以选择了(B)和(C)。

7. 准确听到了信息，第一个讲座是针对呼吸和心脏问题的。

R:你听到的单词是什么?

S1:就是那个 asthma 和 heart disease 哦,就、这两个,说得很清楚。

8. 第二个讲座的地点和之前的不同,不是具体的哪个 room,而是 Shore Lane 的小学,不过对于 primary school 要不要首字母大写不是很确定。

R:你好像很注重大小写的问题,前面你也提到了大小写的事情。

S1:额,主要是因为雅思测试嘛,你知道的,他们的听力有点怪异,需要大小写的地方和固定词数的地方,一旦出错,就没有分数了,很严格,不过我个人觉得还是有些不妥当的,毕竟这要求对很多人来说是有点苛刻了,当然,能自己正确分辨也很重要的。

9. 听到女声"a late afternoon talk at 4:30",所以时间很好确定。

R:看来你准确听到了答案所在的那个短语。

S1:嗯,这个关于时间的都很容易,如果是几个混在一个地方讲,仔细分辨就行了,雅思听力题技巧不多,基本都是要你仔细、仔细、再仔细。

10. 这个信息比较靠后,感觉这个对话的问题都是按照顺序来出的,根据对话的进展,所以在后面听到了"for all ages",根据语法知识判断,应该是要用复数的,是各个年龄段的人都适合的意思。

R:为什么说是按顺序出题?

S1:这就是雅思测试的特点,不管是听力还是阅读,都喜欢按照文章或者语篇发展的内容来出题,一般情况下就是这样的,我以前做过一些雅思真题,所以自己有了一个判断。

R:这篇听力主要讲述的是什么呢? 你听起来感觉如何?

S1:这个对话主要是关于就医咨询的吧,这个男的新搬到了一个地方,就来问一些附近的医疗设施还有医疗 center 的事情,然后这个女的也很敬业,回答了一系列问题,还提出了诸多建议,当然还有后面的一些讲座推荐什么的。事实上听起来并没有什么特别的感觉,发音很标准,我个人比较喜欢英音,所以听起来很顺畅,至于题目的话,也不是特别难,认真仔细听就可以了。

Section 3

录音材料不是标准的英音或者美音,不过很清晰,没有阻碍理解。

21. 选(A),男老师询问学生的学习情况,在交流中 Kira 提到"I has finished it in my country",意思是自己在出国之前已经修过这门课程,所从她的话中,我能够推测出来,这个课程对她来说没有那么难。

R:你是怎么知道的没有那么难?

S1：因为她说了那句话啊，那句话的意思不就是"我完成过了这门课程"嘛，推测、推测一下就出来了。

22. 选（C），老师询问在这里学习和在自己国家学习的差异在哪里，Kira 觉得最大的差异就是这里的课程更加 critical，也提到很多留学生应该会遇见和她一样的问题，所以她觉得要"altering your point of view"。

R：怎么觉得这是你自己做出来的总结呢？

S1：嗯，确实是，这一块的内容归纳起来就是这个意思，这也是 Kira 遇到的问题之一，哦，学习中遇到的问题之一。

我留意到，后面的三个问答题强调字数不超过三个，所以不能写超过三个单词，不能多填。好吧，在听力之前看清题目要求很重要。

S1：嘿嘿，雅思题目就是这样，一定要看清楚要求，不然做题时会很吃亏。

23. 是 approach，听到录音材料中 Kira 说"much easier to approach"，其实没有很认真去看句子和意思，但是一听到"easier"就知道答案要出来了，所以很轻易就听到了自己想要的，感觉这种 gap filling 题是有迹可循的，比如说这个 easier 就是一个 indicator。

R：你好像抓住了重点单词？

S1：是的，提前浏览题项的时候就注意到这里应该 pay special attention to 的是这个比较级 easier，所以一听到录音里提到这个单词就知道，哎，答案要来了。

24. 填 mature，这里两个人主要纠结的是 Kira 现在的学习比之前好的原因，老师 Paul 认为是因为她之前还很 young，而现在更加 mature 了。

R：你听到 mature 这个单词了？

S1：我不太记得了，好像吧，但是我听到了 young，老师说 maybe you are young 什么 at that time? 反正就是这个意思，然后好像说了 mature 之类的。

25. 是 interest 吧，这个题当时跑神了，没听到，所以就凭感觉瞎猜了一个"interest"，因为，你知道的，是根据自己的 common sense 来判断的，学生一般都会对自己所困扰或者感兴趣的问题进行深一步探究，所以与 worry 相对应的就应该是填一个动词，interest 最合适。

R：为什么判断是你自己的 common sense 呢？

S1：很简单啊，我觉得很多人会和我有一样的想法，不仅是我自己的 common sense，大多数人、应该、都会这么想吧，就像是事物总会有两面性一样，就是这个道理。

后面的问答题要求字数不超过三个，所以在提取信息时务必保证做到言简意赅，一语中的。

26. 答案是 In small groups。问题询问的是学生做 practical sessions 的方式，Kira 提到了 in small groups，所以感觉这个就是最后的答案。关于问答题一直都不敢造次，秉承了听到什么写什么的原则，绝对相信原话的正确率。

R:你写这个答案就是因为你听到了这个短语？

S1:是，这个短语就是答案，我非常确定。

27. 填 Every second day。Kira 讲到了自己前两学期如何忙碌，以及第二学期每两天要去医院工作的事情，我听到了原句就是"every second day"。

R:这个短语熟悉吗？

S1:以前貌似没有见过这样的说法，但是我觉得这个 every second day 就是每隔一天，即每两天的意思额。所以，这里想表达的意思就是 Kira 每两天就要去医院工作一次。

28. 额，这个题目没有听到答案，可能是为了做前面题目的笔记，所以错过了这个答案，也没有瞎写出来一个答案，因为这跟其他填空题不同，问的是具体的一个时间，猜不出来，我不知道是什么。不过幸好没有因为这道题影响后面做题的心情。

R:为什么会没听到？你做听力喜欢做笔记？

S1:我记得当时是在做笔记的，但是我也没有会做很多笔记，但是信息多的时候会……额……，这部分有五个简短问答题，所以还是对我来说还是有点困难的，我就做了一下笔记，可能速度太慢了，后面这个就被耽误了。

29. 是 Much more confident。这个问题的答案是 Kira 在完成了一学年之后变得更加自信了，原文中听到了 much more confident，不过没有太在意，也不确定这样写上算不算完整回答了问题。

R:为什么这样说？

S1:额，我也不知道，可能觉得自己有点片面了吧，听到了 much more confident，就觉得她更加自信，更加……，哎，反正就是有点片面了的感觉。

30. 嗯，Education system。我猜这道题是 Kira 对其他留学生的一些建议吧，提到了在国外学习中会遇到的两个大问题，一个就是关于 language 和 translation 的，另一个就是对于教育系统、体系的了解会影响学习，这都是她自己学习中、在学习中遇见的问题。

R:你是怎么理解这道题的？

S1:我觉得这个题的答案其实是对整个听力的一个总结，从开始时 Kira 遇到的问题，在学习了这么一段时间之后，她有了新的认识，想把这些认知也传授给其他留学生，留学中遇到的两个问题，一个是关于语言的，还有一个就是我前面提到的"教育系统、体系"啊，

education system，嗯，这就是答案。对话也是围绕这些内容展开的，挺有 interesting 的。

3. 托福听力报告

Conversation 1

这一套题是 TPO，一个托福备考软件中的第 30 套听力长对话内容，之前没有接触过很多类似的题目，就只是大概了解一点测试形式什么的，不知道会不会很难。

1. 选（B），第一道题感觉不是特别难吧，听完以后，额，虽然没有做过这类的托福题，但是在做的时候没有感觉那么难，因为第一部分听完了一段对话以后有五道题目，自我感觉都是做对了的，不过，在做的过程中还是做了很多的笔记，不然可能觉得自己可能记不到那么多吧。第一题，why does the student go to speak with the woman? 这道题的答案是（B）"to arrange a space for the work of his club"。为什么选这个呢？因为听到那个，这个学生和这个女的管理……学校的负责人吧，在讨论一些问题，讨论一些，额……先是讨论一些关于他们申请一个 office，为他们 club 申请一个 office 的，嗯，这么一个问题，这个女管理员说呢，现在已经没有，她查了以后说没有，available，额，available private offices，所以就跟他推荐了一下这个，推荐了一下其他的东西，反正就是，总之就是根据我所听到的内容呢，就是在讲这些东西，to arrange a space for the work of his club。

2. 第二题，选（B），是问关于这个学生对这个女管理员所提供的、所建议的这个 office 的态度是如何的，我听到，记不到具体的句子，但是在里面，这个学生说到了他觉得还是可以接受的，其中他专门问了一下和这个……semi-，semi-，semi-private room，根据这个女管理员的解释，作为 office 的话有另外两个 clubs 要 share 这个 room，要 share 这个 room，他并没有觉得不能够接受，他问了一下，有没有这个 dividers，应该是隔间的意思，就是说 semi-private room 指的是一个大的房间里面把空间隔开，应该是每一个 club 会有一块单独的空间作为 office，所以他觉得，跟前面那道题目是对起来的，是可以接受的。所以就是 semi-private room 是可以接受的。

3. 选（D），为什么这个女管理员要问学生要一些，哎，额……这个学生来申请办公室嘛，然后女管理员就问他要 approval letter，就是他申请这个办公室，首先要有 approval letter 才能去，才能有资格去申请，所以，总的来说，除了自己在听的过程中听到的具体内容以外，根据常识，common sense，我们也能判断出来，这个 approval letter，它的作用肯定就是，嗯，为了证明这个学生他的 club 已经 registered，所以答案就是选最后一个。

4. 选（A），在对话结束的时候，对话结束的时候，这个学生，他讲到了，讲到了自己要干什么呢？他就是要回到寝室里面把这个前面所提到的那个，approval letter 拿来给女管理员看一下才能够有申请办公室的资格。嗯,我听到了,听到了,这个男生说了,他没有把这个 approval letter 带在身上,而是放在了 dorm 里面,所以根据常识来判断,他意思是,他能够,后面回去拿,拿来再交给她看。

5. 选(C),这部分的最后一题,嗯,哪一项活动,学生,这个学生认为哪一项活动室需要一些资金,funding 的,这个对话的后半部分,后面一直在讲一些,额,如果 registered 以后,这个 club 能够享受学校的各种各样的方便的政策,其中包括的有 designing a club website,还有,使用这个 audio-visual equipment,以及使用一个 campus E-mail account,就是校园的邮件账户吧,这几个都是这个女管理员提到的学校能够为 club 所提供的一些,额,非常好的帮助吧。但是,后面她又提到一些,学校能为 club 提供的 funding,这个时候,这个学生就提到了,他觉得,在雇用,也不算是雇用吧,就是在 professional Speaker,在 professional Speaker 为他们社团服务的时候是需要一些,是需要 money 的,所以他认为 funding,在这一块可能会需要吧,其他的好像没有提及。这道题呢,就是根据排除法以及,算是确定法吗? 加在一起得出来的。

R:托福的题你回答得都很详细啊?

S1:额,可能是因为不是很熟悉,而且和雅思不一样啊,雅思就是听到什么就是什么,都是一些详细信息和内容,details,托福感觉要推测的成分更多,所以要自己先理解才能答题嘛。

R:那你觉得这篇对话如何?

S1:很好理解,关于社团办公室申请,我以前也参加过社团,虽然没有遇到过这样的情况,但是也申请过场地来举行活动的,感觉挺有意思的。不过这个对话的内容还是很长的,而且要一下子听完才能看题做题,挺难的。

Conversation 2

18. 答案(A),嗯,这个是第二大块的第一个题吧。第一题是 What are the speakers mainly discussing? speakers 主要是讨论的什么,跟前面遇到的几道题一样嘛,都是问一些 general content 的一些问题吧。这道题,嗯,我觉得它主要讲的是,额,它主要讲的是,这个,嗯,我觉得他们主要讨论这个学生关于自己课程作业的一些内容,因为他可能是要画画吗还是提交一些关于画家的作业,因为他谈到了凡·高,后面谈到了莫奈,所以我觉得(A)可能更准确一些。

19. 选(B),第二题,这个学生为什么不能够写关于凡·高这个画的内容,我记得这个学生好像要选择凡·高的 starry night 这幅画来写,但是好像他去了 museum 以后发现,这个 starry night 并不在陈列,陈列的 list 里面,因为好像是被送到欧洲,然后原因是 on loan? 是这样的一个意思,我大概,就是脑子里有想到,所以我觉得具体来说就是这幅画呢 not available,对于这个学生来说,目前不是 available 的,他不能够亲自去学习,因为,嗯,这个 museum 里面并不在陈列嘛,所以,这个题就选了(B),理论上来说,这个应该是十九题。

20. 选(B)吧,第三题 What does the student say about the painting by Millet? 这道题主要是说关于这个莫奈的,额,莫奈的画,这个学生谈到了什么。我觉得这道题要用排除法能够选出来,最后选择了(D),就是说他的画呢 located near his family's house,(B)、(C)的话都不是和原文,嗯,能够对应起来的,所以选择了(D)。

21. 是(A)和(D)。这道题,我觉得,嗯,他是为了这个凡·高的画和莫奈的画它们两个有什么样的共同点,要选择两个选项,第一个是肯定,(A)是肯定要选的,They have the same name,因为我听到它们两个 painting 的 name 都叫作 starry night,然后(B)、(C)、(D)的话,(B)肯定是不对的,因为凡·高是属于后印象主义的,但是莫奈,我清楚地听到他讲莫奈是属于,好像是什么后印象主义和前面的,额,莫奈应该是 realist,realistic? realist,额,就是,我觉得是事实派的吧,所以这个(B)肯定是不选的。(C)呢,They depict a nighttime scene with a lot of light,两个画都是讲了 starry night,所以肯定都是夜间的一个景象啊,但是有没有 with a lot of light 我就不确定了,因为没有仔细地听到文中有没有说到这些内容,说到这些内容,然后第四个选项(D),They depict the same star constellation,c-o-n-s-t-e-l-l-a-t-i-o-n,不理解,我不知道这个词是什么意思,所以,因为(C)和(D)这样的话我都不能确定,但是我觉得 C 好像不太可能吧,所以就选了(D),这道题最后就选了(A)、(D)两个选项,应该是根据排除法做出来的,我觉得我自己……

22. 接下来的这个,这个部分的第五题吧,What does the professor imply about the objects held by children in some American miniature portraits? 嗯,嗯,我觉得选"(A)They increase the value of the portraits."比较靠谱,因为我听到在这个 conversation 里面,这个 professor 说到,这些孩子们手中所拿的物品,有的是什么,具体的是什么 examples 我举不出来了,但是我清楚地听到这个 professor 说了这些 objects 呢,其实代表了这个 parents 的 hope and expectations,就是汉语里的希望吧,所以对这些 miniature portraits 来说,应该是 increase the values,所以这道题就选(A)。

R:这个对话听起来困难吗?

S1:有一些,不过还是一样的问题啦,毕竟是我自己对托福的测试不熟悉,也不能怪其他的,可能要多练习一下会好些吧。主要还是对话很长,一下子听完好困难的,记不到那么多信息。

R：这个对话主要讲的是什么，你还能回忆起来吗？

S1：主要信息当然是可以回忆起来的，但是细节的话我就记不到了。这个对话主要是一个学生和自己的课程老师讲要换 assignment topic 的事情，原因，额，原因他说了，就是凡·高，就是他原本打算要写的那副，被借走了，然后就不能亲自见到画了呀，只能换题了，好像老师还说了什么时间紧迫啊之类的，后来他们就在讨论要换的画了，是莫奈，Millet 的画，又讲了这个和凡·高画的异同之处什么的，嗯，就是这样，后面不知道怎么又提到了所谓的什么 American miniature portraits，我不记得了。

第4章　基于有声思维的六级、雅思、托福阅读测试构念效度对比研究

Ⅰ. 六级、雅思、托福阅读测试试题

1. 六级阅读试题

Section A

Directions： *In this section, there is a passage with ten blanks. You are required to select one word for each blank from a list of choices given in a word bank following the passage. Read the passage through carefully before making your choices. Each choice in the bank is identified by a letter. Please mark the corresponding letter for each item on* **Answer Sheet 2** *with a single line through the centre. You may not use any of the words in the bank more than once.*

Questions 36 to 45 are based on the following passage.

Millions of Americans are entering their 60s and are more concerned than ever about retirement. They know they need to save, but how much? And what exactly are they saving for—to spend more time ___36___ the grandkids, go travelling, or start another career? It turns out that husbands and wives may have ___37___ different ideas about the subject.

The deepest divide is in the way spouses envisage their lifestyle in their later years. Fidelity Investments Inc. found 41 percent of the 500 couples it surveyed ___38___ on whether both or at least one spouse will work in retirement. Wives are generally right regarding their husbands' retirement age, but men ___39___ the age their wives will be when they stop working. And husbands are slightly more ___40___ about their standard of living than wives are.

Busy *juggling*（穷于应付）careers and families, most couples don't take the time to sit down, ___41___ or together, and think about what they would like to do 5, 10, or 20 years from now. They ___42___ they are on the same page, but the ___43___ is they have avoided even talking about it. If you are self-employed or in a job that doesn't have a standard retirement age, you may be more apt to delay thinking about these issues. It is often a ___44___ retirement date that provides the *catalyst*（催化剂）to start planning. Getting laid off or accepting an early-retirement ___45___ can force your hand. But don't wait until you get a *severance*（遣散费）check to begin planning.

注意：此部分试题请在**答题卡2**上作答。

A）assume	B）confidential	C）disagree	H）observe
E）forthcoming	F）illustrating	G）mysteriously	D）formula
I）optimistic	J）package	K）radically	L）reality
M）separately	N）spoiling	O）underestimate	

Section B

Directions：*In this section，you are going to read a passage with ten statements attached to it. Each statement contains information given in one of the paragraphs. Identify the paragraph from which the information is derived. You may choose a paragraph more than once. Each paragraph is marked with a letter. Answer the questions by marking the corresponding letter on **Answer Sheet 2**.*

What If Middle-Class Jobs Disappear？

A）The most recent recession in the United States began in December of 2007 and ended in June of 2009，according to the National Bureau of Economic Research. However，two years after the official end of the recession，few Americans would say that economic troubles are behind us. The unemployment rate，in particular，remains above 9%. Some labour market indicators，such as the proportion of long-term unemployed，are worse now than for any post-war recession.

B）There are two widely circulated narratives to explain what's going on. The Keynesian narrative is that there has been a major drop in aggregate demand. According to this narrative，the slump can be largely cured by using monetary and *fiscal*（财政的）stimulus. The main anti-Keynesian narrative is that businesses are suffering from uncertainty and over-regulation. According to this narrative，the slump can be cured by having the government commit to and follow a more hands-off approach.

C）I want to suggest a third interpretation. Without ruling out a role for aggregate demand or for the regulatory environment，I wish to suggest that structural change is an important factor in the current rate of high unemployment. The economy is in a state of transition，in which the middle-class jobs that emerged after World War Ⅱ have begun to decline. As Erik Brynjolfsson and Andrew McAfee put it in a recent e-book Race Against the Machine："The root of our problems is not that we're in a great recession，or a great *stagnation*（停滞），but rather that we are in the early *throes*（阵痛）of a great restructuring. "

D）In fact，I believe that the Great Depression of the 1930s can also be interpreted in part as an economic transition. The impact of the internal *combustionengine*(内燃机) and the small electric motor on farming and manufacturing reduced the value of uneducated labourers. Instead, by the 1950s, a middle class of largely *clerical*(从事文秘工作的) workers was the most significant part of the labour force. Between 1930 and 1950, the United States economy underwent a Great Transition. Demand fell for human effort such as lifting, squeezing, and hammering. Demand increased for workers who could read and follow directions. The evolutionary process eventually changed us from a nation of labourers to a nation of clerks.

E) The proportion of employment classified as "clerical workers" grew from 5.2% in 1910 to a peak of 19.3 percent in 1980. (However, by 2000 this proportion had edged down to 17.4%.) Overall, workers classified as clerical workers, technical workers, managers, officials exceeded 50% of the labour force by 2000. Corresponding declines took place in the manual occupations. Workers classified as labourers, other than farm hands or miners, peaked at 11.4% of the labour force in 1920 but were barely 6% by 1950 and less than 4% by 2000. Farmers and farm labourers fell from 33% of the labour force in 1910 to less than 15% by 1950 and only 1.2% in 2000.

F) The introduction of the tractor and improvements in the factory rapidly reduced the demand for uneducated workers. By the 1930s, a marginal farm hand could not produce enough to justify his employment. Sharecropping, never much better than a subsistence occupation, was no longer *viable* (可行的). Meanwhile, machines were replacing manufacturing occupations like cigar rolling and glass blowing for light bulbs.

G) The structural-transition interpretation of the unemployment problem of the 1930s would be that the demand for uneducated workers in the United States had fallen, but the supply remained high. The high school graduation rate was only 8.8% in 1912 and still just 29% in 1931. By 1950, it had reached 59%. With a new generation of workers who had completed high school, the mismatch between skills and jobs had been greatly reduced.

H) What took place after the Second World War was not the revival of a 1920s economy, with its small farming units, urban manufacturing, and plurality of labourers. Instead, the 1950s saw the creation of a new suburban economy, with a plurality of white-collar workers. With an expanded transportation and communications *infrastructure*(基础设施), businesses needed telephone operators, shipping clerks, and similar occupations. If you could read, follow simple instructions, and settle into a routine, you could find a job in the post-war economy.

I) The trend away from manual labour has continued. Even within the manufacturing sector, the share of production and non-supervisory workers in manufacturing employment went from over 85% just after the Second World War to less than 70% in more recent years. To put this another way, the proportion of white-collar work in manufacturing has doubled over the past 50 years. On the factory floor itself, work has become less physically demanding. Instead, it requires more cognitive skills and the ability to understand and carry out well-defined procedures.

J) As noted earlier, the proportion of clerical workers in the economy peaked in 1980. By that date, computers and advanced communications equipment had already begun to affect telephone oper-ations and banking. The rise of the personal computer and the Internet has widened the impact of these technologies to include nearly every business and industry.

K) The economy today differs from that of a generation ago. Mortgage and consumer loan *underwriters*(风险评估人) have been replaced by credit scoring. Record stores have been replaced by music downloads. Book stores are closing, while sales of books on electronic readers have increased. Data entry has been moved off shore. Routine customer support also has been *outsourced* (外包) overseas.

L) These trends serve to limit the availability of well-defined jobs. If a job can be characterized by a precise set of instructions, then that job is a candidate to be automated or outsourced to modestly educated workers in developing countries. The result is what David Autor calls the polarization of the American job market.

M) Using the latest Census Bureau data, Matthew Slaughter found that from 2000 to 2010 the real earnings of college graduates(with no advanced degree)fell by more in percentage terms than the earnings of high school graduates. In fact, over this period the only education category to show an increase in earnings was those with advanced degrees.

N) The outlook for mid-skill jobs would not appear to be bright. Communication technology and computer intelligence continue to improve, putting more occupations at risk. For example, many people earn a living as drivers, including trucks and taxicabs. However, the age of driver-less vehicles appears to be moving closer. Another example is in the field of education. In the fall of 2011, an experiment with an online course in artificial intelligence conducted by two Stanford professors drew tens of thousands of *registrants*(报名者). This increases the student-teacher ratio by a factor of close to a thousand. Imagine the number of teaching jobs that might be eliminated if this could be done for math, economics, chemistry, and so on.

O) It's important to bear in mind that when we offer a structural interpretation of unemployment, a "loss of jobs" means an increase in productivity. Traditionally, economists have argued that productivity increases are a good thing, even though they may cause unemployment for some workers in the short run. In the long run, the economy does not run out of jobs. Rather, new jobs emerge as old jobs disappear. The story we tell is that average well-being rises, and the more that people are able to adapt, the more widespread the improvement becomes.

注意:此部分试题请在**答题卡 2** 上作答。

46. Even factory floor work today has become intellectually challenging rather than physically demanding.

47. Increases in productivity prove beneficial though some people may lose their jobs temporarily.

48. The unemployment rate remained high even two years after the government declared the recent recession was over.

49. The author suggests that the recent high unemployment rate is mainly caused by a decrease of middle-class jobs.

50. The creation of a suburban economy in the 1950s created lots of office jobs.

51. In the first decade of the 21st century, only people with postgraduate degrees experienced an increase in earnings.

52. One economics theory suggests using monetary and fiscal stimulus to cope with an economic recession.

53. The popularity of online courses may eliminate many teaching jobs.

54. Computer technology has brought about revolutionary changes in the record and book business.

55. White-collar workers accounted for more than half of the labour force by the end of the 20th century.

Section C

Directions: *There are 2 passages in this section. Each passage is followed by some questions or unfinished statements. For each of them there are four choices marked A), B), C) and D). You should decide on the best choice and mark the corresponding letter on **Answer Sheet 2** with a single line* *through the centre.*

Passage One

Questions 56 to 60 are based on the following passage.

"Deep reading"—as opposed to the often superficial reading we do on the Web—is an endangered practice, one we ought to take steps to preserve as we would a historic building or a significant work of art. Its disappearance would jeopardize the intellectual and emotional development of generations growing up online, as well as the preservation of a critical part of our culture: the novels, poems and other kinds of literature that can be appreciated only by readers whose brains, quite literally, have been trained to apprehend them.

Recent research in cognitive science and psychology has demonstrated that deep reading—slow, immersive, rich in sensory detail and emotional and moral complexity—is a distinctive experience, different in kind from the mere decoding of words. Although deep reading does not, strictly speaking, require a conventional book, the built-in limits of the printed page are uniquely helpful to the deep reading experience. A book's lack of *hyperlinks*(超链接), for example, frees the reader from making decisions—Should I click on this link or not? —allowing her to remain fully immersed in the narrative.

That immersion is supported by the way the brain handles language rich in detail, indirect reference and figures of speech: by creating a mental representation that draws on the same brain regions that would be active if the scene were unfolding in real life. The emotional situations and moral dilemmas that are the stuff of literature are also vigorous exercise for the brain, propelling us inside the heads of fictional characters and even, studies suggest, increasing our real-life capacity for *empathy*(认同).

None of this is likely to happen when we're browsing through a website. Although we call the activity by the same name, the deep reading of books and the information-driven reading we do on the Web are very different, both in the experience they produce and in the capacities they develop. A growing body of evidence suggests that online reading may be less engaging and less satisfying, even for the "digital natives" for whom it is so familiar. Last month, for example, Britain's National Literacy Trust released the results of a study of 34,910 young people aged 8 to 16. Researchers reported that 39% of children and teens read daily using electronic devices, but only 28% read printed materials every day. Those who read only onscreen were three times less likely to say they enjoy reading very much and a third less likely to have a favorite book. The study also found that young people who read daily only onscreen were nearly two times less likely to be above-average readers than those who read daily in print or both in print and onscreen.

注意:此部分试题请在**答题卡 2** 上作答。

56. What does the author say about "deep reading"?

   A) It serves as a complement to online reading.

   B) It should be preserved before it is too late.

   C) It is mainly suitable for reading literature.

   D) It is an indispensable part of education.

57. Why does the author advocate the reading of literature?

   A) It helps promote readers' intellectual and emotional growth.

   B) It enables readers to appreciate the complexity of language.

   C) It helps readers build up immersive reading habits.

   D) It is quickly becoming an endangered practice.

58. In what way does printed-page reading differ from online reading?

   A) It ensures the reader's cognitive growth.

   B) It enables the reader to be fully engaged.

   C) It activates a different region of the brain.

   D) It helps the reader learn rhetorical devices.

59. What do the studies show about online reading?

   A) It gradually impairs one's eyesight.

   B) It keeps arousing readers' curiosity.

   C) It provides up-to-date information.

   D) It renders reading less enjoyable.

60. What do we learn from the study released by Britain's National Literacy Trust?

   A) Onscreen readers may be less competent readers.

   B) Those who do reading in print are less informed.

   C) Young people find reading onscreen more enjoyable.

   D) It is now easier to find a favourite book online to read.

Passage Two

Questions 61 to 65 are based on the following passage.

Many current discussions of immigration issues talk about immigrants in general, as if they were abstract people in an abstract world. But the concrete differences between immigrants from different countries affect whether their coming here is good or bad for the American people.

The very thought of formulating immigration laws from the standpoint of what is best for the American people seems to have been forgotten by many who focus on how to solve the problems of illegal immigrants.

It is hard to look for "the ideal outcome" on immigration in the abstract. Economics Professor Milton Friedman once said, "The best is the enemy of the good," which to me meant that attempts to achieve an unattainable ideal can prevent us from reaching good outcomes that are possible in practice.

Too much of our current immigration controversy is conducted in terms of abstract ideals, such as "We are a nation of immigrants." Of course we are a nation of immigrants. But we are also a nation of people who wear shoes. Does it follow that we should admit anybody who wears shoes?

The immigrants of today are very different in many ways from those who arrived here a hundred years ago. Moreover, the society in which they arrive is different. To me, it is better to build a wall around the welfare state than the country.

But the welfare state is already here—and, far from having a wall built around it, the welfare state is expanding in all directions. We do not have a choice between the welfare state and open borders. Anything we try to do as regards immigration laws has to be done in the context of a huge welfare state that is already a major, inescapable fact of life.

Among other facts of life utterly ignored by many advocates of *de facto amnesty*（事实上的大赦）is that the free international movement of people is different from free international trade in goods.

Buying cars or cameras from other countries is not the same as admitting people from those countries or any other countries. Unlike inanimate objects, people have cultures and not all cultures are compatible with the culture in this country that has produced such benefits for the American people for so long.

Not only the United States, but the Western world in general, has been discovering the hard way that admitting people with incompatible cultures is an irreversible decision with incalculable consequences. If we do not see that after recent terrorist attacks on the streets of Boston and London, when will we see it?

"Comprehensive immigration reform" means doing everything all together in a rush, without time to look before we leap, and basing ourselves on abstract notions about abstract people.

注意：此部分试题请在**答题卡 2** 上作答。

61. What does the author say about immigrants in America?

    A) They all hope to gain citizenship and enjoy the welfare.

    B) They come to America with different dreams and purposes.

    C) Their background may determine whether they benefit the American people.

    D) Their cultures affect the extent to which they will achieve success in America.

62. What does the author try to say by citing Milton Friedman's remark?

    A) It is hardly practical to find an ideal solution to America's immigration problem.

    B) Ideal outcomes could be produced only by comprehensive immigration reform.

    C) As for immigration, good results cannot be achieved without good intentions.

    D) The proper solution of immigration issues is an ideal of the American public.

63. What is the author's view regarding America's immigration policy?

    A) America should open its borders to immigrants from different countries.

    B) Immigrants have contributed greatly to the welfare of American people.

    C) Unrestricted immigration will undermine the American welfare state.

    D) There is no point building a wall around the American welfare state.

64. What is the author's purpose in citing the recent terrorist attacks on the streets of Boston and London?

    A) To show that America should join hands with Europe in fighting terrorists.

    B) To prove that it is high time America made comprehensive immigration reforms.

    C) To prove that terrorism is the most dangerous threat to America and the world in general.

    D) To show that immigrants' cultural incompatibility with the host country has consequences.

65. What is the author's attitude towards "comprehensive immigration reform"?

    A) Supportive.

B) Negative.

C) Wait-and-see.

D) Indifferent.

2. 雅思阅读试题

READING PASSAGE 1

*You should spend about 20 minutes on **Questions 1—13**, which are based on Reading Passage l below.*

The Life and Work of Marie Curie

Marie Curie is probably the most famous woman scientist who has ever lived. Born Maria Sklodowska in Poland in 1867, she is famous for her work on radioactivity, and was twice a winner of the Nobel Prize. With her husband, Pierre Curie, and Henri Becquerel, she was awarded the 1903 Nobel Prize for Physics, and was then sole winner of the 1911 Nobel Prize for Chemistry. She was the first woman to win a Nobel Prize.

From childhood, Marie was remarkable for her prodigious memory, and at the age of 16 won a gold medal on completion of her secondary education. Because her father lost his savings through bad investment, she then had to take work as a teacher. From her earnings she was able to finance her sister Bronia's medical studies in Paris, on the understanding that Bronia would, in turn, later help her to get an education.

In 1891 this promise was fulfilled and Marie went to Paris and began to study at the Sorbonne (the University of Paris). She often worked far into the night and lived on little more than bread and butter and tea. She came first in the examination in the physical sciences in 1893, and in 1894 was placed second in the examination in mathematical sciences. It was not until the spring of that year that she was introduced to Pierre Curie.

Their marriage in 1895 marked the start of a partnership that was soon to achieve results of world significance. Following Henri Becquerel's discovery in 1896 of a new phenomenon, which Marie later called "radioactivity", Marie Curie decided to find out if the radioactivity discovered in uranium was to be found in other elements. She discovered that this was true for thorium.

Turning her attention to minerals, she found her interest drawn to pitchblende, a mineral whose radioactivity, superior to that of pure uranium, could be explained only by the presence in the ore of small quantities of an unknown substance of very high activity. Pierre Curie joined her in the work that she had undertaken to resolve this problem, and that led to the discovery of the new elements, polonium and radium. While Pierre Curie devoted himself chiefly to the physical study of the new radiations, Marie Curie struggled to obtain pure radium in the metallic state. This was achieved with the help of the chemist Andre-Louis Debierne, one of Pierre Curie's pupils, Based on the results of this research, Marie Curie received her Doctorate of Science, and in 1903 Marie and Pierre shared with Becquerel the Nobel Prize for Physics for the discovery of radioactivity.

The births of Marie's two daughters, Irene and Eve, in 1897 and 1904 failed to interrupt her scientific work. She was appointed lecturer in physics at the Ecole Normale Superieure for girls in Sevres, France(1900), and introduced a method of teaching based an experimental demonstrations. In December 1904 she was appointed chief assistant in the laboratory directed by Pierre Curie.

The sudden death of her husband in 1906 was a bitter blow to Marie Curie, but was also a turning point in her career: henceforth she was to devote all her energy to completing alone the scientific work that they had undertaken. On May 13, 1906, she was appointed to the professorship that had been left vacant on her husband's death, becoming the first woman to teach at the Sorbonne. In 1911 she was awarded the Nobel Prize for Chemistry for the isolation of a pure form of radium.

During World War I, Marie Curie, with the help of her daughter Irene, devoted herself to the development of the use of X-radiography, including the mobile units which came to be known as "Little Curies", used for the treatment of wounded soldiers. In 1918 the Radium Institute, whose staff Irene had joined, began to operate in earnest, and became a centre for nuclear physics and chemistry. Marie Curie, now at the highest point of her frame and, from 1922, a member of the Academy of Medicine, researched the chemistry of radioactive substances and their medical applications.

In 1921, accompanied by her two daughters, Marie Curie made a triumphant journey to the United States to raise funds for research on radium. Women there presented her with a gram of radium for her campaign. Marie also gave lectures in Belgium, Brazil, Spain and Czechoslovakia and, in addition, had the satisfaction of seeing the development of the Curie Foundation in Paris, and the inauguration in 1932 in Warsaw of the Radium Institute, where her sister Bronia became director.

One of Marie Curie's outstanding achievements was to have understood the need to accumulate intense radioactive sources, not only to treat illness but also to maintain an abundant supply for research. The existence in Paris at the Radium Institute of a stock of 1. 5 grams of radium made a decisive contribution to the success of the experiments undertaken in the years around 1930. This work prepared the way far the discovery of the neutron by Sir James Chadwick and, above all, for the discovery in 1934 by Irene and Frederic Joliot-Curie of artificial radioactivity. A few months after this discovery, Marie Curie died as a result of leukaemia caused by exposure to radiation. She had often carried test tubes containing radioactive isotopes in her pocket, remarking on the pretty blue-green light they gave off.

Her contribution to physics had been immense, not only in her own work, the importance of which had been demonstrated by her two Nobel Prizes, but because of her influence on subsequent generations of nuclear physicists arid chemists.

Questions 1—6

Do the following statements agree with the information given in Reading Passage 1?

In boxes 1—6 on your answer sheet, write

TRUE	*if the statement agrees with the information*
FALSE	*if the statement contradicts the information*
NOT GIVEN	*if there is no information on this*

1　Marie Curie's husband was a joint winner of both Marie's Nobel Prizes.

2　Marie became interested in science when she was a child.

3　Marie was able to attend the Sorbonne because of her sister's financial contribution.

4　Marie stopped doing research for several years when her children were born.

5　Marie took over the teaching position her husband had held.

6　Marie's sister Bronia studied the medical uses of radioactivity.

Questions 7—13

Complete the notes below.

*Choose **ONE WORD** from the passage for each answer.*

Marie Curie's Research on Radioactivity

· When uranium was discovered to be radioactive, Marie Curie found that the element called

　7＿＿ had the same property.

· Marie and Pierre Curie's research into the radioactivity of the mineral known as 8＿＿ led to

　the discovery of two new elements.

- In 1911, Marie Curie received recognition for her work on the element 9＿＿.

- Marie and Irene Curie developed x-radiography which was used as a medical technique for 10＿＿.

- Marie Curie saw the importance of collecting radioactive material both for research and for cases of 11＿＿.

- The radioactive material stocked in Paris contributed to the discoveries in the 1930s of the 12＿＿ and of what was known as artificial radioactivity.

- During her research, Marie Curie was exposed to radiation and as a result she suffered from 13＿＿.

Write your answers in boxes 7—13 on your answer sheet.

READING PASSAGE 2

*You should spend about 20 minutes on **Questions 14—26** which are based on Reading Passage 2 below.*

Young Children's Sense of Identify

A. A sense of self develops in young children by degrees. The process can usefully be thought of in terms of the gradual emergence of two somewhat separate features: the self as a subject, and the self as an object. William James introduced the distinction in 1892; and contemporaries of his, such as Charles Cooley, added to the developing debate. Ever since then psychologists have continued building on the theory.

B. According to James, a child's first step on the road to self-understanding can be seen as the recognition that he or she exists. This is an aspect of the self that he labelled "self-as-subject", and he gave it various elements. These included an awareness of one's own agency (i. e. one's power to act), and an awareness of one's distinctiveness from other people. These features gradually emerge as infants explore their world and interact with caregivers. Cooley (1902) suggested that a sense of the self-as-subject was primarily concerned with being able to exercise power. He proposed that the earliest examples of this are an infant's attempts to control physical objects, such as toys or his or her own limbs. This is followed by attempts to affect the behaviour of other people. For example, infants learn that when they cry or smile someone responds to them.

C. Another powerful source of information for infants about the effects they can have on the world around them is provided when others mimic them. Many parents spend a lot of time, particularly in the early months, copying their infant's vocalizations and expressions. In addition, young children enjoy looking in mirrors, where the movements they can see are dependent upon their own movements. This is not to say that infants recognize the reflection as their own image(a later development). However, Lewis and Brooks-Gunn (1979) suggest that infants' developing understanding that the movements they see in the mirror are contingent on their own, leads to a growing awareness that they are distinct from other people. This is because they, and only they, can change the reflection in the mirror.

D. This understanding that children gain of themselves as active agents continues to develop in their attempts to co-operate with others in play. Dunn(1988)points out that it is in such day-to-day relationships and interactions that the child's understanding of his-or herself emerges. Empirical investigations of the self-as-subject in young children are, however, rather scarce because of difficulties of communication: even if young infants can reflect on their experience, they certainly cannot express this aspect of the self directly.

E. Once children have acquired a certain level of self-awareness, they begin to place themselves in a whole series of categories, which together play such an important part in defining them uniquely as "themselves". This second step in the development of a full sense of self is what James called the "self-as-abject". This has been seen by many to be the aspect of the self which is most influenced by social elements, since it is made up of social roles(such as student, brother, colleague) and characteristics which derive their meaning from comparison or interaction with other people(such as trustworthiness, shyness, sporting ability).

F. Cooley and other researchers suggested a close connection between a person's own understanding of their identity and other people's understanding of it. Cooley believed that people build up their sense of identity from the reactions of others to them, and from the view they believe others have of them. He called the self-as-object the "looking-glass self", since people come to see themselves as they are reflected in others. Mead(1934)went even further, and saw the self and the social world as inextricably bound together: "The self is essentially a social structure, and it arises in social experience... it is impossible to conceive of a self arising outside of racial experience."

G. Lewis and Brooks-Gunn argued that an important developmental milestone is reached when children become able to recognize themselves visually without the support of seeing contingent movement. This recognition occurs around their second birthday. In one experiment, Lewis and Brooks-Gunn(1979)dabbed some red powder on the noses of children who were playing in front of a mirror, and then observed how often they touched their noses, The psychologists reasoned that if the children knew what they usually looked like, they would be surprised by the unusual red mark and would start touching it. On the other hand, they found that children of 15 to 18 months are generally not able to recognize themselves unless other cues such as movement are present.

H. Finally, perhaps the most graphic expressions of self-awareness in general can be seen in the displays of rage which are most common from 18 months to 3 years of age. In a longitudinal study of groups of three or four Children, Bronson(1975)found that the intensity of the frustration and anger in their disagreements increased sharply between the ages of I and 2 years. Often, the children's disagreements involved a struggle over a toy that none of them had played with before or after the tug-of-war: the children seemed to be disputing ownership rather than wanting to play with it. Although it may be less marked in other societies, the link between the sense of "self" and of "ownership" is a notable feature of childhood in Western societies.

Questions 14—19

Reading Passage 2 has eight paragraphs, A—H.

Which paragraph contains the following information?

Write the correct letter, A—H, in boxes 14—19 on your answer sheet.

NB *You may use any letter more than once.*

14   an account of the method used by researchers in a particular study

15   the role of imitation in developing a sense of identity

16   the age at which children can usually identify a static image of themselves

17   a reason for the limitations of scientific research into "self-as-subject"

18   reference to a possible link between culture and a particular form of behaviour

19   examples of the wide range of features that contribute to the sense of "self-as-object"

Questions 20—23

Look of the following findings(Questions 20—23)and the list of researchers below.

Match each finding with the correct researcher or researchers, A—E.

Write the correct letter, A—E, in boxes 20—23 on your answer sheet.

20   A sense of identity can never be formed without relationships with other people.

21　A child's awareness of self is related to a sense of mastery over thins and people.

22　At a certain ale, children's sense of identity leads to aggressive behaviour.

23　Observing their own reflection contributes to children's self awareness.

List of Researchers	
A. James	B. Cooley
C. Lewis and Brooks-Gunn	D. Mead
E. Bronson	

Questions 24—26

Complete the summary below.

*Choose **ONE WORD ONLY** from the passage for each answer.*

Write your answers in boxes 24—26 on your answer sheet.

How Children Acquire a Sense of Identity

First, children come to realise that they can have an effect on the world around them, for example by handling objects, or causing the image to move when they face a 24_____. This aspect of self-awareness is difficult to research directly, because of 25____ problems.

Secondly, children start to become aware of how they are viewed by others. One important stage in this process is the visual recognition of themselves which usually occurs when they reach the age of two. In Western societies at least, the development of self awareness is often linked to a sense of 26____, and can lead to disputes.

READING PASSAGE 3

*You should spend about 20 minutes on **Questions 27—40**, which are based on Reading Passage 3 on the following pages.*

Questions 27—30

*Reading Passage 3 has six paragraphs, **A—F**.*

*Choose the correct heading for paragraphs **B—E** from the list of headings below.*

*Write the correct number, **i—vii**, in boxes 27—30 on your answer sheet.*

List of Headings

i. Commercial pressures on people in charge

ii. Mixed views on current changes to museums

iii. Interpreting the facts to meet visitor expectations

iv. The international dimension

v. Collections of factual evidence

vi. Fewer differences between public attractions

vii. Current reviews and suggestions

Example	Answer
Paragraph A	v

27 Paragraph B

28 Paragraph C

29 Paragraph D

30 Paragraph E

The Development of Museums

A. The conviction that historical relics provide infallible testimony about the past is rooted in the nineteenth and early twentieth centuries, when science was regarded as objective and value free. As one writer observes: "Although it is now evident that artefacts are as easily altered as chronicles, public faith in their veracity endures: a tangible relic seems *ipso facto* real"; Such conviction was, until recently, reflected in museum displays. Museums used to look—and some still do—much like storage rooms of objects packed together in showcases: good for scholars who wanted to study the subtle differences in design, but not for the ordinary visitor, to whom it all looked alike. Similarly, the information accompanying the objects often made little sense to the lay visitor. The content and format of explanations dated back to a time when the museum was the exclusive domain of the scientific researcher.

B. Recently, however, attitudes towards history and the way it should be presented have altered. The key word in heritage display is now "experience"; the more exciting the better and, if possible, involving all the senses. Good examples of this approach in the UK are the Jorvik Centre in

York; the National Museum of Photography, Film and Television in Bradford; and the Imperial War Museum in London. In the US the trend emerged much earlier: Williamsburg has been a prototype for many heritage developments in other parts of the world. No one can predict where the process will end. On so-called heritage sites the re-enactment of historical events is increasingly popular, and computers will soon provide virtual reality experiences, which will present visitors with a vivid image of the period of their choice, in which they themselves can act as if part of the historical environment. Such developments have been criticised as an intolerable vulgarisation, but the success of many historical theme parks and similar locations suggests that the majority of the public does notshare this opinion.

C. In a related development, the sharp distinction between museum and heritage sites on the one hand, and theme parks on the other, is gradually evaporating. They already borrow ideas and concepts from one another. For example, museums have adopted story lines for exhibitions, sites have accepted "theming" as a relevant tool, and theme parks are moving towards more authenticity and research-based presentations. In zoos, animals are no longer kept in cages, but in great spaces, either in the open air or in enormous greenhouses, such as the jungle and desert environments in Burgers' Zoo in Holland. This particular trend is regarded as one of the major developments in the presentation of natural history in the twentieth century.

D. Theme parks are undergoing other changes, too, as they try to present more serious social and cultural issues, and move away from fantasy. This development is a response to market forces and, although museums and heritage sites have a special, rather distinct, role to fulfil, they are also operating in a very competitive environment, where visitors make choices on how and where to spend their free time. Heritage and museum experts do not have to invent stones and recreate historical environments to attract their visitors: their assets are already in place. However, exhibits must be both based on artefacts and facts as we know them, and attractively presented. Those who are professionally engaged in the art of interpreting history are thus in a difficult position, as they must steer a narrow course between the demands of "evidence" and "attractiveness"; especially given the increasing need in the heritage industry for income-generating activities.

E. It could be claimed that in order to make everything in heritage more "real"; historical accuracy must be increasingly altered. For example, *Pithecanthropus erectus* is depicted in an Indonesian museum with Malay facial features, because this corresponds to public perceptions.

Similarly, in the Museum of Natural History in Washington, Neanderthal man is shown making a dominant gesture to his wife. Such presentations tell us more about contemporary perceptions of the world than about our ancestors. There is one compensation, however, for the professionals who make these interpretations: if they did not provide the interpretation, visitors would do it for themselves, based on their own ideas, misconceptions and prejudices. And no matter how exciting the result, it would contain a lot more bias than the presentations provided by experts.

F. Human bias is inevitable, but another source of bias in the representation of history has to do with the transitory nature of the materials themselves. The simple fact is that not everything from history survives the historical process. Castles, palaces and cathedrals have a longer lifespan than the dwellings of ordinary people. The same applies to the furnishings and other contents of the premises. In a town like Leyden in Holland, which in the Seventeenth century was occupied by approximately the same number of inhabitants as today, people lived within the walled town, an area more than five times smaller than modern Leyden. In most of the houses several families lived together in circumstances beyond our imagination. Yet in museums, fine period rooms give only an image of the lifestyle of the upper class of that era. No wonder that people who stroll around exhibitions are filled with nostalgia; the evidence in museums indicates that life was so much better in the past. This notion is induced by the bias in its representation in museums and heritage centres.

Questions 31—36

Choose the correct letter, A, B, C or D.

Write the correct letter in boxes 31—36 on your answer sheet.

31. Compared with today's museums, those of the past

    A. did not present history in a detailed way.

    B. were not primarily intended for the public.

    C. were more clearly organised.

    D. preserved items with greater care.

32. According to the writer, current trends in the heritage industry

    A. emphasise personal involvement.

    B. have their origins in York and London.

    C. rely on computer images.

    D. reflect minority tastes.

33. The writer says that museums, heritage sites and theme parks

    A. often work in close partnership.

    B. try to preserve separate identities.

    C. have similar exhibits.

    D. are less easy to distinguish than before.

34. The writer says that in preparing exhibits for museums, experts

    A. should pursue a single objective.

    B. have to do a certain amount of language translation.

    C. should be free from commercial constraints.

    D. have to balance conflicting priorities.

35. In paragraph E, the writer suggests that some museum exhibits

    A. fail to match visitor expectations.

    B. are based on the false assumptions of professionals.

    C. reveal more about present beliefs than about the past.

    D. allow visitors to make more use of their imagination.

36. The passage ends by noting that our view of history is biased because

    A. we fail to use our imagination.

    B. only very durable objects remain from the past.

    C. we tend to ignore things that displease us.

    D. museum exhibits focus too much on the local area.

Questions 37—40

Do the following statements agree with the information given in Reading Passage 3?

In boxes 37—40 on your answer sheet, write

TRUE	*if the statement agrees with the information*
FALSE	*if the statement contradicts the information*
NOT GIVEN	*if there is no information on this*

37. Consumers prefer theme parks which avoid serious issues.

38. More people visit museums than theme parks.

39. The boundaries of Leyden have changed little since the seventeenth century.

40. Museums can give a false impression of how life used to be.

3. 托福阅读试题

Reading Passage 1

Role of Play in Development

1. Play is easier to define with examples than with concepts. In any case, in animals it consists of leaping, running, climbing, throwing, wrestling, and other movements, either along, with objects, or with other animals. Depending on the species, play may be primarily for social interaction, exercise, or exploration. One of the problems in providing a clear definition of play is that it involves the same behaviours that take place in other circumstance-dominance, predation, competition, and real fighting. Thus, whether play occurs or not depends on the intention of the animals, and the intentions are not always clear from behaviours alone.

2. Play appears to be a developmental characteristic of animals with fairly sophisticated nervous systems, mainly birds and mammals. Play has been studied most extensively in primates and canids(dogs). Exactly why animals play is still a matter debated in the research literature, and the reasons may not be the same for every species. Determining the functions of play is difficult because the functions may be long-term, with beneficial effects not showing up until the animal's adulthood.

3. Play is not without considerable costs to the individual animal. Play is usually very active, involving movement in space and, at times, noisemaking. Therefore, it results in the loss of fuel or energy that might better be used for growth or for building up fat stores in a young animal. Another potential cost of this activity is greater exposure to predators since play is attention-getting behaviour. Great activities also increase the risk of injury in slipping or falling.

4. The benefits of play must outweigh costs, or play would not have evolved, according to Darwin's theory. Some of the potential benefits relate directly to the healthy development of the brain and nervous system. In one research study, two groups of young rats were raised under different conditions. One group developed in an "enriched" environment, which allowed the rats to interact with other rats, play with toys, and receive maze training. The other group lived in an "impoverished" environment in individual cages in a dimly lit room with little stimulation. At the end of the experiments, the results showed that the actual weight of the brains of the impoverished rats was less than that of those raised in the enriched environment(thought they were fed the same diets). Other studies have shown that greater stimulation not only affects the size of the brain but also increase the number of connections between the nerve cells. Thus, active play may provide

necessary stimulation to the growth of synaptic connections in the brain, especially the cerebellum, which is responsible for motor functioning and movements.

5. Play also stimulates the development of the muscle tissues themselves and may provide the opportunities to practice those movements needed for survival. Prey species, like young deer or goats, for example, typically play by performing sudden flight movements and turns, whereas predator species, such as cats, practice stalking, pouncing, and biting.

6. Play allows a young animal to explore its environment and practice skill in comparative safety since the surrounding adults generally do not expect the young to deal with threats or predators. Play can also provide practice in social behaviours needed for courtship and mating. Learning appropriate social behaviours is specially important and species that live in groups, like young monkeys that needed to learn to control selfishness and aggression and to understand the give-and-take involved in social groups. They need to learn how to be dominant and submissive because each monkey might have to play either role in the future. Most of these things are learned in the long developmental periods that primates have, during which they engage in countless play experiences with their peers.

7. There is a danger, of course, that play may be misinterpreted or not recognized as play by others, potentially leading to aggression. ■ This is especially true when play consists of practicing normal aggressive or predator behaviours. ■ Thus, many species have evolved clear signals to delineate playfulness. ■ Dogs, for example, will wag their tails, get down their front legs, and stick their behinds in the air to indicate "what follows is just for play. "■

1. According to paragraph 1, why is play difficult to define?

A. Play must be defined with concepts, not examples.

B. Play behaviour often looks like nonplay behaviour.

C. Play often occurs in the presence of animals that are not playing.

D. Play occurs independently of an animal's intentions.

2. According to paragraph 2, which of the following presents a particular challenge to researchers who study play behaviour in animals?

A. The delay between activities and the benefits the animal derives from them.

B. The difficulty in determining which animal species play and which do not.

C. The fact that for most animals, there is no clear transition from youth to adulthood.

D. The lack of research on the play behaviour of animals other than canids and primates.

3. The word considerable in the passage is closest in the meaning to _____.

    A. Initial   B. Practical   C. Eventually   D. Significant

4. According to paragraph 3, each of the following is a cost to animals that engage in play EXCEPT _____.

    A. exposure to predators

    B. a buildup of fat stores

    C. a loss of fuel that could be used for growth

    D. a risk of injury from slipping or falling

5. Why does the author include the comment thought they were fed the same diets?

    A. To show why rats living in impoverished environments need less food than those living in enriched environments.

    B. To eliminate the possibility that differences in diet were responsibly for observed differences in brain weight.

    C. To emphasize the point that rats were fed only the amount of food needed to keep them alive.

    D. To suggest that rats fed the same diet have smaller brains than those fed a varied food.

6. Paragraph 4 supports which of the following statements about an animal's brain.

    A. The heavier the brain, the richer the environment in which the animal was raised.

    B. The younger the animal, the harder it is to develop new connections between nerve cells.

    C. The larger the cage in which an animal is kept, the heavier the animal's brain will become.

    D. The larger an animal's cerebellum, the larger will be the animal's nerve cells.

7. According to paragraph 5, why might play behaviour of prey species be different form those of predator species?

    A. Unlike predator species, prey species use play to prevent inappropriate social behaviours, such as biting.

    B. Some prey species are physically incapable of certain types of predator movements.

    C. The survival of each species type is linked to particular sets of muscular movements.

    D. Predator species have more opportunities to practice play behaviours than prey species.

8. The word comparative in the passage is closest in the meaning to _____.

 A. Relative   B. temporary   C. sufficient   D. complete

9. Which of the sentences below best express the essential information in the highlighted sentence in the passage? Incorrect choice change the meaning in important ways or leave out essential information.

 A. Only monkeys that have learned to control their selfish and aggressive behaviours can be involved in social groups.

 B. Selfish and aggressive animals like monkeys live in groups in order to practice appropriate social behaviours.

 C. Monkeys and other social animals need to learn behaviours appropriate for their social groups.

 D. Some monkeys are naturally too selfish and aggressive to understand the give-and-take of social groups, so they learn such important behaviours while young.

10. What can be inferred from paragraph 6 about the role of adults in play activities of the young?

 A. Adults help their young learn to become dominant within the social group.

 B. Young animals learn how to play from the adults within their social group.

 C. Adults allow the young to engage in play behaviours within a protected, safe environment.

 D. The long developmental period of some animals allows adults more time to teach their young how to deal with the threats of predators.

11. The word potentially in the passage is closest in the meaning to _____.

 A. undoubtedly   B. possibly   C. unfortunately   D. quickly

12. According to paragraph 7, how do some animals ensure that other animals understand that they are just playing?

 A. By playing only with animals who are not predator.

 B. By avoiding any aspects of the play behaviour that are dangerous.

 C. By practicing nonaggressive and non-predatory behaviours.

 D. By using a set of signals that occurs only in play.

13. Look at the four squares [■] that indicate where the following sentence can be added to the passage. Where would the sentence best fit?

With messages such as those, even dogs that are strangers to each other can be playing within a few minutes.

14. Directions: An introductory sentence for a brief summary of the passage is provided below. Complete the summary by selecting the THREE answer choices that express the most important ideas in the passage. Some sentences do not belong in the summary because they express ideas that are not presented in the passage or are minor ideas in the passage. This question is worth 2 points.

Play appears to be a developmental characteristic of animals with fairly sophisticated nervous systems, mainly birds and mammals.

A. Although play often resembles aggression, flight, or other purposeful activities, researchers do not agree on the reasons for and functions of play.

B. Although many animals develop physically from play, too many young animals become victims of their natural predators while playing.

C. Animals such as rats, dogs, deer, goats and monkeys learn how to be both dominant and submissive during play activities so that they will fit in better with their adult social groups.

D. The function of play is still debated in the research literature primarily because each animal species uses so few of the many available types of play behaviour.

E. Energy expenditure and security risks are some of the costs to animals of play behaviour, but the costs are not so great that they outweigh the long-term benefits of play to the species.

F. As experiments and observations have shown, animals that play at some stages of their development obtain neurological, muscular, or social benefits from the play behaviours.

Passage 2

The Pace of Evolutionary Change

1. A heated debate has enlivened recent studies of evolution. Darwin's original thesis, and the viewpoint supported by evolutionary graduates, is that species change continuously but slowly and in small increments. Such changes are all but invisible over the short time scale of modern observations, and, it is argued, they are usually obscured by innumerable gaps in the imperfect fossil record. Gradualism, with its stress on the slow pace of change, is a comforting position, repeated over

and over again in generations of textbooks. By the early twentieth century, the question about the rate of evolution had been answered in favor of gradualism to most biologists' satisfaction.

2. Sometimes a closed question must be reopened as new evidence or new arguments based on old evidence come to light. In 1972 paleontologist Stephen Jay Gould and Niles Eldredge challenged conventional wisdom with an opposing viewpoint, the punctuated equilibrium hypothesis, which posits that species give rise to new species in relatively sudden bursts, without a lengthy transition period. These episodes of rapid evolution are separated by relatively long static spans during which a species may hardly change at all.

3. The punctuated equilibrium hypothesis attempts to explain a curious feature of the fossil record—one that has been familiar to paleontologist for more than a century but has usually been ignored. Many species appear to remain unchanged in the fossil record for millions of years—a situation that seems to be at odds with Darwin's model of continuous change. Intermediated fossil forms, predicted by gradualism, are typically lacking. In most localities a given species of clam or coral persists essentially unchanged throughout a thick formation of rock, only to be replaced suddenly by a new and different species.

4. The evolution of North American horse, which was once presented as a classic textbook example of gradual evolution, is now providing equally compelling evidence for punctuated equilibrium. A convincing 50-million-year sequence of modern horse ancestors—each slightly larger, with more complex teeth, a longer face, and a more prominent central toe—seemed to provide strong support for Darwin's contention that species evolve gradually. But close examination of those fossil deposits now reveals a somewhat different story. Horses evolved in discrete steps, each of which persisted almost unchanged for millions of years and was eventually replaced by a distinctive newer model. The four-toed Eohippus preceded the three-toed Miohippus, for example, but North American fossil evidence suggests a jerky, uneven transition between the two. If evolution had been a continuous, gradual process, one might expect that almost every fossil specimen would be slightly different from every year.

5. If it seems difficult to conceive how major changes could occur rapidly, consider this: an alteration of a single gene in files is enough to turn a normal fly with a single pair of wings into one that has two pairs of wings.

6. The question about the rate of evolution must now be turned around: does evolution ever

proceed gradually, or does it always occur in short bursts? Detailed field studies of thick rock formations containing fossils provide the best potential tests of the competing theories.

7. Occasionally, a sequence of fossil-rich layers of rock permits a comprehensive look at one type of organism over a long period of time. For example, Peter Sheldon's studies of trilobites, a now extinct marine animal with a segmented body, offer a detailed glimpse into three million years of evolution in one marine environment. In that study, each of eight different trilobites species was observed to undergo a gradual change in the number of segments—typically an increase of one or two segments over the whole time interval. No significant discontinuous were observed, leading Sheldon to conclude that environmental conditions were quite stable during the period he examined.

8. ■ Similar exhaustive studies are required for many different kinds of organisms from many different periods. ■ Most researchers expect to find that both modes of transition from one species to another are at work in evolution. ■ Slow, continuous change may be the norm during periods of environment stress. ■ But a lot more studies like Sheldon's are needed before we can say for sure.

15. The word innumerable in the passage is closest in the meaning to _____.

    A. countless   B. occasional   C. large   D. repeated

16. According to paragraph 1, all of the following are true EXCEPT _____.

    A. Darwin saw evolutionary change as happening slowly and gradually

    B. Gaps in the fossil record were used to explain why it is difficult to see continuous small changes in the evolution of species.

    C. Darwin's evolutionary thesis was rejected because small changes could not be observed in the evolutionary record.

    D. By the early twentieth century, most biologists believed that gradualism explained evolutionary change.

17. Which of the sentences below best express the essential information in the highlighted sentence in the passage? Incorrect choices change the meaning in important ways or leave out essential information.

    A. The punctuated equilibrium hypothesis challenged gradualism, which holds that species evolve in relatively sudden bursts of brief duration.

    B. The punctuated equilibrium hypothesis developed by Stephen Jay Gould and Niles Eldredge was challenged in 1972.

C. In 1972 Stephen Jay Gould and Niles Eldredge challenged gradualism by positing that change from one species to another cannot occur without a lengthy transition period.

D. The punctuated equilibrium hypothesis, in opposition to gradualism, holds that transitions from one species to another occur in comparatively sudden burst.

18. According to paragraph 1and paragraph 2, the punctuated equilibrium hypothesis and the gradualism hypothesis differed about _____.

A. Whether the fossil record in complete

B. Whether all species undergo change

C. Whether evolution proceeds at a constant rate

D. How many new species occur over long periods of time

19. According to paragraph 3, the lack of intermediate fossils in the fossil record of some species _____.

A. has been extensively studies by paleontologist for over a century

B. contradicts the idea that most species have remained unchanged for millions of years

C. challenges the view that evolutionary change is gradual

D. is most common in the fossil records of clam and coral species

20. The word compelling in the passage is closest in the meaning to _____.

A. surprising　　B. persuasive　　C. controversial　　D. detailed

21. Paragraph 4 mentions that North American horses have changed in all of the following ways EXCEPT in _____.

A. The number of toes they have

B. The length of their face

C. Their overall size

D. The number of years they live

22. The word alteration in the passage is closest in the meaning to _____.

A. imperfection　　B. replacement　　C. change　　D. duplication

23. According to paragraph 7, Peter Sheldon's studies demonstrated which of the following about trilobites?

A. They underwent gradual change over a long time period.

B. They experienced a number of discontinuous transitions during their history.

C. They remained unchanged during a long period of environmental stability.

D. They evolved in ways that cannot be counted for by either of the two competing theories.

24. The word Occasionally in the passage is closest in the meaning to _____.

A. undoubtedly   B. basically   C. once in a while   D. to some extent

25. The main purpose of paragraph 7 is to _____.

A. Describe one test of the competing theories

B. Provide an example of punctuated equilibrium

C. Describe how segmented animals evidence both competing theories

D. Explain why trilobites became extinct

26. Look at the four squares[■] that indicate where the following sentence can be added to the passage. Where would the sentence best fit? Click on a square to add the sentence to the passage.

They believe that environmental conditions may play a crucial role in determining which of the two modes will be in operation over a given period.

27. Directions：selected from the seven phrases below that correctly characterize punctuated equilibrium and the phrases that correctly characterize gradualism. Two of the phrases will **NOT** be used. This question is worth 3 points.

Gradualism _____   _____   _____

Punctuated equilibrium _____   _____

A. States that new species emerge from existing species during relatively brief period of time

B. Was first formulated by Charles Darwin

C. Explain why North American horses have become smaller over time

D. States that new species evolve slowly and continuously from existing species

E. Explain the lack of intermediates fossil forms in the fossil record of many species

F. Competition is usually strongest when the density of the competing populations is the same

G. States that a species will not change unless its environmental changes

Passage 3

The Invention of the Mechanical Clock

1. In Europe, before the introduction of the mechanical clock, people told time by sun (using, for example, shadow sticks or sun dials) and water clocks. Sun clocks worked, of course, only on clear days; water clocks misbehaved when the temperature fell toward freezing, to say nothing of long-run drift as the result of sedimentation and clogging. Both these devices worked well in sunny climates; but in northern Europe the sun may be hidden by clouds for weeks at a time, while temperatures vary not only seasonally but from day to night.

2. Medieval Europe gave new importance to reliable time. The Catholic Church had its seven daily prayers, one of which was at night, requiring an alarm arrangement to waken monks before dawn. And then the new cities and towns, squeezed by their walls, had to know and order time in order to organize collective activity and ration space. They set a time to go to sleep. All this was compatible with older devices so long as there was only one authoritative timekeeper; but with urban growth and the multiplication of time signals, discrepancy brought discord and strife. Society needed a more dependable instrument of time measurement and found it in the mechanical clock.

3. We do not know who invented this machine, or where, it seems to have appeared in Italy and England (perhaps simultaneous invention) between 1,275 and 1,300. Once known, it spread rapidly, driving out water clocks but not solar dials, which were needed to check the new machines against the timekeeper of last resort. These early versions were rudimentary, inaccurate, and prone to breakdown.

4. Ironically, the new machine tended to undermine Catholic Church authority. Although church ritual had sustained an interest in timekeeping throughout the centuries of urban collapse that followed the fall of Rome, church time was nature's time. ■ Day and night were divided into the same number of parts, so that except at the equinoxes, day and night hours were equal; and then of course the length of these hours varied with the seasons. ■ But the mechanical clock kept equal hours, and this implied a new time reckoning. ■ The Catholic Church resisted, not coming over to the new hours for about a century. ■ From the start, however, the towns and cities took equal hours as their standard, and the public clocks installed in town halls and market squares became the very symbol of a new, secular municipal authority. Every town wanted one; conquerors seized them as especially precious spoils of war; tourists came to see and hear these machines the way they made

pilgrimages to sacred relics.

5. The clock was the greatest achievement of medieval mechanical ingenuity. Its general accuracy could be checked against easily observed phenomena, like the rising and setting of the sun. The result was relentless pressure to improve technique and design. At every stage, clockmakers led the way to accuracy and precision; they became masters of miniaturization, detectors and correctors of error, searchers for new and better. They were thus the pioneers of mechanical engineering and served as examples and teachers to other branches of engineering.

6. The clock brought order and control, both collective and personal. Its public display and private possession laid the basis for temporal autonomy: people could now coordinate comings and goings without dictation from above. The clock provided the punctuation marks for group activity, while enabling individuals to order their own work (and that of others) so as to enhance productivity. Indeed, the very notion of productivity is a by-product of the clock: once one can relate performance to uniform time units, work is never the same. One moves from the task-oriented time consciousness of the peasant (working on job after another, as time and light permit) and the time-filling busyness of the domestic servant (who always had something to do) to an effort to maximize product per unit of time.

28. Why does the author provide the information that northern Europe the sun may be hidden by clouds for weeks at a time, while temperatures vary not only seasonally but from day to night?

    A. To emphasize the variety of environments in which people used sun and water clocks to tell time.

    B. To illustrate the disadvantage of sun and water clocks.

    C. To provide an example of an area where water clocks have an advantage over sun clocks.

    D. To counter the claim that sun and water clocks were used all over Europe.

29. According to paragraph 2, all of the following are examples of the importance of timekeeping to medieval European society EXCEPT _____.

    A. The need of different towns to coordinate timekeeping with each other

    B. The setting of specific times for the opening and closing of markets

    C. The setting of specific times for the start and finish of the working day

    D. The regulation of the performance of daily church rituals

30. According to paragraph 2, why did the medieval church need an alarm arrangement?

    A. The alarm warned the monks of discord or strife in the town.

    B. The church was responsible for regulating working hours and market hours.

    C. The alarm was needed in case fires were not put out each night.

    D. One of the church's daily rituals occurred during the night.

31. The word authoritative in the passage is closest in the meaning to _____.

    A. actual   B. important   C. official   D. effective

32. The author uses the phrases the timekeeper of last resort to refer to _____.

    A. water clocks   B. the sun

    C. mechanical clocks   D. the church

33. The word rudimentary in the passage is closest in the meaning to _____.

    A. rare   B. small   C. impractical   D. basic

34. According to paragraph 4, how did the Catholic Church react to the introduction of mechanical clocks?

    A. It used mechanical clocks through the period of urban collapse.

    B. It used clocks to better understand natural phenomena, like equinoxes.

    C. It tried to preserve its own method of keeping time, which was different from mechanical-clock time.

    D. It used mechanical clocks to challenge secular, town authorities.

35. The word installed in the passage is closest in the meaning to _____.

    A. required

    B. expected by the majority of people

    C. standardized

    D. put in place

36. It can be inferred from paragraph 5 that medieval clockmakers _____.

    A. Were able to continually make improvements in the accuracy of mechanical clocks

    B. Were sometimes not well respected by other engineers

    C. Sometimes made claims about the accuracy of mechanical clocks that were not true

    D. Rarely shared their expertise with other engineers

37. Paragraph 5 answers which of the following question about mechanical clocks?

   A. How did early mechanical clocks work?

   B. Why did the design of mechanical clocks affect engineering in general?

   C. How were mechanical clocks made?

   D. What influenced the design of the first mechanical clock?

38. The word pioneers in the passage is closest in the meaning to _____.

   A. leaders   B. opponents   C. employers   D. guardians

39. According to paragraph 6, how did the mechanical clock affect labor?

   A. It encouraged workers to do more time-filling busywork.

   B. It enabled workers to be more task oriented.

   C. It pushed workers to work more hours every day.

   D. It led to a focus on productivity.

40. Look at the four squares [■] that indicate where the following sentence can be added to the passage. Where would the sentence best fit? Click on a square to add the sentence to the passage.

The division of time no longer reflected the organization of religious ritual.

41. Directions: An introductory sentence for a brief summary of the passage is provided below. Complete the summary by selecting the THREE answer choices that express the most important ideas in the passage. Some sentences do not belong in the summary because they express ideas that are not presented in the passage or are minor ideas in the passage. This question is worth 2 points.

The introduction of the mechanical clock caused important changes to the society of medieval Europe.

   A. The increasing complexity of social and economic activity in medieval Europe led to the need for a more dependable means of keeping time than sun and water clocks provided.

   B. Because they were unreliable even in sunny climates, sun clocks and water clocks were rarely used in Europe, even before the invention of the mechanical clock.

   C. Before the mechanical clock, every city wanted a large number of timekeepers because more timekeepers allowed for better organization of collective activities.

   D. Soon after the invention of the mechanical clock, sun and water clocks became obsolete because mechanical clocks were far more accurate.

E. Although society in general was quick to adopt the mechanical clock, the Catholic Church resisted it because it challenged the authority of the church.

F. Clockmakers introduced precision engineering and their clocks gave individuals and groups more control over the organization of their activities.

Ⅱ. 六级、雅思、托福阅读测试得分结果匹配

Table 1   Results of the matching of CET-6 reading test

Item	Expected skill	Information level	Matching of subjects' responses				
			S1	S2	S3	S4	S5
36		L1	ER	ER	ER	ER	ER
37		L1	*UR*	ER	*UR*	<u>UW</u>	ER
38		L2	ER	ER	ER	ER	ER
39		L1	ER	ER	ER	ER	ER
40	Understanding vocabulary in context	L2	ER	ER	ER	ER	ER
41		L1	ER	ER	ER	<u>UW</u>	ER
42		L1	ER	ER	ER	ER	ER
43		L1	ER	ER	ER	ER	ER
44		L1	ER	ER	ER	<u>UW</u>	ER
45		L1	*UR*	ER	ER	ER	<u>UW</u>
46	Understanding details	L1	ER	<u>UW</u>	ER	ER	<u>UW</u>
47	Understanding details	L2	ER	ER	ER	ER	ER
48	Understanding details	L2	ER	ER	ER	ER	ER
49	Understanding implicit meaning (conclusion)	L2	ER	<u>UW</u>	ER	ER	ER
50	Understanding details	L1	ER	ER	ER	*UR*	<u>UW</u>
51	Understanding main idea of a paragraph	L3	ER	ER	ER	ER	ER
52	Understanding details	L2	ER	ER	ER	ER	ER

续表

Item	Expected skill	Information level	Matching of subjects' responses				
			S1	S2	S3	S4	S5
53	Understanding implicit meaning (inference)	L2	ER	ER	ER	ER	ER
54	Understanding implicit meaning (inference)	L2	ER	UW	ER	ER	ER
55	Understanding implicit meaning (inference)	L1	ER	ER	UW	UW	ER
56	Understanding details	L1	ER	ER	ER	ER	ER
57	Understanding main idea of a paragraph	L3	UR	UR	UR	UW	UW
58	Understanding details	L1	ER	ER	ER	ER	ER
59	Understanding details	L1	ER	ER	ER	ER	ER
60	Understanding implicit meaning (inference)	L1	UR	UR	ER	ER	ER
61	Understanding details	L1	ER	ER	ER	UW	ER
62	Understanding implicit meaning (inference)	L1	ER	UR	ER	EW	ER
63	Recognizing writer's opinions and attitudes	L3	UR	ER	ER	UR	UR
64	Understanding implicit meaning (inference)	L1	UR	ER	ER	ER	ER
65	Recognizing writer's opinions and attitudes	L1	ER	ER	ER	ER	ER

Note: L1—sentence, L2—multi-sentence, L3—paragraph, L4—text, ER—expected/right, EW—expected/wrong, presented with shading, UR—unexpected/right, presented in italics, UW—unexpected/wrong, presented with an underline.

Table 2 Results of the matching of IELTS reading test

Item	Expected skill	Information level	Matching of subjects' responses				
			S1	S2	S3	S4	S5
1		L1	ER	ER	ER	<u>UW</u>	ER
2		L4	ER	<u>UW</u>	ER	ER	ER
3		L2	ER	ER	ER	ER	ER
4		L1	ER	ER	ER	ER	ER
5		L1	ER	ER	ER	ER	ER
6		L4	<u>UW</u>	<u>UW</u>	ER	ER	ER
7	Reading for details	L2	ER	ER	ER	ER	ER
8		L2	ER	<u>UW</u>	ER	<u>UW</u>	ER
9		L1	ER	ER	ER	ER	ER
10		L1	EW	EW	EW	ER	ER
11		L1	ER	EW	ER	ER	EW
12		L2	ER	ER	ER	ER	ER
13		L1	ER	ER	ER	ER	ER
14		L1	ER	<u>UW</u>	ER	<u>UW</u>	ER
15		L2	ER	ER	ER	ER	ER
16		L2	ER	<u>UW</u>	ER	ER	ER
17		L1	ER	<u>UW</u>	ER	ER	ER
18		L1	ER	<u>UW</u>	UW	<u>UW</u>	ER
19		L1	ER	<u>UW</u>	ER	ER	*UR*
20	Reading for details	L1	ER	ER	ER	ER	ER
21		L2	ER	ER	*UR*	ER	ER
22		L1	ER	ER	ER	ER	ER
23		L1	ER	*UR*	ER	ER	ER
24		L1	ER	ER	ER	ER	ER
25		L1	ER	ER	ER	ER	ER
26		L1	ER	ER	ER	<u>UW</u>	ER
27	Understanding main idea of a paragraph	L3	ER	ER	*UR*	*UR*	ER
28	Understanding main idea of a paragraph	L3	ER	ER	ER	ER	ER

421

续表

Item	Expected skill	Information level	Matching of subjects' responses				
			S1	S2	S3	S4	S5
29	Understanding main idea of aparagraph	L3	EW	EW	EW	EW	ER
30	Understanding main idea of a paragraph	L3	EW	ER	ER	EW	ER
31	Reading for details	L1	ER	ER	ER	ER	ER
32	Understanding inferences	L1	ER	ER	UR	ER	ER
33	Reading for details	L1	ER	ER	ER	ER	ER
34	Understanding inferences	L2	ER	ER	UW	UR	ER
35	Reading for details	L1	ER	ER	ER	UW	ER
36	Reading for details	L1	ER	UW	UR	UW	ER
37	Reading for details	L1	ER	UW	ER	UW	UW
38	Reading for details	L4	ER	ER	ER	ER	ER
39	Reading for details	L1	ER	ER	ER	ER	ER
40	Understanding inferences	L2	ER	ER	ER	ER	ER

Note: L1—sentence, L2—multi-sentence, L3—paragraph, L4—text, ER—expected/right, EW—expected/wrong, presented with shading, UR—unexpected/right, presented in italics, UW—unexpected/wrong, presented with an underline.

Table 3 Results of the matching of TOEFL iBT reading test

Item	Expected skill	Information level	Matching of subjects' responses				
			S1	S2	S3	S4	S5
1	Understanding details	L1	UW	ER	ER	EW	EW
2	Understanding details	L1	ER	ER	ER	EW	ER
3	Understanding vocabulary in context	L1	ER	ER	ER	UR	ER
4	Understanding details	L2	ER	ER	ER	EW	ER
5	Making inferences	L2	ER	ER	ER	ER	ER
6	Making inferences	L2	ER	ER	UW	ER	ER
7	Understanding details	L2	UR	ER	ER	UR	ER

续表

Item	Expected skill	Information level	Matching of subjects' responses				
			S1	S2	S3	S4	S5
8	Understanding vocabulary in context	L1	ER	ER	ER	ER	ER
9	Understanding the main idea	L1	ER	ER	ER	ER	ER
10	Making inferences	L1	ER	ER	ER	<u>UW</u>	ER
11	Understanding vocabulary in context	L1	ER	ER	ER	ER	ER
12	Understanding details	L2	ER	ER	ER	ER	ER
13	Understanding relationships between ideas	L3	ER	ER	ER	ER	EW
14	Four points *	L4	ER	ER	<u>UW</u>	<u>UW</u>	<u>UW</u>
15	Understanding vocabulary in context	L1	ER	<u>UW</u>	ER	ER	ER
16	Understanding details	L2	ER	ER	ER	ER	EW
17	Understanding the main idea	L1	ER	<u>UW</u>	ER	ER	EW
18	Making inferences	L2	ER	ER	ER	ER	ER
19	Making inferences	L3	*UR*	ER	ER	ER	ER
20	Understanding vocabulary in context	L1	ER	ER	ER	ER	ER
21	Understanding details	L2	ER	ER	ER	ER	ER
22	Understanding vocabulary in context	L1	ER	ER	ER	ER	ER
23	Understanding details	L2	ER	ER	ER	ER	ER
24	Understanding vocabulary in context	L1	ER	ER	ER	ER	ER
25	Making inferences	L3	*UR*	EW	EW	ER	ER
26	Understanding relationships between ideas	L3	ER	ER	ER	ER	EW
27	Four points *	L4	<u>UW</u>	<u>UW</u>	<u>UW</u>	<u>UW</u>	<u>UW</u>
28	Making inferences	L2	ER	ER	ER	ER	ER
29	Understanding details	L2	<u>UW</u>	*UR*	<u>UW</u>	<u>UW</u>	*UR*
30	Understanding details	L1	ER	ER	ER	ER	ER
31	Understanding vocabulary in context	L1	*UR*	ER	ER	*UR*	ER
32	Making inferences	L1	ER	ER	ER	ER	ER
33	Understanding vocabulary in context	L1	EW	*UR*	EW	*UR*	*UR*
34	Making inferences	L1	ER	ER	ER	ER	ER
35	Understanding vocabulary in context	L1	*UR*	*UR*	*UR*	ER	*UR*

续表

Item	Expected skill	Information level	Matching of subjects' responses				
			S1	S2	S3	S4	S5
36	Making inferences	L2	ER	ER	*UR*	ER	ER
37	Understanding the main idea	L1	ER	ER	ER	ER	ER
38	Understanding vocabulary in context	L1	*UR*	<u>UW</u>	*UR*	ER	*UR*
39	Making inferences	L1	ER	ER	ER	EW	<u>UW</u>
40	Understanding relationships between ideas	L3	<u>UW</u>	ER	ER	ER	ER
41	Four points *	L4	*UR*	ER	*UR*	<u>UW</u>	*UR*

Note：L1—sentence. L2—multi-sentence, L3—paragraph, L4—text, ER—expected/right, EW—expected/wrong, presented with shading, UR—unexpected/right, presented in italics, UW—unexpected/wrong, presented with an underline.

* 1. Recognizing the organization and purpose of a passage；2. Understanding relationships between ideas；3. Organizing information into a category chart or a summary in order to recall major points and important details；4. Inferring how ideas connect throughout the passage.

Ⅲ. 有声思维报告节选

1. 受试2

Section A in CET-6 reading test

这 15 个单词，A）assume 认为、假定，B）confidential 对……很有信心，C）disagree 动词，不同意，D）formula 公式，应该是公式，不确定。E）forthcoming 即将到来的，动词的动名词形式。F）illustrating 解释，也是一个动词的动名词形式。G）mysteriously 副词，神秘的。H）observe 观察，动词。I）optimistic 乐观的，形容词。J）package 打包，一包，名词。K）radically 根本的，副词，L）reality 名词，现实。M）separately 分别的，分开的，副词。N）spoiling 动名词形式，溺爱，毁坏，糟蹋等，O）underestimate 低估，是一个动词。

那么看文章，有很多美国人正进入 60 岁，他们比之前更关心退休的问题，他们知道需要存钱，但是存多少，另外，他们存钱是为了什么。to spend more time 花更多的时间什么小孩，去旅游，或者开启另外一项事业。36 个空，根据上下文应该是动词，语法应该是 spend time doing sth，花更多的时间来 A 是动词，但意思不正确，C 也不对，H 也不对，N 是溺爱的，意思有点相近。spend time spoiling 花更多的时间来宠爱小孩，从意思上来说比较合适，暂时就选 N 吧。

It turns out that 结果是丈夫和妻子可能有什么不同的观点,可以推断出可能是截然不同的或相似的观点,这甲修饰 different,需要一个副词。从意思上看,应该是 K,根本上的不同。M 是分别不同,不太合适,所以 K 比较合适。

接下来,the deepest divide 最主要的不同在夫妻双方对于 in their later years,对于晚年的生活方式的看法应该不同。嗯,然后是 Fidelity Investments Inc. 公司进行了一项调查,发现在 500 对夫妇中,有 41% 的夫妇,on whether both or at least one spouse will work in retirement. 是否要两人或至少有一人将会在退休后工作。根据推断,应该是 41% 的认为,但是有一个介词 on,认为或者是 A assume,C disagree,D formula,H observe,填一个动词,这个暂时不确定,待定,看下一题。

Wives are generally right regarding their husbands' retirement age 妻子们通常是正确的,对于丈夫的退休年龄,对待她们丈夫的退休年龄是正确的。但是,男人什么 the age their wives will be when they stop working,可以对比一下,妻子们是正确的,那么男人们可能是错误的。他们对于不工作时对妻子年龄的推断是不正确的,或不准确的,第 39 应该是动词,选 O 吧。男人们会低估妻子的年龄。通过和上一句话对比,妻子是正确的,男人是错误的。他们是错误的,就是有可能会低估或高估。所以这个空填 underestimate。丈夫通常有更多的什么对他们生活标准比妻子更什么,这个空应该填一个形容词,对他们的生活标准更乐观,所以才会造成前一个空,他们会低估年龄。这个空选择 I。

Busyjuggling 就是忙于应付事业和家庭,很多 couples 并没有花时间坐下来什么或者一块,因为有 or,是选择性的,是选 M,separately,分别或是一起坐下来。and think about 考虑他们以后 5 年、10 年或 20 年会是什么样子。他们什么,42 个空,他们什么,they are on the same page,认为他们始终是在同一页,but the 什么 is they have avoided even talking about it,他们认为他们在同一页,但是事实上,他们甚至根本就避免回避讨论这个问题。42 是认为,他们自己认为,想当然地以为。所以应该选 A assume。43,但是,应该是现实,事实,是 L,reality 放在这里比较合适。事实是他们回避讨论这个问题。

接着,If you are self-employed 如果是自己自主经营,或者是做的工作没有标准的退休年龄,可能会倾向于推迟考虑这些问题。It is often a 什么 retirement date that provides the catalyst 往往是一个什么样的退休期限成为开始规划的催化剂,那应该是比较早的吧,因为退休年龄比较早,他就会提早地让人们计划,应该选那个单词呢?要选一个形容词,一个什么样的退休日期,什么样的退休日期,什么样的退休日期。应该是一个固定的退休日期,或者是提前来的,即将到来的退休日期,是选 D, formula 还是 E, forthcoming? 应该是

forthcoming,意思是即将到来的。formula 好像是一个名词,公式化的,是名词,公式。所以选择 E,通常一个即将到来的退休日期会作为催化剂使人们开始规划,放在这里挺合适的。

接着,getting laid off 下岗或者是拿到一笔提早退休什么可以 force your hand,an early-retirement 什么,这里一个早退休的什么,应该是一个名词,package 比较合适,一个早退休的退休包,遣散费之类的比较合适。然后,but don't wait until you get a severance check to begin planning,但是不要等到你拿到遣散费才开始规划。

然后再看前面第 38 个空,这个公司做了一个调查,调查了 500 对夫妇中有 41% 的什么 on whether both or at least 应该是他们的意见不同,选 disagree on。对于是否有一个或两个人退休之后仍然工作这个问题没有达成一致意见,所以选 disagree。

2. 受试 3

Passage One in IELTS reading test

嗯,Passage one,the life of work of Marie Cu... 怎么读啊? 这应该是讲居里夫人吧。先把题目扫一下。1 到 6 是判断对错,7 到 13 是填空。Marie,第一个问题,Marie Curie's husband was a joint winner of both Marie's Nobel Prizes. with her,both ,both 圈起来,and then,so。第一段都没有提到这个。在这里,所以她第一次是两个人,第二次是一个人,所以它这个第一个应该是 false。

第二个问题是 Marie became interested in science when she was a child. 唉,这里没有讲她那个对科学感兴趣啊,它只说她记忆好,应该是没有提到吧,第二题,那就写 not given。

第三个 Marie was able to attend the Sorbonne because of her sister's financial contribution. 这个选项在,在第三段。哦,她是,她是资助她,她 sister。And 就说她先资助她的 sister,然后认为她 sister 会资助她的。然后,in1981 年,this promise was fulfilled,所以说他的 sister 后来资助了她,要不然怎么说 promise was fulfilled,所以第三个应该是,应该是对的,第三个就写 true。

第四个 Marie stopped doing research for several years when her child,children were born. 嗯,their marriage,这也没有讲到她的小孩,这是讲他们的发现。这个没有讲到她的小孩,讲他们的发现,是不是在后面。哦,在后面。The birth... fail to interrupt her studies and scientific work. 所以就说她小孩没有干扰她的科学工作,也就说她一直在工作了,那它这个是 stopped doing research for several years,那就不对了,她说 failed to interrupt her study and work,所以,第四题,第四题应该是 false 才对了,应该是 false。

第五个 Marie took over the teaching position her husband had held. She was appointed 她没有,她没有做 teaching,嗯,哦,这里,vacant on her husband's death,也就说她被指定到这个职

位,have been vacant on,她丈夫死去后,这个职位就空出来了,first teach at,所以第五个应该是对的,第五个应该是对的。

第六个 Marie's sister Bronia studied the medical uses of radioactivity. Marie's sister,她是 medical studies in Paris。她没有,radioactivity 应该不是吧,应该就是 study medical,要是她也研究这个 radioactivity,文中肯定会介绍这个辐射这块,应该会提到她才对呀。再往后看一下。哦,这里有提到她 sister 是 became director of the Warsaw of the Radium Institute, the director,没有提到她做那个,嗯,应该不对,这个应该没有提到,第六个,唉,应该是没有提到呢还是错呢,问题是,他是学习的这个 medical study,但是她,没有细说,没有说。第六题应该是选错呢还是 not given,选 not given。

额,Complete the notes below. Choose one word from the passage,它说这个词必须是文中出现的才行,变换形式的应该不算了,词形变换。Marie Curie's research an radioactivity, When 额,这什么化学成分呢? 那里有这个 radioactivity,这段没有,应该没有。radioactivity 划一下,in 这个词划一下, was to be found in other elements。She discovered that this was true for thorium,这应该是 thorium,然后 mineral turning her attention to minerals,she found her interest drawn to pitchblende。嗯,这里有一个,discovery of the new elements that with the new,发现什么她说是,应该是,第八个应该是 pitchblende,pitchblende 了。

1911,elements,1911 在哪里,第九个,这里,in 1911 she was awarded the Nobel Prize for Chemistry for the isolation of a pure form of radium。1911 这应该是 radium,第九个应该是 radium。

Marie,x 这个东西,use of x,use for treatment,medical for treatment,used for the treatment of wounded soldiers,for treatment。这个必须填文章的词,可是这一段也没有别的,好像必须,Marie curie search for... in 1921,one of the stage not only numbers both for research cases 这个 cases of 什么呀,填 treatment? 哦,不对,他这个文中的词应该是填 illness,应该是填 illness。For illness,她是说治疗啊。问题是,治疗的话,治疗啊,但是必须从文中选一个词出来,illness。1930s,1930,activity,好,这里有个 artificial radioactivity,应该是在这附近,years around 1930,就是 1930s,this work for the disco……哦,这应该是 neutron。Marie Curie died as a result of leukaemia caused by exposure to radiation,哦,这应该就是死于这个白血病,leukaemia,好。

3. 受试5

Passage 3 in TOEFL iBT reading test

The Invention of the Mechanical Clock,应该是机械钟的发明。对,先读一下文章。In

Europe，before the introduction of the mechanical clock，people told time by sun and water clocks 用太阳，应该是日照的影子和水滴来计时。Medieval Europe gave new importance to reliable time 中世纪的欧洲用更可靠的时间计时。We do not know who invented this machine，or where 不知道是谁在哪儿发明了这个机器。Ironically，the new machine tended to undermine Catholic Church authority。The clock was the greatest achievement of medieval mechanical ingenuity 是中世纪最伟大，最成功，最创新的机械发明。The clock brought order and control，both collective and personal 这个钟表是秩序和控制，集体的也是个人的。最后一句是 One moves from the task-oriented time consciousness of the peasant and the time-filling busyness of the domestic servant to an effort to maximize product per unit of time 这估计是讲发明时间，更可靠的时间是好事，但是结果人成了时间的奴隶了，这个主题可能是这样。

28 题，为什么要把这句话加进来？这句话在第一段最后一句，说的是 in northern Europe the sun may be hidden by clouds for weeks at a time，while temperatures vary not only seasonally but from day to night？A. To emphasize the variety of environments in which people used sun and water clocks to tell time. B. To illustrate the disadvantage of sun and water clocks. C. To provide an example of an area where water clocks have an advantage over sun clocks. D. To counter the claim that sun and water clocks were used all over Europe. 还是读一下这一段。In Europe，before the introduction of the mechanical clock，people told time by sun and water clocks. Sun clocks worked，of course，only on clear days；water clocks misbehaved when the temperature fell toward freezing，to say nothing of long-run drift as the result of sedimentation and clogging. Both these devices worked well in sunny climates；but in northern Europe the sun may be hidden by clouds for weeks at a time，while temperatures vary not only seasonally but from day to night. 这个转折嘛，but 后边是转折，应该是 B。是说这两种计时方式的不足，缺陷。A 是说强调他们，不是，不是强调，就是说只有天气条件好的时候才能用这两种方法，所以是强调他们的不足之处。

According to paragraph 2，all of the following are examples of the importance of timekeeping to medieval European society EXCEPT，都是中世纪欧洲的重要的计时方式除了，这个 Catholic Church had its seven daily prayers，one of which was at night，requiring an alarm arrangement to waken monks before dawn. And then the new cities and towns，squeezed by their walls，had to know and order time in order to organize collective activity and ration space. They set a time to go to sleep. All this was compatible with older devices so long as there was only one authoritative timekeeper；but with urban growth and the multiplication of time signals，discrepancy brought discord and strife. Society needed a more dependable instrument of time measurement and found it in the mechanical clock. all of the following are examples of the importance of timekeeping to medieval European society EXCEPT A. The need of different towns to coordinate timekeeping with each other。B. The setting of specific times for the opening and closing of markets，哦，是计时的重要性，不是用哪些方式计时。C. The setting of specific times for the start and finish of the working day。D. The regulation of the performance of daily church rituals，这个 D 是对的，第一句就提到这个教堂的祭祀这个仪式，然后就是说 the new cities and towns，squeezed by their walls，collective activity and ration space. 所以，这个，保护，额，确保 different towns to coordinate timekeeping with each other。setting of specific times for the opening and closing of markets，市场，没有讲到市场。这个是 specific times for the start and finish of the working day，working day。the importance of timekeeping，daily church rituals，这个 A 不是吧，它说不同城市要协调时间，就是因为每个城市有不同的时间，时间的信号不同所以才导致分歧、战争、战乱，对，就这样。

30. 这个是说 why did the medieval church need an alarm arrangement? 为什么教堂需要钟表的安排，因为 A. The alarm warned the monks of discord or strife in the town. 这个不对。B. The church was responsible for regulating working hours and market hours. 也不对。C. The alarm was needed in case fires were not put out each night. 更不对。D. One of the church's daily rituals occurred during the night. 这个是对的。

31. Authoritative 权威的，应该是，这个还不能直接通过这个词来判断。so long as there was only one authoritative timekeeper 只有一个有权威的，就是应该是计时者，应该是。actual 是实际的，B. important，重要的，C. official，官方的，D. effective，有效的。他这个地方应该说的意思是 All this was compatible with older devices so long as there was only one，只有一个正式的，有效的，官方的，选 C。

32. The author uses the phrases the timekeeper of last resort to refer to，uses the phrases the timekeeper of last resort to refer to 指的是什么。We do not know who invented this machine, it seems to have appeared in Italy and England between 1275 and 1300. Once known, it spread rapidly, driving out water clocks but not solar dials, which were needed to check the new machines against the timekeeper of last resort. These early versions were rudimentary, inaccurate, and prone to breakdown. 这个新机器发明后，水，Water clock 计时就被遗弃了，但是日晷还在用，日晷是用来 check the new machines against the timekeeper of last resort，上一个地点的计时器。这个指的是，it spread rapidly，应该是太阳吧。which were needed to check the new machines against the

timekeeper of last resort. 感觉这个指的是太阳吧，就说这个需要被用来检验机器的，表的准确性吧，我觉得，应该是。

33. rudimentary，基本的，basic。

34. According to paragraph 4, how did the Catholic Church react to the introduction of mechanical clocks? 根据第4段，天主教堂对机械钟表的反应是什么？讽刺的是，新的机器会削弱天主教堂的权威，尽管教堂的仪式 had sustained an interest in timekeeping throughout the centuries of urban collapse that followed the fall of Rome, church time was nature's time. 天主教堂设置了自然的时间。Day and night hours were equal; and then of course the length of these hours varied with the season. But the mechanical clock kept equal hours, and this implied a new time reckoning. The Catholic Church resisted, not coming over to the new hours for about a century. From the start, however, the towns and cities took equal hours as their standard, and the public clocks installed in town halls and market squares became the very symbol of a new, secular municipal authority. Every town wanted one; conquerors seized them as especially precious spoils of war; tourists came to see and hear these machines the way they made pilgrimages to sacred relics. 他们对这个的反映就是说，A 不对，用这个来。B. It used clocks to better understand natural phenomena, like equinoxes 不对。C. It tried to preserve its own method of keeping time, which was different from mechanical-clock time。D. It used mechanical clocks to challenge secular, town authorities. 这个选 C，他们是对这个比较抵触、抵制的。

35. installed 是安装，装置。A. required 是要求，不对。B. expected by the majority of people 被多数人需要，期望。C. standardized 标准的。D. put in place 装置，安装。

36. 从第 5 段可以推断出中世纪的 clockmakers 表匠，The clock was the greatest achievement of medieval mechanical ingenuity. Its general accuracy could be checked against easily observed phenomena, like the rising and setting of the sun. The result was relentless pressure to improve technique and design. At every stage, clockmakers led the way to accuracy and precision; they became masters of miniaturization, detectors and correctors of error, searchers for new and better. They were thus the pioneers of mechanical engineering and served as examples and teachers to other branches of engineering. 他们成了机械工程的始祖了。这个可以看到他们这些最初的制造，制造时钟的工人，Were able to continually make improvements in the accuracy of mechanical clocks。B. not well respected 这个不对，C. Sometimes made claims about the accuracy of mechanical clocks that were not true 这个也不对。D. Rarely shared their expertise with other

engineers 这个不对，这个选 A。

37. 第 5 段 answers which of the following question about mechanical clocks? 机械表的一个问题。A. How did early mechanical clocks work? 没回答这个。B. Why did the design of mechanical clocks affect engineering in general? C. How were mechanical clocks made? 没有讲到。D. What influenced the design of the first mechanical clock? What influenced the design of the first 也没有说，这个就是说他们会对其他工程有影响，所以选 B。

38. pioneers 是先驱、先锋，应该是 leaders。B. opponents 是对手，不对，C. employer 是雇主，D. guardians 是护卫，leaders 吧，应该选 A。

39. 根据第 6 段，how did the mechanical clock affect labor? 对劳动力有什么影响。The clock brought order and control, both collective and personal. Its public display and private possession laid the basis for temporal autonomy: people could now coordinate comings and goings without dictation from above. The clock provided the punctuation marks for group activity, while enabling individuals to order their own work so as to enhance productivity. Indeed, the very notion of productivity is a by-product 副产品, once one can relate performance to uniform time units, work is never the same. One moves from the task-oriented time consciousness of the peasant and the time-filling busyness of the domestic servant , to an effort to maximize product per unit of time. 这个就是说 encouraged workers to do more time-filling busywork. B. It enabled workers to be more task oriented. C. It pushed workers to work more hours every day. D. It led to a focus on productivity. how did the mechanical clock affect labor, 这个 D 是不对的，因为文中说这个是 by-product, 是副产品。这个应该主要是说，对 labour 来说，once one can relate performance to uniform time units, busywork 是不对的，task oriented 都是最开始的，应该是 pushed workers to work more hours every day, 应该是，最大限度利用每一个单位时间，就是说工作时间越来越多吧，我感觉是。

40. 这句话要放在哪里。The division of time no longer reflected the organization of religious ritual. The division of time no longer reflected the organization of religious ritual. 这个是说 church time was nature's time, Day and night were divided into the same number of parts, so that except at the equinoxes, day and night hours were equal; and then of course the length of these hours varied with the seasons. But the mechanical clock kept equal hours, and this implied a new time reckoning. 这里有个转折，mechanical clock kept equal hours, and this implied a new time reckoning. The Catholic Church resisted, not coming over to the new hours for about a century. From the start,

however, the towns and cities took equal hours as their standard,这个 nature's time,前面说不再反映宗教的组织,所以前面应该出现宗教。Day and night were divided into the same number of parts, so that except, day and night hours were equal; and then of course the length of these hours varied with the seasons. But the mechanical clock kept equal hours, and this implied a new time reckoning. 应该放在第三个位置,就说机械钟表,出现了一个新的计时方式,这个对时间的划分不再是宗教仪式安排的反映,所以他们要抵制,对,所以选这个。

41. 这个还是一个 summary。The introduction of the mechanical clock caused important changes to the society of medieval Europe. 机械钟表的发明对中世纪的欧洲,中世纪的欧洲的社会产生了重要的改变。改变,一个就是说,The increasing complexity of social and economic activity in medieval Europe led to the need for a more dependable means of keeping time than sun and water clocks provided. 这个是 introductory sentence. B. Because they were unreliable even in sunny climates,这个不对啊,sun clock 这种是可靠的,这个不对,这句话都是错的。C. Before the mechanical clock, every city wanted a large number of timekeepers because more timekeepers allowed for better organization of collective activities. 这个是错的,应该是一个 authoritative timekeeper。D. Soon after the invention of the mechanical clock, sun and water clocks became obsolete because mechanical clocks were far more accurate. 这是错的,水滴计时被遗弃了,但太阳,日晷这个一直都在用的,没有过时。这就只剩 AEF 了,其他三个都是错的,被排除了,就不用再看了。

第5章　六级、雅思、托福口语考试形式与题型
对考官和考生会话特征的影响

I. 六级口语测试样本视频转录

表1　六级口语测试样本视频

样本视频	六级
总时长	15分24秒
总词数	1 088
第一部分	自我介绍
第二部分	简短回答(考官问题缺失:考生B回答缺失)
第三部分	个人陈述
第四部分	双人互动
第五部分	深度问答(考官问题缺失)

1. E:Hello,welcome to the cet(.)spoken English test,we wish you(.)<BOTH good luck> today. Now

2. let's begin(.)<with SELF-introductions>. Candidate A,would you please start=

3. CA:=My name is Leeky. I'm from Hefei(.)in Anhui Province. I study in Anhui University and major

4. in English. I like traveling with my friends(.)because traveling can enlarge my vision(.)as well as

5. my mind. Thank you(4.00)

6. E:Thank you,Candidate B,now it's YOUR turn=

7. CB:=Ii'm ,Mike,22 years old,from Hefei,Anhui Province. I'm from the Computer Department(.)

8. and my major is Computer System. I'm outgoing(.)and easygoing. My friends all like me. In my

9. spare time,I like playing basketball best,and I also like the computer very much.

10. E:Thank you. Ok. Now we know each other,let's go on. First(.)I'd like to ask(.)<each of you> a

11. question=

12. CA:=It is well known in China(.)that college entrance examination is very important(.)because

13. for Chinese(.)only if a student can study in a good university,then(.)he can find a good

14. job(.)after graduation. This is an over extremely view. During high school study(.)not only the

15. students(.)but the parents stand(hard)stress. This period is not good for students-(2.00)

16. E:Now let's move on(.)to something(.)more specific. The topic(.)for our discussion today(.)is

17. the <college entrance examination>. Each of you(.)will see a card with the instructions(.)< for

18. YOUR presentation>. You have one minute(.)to prepare. And each of you(.)will have one and

19. a half minutes(.)to give YOUR presentation. Now look at your card(9.00)Now candidate A,

20. please begin =

21. **CA**:=First there is no choice for students. All students(.)are demanded(.)to take the college

22. entrance examination. Some students(.)may not do well(.)in academic study(.)but are

23. talented in arts. However,there is still(.)a basic standard(.)they have to achieve(.)in the

24. examination. Then(.)they can go to college. Secondly,the disciplines arrangement(.)in high

25. school(.)is not reasonable. The students are required(.)to choose(.)between liberal art major

26. (.)and science major. The former(.)have no need to study physics,chemistry(.)and biology.

27. The latter(.)have no need(.)to study geography,politics(.)and history. Neither(.)of the two

28. kinds(.)is beneficial for students'feature development. That's all(5.00)

29. **E**:Candidate B,now it's YOUR turn(2.00)

30. **CB**:Due to(.)the college entrance examination,Chinese parents(.)and teachers(.)extremely

31. care about the grades. But the grades(.)doesn't mean anything. There are(.)many

32. possibilities(.)for a student. Study(.)is not(.)the only. While the college entrance

33. examination(.)was studied(.)long(.)time(.)ago. It mainly focus on(.)the subjects(.)grades.

34. But(.)in today's china,it can't(sured)for the students(.)now. Some students(.)may not do

35. well in study. But they may(.)have a talent in other field(.)such as(.)those sporting star(.)

36. and movie stars. The college entrance examination(.)should be changed to focus on for

37. developments(.)for students(5.00)

38. **E**:Right,now(.)we've talked briefly(.)about the college entrance examination. I'd like YOU

39. (.)to develop this topic further(.)and have a discussion(.)for about <four and a half minutes>.

40. During the discussion,you may argue,and(.)ask each other questions. Are discussion(.)is

41. about the effect(.)of the recent reform(.)of the college entrance examination. Remember

42. (.)this is(.)a pair activity,and you need to interact(.)with each other. So(.)don't keep talking

43. without giving(.)the other a chance. Now let's begin(2.00)

44. **CB**:What's your attitudes(.)towards the college entrance examination reform =

45. **CA**:=One of the biggest reforms is that English(exits)from the three basic subjects(.)in

46. college entrance examination. For the future high school students,they can take(.)the English

47. exams(.)for several times(.)until they are satisfied with the goal(.)they get. But(.)universities

48. would have basic requirement(. .)of the english standard for the candidate students. To me(.)I

49. think this is(. .)a double-edged sward. um,what's your opinion(.)about the reform(2.00)

50. **CB**:On the one hand,I think(.)the college entrance examination reform(.)is a good news for

51. the high school students. Due to the reform,the students(.)would have a relief(.)on subjects

52. studying(.)and earn(.)a chance(.)for(.)full development(.)for their future. On the other hand,

53. the reform(.)would also be(.)a challenge(.)for teachers(.)and schools(.)because it's totally(.)

54. a new way of teaching. The teacher(.)have to change their old ways. This may be difficult.

55. **CA**:do you think that(.)English should be one of the three basic subjects(.)in college entrance

56. examination? =

57. **CB**:=As a science student,I don't think(.)it's necessary(.)for us(.)to have the English tests.

58. We would have more time(.)to learn more about the science subjects(.)if we don't have the

59. English tests. But I don't mean(.)that we shouldn't have English class at high school. Due to

60. the globalization,English is very important(.)for all people in this world(10.00)

61. **E**:All right. That's the END of the discussion. Now(.)I would like to ask you <just one last

62. question>(.)on the topic of(.)<the college entrance examination>=

63. **CA**:=First(.)government should provide equal education resources for our minority areas like(.)

64. Tibet,Xinjiang(.)autonomous area. The students in these areas(.)basically accept unjust

65. education(.)for economical(.)and geographical disadvantage. It is the government(.)who(.)

66. needs to improve(.)the situation. Second(.)the choice of major in colleges and universities(.)

67. should be made up to the students(.)are fully familiar with the majors. Nowadays(.)the

68. students(.)make decisions(.)to their major(.)before the courses really begins. This is not

69. reasonable(.)or scientific.

70. **E**:that's(.)the END of the test. Thank you.

Ⅱ. 雅思口语测试样本视频转录

表 2　雅思口语测试样本视频

样本视频	雅思
总时长	12 分 58 秒
总词数	2 136
第一部分	简介及问答
第二部分	个人陈述
第三部分	双向讨论

Part 1

1. **E**：Now I'd like to ask some questions about YOURSELF. Um, let's talk about where you live, do

2. you live in a house or an apartment? =

3. **C**：=I live in an apartment, um, an apartment locates at, yeah, north thirdary road(.) and(.) it's

　　4(.) very close to a park, so(.) the view is wonderful there.

4. **E**：Do you like your home? =

5. **C**：=Yeah, I like my home very much.

6. **E**：Why? =

7. **C**：=Because(.) only if you stay at home, you get a sense of(.) where you belong to(.) and you

8. have the relaxing(.) that feeling that makes you feel that(.) you like it. Ok!

9. **E**：What are the advantages and disadvantages of living there? =

10. **C**：=Well, the(.) biggest disadvantage(.) that i'd like to put it first is the, yeah, traffic(.) because

11. as you know beijing is(in) busy traffic hour, traffic tends to be(.) very(.) very bad. (So as to

12. waiting) hours and hours to get a taxi, if I want to go somewhere, and(.) that is the biggest

13. disadvantage(.) for living(.) in town. But the(.) biggest(.) advantage, they can have, is very

14. convenient for you to go to(.) other parts of the city because(.) the, the, the metro, the

15. subway, is very convenient linked everywhere(.) that you want to go.

16. **E**：Ok. Let's move on to talk about food. What's your main meal of the day? =

17. **C**：=My main meal of the day, it quiet(not right) many because I'm northern, I'm from north

18. part of the China, the northers, so(.) rice, easy, is main food in my hometown(.) so(.) most of

19. the time, HA, we have to each one, one rice(.)for the yeah three meal.

20. **E**: Do you like to try different kinds of food?　＝

21. **C**: ＝Sure, I'd like to try different kinds of food. Not only because(.)Beijing is(.)is a big city

　　(.)23 and it has all kinds of food(.)all round the world(.)actually. So we can have(.)the

　　food(.)

22. from the southeast asia(.)and we can have the Italian food, (xxx food), European style, so

23. there are all kinds of food, a lot of variety we can select.

24. **E**: Let's talk about languages. How many different languages do you speak?　＝

25. **C**: ＝Ah, I speak English for sure, but I also speak a little bit of French(.)because English is my

26. first major in university, and we have to, we have to(.)study a secondary language(.)as(.)

27. assist, we pick up English as first language(so as)speak, a little of French, and a little bit of

28. Thailand, a little of Thai, because I like to travel a lot to Thailand, em.

29. **E**: How important do you think is to speak the languages?　＝

30. **C**: ＝Ok, language is very important(.)in terms of communication(.)and(.)it makes the people

31. from different cultures to understand you easily, so, em, it provides all excess to(.)the, the,

32. for example, you go to a different culture, and(.)if you've been able to speak the local

33. language(.)and makes all(.)the things you want to do much easier(.)because, yeah, you

34. know, you can communicate(.)the more important thing.

35. **E**: and what is the most effective ways to learn the new languages?　＝

36. **C**: ＝I think the most effective way(.)to learn a new language(.)is to put yourself into a culture

37. first, that you can be able to understand(.)the way people to think(.)and try to imitate the,

38. imitate tone and(.)other gestures, and, yeah, try to be localization's ideas, I think, very

39. important(.)in terms of(.)learning a new language.

40. **E**: Ok.

Part 2

41. **E**: I'm going to give you a TOPIC. I'd like you to talk it for one to two minutes. Before you talk(.)

42. I'm going to give you one minute to think about(.)what you are going to say, you can make

43. notes(.)as you wish. Do you understand?　＝

44. **C**: ＝Yes, I understand.

45. **E**: I'd like you to talk about the building(.)that you have seen(.)in the passage. Remember

46. you have one minute (xxx) to prepare (.) before the minute is up. =

47. **C**：= Ok. (60.00)

48. **E**：Thank you. Could you start speaking now please? =

49. **C**：= Yeah. I'd like to tell you (.) something about the library (.) in my high school. It was a, um,

50. (vet) building (.) that is made of bricks. And (.) the one thing special about the building the

51. have the (.) big arch in front of the steps of the library. And the arch is shaped as an opened

52. book, it was a very elegant one. And (.) when you're walking into the door of the library, you'll

53. see this quartiered, and right about the quartiered (.) is the transparent roof. So when it's like

54. in sunny weather. The sunshine will just splik everywhere in the library (.) because every level

55. of this building is constructed around this quartiered shape. It's very beautiful and on the

56. highest floor, there is the roof garden (.) right below this transparent roof. So it's like (.) no

57. matter what like in the rainy days or in the sunny days the garden is one of my best place, in,

58. em, one of my most favourite place (.) in my high school because (.) the view there is

59. definitely gorgeous. And I think the other reason why I love this building so much (.) is because,

60. um, I had so many good memory there to spend with my friends and my teachers. That's all,

61. thank you.

62. **E**：Can you say a bit more about that? =

63. **C**：= My, um, this building? =

64. **E**：= Um

65. **C**：Ok. This I would like to talk about the design (.) because it was one of the awarded building

66. (.) in my province. The design as I told you (.) is quartiered, so the first floor (.) by you walked

67. right below the quarteried, there is the wall (.) where (.) the (.) there is a kind of sculpture (.)

68. that is curved on the wall. It's about students and teachers. This is a very (.) the work is very

69. delicate. And it's a very beautiful picture, picture in there, and i think (.) use the words (.)

70. behind this wall, sorry, behind this wall there is the meeting hall and when I was study in that

71. high school-

72. **E**：Ok, thank you. Your time is up. And and are your friends or family equally impressed by the

73. building? =

74. **C**：= Yes.

75. **E**：Ok, thank you.

Part 3

76. **E:**Now I'm going to move on to part 3 of the speaking test,we've been talking about the

77. building that's impressed you. I'd like to discuss with you one or two general questions relate

78. to this topic. And,um,<what are the key features you look for when choosing somewhere to 81 live>? =

79. **C:** =Key features?

80. **E:**Um.

81. **C:**Ok. To begin with,I'll chose the city(.)where there is river(.)flow in the middle of the city.

82. **E:**Um,why?

83. **C:**Um,I think(.)it's kind of the city i was born,it has a beautiful river,and i think it's some

84. kind of habit. And second reason that is I find a river is very important to the city,um,if it have

85. a river,you can build a lot of facilities along the river for their citizens to enjoy.

86. **E:**Do you think most people think rivers are important? =

87. **C:** = I don't think so,actually,I'm the only one who I have found think like this(xxx).

88. **E:**What do your friends and other people you talked to think of the key feature(.)when

89. looking for some one to live? =

90. **C:** =It's convenient to live their daily life there,like(.)to have the big shopping malls,just this

91. kind of things.

92. **E:**The facilities are-

93. **C:**The facilities are important(.)and,um,if there is career opportunities up down from there,

94. I think,it's one of the most important features(.)looking for.

95. **E:**What do you think is the most important(.)what do you think is the most important thing(.)

96. that makes a building a home(.)rather than(.)just some where to live? =

97. **C:** =Who are you living with.

98. **E:**Why? =

99. **C:** =Because I like the building is(the old)thing,the apartment is(the old)thing,the

100. decoration(.)is no(.)not a big thing. But the people you are living with,I think,is the(.)core

101. of a family.

102. **E:**You mean the family or you mean the neighbors they are? =

103. **C:** =Just the family.

104. **E:**So the neighbors-

105. **C**:That does matter? But not matters(.)as important as than my family.

106. **E**:How do you imagine your home,um,can be different in ten years(.)in the future(.)

107. compared to now? =

108. **C**:=My home? =

109. **E**:=Just home.

110. **C**:There would be more high-tech things. One of my friends,he went to paris(.)months ago,

111. and he told us that a kind of(xxx curtain)(.)that you(can not be remoted with any water),I

112. think,it's something going to happen in every house(.)in the recent years.

113. **E**:Um,do you think that's a good thing? =

114. **C**:=I think,somehow,it's a good thing. It gets people become(.)lazier while they also make(.)

115. our life more convenient.

116. **E**:Is the convenience in the home(in our home),are the priority for a lot of people? =

117. **C**:=I don't know a lot of people,but for me(.)convenience is important.

118. **E**:Ok,let's move on to talk about people(.)who do not have homes.

119. **C**:Um.

120. **E**:Many people in the world are homeless,including people in china. Um,do you think these

121. homeless people are basically be responsible(.)for their situation? =

122. **C**:=Um,partly,but I think,em,like,em,in the higher level,they are,they are,they

123. responsible,they should be responsible by the government,the whole society.

124. **E**:So you should(.)you think the government should,should-

125. **C**:Take care of them.

126. **E**:How should to take care of them? =

127. **C**:=Shelter them,build shelters for them,and try to find them jobs.

128. **E**:And,do you think that(.)in China especially do you think(.)your home that's the

129. byproduct of the rapid economy growth that's going on? =

130. **C**:=Um,I don't really think so. I think they are many reasons to Chinese,this so called Chinese

131. miracle,but(.)I don't think(.)there is one of the(.)sacrifice for the reason of the rapid

132. development of economy though.

133. **E**:Ok,what do think can be done to reduce the number of homeless people in the future? =

134. **C**:=In large,this,um,pre,provide more jobs.

135. **E**:How can jobs be provided? Government jobs or private sector jobs? =

136. **C**: =Build new bridge,build new road,refresh this old buildings,and(.)that was the

137. Roosevelt(.)doing in the America,I think that's always one of the solutions.

138. **E**:Ok,time is up,but that's(.)the end of the speaking test.

Ⅲ. 托福口语测试样本视频转录

表 3　托福口语测试视频

测试流程	托福
总时长	2 分 45 秒
总词数	799
第一部分	话题表述(缺失)
第二部分	个人选择
第三部分	匹配与解释(缺失)
第四部分	通用与专用
第五部分	问题与解决方案
第六部分	总结(缺失)

Question 2

1. **E**:Some people(.)think it is more fun to spend time with friends in restaurants or

2. cafes. Others(.)think it is more fun to spend time with friends at home. <WHICH

3. do you think is better? Explain why>(15.00)

4. **C**:I actually only spend time(.)with my friends(.)in restaurants and cafés,um,

5. almost(.)never at home because my apartment is very small(.)and there is just

6. almost nothing to do. Um,um on the outside and café and restaurants,it's much

7. more—there are more people. The atmosphere is usually good. And(.)Maybe

8. there's some music playing. Usually we meet to discuss things(.)and meet other

9. people and meet people we do not know,possibly. There's always a chance to get to

10. know someone and it's always exciting. For me,it's much more exciting than just

11. staying at home,um,and(.)in the environment that I know and am familiar with. I

12. think that's boring.

Question 4

13. **E**:I think(.)this will help you get a picture of what your textbook is describing.

14. **E**:I remember(.)passing by a classroom early one morning(.)just as he was

15. leaving,and he looked terrible. His clothes were all rumpled(.)and he looked like

16. he hadn't slept all night,and I asked if he was okay. I was surprised(.)when he

17. said that he never felt better,that he was totally happy. He had spent the entire

18. night in the classroom(.)working on a mathematics puzzle. He didn't stop to eat

19. dinner. He didn't stop to sleep. So,he worked furiously all night(.)and covered

20. the blackboards in the classroom with equations and numbers(.)and never realized

21. that time was passing by.

22. **E**:what it's asking?

23. **E**:<Explain FLOW and how the example used by the professor illustrates the

24. concept>. (30.00)

25. **C**:The passage is talking about the general information about the flow,and the

26. professor illustrated the(.)example of that. And(.)He said he met(.)a friend of,a

27. friend who teached,who taught(.)physics,and three years ago,he(.)accidentally

28. met the,met his friend. And(.)he found that his friend was,his friend's clothes

29. were all rumbled,and he asked him(.)he's okay,and he said,the friend said(.)he

30. (.)was so concentrated on the mathematical puzzle(.)that he,he didn't sleep(.)or

31. rest,and even,and also he didn't actually eat,and actually the(.)he thinks that(.)

32. his friend came across to the(.)mathematic puzzle,and he couldn't realize that(.)

33. the time was passing by,and his friend actually was in the flow.

Question 5

34. **Female Voice**:Another option,I guess,is to form(.)a study group with other students. That

won't cost you any money.

35. **Male Voice**:That's a thought. Although,once I was in a study group and it was a

36. big waste of time. We usually ended up talking about other stuff like what we did

37. over the weekend.

38. **Female Voice**:But,that was for a different class,right? I've actually had some

39. pretty good experiences with study groups. Usually students in the same class have

40. different strengths and weaknesses with the material. If they're serious about

41. studying, they can really help each other out. Think about it.

42. **E**: Briefly summarize the problem(.) the speakers are discussing. Then state which

43. SOLUTION(.) you would recommend. Explain the REASONS for your

44. recommendation.

45. **C**: The man has a problem that(.) he takes a calculus test that he does not do well

46. in the calculus. So(.) he's worried about the final. There are two possible solutions.

47. The first one is that(.) the tutoring program, and the second solution is to form a

48. study group. I think that the second solution is better than the first one for several

49. reasons. The first reason is that(.) study group does not(.) need money, but still

50. gets help. Also, students in the study group(.) take the same class. So, they can

51. explain to each other(.) what the lecture said about. Um, finally, if students

52. concentrate on the study group, um, they can improve their grades at final exam

53. because they can talk about(.) the class concepts.

第7章 基于考生证据的六级、雅思、托福口语测试反拨效应对比研究

Ⅰ.问卷

1.六级口语问卷

大学英语六级口语测试的质量与影响研究(考生问卷)

同学您好!本问卷的目的是了解大学英语六级口语测试的质量及其对考生的影响。请认真思考并判断以下陈述是否符合您的真实情况。**答案没有对错之分,请真实地填写或选择答案。**填写本问卷需要15~20分钟,非常感谢您的支持与配合。

1. 您的性别:□男 □女 年龄:_____岁

2. 您之前是否参加过大学英语六级口语测试:□是 □否

　 若是,您上一次的六级口语测试成绩为_____

3. 您目前就读的学校类型:□985高校 □211高校 □其他一本

　　　　　　　　　　　　□二本 　　　 □三本

　　　　　　　　　　　　□其他类院校(请注明)_____

4. 您目前所在的年级:□大一 □大二 □大三 □大四 □大五

　　　　　　　　　　□硕士研究生 　 □博士研究生

5. 您的专业:_____

　　 该专业属于:□哲学 □经济学 □法学 □教育学 □文学 □历史学 □理学

　　　　　　　　□工学 □农学 □医学 □军事学 □管理学 □艺术学

6. 本部分想了解您**参加六级口语测试的目的**,请在每项后选出符合您实际情况的数字。

　 (1=完全不同意,2=不太同意,3=不确定,4=比较同意,5=完全同意)

(1)了解自己英语的强项和弱项	1	2	3	4	5
(2)证明自己的英语口语水平	1	2	3	4	5
(3)促进英语学习	1	2	3	4	5
(4)获得权威机构的英语水平证明/证书	1	2	3	4	5
(5)评优评奖	1	2	3	4	5
(6)学校要求	1	2	3	4	5
(7)国内升学	1	2	3	4	5
(8)国内求职	1	2	3	4	5
(9)出国留学	1	2	3	4	5

7. 您备考六级口语测试**总共用时**多长？

　□无　□半个月以内　□1 个月以内　□2 个月以内　□3 个月以内

　□3 个月以上

8. 您备考六级口语测试**平均每天用时**多长？

　□无　□半小时以内　□1 小时以内　□2 小时以内　□3 小时以内

　□3 小时以上

9. 本部分想了解**您进行六级口语备考活动的频率**，请在每项后选出符合您实际情况的

数字。

　(1=从不，2=偶尔，3=有时，4=经常，5=总是)

(1) 查阅口语测试辅导书	1	2	3	4	5
(2) 参加口语测试辅导班课程	1	2	3	4	5
(3) 查阅测试中文官网	1	2	3	4	5
(4) 自己分析口语题型	1	2	3	4	5
(5) 练习官方口语测试样题	1	2	3	4	5
(6) 练习往年口语测试真题	1	2	3	4	5
(7) 练口语测试模拟题	1	2	3	4	5
(8) 与同伴进行口语测试练习	1	2	3	4	5
(9) 观看官方口试录像样本视频	1	2	3	4	5
(10) 将口语练习录音与样本比较	1	2	3	4	5
(11) 按照测试时间计时口语练习	1	2	3	4	5
(12) 总结口语常考话题	1	2	3	4	5
(13) 总结口语模板	1	2	3	4	5
(14) 总结口语常用句型	1	2	3	4	5
(15) 口头概括英语阅读材料大意	1	2	3	4	5
(16) 电脑上练习口语，以适应机考形式	1	2	3	4	5
(17) 背单词和短语	1	2	3	4	5
(18) 背口语模板	1	2	3	4	5
(19) 背口语范文	1	2	3	4	5
(20) 背口语素材	1	2	3	4	5
(21) 听英语材料	1	2	3	4	5

续表

(22)朗读英语材料	1	2	3	4	5
(23)做配音练习	1	2	3	4	5
(24)做口译练习	1	2	3	4	5
(25)网上英语交流	1	2	3	4	5
(26)查阅六级口语测试经验帖	1	2	3	4	5
(27)与同伴互听口语表达录音	1	2	3	4	5
(28)向老师请教提高口语测试成绩的方法	1	2	3	4	5
(29)与同伴交流口语备考经验、感受	1	2	3	4	5
(30)鼓励自己,增强六级口语测试信心	1	2	3	4	5

10. 本部分想了解您在六级口语测试过程中使用的方法/技能,请在每项后选出符合您实际情况的数字。

(1=完全不同意,2=不太同意,3=不确定,4=比较同意,5=完全同意)

(1)确保发音准确	1	2	3	4	5
(2)确保语调自然	1	2	3	4	5
(3)使用正确的语法	1	2	3	4	5
(4)使用恰当准确的词汇	1	2	3	4	5
(5)使用丰富多样的词汇	1	2	3	4	5
(6)确保表达通顺流利	1	2	3	4	5
(7)确保内容切题	1	2	3	4	5
(8)确保内容完整	1	2	3	4	5
(9)确保逻辑连贯	1	2	3	4	5
(10)确保中心明确,重点突出	1	2	3	4	5
(11)确保语速适中,不会过快或过慢	1	2	3	4	5
(12)避免说自己不了解的内容	1	2	3	4	5
(13)用举例的方式解释所要陈述的信息	1	2	3	4	5
(14)将母语构思的内容转换成英语	1	2	3	4	5
(15)准备阶段翻译提示信息	1	2	3	4	5

续表

(16)准备阶段写下要表达的要点	1	2	3	4	5
(17)提醒自己不要紧张,设法降低焦虑	1	2	3	4	5
(18)说得越多越好,尽量说满规定时间	1	2	3	4	5

11. 本部分想了解**您对六级口语测试的评价**,请在每项后选出符合您实际情况的数字。

(1=完全不同意,2=不太同意,3=不确定,4=比较同意,5=完全同意)

(1)口语测试持续时间长	1	2	3	4	5
(2)口语测试准备时间充足	1	2	3	4	5
(3)口语测试回答时间充足	1	2	3	4	5
(4)口语测试难度小	1	2	3	4	5
(5)口语测试指令明确	1	2	3	4	5
(6)口语测试话题贴近学习生活	1	2	3	4	5
(7)口语测试评分标准清晰明了	1	2	3	4	5
(8)测试环境安静、舒适	1	2	3	4	5
(9)我更喜欢机考方式而非面试方式	1	2	3	4	5
(10)口语成绩能准确反映我的口语水平	1	2	3	4	5

12. 本部分想了解**您对六级口语测试的自信程度**,请在每项后选出符合您实际情况的数字。

(1=完全不同意,2=不太同意,3=不确定,4=比较同意,5=完全同意)

(1)我有信心考好六级口语测试	1	2	3	4	5
(2)若认真准备,我能考好六级口语测试	1	2	3	4	5
(3)预计这次六级口语测试我能考出好成绩	1	2	3	4	5
(4)认真准备后,我有把握提高六级口语分数	1	2	3	4	5

13. 您预计**本次六级口语测试得分**为：

☐A+ ☐A ☐B+ ☐B ☐C+ ☐C ☐D

14. 本部分想了解**六级口语测试对您的影响**，请在每项后选出符合您实际情况的数字。

（1=完全不同意，2=不太同意，3=不确定，4=比较同意，5=完全同意）

(1)能提高英语学习兴趣	1	2	3	4	5
(2)能增强自信心	1	2	3	4	5
(3)能使英语表达更地道	1	2	3	4	5
(4)能使英语表达内容更准确	1	2	3	4	5
(5)能使我更重视英语口语学习	1	2	3	4	5
(6)能提高口语水平	1	2	3	4	5
(7)能提高思辨能力	1	2	3	4	5
(8)能提高听力水平	1	2	3	4	5
(9)能提高英语口语交际能力	1	2	3	4	5
(10)能提高应变能力	1	2	3	4	5
(11)会打击英语学习积极性	1	2	3	4	5
(12)会加重学习负担	1	2	3	4	5
(13)会加重经济负担	1	2	3	4	5
(14)使我感到焦虑不安	1	2	3	4	5
(15)担心考不好，会影响他人对我的评价	1	2	3	4	5
(16)由于紧张，没有发挥出正常水平	1	2	3	4	5
(17)机考缺乏面对面交流，增加了焦虑感	1	2	3	4	5
(18)考生同时考口语，会干扰自己思路	1	2	3	4	5

本次调查结果仅作研究用，我们会对您提供的信息绝对保密

问卷到此结束，再次感谢您的支持与配合

2. 雅思口语问卷

雅思口语测试的质量与影响研究(考生问卷)

同学您好！本问卷的目的是了解雅思口语部分的质量及其对考生的影响。请认真思考并判断以下陈述是否符合您的真实情况。**答案没有对错之分,请真实地填写或选择答案。**填写本问卷需要 15~20 分钟,非常感谢您的支持与配合。

1. 您的性别:□男　□女　您的年龄:_____岁

2. 您之前是否参加过雅思测试:□是　□否

若是,您上一次**雅思总分**为_____,其中**口语**得分为_____

3. 您目前就读的学校类型:□985 高校　□211 高校　□其他一本　□二本　□三本

□其他类院校(请注明)_____

4. 您目前所在的年级:□大一　□大二　□大三　□大四　□大五

□硕士研究生　　□博士研究生

5. 您的专业:_____

该专业属于:□哲学　□经济学　□法学　□教育学　□文学　□历史学　□理学

□工学　□农学　□医学　□军事学　□管理学　□艺术学

6. 本部分想了解您**参加雅思测试的目的**,请在每项后选出符合您实际情况的数字。

(1=完全不同意,2=不太同意,3=不确定,4=比较同意,5=完全同意)

(1)了解自己英语的强项和弱项	1	2	3	4	5
(2)证明自己的英语口语水平	1	2	3	4	5
(3)促进英语学习	1	2	3	4	5
(4)获得权威机构的英语水平证明/证书	1	2	3	4	5
(5)评优评奖	1	2	3	4	5
(6)学校要求	1	2	3	4	5
(7)国内升学	1	2	3	4	5
(8)国内求职	1	2	3	4	5
(9)出国留学	1	2	3	4	5
(10)出国工作	1	2	3	4	5
(11)移民	1	2	3	4	5

7. 您备考雅思**总共用时**多长？

□无　□半个月以内　□1 个月以内　□2 个月以内　□3 个月以内

□3 个月~半年　　　□半年~1 年　　□1 年以上

8. 您备考雅思口语**平均每天用时**多长？

□无　□半小时以内　□1 小时以内　□2 小时以内　□3 小时以内

□4 小时以内　　　□4 小时以上

9. 本部分想了解**您进行雅思口语备考活动的频率**，请在每项后选出符合您实际情况的数字。

（1=从不，2=偶尔，3=有时，4=经常，5=总是）

(1) 查阅口语测试辅导书	1	2	3	4	5
(2) 参加口语测试辅导班课程	1	2	3	4	5
(3) 查阅雅思中文官网	1	2	3	4	5
(4) 查阅雅思英文官网	1	2	3	4	5
(5) 自己分析口语题型	1	2	3	4	5
(6) 练习官方口语测试样题	1	2	3	4	5
(7) 练习往年口语测试真题	1	2	3	4	5
(8) 练习口语测试模拟题	1	2	3	4	5
(9) 与同伴进行口语测试练习	1	2	3	4	5
(10) 观看官方口试录像样本视频	1	2	3	4	5
(11) 将口语练习录音与样本比较	1	2	3	4	5
(12) 按照测试时间计时口语练习	1	2	3	4	5
(13) 总结口语常考话题	1	2	3	4	5
(14) 总结口语模板	1	2	3	4	5
(15) 总结口语常用句型	1	2	3	4	5
(16) 口头概括英语阅读材料大意	1	2	3	4	5
(17) 背单词和短语	1	2	3	4	5
(18) 背口语模板	1	2	3	4	5
(19) 背口语范文	1	2	3	4	5
(20) 背口语素材	1	2	3	4	5
(21) 听英语材料	1	2	3	4	5
(22) 朗读英语材料	1	2	3	4	5

续表

(23)做配音练习	1	2	3	4	5
(24)做口译练习	1	2	3	4	5
(25)网上英语交流	1	2	3	4	5
(26)查阅雅思口语机经	1	2	3	4	5
(27)与同伴互听口语表达录音	1	2	3	4	5
(28)向老师请教提高口语测试成绩方法	1	2	3	4	5
(29)与同伴交流口语备考经验、感受	1	2	3	4	5
(30)鼓励自己,增强雅思口语测试信心	1	2	3	4	5

10. 本部分想了解**您在雅思口语测试中使用的方法/技能**,请在每项后选出符合您实际情况的数字。

(1=完全不同意,2=不太同意,3=不确定,4=比较同意,5=完全同意)

(1)确保发音准确	1	2	3	4	5
(2)确保语调自然	1	2	3	4	5
(3)使用正确的语法	1	2	3	4	5
(4)使用恰当准确的词汇	1	2	3	4	5
(5)使用丰富多样的词汇	1	2	3	4	5
(6)确保表达通顺流利	1	2	3	4	5
(7)确保内容切题	1	2	3	4	5
(8)确保内容完整	1	2	3	4	5
(9)确保逻辑连贯	1	2	3	4	5
(10)确保中心明确,重点突出	1	2	3	4	5
(11)确保语速适中,不会过快或过慢	1	2	3	4	5
(12)避免说自己不了解的内容	1	2	3	4	5
(13)用举例的方式解释所要陈述的信息	1	2	3	4	5
(14)将母语构思的内容转换成英语	1	2	3	4	5
(15)准备阶段翻译提示信息	1	2	3	4	5
(16)准备阶段写下要表达的要点	1	2	3	4	5
(17)提醒自己不要紧张,设法降低焦虑	1	2	3	4	5
(18)说得越多越好,尽量说满规定时间	1	2	3	4	5

11. 本部分想了解**您对雅思口语的评价**，请在每项后选出符合您实际情况的数字。

（1＝完全不同意，2＝不太同意，3＝不确定，4＝比较同意，5＝完全同意）

（1）口语测试持续时间长	1	2	3	4	5
（2）口语测试准备时间充足	1	2	3	4	5
（3）口语测试回答时间充足	1	2	3	4	5
（4）口语测试难度小	1	2	3	4	5
（5）口语测试指令明确	1	2	3	4	5
（6）口语测试话题贴近学习生活	1	2	3	4	5
（7）口语测试评分标准清晰明了	1	2	3	4	5
（8）测试环境安静、舒适	1	2	3	4	5
（9）我更喜欢机考方式而非面试方式	1	2	3	4	5
（10）口语成绩能准确反映我的口语水平	1	2	3	4	5
（11）考官发音准确清晰	1	2	3	4	5
（12）考官提问灵活、有针对性	1	2	3	4	5

12. 本部分想了解**您对雅思口语部分的自信程度**，请在每项后选出符合您实际情况的数字。

（1＝完全不同意，2＝不太同意，3＝不确定，4＝比较同意，5＝完全同意）

（1）我有信心考好雅思口语测试	1	2	3	4	5
（2）若认真准备，我能考好雅思口语测试	1	2	3	4	5
（3）预计这次雅思口语测试我能考出好成绩	1	2	3	4	5
（4）认真准备后，我有把握提高雅思口语分数	1	2	3	4	5

13. 您预计**本次雅思口语得分**为：

□≤4.5　□5　□5.5　□6　□6.5　□7　□7.5　□8　□8.5　□9

14. 本部分想了解**雅思口语部分对您的影响**，请在每项后选出符合您实际情况的数字。

（1＝完全不同意，2＝不太同意，3＝不确定，4＝比较同意，5＝完全同意）

(1)能提高英语学习兴趣	1	2	3	4	5
(2)能增强自信心	1	2	3	4	5
(3)能使英语表达更地道	1	2	3	4	5
(4)能使英语表达内容更准确	1	2	3	4	5
(5)能使我更重视英语口语学习	1	2	3	4	5
(6)能提高口语水平	1	2	3	4	5
(7)能提高思辨能力	1	2	3	4	5
(8)能提高听力水平	1	2	3	4	5
(9)能提高英语口语交际能力	1	2	3	4	5
(10)能提高应变能力	1	2	3	4	5
(11)会打击英语学习积极性	1	2	3	4	5
(12)会加重学习负担	1	2	3	4	5
(13)会加重经济负担	1	2	3	4	5
(14)使我感到焦虑不安	1	2	3	4	5
(15)担心考不好,会影响他人对我的评价	1	2	3	4	5
(16)由于紧张,没有发挥出正常水平	1	2	3	4	5

本次调查结果仅作研究用,我们会对您提供的信息绝对保密

问卷到此结束,再次感谢您的支持与配合!

3. 托福口语问卷

托福口语测试的质量与影响研究(考生问卷)

同学您好!本问卷的目的是了解托福口语部分的质量及其对考生的影响。请认真思考并判断以下陈述是否符合您的真实情况。**答案没有对错之分,请真实地填写或选择答案。**填写本问卷需要 10~20 分钟,非常感谢您的支持与配合。

1. 您的性别:□男　□女 您的年龄:_____岁

2. 您之前是否参加过托福测试:□是　□否

　　若是,您上一次**托福总分**为_____,其中**口语**得分为_____

3. 您目前就读的学校类型:□985 高校　□211 高校　□其他一本　□二本

　　　　　　　　　　　　□三本　　　□其他类院校(请注明)_____

4. 您目前所在的年级：□大一　□大二　□大三　□大四　□大五

　　　　　　　　　　□硕士研究生　　□博士研究生

5. 您的专业：_____

　　该专业属于：□哲学　□经济学　□法学　□教育学　□文学　□历史学　□理学

　　　　　　　　□工学　□农学　□医学　□军事学　□管理学　□艺术学

6. 本部分想了解您**参加托福口语测试的目的**，请在每项后选出符合您实际情况的数字。

　（1＝完全不同意，2＝不太同意，3＝不确定，4＝比较同意，5＝完全同意）

(1) 了解自己英语的强项和弱项	1	2	3	4	5
(2) 证明自己的英语口语水平	1	2	3	4	5
(3) 促进英语学习	1	2	3	4	5
(4) 获得权威机构的英语水平证明/证书	1	2	3	4	5
(5) 评优评奖	1	2	3	4	5
(6) 学校要求	1	2	3	4	5
(7) 国内升学	1	2	3	4	5
(8) 国内求职	1	2	3	4	5
(9) 出国留学	1	2	3	4	5
(10) 出国工作	1	2	3	4	5
(11) 移民	1	2	3	4	5

7. 您备考托福测试**总共用时**多长？

　　□无　□半个月以内　□1个月以内　□2个月以内　□3个月以内

　　□3个月~半年　□半年~1年　□1年以上

8. 您备考托福口语**平均每天用时**多长？

　　□无　□半小时以内　□1小时以内　□2小时以内　□3小时以内

　　□4小时以内　□4小时以上

9. 本部分想了解**您进行托福口语备考活动的频率**，请在每项后选出符合您实际情况的数字。

　（1＝从不，2＝偶尔，3＝有时，4＝经常，5＝总是）

(1)查阅口语测试辅导书	1	2	3	4	5
(2)参加口语测试辅导班课程	1	2	3	4	5
(3)查阅托福中文官网	1	2	3	4	5
(4)查阅托福英文官网	1	2	3	4	5
(5)自己分析口语题型	1	2	3	4	5
(6)练习官方口语测试样题	1	2	3	4	5
(7)练习往年口语测试真题	1	2	3	4	5
(8)练习口语测试模拟题	1	2	3	4	5
(9)与同伴进行口语测试练习	1	2	3	4	5
(10)观看官方口试录像样本视频	1	2	3	4	5
(11)将口语练习录音与样本比较	1	2	3	4	5
(12)按照测试时间计时口语练习	1	2	3	4	5
(13)总结口语常考话题	1	2	3	4	5
(14)总结口语模板	1	2	3	4	5
(15)总结口语常用句型	1	2	3	4	5
(16)口头概括英语阅读材料的大意	1	2	3	4	5
(17)电脑上练习口语	1	2	3	4	5
(18)背单词和短语	1	2	3	4	5
(19)背口语模板	1	2	3	4	5
(20)背口语范文	1	2	3	4	5
(21)背口语素材	1	2	3	4	5
(22)听英语材料	1	2	3	4	5
(23)朗读英语材料	1	2	3	4	5
(24)做配音练习	1	2	3	4	5
(25)做口译练习	1	2	3	4	5
(26)网上英语交流	1	2	3	4	5
(27)查阅托福机经	1	2	3	4	5
(28)与同伴互听口语表达录音	1	2	3	4	5
(29)向老师请教提高口语测试成绩方法	1	2	3	4	5
(30)与同伴交流口语备考经验、感受	1	2	3	4	5
(31)鼓励自己,增强托福口语测试信心	1	2	3	4	5

10. 本部分想了解**您在托福口语测试过程中使用的方法/技能**,请在每项后选出符合您实际情况的数字。

(1=完全不同意,2=不太同意,3=不确定,4=比较同意,5=完全同意)

(1)确保发音准确	1	2	3	4	5
(2)确保语调自然	1	2	3	4	5
(3)使用正确的语法	1	2	3	4	5
(4)使用恰当准确的词汇	1	2	3	4	5
(5)使用丰富多样的词汇	1	2	3	4	5
(6)确保表达通顺流利	1	2	3	4	5
(7)确保内容切题	1	2	3	4	5
(8)确保内容完整	1	2	3	4	5
(9)确保逻辑连贯	1	2	3	4	5
(10)确保中心明确,重点突出	1	2	3	4	5
(11)确保语速适中,不会过快或过慢	1	2	3	4	5
(12)避免说自己不了解的内容	1	2	3	4	5
(13)用举例的方式解释所要陈述的信息	1	2	3	4	5
(14)将母语构思的内容转换成英语	1	2	3	4	5
(15)准备阶段翻译提示信息	1	2	3	4	5
(16)准备阶段写下要表达的要点	1	2	3	4	5
(17)提醒自己不要紧张,设法降低焦虑	1	2	3	4	5
(18)说得越多越好,尽量说满规定时间	1	2	3	4	5

11. 本部分想了解**您对托福口语测试的评价**,请在每项后选出符合您实际情况的数字。

(1=完全不同意,2=不太同意,3=不确定,4=比较同意,5=完全同意)

(1)口语测试持续时间长	1	2	3	4	5
(2)口语测试准备时间充足	1	2	3	4	5
(3)口语测试回答时间充足	1	2	3	4	5
(4)口语测试难度小	1	2	3	4	5
(5)口语测试指令明确	1	2	3	4	5
(6)口语测试话题贴近学习生活	1	2	3	4	5

(7)口语测试评分标准清晰明了	1	2	3	4	5
(8)测试环境安静、舒适	1	2	3	4	5
(9)我更喜欢机考方式而非面试方式	1	2	3	4	5
(10)口语成绩能准确反映掌握的口语水平	1	2	3	4	5

12. 本部分想了解**您对托福口语测试的自信程度**,请在每项后选出符合您实际情况的数字。

（1＝完全不同意,2＝不太同意,3＝不确定,4＝比较同意,5＝完全同意）

(1)我有信心考好托福口语测试	1	2	3	4	5
(2)若认真准备,我能考好托福口语测试	1	2	3	4	5
(3)预计这次托福口语测试我能考出好成绩	1	2	3	4	5
(4)认真准备后,我有把握提高托福口语分数	1	2	3	4	5

13. 您预计**本次托福口语测试得分**为:□0~7 分　□8~14 分　□15~22 分　□23~30 分

14. 本部分想了解**托福口语测试对您的影响**,请在每项后选出符合您实际情况的数字。

（1＝完全不同意,2＝不太同意,3＝不确定,4＝比较同意,5＝完全同意）

(1)能提高英语学习兴趣	1	2	3	4	5
(2)能增强自信心	1	2	3	4	5
(3)能使英语表达更地道	1	2	3	4	5
(4)能使英语表达内容更准确	1	2	3	4	5
(5)能使我更重视英语口语学习	1	2	3	4	5
(6)能提高口语水平	1	2	3	4	5
(7)能提高思辨能力	1	2	3	4	5
(8)能提高听力水平	1	2	3	4	5
(9)能提高英语口语交际能力	1	2	3	4	5

续表

(10)能提高应变能力	1	2	3	4	5
(11)会打击英语学习积极性	1	2	3	4	5
(12)会加重学习负担	1	2	3	4	5
(13)会加重经济负担	1	2	3	4	5
(14)使我感到焦虑不安	1	2	3	4	5
(15)担心考不好,会影响他人对我的评价	1	2	3	4	5
(16)由于紧张,没有发挥出正常水平	1	2	3	4	5
(17)机考缺乏面对面交流,增加了焦虑感	1	2	3	4	5
(18)考生同时考口语,会干扰自己思路	1	2	3	4	5

本次调查结果仅作研究用,我们会对您提供的信息绝对保密

问卷到此结束,再次感谢您的支持与配合!

Ⅱ. 受试访谈样本

Interview Transcription One:(Translate from Chinese)

Date:14th of May,2016.

Interviewee:CET-SET S1

Interviewer:R1

R1:Hello,first,I should say,um,that,thank you for your support to participate in the interview. (smile) Uh,we are postgraduates and we are conducting a study on the quality of the CET-SET 6 and washback of the test on test takers. You can just relax,and don't be nervous. We would like to ask you some questions about your opinions and attitudes on the test. If you feel OK, then will we start now?

S1:OK.

R1:OK,fine. Let's begin with some easy questions about your background information. Could you tell us which university are you studying in?

S1:I come from XX University.

R1:OK,then which grade? And what's your major?

S1:Uh,I'm a,so? Sopho...?

R1:Sophomore? In the second year of your college life?

S1:Uh-uh,yes,yes.

R1:OK,I got it. And your major is?

S1:Oh,my major is Law.

R1:OK,good. Now could you tell us why you take CET-SET6? What's your major motivation of taking the test?

S1:Um,I just want to have a try,to test my oral English proficiency,and maybe get a,um... certificate,for my future job.

R1:OK,so how do you think about the test? Do you think it difficult?

S1:Yes,a little bit for me. Maybe I was too nervous,and um,I don't prepare for it enough.

R1:I got it. So do you remember the test topics?

S1:Um,about the pollution? Um,I remember that let me talk about some solutions about pollution, something like that,solutions.

R1:OK. Are you familiar with this kind of topic,about pollution,or environment? Is it close to your daily study and life?

S1:Um,not really. M. A. Thesis of Chongqing University.

R1:Have you practiced such kinds of topics during your preparation process?

S1:Not really,but this kind of topics are always occurred in CET writing part(smile).

R1:Yes,really. So,from your view of point,what kinds of skills do you think are very important for getting high scores in the test? Pronunciation? Fluency and coherence of the speech?

S1:Um... Sorry,coherence means? Sorry,I don't know the meaning of this word.
    (embarrassed,smile).

R1:Um,it's OK. It means,to speak or give a response logically,but not to speak without logic,here and there,got it?

S1:OK. Um,I think pronunciation must be very important,since it's a speaking test. During the test,I tried to speak as much as I can to fulfill the given time. I also tried not to repeat,or pause,which may bring a bad impression to the examiners.

R1:So have you paid special attention on these aspects when you prepare?

S1:Um,actually,I haven't done any preparation practices for the test. I'm taking a "non-prepared exam".

R1:Oh,why? Don't you have enough time for preparation?

S1:Um... no. Actually I don't know how to prepare for the test. I haven't found some coaching materials like CET paper tests,and I just browsed through the website,and to know about the task types before the test.

R1:OK,fine. So under this condition,which level do you think you can achieve this time?

S1:I think,maybe,C or B+(smile).

R1:In spite of your "no preparation experience",what kinds of other factors that you think may influence your performance today?

S1:Uh! One thing I must complain about is the test environment. It is extremely,extremely noisy, which makes me feel very exhausted and annoyed when I finish the test and go out of the classroom. I cannot hear clearly what my partner says,sometimes.

R1:Yes,it's really one of key factors that may influence test takers'performance.

S1:Yes! Very! I don't want to talk about the noise at all.

R1:OK,fine. Our interview comes to the end now. Thank you again for sharing your valuable time and test taking experiences with us. And wish you good luck to have a satisfied score.

S1:Thank you.

(674 words)

第8章　基于考生证据的六级、雅思、托福写作测试反拨效应对比研究

Ⅰ. 问卷

六级、雅思、托福写作测试的质量与影响研究考生问卷(部分问卷)

同学您好！本问卷的目的是了解六级/雅思/托福写作部分的质量及其对考生的影响。请认真思考并判断以下陈述是否符合您的真实情况。**答案没有对错之分，请真实地填写或选择答案。**填写本问卷需要10~20分钟，非常感谢您的支持与配合。

您本次参加的测试为：□六级　□雅思　□托福

请按您所勾选的测试类别填写！

1. 您的性别：□男　□女　　年龄：_____岁

2. 您之前是否参加过该测试：□是　　□否

3. 您所就读的学校类型：□985高校　　□211高校　　□其他一本　　□二本
　　　　　　　　　　　□三本　　　　□其他类院校(请注明)_____

4. 您目前所在的年级：□大一　□大二　□大三　□大四　□大五
　　　　　　　　　　□硕士研究生　□博士研究生　其他_____

5. 您的专业：_____
　　该专业属于：□哲学　□经济学　□法学　□教育学　□文学　□历史学　□理学
　　　　　　　　□工学　□农学　□医学　□军事学　□管理学　□艺术学

6. 本部分想了解您**参加该测试的目的**，请在每项后选出符合您实际情况的数字。

(1=完全不同意，2=不太同意，3=不确定，4=比较同意，5=完全同意)

(1)证明自己的英语水平	1	2	3	4	5
(2)了解自己英语的强项和弱项	1	2	3	4	5
(3)促进英语学习	1	2	3	4	5
(4)获得权威机构的英语水平证明/证书	1	2	3	4	5
(5)评优评奖	1	2	3	4	5
(6)国内升学	1	2	3	4	5
(7)出国留学	1	2	3	4	5
(8)求职需要	1	2	3	4	5

7. 您备考该测试**总共用时**多长？

　　□半个月以内　□1 个月以内　□2 个月以内　□3 个月以内　□3 个月以上

8. 您备考该测试写作**平均每天用时**多长？

　　□半小时以内　□1 小时以内　□2 小时以内　□3 小时以内　□3 小时以上

9. 您备考期间练过几篇写作？

　　□无　□1~4 篇　□5~8 篇　□9~12 篇　□≥13 篇

10. 本部分想了解您**进行该测试写作部分备考活动的频率**，请在每项后选出符合您实际情况的数字。

（1=从不，2=偶尔，3=有时，4=经常，5=总是）

(1) 查阅写作辅导书	1	2	3	4	5
(2) 参加写作辅导班课程	1	2	3	4	5
(3) 查阅官网	1	2	3	4	5
(4) 自己分析写作题型	1	2	3	4	5
(5) 总结该测试范文的篇章结构	1	2	3	4	5
(6) 做往年写作真题	1	2	3	4	5
(7) 做官方写作样题	1	2	3	4	5
(8) 做写作模拟题	1	2	3	4	5
(9) 纸笔练习写作	1	2	3	4	5
(10) 电脑上练习写作	1	2	3	4	5
(11) 将自己的作文与该测试范文比较	1	2	3	4	5
(12) 背写作模板	1	2	3	4	5
(13) 背写作素材	1	2	3	4	5
(14) 背写作范文	1	2	3	4	5
(15) 记忆单词和短语	1	2	3	4	5
(16) 学习英语语法	1	2	3	4	5
(17) 听写英语材料	1	2	3	4	5
(18) 阅读英语材料	1	2	3	4	5
(19) 用英语写日记或博客	1	2	3	4	5
(20) 做翻译练习	1	2	3	4	5
(21) 网上英语交流	1	2	3	4	5
(22) 向老师请教提高该测试写作成绩的方法	1	2	3	4	5
(23) 与同伴互改作文	1	2	3	4	5
(24) 与同伴交流备考经验、感受	1	2	3	4	5
(25) 鼓励自己增强该测试写作部分的信心	1	2	3	4	5

11. 本部分想了解**您对该测试写作部分的评价**,请在每项后选出符合您实际情况的数字。

（1＝完全不同意,2＝不太同意,3＝不确定,4＝比较同意,5＝完全同意）

（1）写作题量合理	1	2	3	4	5
（2）写作答题时间充足	1	2	3	4	5
（3）写作最低字数要求多	1	2	3	4	5
（4）写作难度小	1	2	3	4	5
（5）写作任务提示清楚	1	2	3	4	5
（6）写作话题贴近学习生活	1	2	3	4	5
（7）写作评分标准表述清晰明了	1	2	3	4	5
（8）写作部分成绩报道详细	1	2	3	4	5
（9）测试环境安静、舒适	1	2	3	4	5
（10）我更喜欢纸笔考形式而非机考形式	1	2	3	4	5
（11）写作成绩能准确反映我的写作水平	1	2	3	4	5

12. 本部分想了解**您对自己英语能力的评价**,请在每项后选出符合您实际情况的数字。

（1＝很不好,2＝不太好,3＝一般,4＝较好,5＝很好）

（1）英语听力能力	1	2	3	4	5
（2）英语口语能力	1	2	3	4	5
（3）英语阅读能力	1	2	3	4	5
（4）英语翻译能力	1	2	3	4	5
（5）议论文英语写作能力	1	2	3	4	5
（6）应用文英语写作能力	1	2	3	4	5
（7）记叙文英语写作能力	1	2	3	4	5
（8）说明文英语写作能力	1	2	3	4	5

13. 本部分想了解**您对该测试写作部分的自信程度**,请在每项后选出符合您实际情况的数字。

（1＝完全不同意,2＝不太同意,3＝不确定,4＝比较同意,5＝完全同意）

(1)我有信心考好该测试写作	1	2	3	4	5
(2)预计我能在该测试写作部分中考出好成绩	1	2	3	4	5
(3)若认真准备,我能考好该测试写作	1	2	3	4	5
(4)认真准备后,我有把握提高该测试写作分数	1	2	3	4	5

14. 您预计本次写作的成绩为(**按您所勾选的测试类别填写!**)

六级(按满分15分算):□0分 □1~3分 □4~6分 □7~9分 □10~12分 □13~15分

雅思:□≤4.5分 □5分 □5.5分 □6分 □6.5分 □7分 □7.5分 □≥8分

托福:□0~16分 □17~23分 □24~30分

15. 本部分想了解**该测试写作对您有何影响**,请在每项后选出符合您实际情况的数字。

(1=完全不同意,2=不太同意,3=不确定,4=比较同意,5=完全同意)

(1)能提高英语学习兴趣	1	2	3	4	5
(2)能增强自信心	1	2	3	4	5
(3)能使英语书面表达更地道	1	2	3	4	5
(4)能使英语书面表达内容更准确	1	2	3	4	5
(5)能使英语表达更丰富	1	2	3	4	5
(6)能使我更重视英语写作练习	1	2	3	4	5
(7)能提高英语写作水平	1	2	3	4	5
(8)能提高英语写作速度	1	2	3	4	5
(9)能提高英语阅读水平	1	2	3	4	5
(10)能提高思辨能力	1	2	3	4	5
(11)会打击英语写作的积极性	1	2	3	4	5
(12)会加重学习负担	1	2	3	4	5
(13)会使我感到焦虑	1	2	3	4	5
(14)担心考不好会影响他人对我的评价	1	2	3	4	5
(15)会使我的英语作文千篇一律	1	2	3	4	5

本次调查结果仅作研究用,我们会对您提供的信息绝对保密

问卷到此结束,再次感谢您的支持与配合!

Ⅱ. 访谈录音样本

访谈者：Researcher 1（R1）

访谈受试：Subject 6（S6）

时间：2016 年 6 月 20 日

地点：重庆大学图书馆七楼

R1：你好，请坐，谢谢接受我们的访谈哈。其实我们这个研究是关于对比六级、雅思和托福网考写作对考生的影响研究。之前你已经填过了问卷，还有一些关于六级和雅思测试的问题需要和你再交流下，谢谢对我们研究的支持哈。

S6：没事，不客气。

[*S6 为 R1 的院友，彼此较为熟悉，因此对 S6 的访谈中省略了询问个人信息*]

R1：你刚考完雅思，对吧？

S6：嗯，前几天。

R1：感觉怎么样？

S6：还行吧。听力感觉考得一般，其他还好。

R1：之前考过雅思吗？

S6：没，第一次考。

R1：你觉得之前没考过的话对你有什么影响吗？

S6：**心理感觉要紧张点吧**，毕竟没考过，没底啊。

R1：怎么想到来考雅思的？

S6：额，**因为以后出国的话**，申请学校需要雅思成绩啊。另外**雅思的含金量挺高的**，考个证呗，找工作啊，以后肯定用得着。

R1：你之前也考过六级，对吧？和雅思比，你测试的动机有什么相同或不同的地方？

S6：六级啊，**感觉和雅思一样都可以检查一下自己的英语水平吧**。不同，六级是中国的测试，雅思是国际的测试吧，**感觉雅思比六级要难**。

R1：嗯嗯，好，那你参加这两种测试的动机有什么不同呢？

S6：**雅思的动机会更明确点吧**，因为出国、找工作挺有用的。六级的话就是看其他同学都报名了我也报名考个证呗。

R1：这个动机不同的话对你准备测试有什么影响吗？

S6：**雅思准备地要认真多啊**，六级就没怎么准备。

R1：嗯，好。你觉得在写作部分，六级和雅思都考了你什么写作技能？

S6：雅思不是有**四块**的评分标准么，什么 task response，vocabulary，grammar，还有一个忘了。

六级的不记得了，应该考的差不多，都会考你的**语言功底好不好**，语法啊，句式啊，对不

对，写得清不清楚，结构好不好，然后是不是合题，符不符合要求，等等。

R1：你还挺了解的嘛。那你觉得六级和雅思考的写作能力有差异吗？

S6：应该有吧，我也不了解具体的，**感觉雅思的要求会更高些**。

R1：你觉得雅思写作设计得怎么样？

S6：挺好的。**不过时间挺紧的**，字数要求有点多。

R1：还有吗？比如两个写作任务量多不多，总体难度，话题你觉得合不合适，等等？

S6：两篇写作比一般测试的任务量还是多些吧，总体难度有点难吧。话题挺好的，不过**我不**

喜欢流程图还有地图之类的题，不熟悉。

R1：你不喜欢这类题型是吧？

S6：嗯，图表还好，**流程图不习惯**。

R1：那你对六级的写作题型怎么看？

S6：就是常规的给你个话题，然后写篇议论文啊。

R1：不啊，有时是看图写作的。

S6：哦，对，**看图还挺有意思的**。

R1：你对六级写作的设计还有什么评价？

S6：六级难度一般，一篇写作挺合适的。**不过我还是更希望能多点[写作任务]选择**。

R1：你觉得自己英语水平怎么样，听说读写译来看？

S6：**口语差点**，其他还好吧，谦虚，谦虚。

R1：哈哈，很谦虚。你自己觉得考六级时的英语水平和考雅思时的英语水平有变化吗？

S6：考雅思时要好点吧。

R1：为什么呢？

S6：**感觉雅思认真准备了，英语水平有所提高**。

R1：写作水平有进步吗？

S6：也有进步。

R1：你觉得雅思写作还给你带来了什么样的积极影响呢？

S6：就是感觉自己**更了解西方的写作方式**，先出 topic sentence，再继续写。除了关注语言，会

注重写作的内部结构，写作速度也比以前快了。

R1：那你觉得六级写作对你有什么积极影响吗？

S6：嗯，提高写作能力，让我更熟悉这种写作吧。

R1：你刚刚也说雅思写作也提高了你的写作能力，你觉得这点上相似还是不同？

S6：有点不同吧。感觉自己**从雅思写作上收获更多**。

R1：为什么？

S6：我感觉更能**提高写作技巧**。雅思除了要写议论文，在 task 2 中，还要 task 1 的图表写作，**我感觉图表写作挺能提高我描写啊**，应用文之类的写作能力的。

R1：那你觉得六级和雅思写作对你有什么消极影响吗？

S6：分开说？

R1：有不同的话就分开说吧。

S6：因为我本身没怎么花很多精力在六级写作上，所以消极影响感受不是很深。但是雅思的话就感觉**准备很花时间，也很花钱**，嗯，**还挺有压力的**。

R1：对了，你花了很多时间准备雅思写作，那和六级写作比，你考雅思写作时更自信吗？

S6：**没觉得，雅思写作更难啊**，六级简单。

R1：好，下面还有一点关于具体测试准备的问题哈。你先分别说说看你都是怎么准备雅思和六级写作的？

S6：雅思写作的话，我就是看**参考书**，然后做那个剑桥雅思那一系列的真题，**精读当中给的范文，积累一些表达**。然后还上网看了一些**经验帖**，嗯，**还整理了一些写作话题**。六级写作的话，**就大概上网看了下题型，然后就做了一两套真题吧**。

R1：你雅思的写作真题都做了？

S6：没，但也**写了不下 10 篇**。

R1：怎么比六级写作多这么多？

S6：**雅思写作要多练练找感觉啊。**

R1：你有没有背写作模板啊之类的？为什么？

S6：**有背网上总结的一些模板，可以熟悉写作套路啊，准备起来也省时省力。不过我感觉范文多看看，自己就能慢慢找到感觉。**

R1：准备六级写作呢，有没有背模板？

S6：没。

R1：除了做一些与雅思或六级写作直接相关的准备，有没有听英语新闻、写英文日记等常规英语学习的活动？

S6：有的。我没怎么听新闻，但我**喜欢看 TED**，平时也都会看 *China Daily* 呀，《英语文摘》之类的新闻杂志,积累学习些英语,英文日记没写过。

R1:你在准备雅思或六级写作有没有向他人寻求帮助呢?

S6:六级的话没有,**雅思倒是问过一些以前考过的同学。**

R1:他们都给你什么建议呀,集中说说写作方面的建议?

S6:给我推荐过**顾家北的辅导书**,还是建议我**平时多积累,多写写,用词要恰当,不要刻意花里胡哨之类的。**

R1:嗯,好的。我看时间挺久的了,访谈就到这里吧。谢谢你哦。

S6:不客气。

R1:那如果后续有什么问题的话,方便我微信问你吗?

S6:好的,可以。

R1:对了,祝你这次的雅思取得满意的成绩哈。

S6:谢谢。

第 10 章 六级、雅思、托福阅读文本自动分类——基于数据挖掘技术

Ⅰ.六级、雅思、托福考试阅读文本特征对比

文本特征	六级	雅思	托福
DESSL	21. 15(4. 12)	20. 3(3. 1)	22. 4(3. 55)
PCSYNz	−0. 33(0. 54)	−0. 16(0. 4)	−0. 27(0. 51)
PCCONNz	−2. 12(0. 92)	−2. 14(0. 8)	−2. 35(0. 92)
PCTEMPz	−0. 71(0. 96)	−0. 4(0. 76)	−0. 48(1. 04)
LSAGN	0. 29(0. 03)	0. 59(0. 17)	0. 36(0. 03)
LDTTRc	0. 74(0. 07)	78. 95(51. 3)	0. 67(0. 06)
CNCLogic	38. 32(9. 65)	22. 9(10. 7)	35. 65(9. 75)
SYNLE	5. 33(1. 38)	1. 94(2. 22)	5. 87(1. 3)
SYNSTRUTt	0. 08(0. 02)	141. 3(87. 7)	0. 08(0. 01)
DRPVAL	6. 79(4. 94)	16. 88(7. 86)	11. 35(6. 13)
DRNEG	9. 31(5. 92)	14. 83(7. 38)	5. 47(4. 03)
WRDFRQc	2. 18(0. 11)	1. 37(0. 45)	2. 02(0. 09)
WRDCNCc	371. 1(19. 78)	415. 33(25. 5)	395. 66(24. 95)
WRDMEAc	431. 9(12. 48)	116. 8(186. 7)	426. 69(11. 71)
RDFRE	47. 57(8. 36)	19. 22(16. 29)	42. 48(9. 51)
DESSC	33. 67(20.00)	43. 63(9. 24)	32. 24(4. 91)
DESWC	677. 2(388. 2)	864. 22(135. 78)	700. 08(33. 19)
DESWLsy	1. 63(0. 08)	1. 65(0. 09)	1. 68(0. 11)
PCNARz	−0. 55(0. 47)	−0. 73(0. 4)	−0. 95(0. 39)
PCCNCz	−0. 06(0. 68)	0. 03(0. 79)	0. 41(0. 83)
PCREFz	−1. 17(0. 67)	−0. 95(0. 7)	−0. 22(0. 66)
PCDCz	0. 45(0. 72)	0. 54(0. 68)	0. 41(0. 78)
CRFNOa	0. 26(0. 13)	0. 28(0. 12)	0. 38(0. 14)
CRFCWOa	0. 05(0. 02)	0. 05(0. 02)	0. 07(0. 03)
LSASSp	0. 17(0. 06)	0. 32(0. 11)	0. 27(0. 06)
CNCAll	84. 6(13. 02)	50. 5(24. 69)	89. 10(15. 31)
CNCCaus	25. 78(9. 03)	20. 42(7. 93)	26. 89(7. 82)

续表

文本特征	六级	雅思	托福
CNCADC	17. 88(7. 12)	17. 81(8. 06)	16. 59(6. 11)
CNCTemp	16. 22(6. 66)	38. 11(14. 81)	17. 59(7. 22)
CNCNeg	13. 23(5. 85)	28. 92(11. 53)	13. 01(5. 46)
SMTEMP	0. 78(0. 09)	0. 92(0. 13)	0. 80(0. 10)
SYNNP	0. 94(0. 12)	0. 92(0. 07)	1. 06(0. 14)
DRNP	363. 34(24. 63)	120. 3(152. 34)	370. 44(21. 54)
DRVP	200. 82(29. 88)	143. 2(32. 02)	169. 99(25. 73)
DRAP	30. 18(9. 18)	14. 94(9. 03)	29. 14(7. 66)
DRPP	116. 97(19. 2)	39. 34(56. 59)	134. 34(14. 36)
DRGERUND	21. 26(8. 70)	213. 7(119. 43)	15. 63(7. 75)
DRINF	19. 32(8. 28)	92. 45(47. 87)	12. 69(5. 62)
WRDFAMc	569. 75(6. 57)	450. 43(70. 67)	560. 16(7. 42)
WRDIMGc	406. 31(17. 62)	110. 32(180. 4)	421. 59(20. 76)
WRDPOLc	3. 87(0. 30)	2. 2(1. 01)	3. 69(0. 33)
WRDHYPnv	1. 89(0. 20)	9. 09(4. 47)	1. 93(0. 18)
PCVERBz	−0. 11(0. 77)	−0. 4(0. 67)	−0. 74(0. 56)

Ⅱ. 决策树图

1. WRDMEAc <= 380.575 989 : C(100.0)

2. WRDMEAc > 380.575 989

3. | DESWC <= 471 : B(88.0)

4. | DESWC > 471

5. | | DESWC <= 884

6. | | | LSAGN <= 0.312

7. | | | | DRPVAL <= 15.927 : C(15.0)

8. | | | | DRPVAL > 15.927

9. | | | | | DESSC <= 36 : A(3.0)

10. | | | | | DESSC > 36 : C(2.0)

11. |　|　|　LSAGN > 0.312

12. |　|　|　|　DESWC <= 745

13. |　|　|　|　|　WRDIMGc <= 400.645 996

14. |　|　|　|　|　|　WRDHYPnv <= 2.056：A(11.0/1.0)

15. |　|　|　|　|　|　WRDHYPnv > 2.056：C(2.0)

16. |　|　|　|　|　WRDIMGc > 400.645 996：A(59.0)

17. |　|　|　|　DESWC > 745

18. |　|　|　|　|　SMTEMP <= 0.793：A(2.0)

19. |　|　|　|　|　SMTEMP > 0.793：C(7.0)

20. |　|　DESWC > 884

21. |　|　|　DRPVAL <= 13.158

22. |　|　|　|　DRAP <= 23.316

23. |　|　|　|　|　DRPP <= 122.767 998：B(5.0)

24. |　|　|　|　|　DRPP > 122.767 998：C(5.0/1.0)

25. |　|　|　|DRAP > 23.316：B(38.0)

26. |　|　|　DRPVAL > 13.158：C(3.0)

第 13 章　六级、雅思、托福阅读考试认知过程对比研究
——基于眼动和访谈的证据

Ⅰ. Khalifa and Weir's cognitive model of reading(2009)

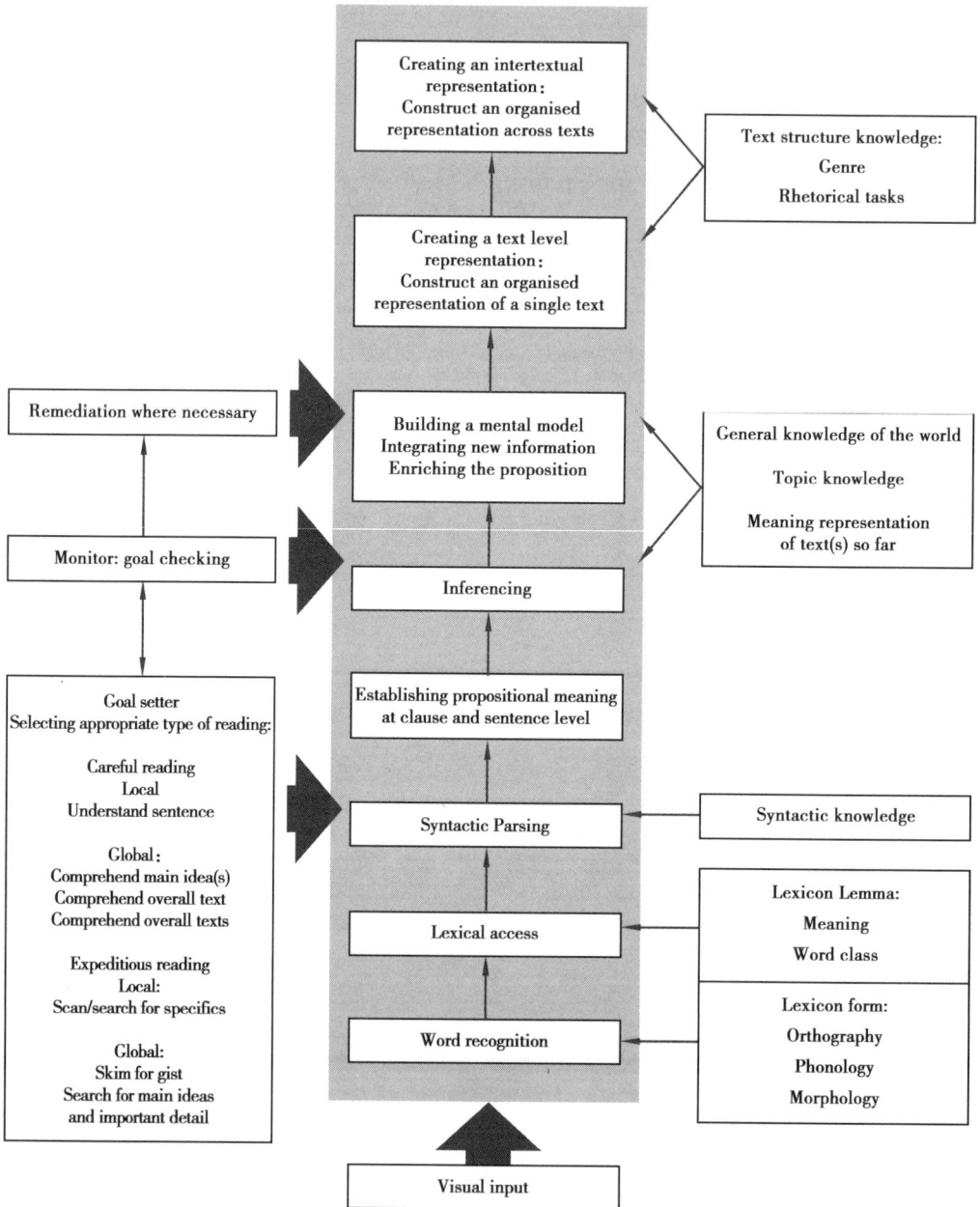

Ⅱ. Basic components of eye movement in reading

Are you aware what your eyes are doing whilst you are reading this sentence?

Ⅲ. An overview of eye-tracking measures

Areas of interest	Measures	Technical definition
Global Processing	Total fixation count	Total number of fixations on the interest area of global processing
	Total fixation duration	The summation of all fixation duration on text and task, expressed in seconds.
	Proportion of fixation time	Percentage of trail time spent fixating on text and task (Total dwell time on AoI of global processing divided by total trial time)
Text Processing	Total number of forward saccades	Total number of rapid movements from left to right on the interest area of text processing
	Average length of forward saccades	Average length of forward saccades on the interest area of text processing, expressed in degrees of visual angle.
	Total regression count	Regressions occur when our eyes move back to previous position. Total number of regressions on the interest area of text processing.
	Average length of regressions	Average length of all regressions on the interest area of text processing, expressed in degrees of visual angle.
	Proportion of regressions	Percentage of regressions within the total number of eye movements(i. e. total number of forward saccades and the total number of regressions) on the interest area of text processing
	Total fixation duration	The summation of all fixation duration on text, expressed in seconds.
	Proportion of AoI fixations	Percentage of all fixations in a trial falling in the interest area of text processing
	Sum fixationduration on per word	Average duration of fixations, expressed in seconds, on each word of the text.

续表

Areas of interest	Measures	Technical definition
Task Processing	Total count of AoIs switches between text processing and task processing	Total number of switches that participants made between AoI of text processing and AoI of task processing to complete reading test
	Total fixation duration	The summation of all fixation duration on task, expressed in seconds.
	Proportion of AoI fixations	Percentage of all fixations in a trial falling in the interest area of task processing

Ⅳ. 在线测试网页兴趣区分布示例

Ⅴ. Descriptive statistics of eye-tracking metrics on three reading tests

Reading tests Eye-tracking measures	CET-6 reading test				IELTS reading test				TOEFL iBT reading test			
	Min	Max	Mean	SD	Min	Max	Mean	SD	Min	Max	Mean	SD
Global Processing												
Total fixation count	5275	8957	7341	1090	8762	11456	10221	841	7946	11912	9982	1178
Total fixation duration/s	1509	2858	2137	349	2495	3208	2872	263	2407	3573	3026	369
Proportion of total fixation time	0.79	0.88	0.84	0.03	0.81	0.88	0.86	0.02	0.78	0.91	0.86	0.04
Text Processing												
Total fixation duration/s	840	1752	1365	239	1500	2176	1892	191	1241	1751	1509	190
Proportion of AoI fixations	0.61	0.73	0.65	0.04	0.61	0.72	0.67	0.03	0.47	0.57	0.51	0.04
Sum fixation duration on per word/s	0.404	0.93	0.69	0.149	0.547	0.793	0.689	0.07	0.614	0.865	0.749	0.094
Total number of forward saccades	2128	3468	2948	378	3477	4789	4225	338	2675	4065	3169	422
Average length of forward saccades	1.46	2.45	1.99	0.29	1.73	2.63	2.12	0.31	1.54	2.31	1.91	0.24
Total number of regressions	803	2235	1565	480	1584	3176	2278	558	1033	2464	1773	504
Average length of regressions	4.08	6.97	5.36	0.89	4.01	7.00	5.60	1.02	4.17	6.79	5.41	0.82
Proportion of regressions	0.26	0.45	0.35	0.06	0.27	0.45	0.35	0.06	0.35	0.47	0.41	0.04
Task Processing												
Total fixation duration/s	616	1108	773	144	719	1103	980	128	1261	1810	1517	180
Proportion of AoI fixations	0.33	0.40	0.36	0.02	0.28	0.39	0.34	0.03	0.45	0.56	0.50	0.04
Total number of switches between AoI of text processing and AoI of task processing	119	254	163	40	151	266	211	40	138	291	211	59

Ⅵ. Friedman test and pairwise comparisons results of eye-tracking metrics on three reading tests

AoIs Eye-tracking metrics	Global processing			Text processing									Task processing		
	Total fixation count	Total fixation duration/s	Proportion of total fixation time	Total fixation duration/s	Proportion of AoI fixations	Sum fixation duration on per word/ms	Total number of forward saccades	Average length of forward saccades	Total number of regressions	Average length of regressions	Proportion of regressions	Total fixation duration/s	Proportion of AoI fixations	Total number of switches between AoI of text processing and AoI of task processing
Friedman test														
Chi-Square	15.200	18.200	7.400	15.800	15.200	1.400	15.200	16.800	18.200	2.600	15.800	18.200	15.800	9.600
df	2	2	2	2	2	2	2	2	2	2	2	2	2	2
Asymp.Sig.	.001	.000	.025	.000	.001	.497	.001	.000	.000	.273	.000	.000	.000	.008
Pairwise comparisons (Sig.)														
CET-6—IELTS reading tests	.000	.014	.025	.000	.655		.000	.007	.000		.371	.074	.371	.007
CET-6—TOEFL iBT reading tests	.002	.000	.014	.371	.002		.655	.180	.074		.004	.000	.004	.007
IELTS—TOEFL iBT reading tests	0.655	0.074	0.823	.004	.000		.002	.000	.014		.000	.014	.000	1.000

第14章 六级、雅思、托福写作测试的反拨效应机制对比研究
——基于结构方程模型

Ⅰ.六级、雅思、托福三项考试写作部分反拨效应单因素对比

因素	均值(括号内为标准差)			F 值	事后检验
	六级	雅思	托福		
成就型使用	3.32(1.038)	3.69(1.074)	3.63(1.097)	9.129***	六级<雅思 六级<托福
工具型使用	3.51(0.960)	2.64(1.077)	2.77(1.144)	53.569***	六级>雅思 六级>托福
考试设计	3.65(0.779)	3.92(0.086)	3.61(0.766)	7.719***	六级<雅思 托福<雅思
考试期望	3.01(1.033)	3.76(0.767)	3.72(0.957)	46.740***	六级<雅思 六级<托福
考试价值	3.30(0.869)	3.80(0.746)	3.93(0.873)	36.286***	六级<雅思 六级<托福
语言学习	3.01(0.871)	3.27(1.035)	3.11(0.952)	4.229*	六级<雅思
应试备考	2.65(0.752)	3.15(0.860)	3.05(0.849)	28.634***	六级<雅思 六级<托福

注: *$p<0.05$, **$p<0.01$, ***$p<0.001$

Ⅱ.六级、雅思、托福写作反拨效应机制模型

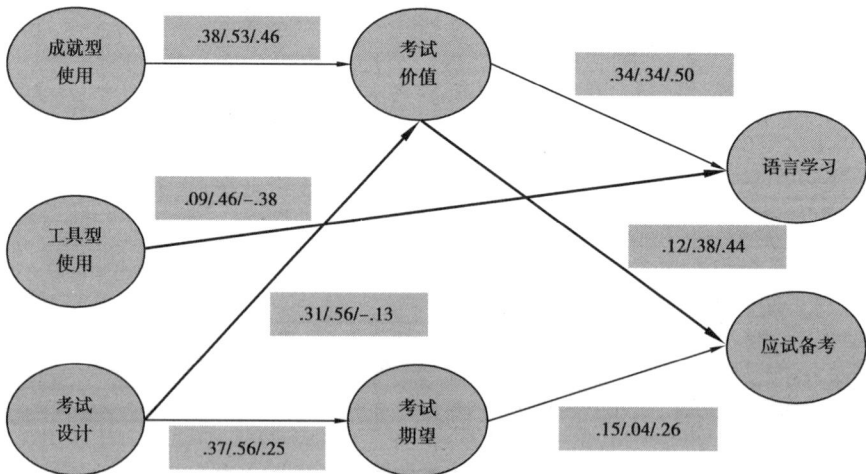

(注:每条路径所标注的系数依次为六级/雅思/托福。所有路径均达显著性水平。存在考试间差异的路径以加粗表示)

Ⅲ. 六级、雅思、托福写作部分反拨效应路径系数对比

路径	路径系数			显著差异
	六级	雅思	托福	
成就型使用→考试价值	.38	.53	.46	—
工具型使用→语言学习	.09	.46	-.38	雅思>六级>托福
考试设计→考试价值	.31	.56	-.13	六级>托福 雅思>托福
考试设计→考试期望	.37	.56	.25	—
考试价值→应试备考	.12	.38	.44	托福>六级 雅思>六级
考试价值→语言学习	.34	.34	.50	—
考试期望→应试备考	.15	.04	.26	—

附录 2　课题研究成果

Ⅰ.课题发表的论文

专栏一　语言测试对比研究

1. 辜向东, 2020. 六级、雅思、托福考试效度对比研究概述[J]. 外语与翻译(3):1.

2. 辜向东, 2020. 六级、雅思、托福口语考试形式与题型对考官和考生会话特征的影响[J]. 外语与翻译(3):2-7.

3. 虞程远, 2020. 六级、雅思、托福阅读词汇复杂度对比研究[J]. 外语与翻译(3):8-13.

4. 刘小宇, 2020. 六级、雅思阅读文本来源与改编对比研究[J]. 外语与翻译(3):14-20.

5. 李玉龙, 2020. 六级、雅思、托福口语考试形式与题型对考官和考生主题发展的影响[J]. 外语与翻译(3):21-26.

专栏二　传承性与创新性:基于证据的六级、雅思、托福考试效度对比研究

6. 辜向东, 2020. 传承性与创新性:基于证据的六级、雅思、托福考试效度对比研究[J]. 外语与翻译(4):1.

7. 王萍, 辜向东, 2020. 六级、雅思、托福阅读文本难度对比研究——基于数据挖掘的方法[J]. 外语与翻译(4):11-16.

8. 许皖栋, 辜向东, 2020. 六级、雅思和托福阅读考试认知过程对比研究——基于眼动和访谈的证据[J]. 外语与翻译(4):2-10.

专栏三　语言测试人才培养的国际化及可持续发展

9. 辜向东, 2020. 语言测试人才培养的国际化及可持续发展[J]. 国外英语考试教学与研究(4):166.

10. 王萍, 辜向东, 2020. 数据挖掘技术在语言测试研究中的应用[J]. 国外英语考试教学与研究(4):167-174.

11. 许皖栋, 辜向东, 2020. 眼动技术在语言测试研究中的应用现状及展望[J]. 国外英语考试教学与研究(4):175-183.

12. 辜向东, 2020.《传承性与创新性:基于证据的六级、雅思、托福考试效度对比研究》引介[J]. 国外英语考试教学与研究(4):184-194.

◇期刊文章

13. Gu,X.,& Duan,Y. (2019). Review of second language assessment and action research[J]. *Assessment & Evaluation in Higher Education*,45(1),156-157.

    https://doi. org/10. 1080/02602938. 2019. 1602294

14. Gu,X., & Lin,Y. (2019). Review of examining young learners: Research and practice in assessing the English of school-age learners[J]. *Language Testing*,37(4),620-637. http://sage. cnpereading. com/paragraph/download/? doi=10. 1177/0265532219901105

15. Gu,X.,& Liu,K. (2019). Review of the discourse of the IELTS speaking test: International design and practice[J]. *Applied Linguistics*,40(3),1-5.

    https://doi. org/10. 1093/applin/amz030

16. Gu,X.,& Xu,W. (2019). Review of applying the socio-cognitive framework to the Bio-Medical Admissions Test(BMAT)[J]. *Innovations in Education and Teaching International*,57(3), 255-257. https://doi. org/10. 1080/14703297. 2020. 1731196

17. Li,Y.,& Gu,X. (2018). Review of learning oriented assessment: A systemic approach[J]. *Innovations in Education and Teaching International*,55(4),497-498. https://doi. org/10. 1080/14703297. 2018. 1480254

18. Sarkar,T., & Gu,X. (2018). Review of classroom writing assessment and feedback in L2 school contexts[J]. *TESOL Quarterly*,52(2),481-483. https://doi. org/10. 1002/tesq. 456

19. Zhong,Y.,& Gu,X. (2018). Review of advancing the field of language assessment: Papers from TIRF doctoral dissertation grantees[J]. *System*,75,110-112.

    https://doi. org/10. 1016/j. system. 2018. 05. 007

20. Gu,X.,& Yu,C. (2017). Review of second language assessment and mixed methods research [J]. *Language Testing*,34(3),435-438. https://doi. org/10. 1177/0265532216684573

21. Zheng,Y., & Gu,X. (2016). Profiling language assessment over the last half a century: A review of talking about language assessment: The LAQ interviews[J]. *Language Assessment Quarterly*,13(3),277-282. https://doi. org/10. 1080/15434303. 2016. 1212056

22. Gu, X. (2015). Twenty years of the Studies in Language Testing series: A thematic categorisation from a reader's perspective, commentary to SiLT volumes. https://www. cambridgeenglish. org/Images/201933-studies-in-language-testing-essay-by-xiangdong-gu. pdf

23. 许皖栋，辜向东，2020. 认知效度理据、概念、模型及实证研究综述[J]. 当代外语研究

（6）：68-78.

24. 肖巍，辜向东，2020. 六级、雅思、托福写作测试的反拨效应机制对比研究［J］. 外语教学理论与实践（终审中）.

25. 辜向东，李玉龙，2019. Learning Oriented Assessment：A Systemic Approach 导读［Z］. 北京：外语教育与研究出版社.

26. 辜向东，赵护林，许皖栋，Nick Saville，2019. 剑桥入学考试评价模式——以生物医学入学考试为例［J］. 中国考试（3）：54-59.

27. 李玉龙，辜向东，2019.《中国英语能力等级量表》研究综述［J］. 外语与翻译（1）：85-92.

28. 彭莹莹，辜向东，2019. 语言测试与社会公平——"第41届语言测试研究学术研讨会"综述［J］. 外语测试与教学（3）：60-64.

29. 钟瑜，辜向东，肖巍，2018. 我国外语教育数据挖掘综述［J］. 外语与翻译（1）：79-86.

30. 辜向东，钟瑜，2017. 提升外语测评素养推荐外语测评事业发展——《聚焦测评》评价［J］. 外语教学（1）：77-79.

31. 雷雪梅，辜向东，2017.《听力测试——第二语言听力评估的研究与实践》评介［J］. 外语与翻译（1）：91-93.

32. 辜向东，洪岳，2016. 从语言测试到语言评测——"第37届语言测试研究学术研讨会"综述［J］. 大学外语教学研究创刊号：171-178.

33. 辜向东，梁延松，2016. 评估英语语言能力：问题与趋势——第二届亚洲语言测试协会年会会议综述［J］. 招生考试研究（1）：76-80.

34. 辜向东，杨瑞锦，2016.《剑桥英语考试百年发展史》评介［J］. 中国外语教育（2）：81-85.

35. 杨宏波，辜向东，2016.《用概述任务测试阅读——对评估阅读理解能力的概述完形填空任务的调查》述评［J］. 外语与翻译（1）：94-96.

36. 辜向东，孟磊，2015. 剑桥英语百年到底测了什么？ ——《构念测评：剑桥英语测试百年史》述评［J］. 外语测试与教学（4）：59-64.

37. 辜向东，杨志强，黄妍琪，2015. 改革后的 CET 对大学英语课堂教学的反拨效应——大学英语教学课堂与 CET 培训课堂的对比［J］. 外语与翻译（1）：78-86.

38. 辜向东，郑宇静，2015. 语言测试的社会属性：《语言评测季刊》十年名家访谈录及启示［J］. 中国外语（1）：67-74.

39. 雷雪梅，辜向东，2015. CET-4 翻译试题难度一致吗？ ——以 2014 年 6 月 CET-4 三段平行翻译试题为例［J］. 外语测试与教学（1）：18-23.

40. 杨宏波, 辜向东, 2015.《国之考——中国大学英语考试的社会和教育效应》述评[J]. 当代外语研究(10):72-74.

41. 郑宇静, 辜向东, 2015. 从有效测试到有效使用:《语言评测季刊》十年名家访谈启示录[J]. 外语与外语教学(2):58-63.

42. 辜向东, 王斤斤, 徐建, 2014. CET-4 翻译到底测了什么?——基于受试答题过程的内法研究[J]. 外国语言文学研究(1):1-9.

43. 辜向东, 杨瑞锦, 2014. 语言测试研究现状及热点分析——基于 1991—2014 年国家社科立项的统计分析[J]. 外国语言文学研究(2):37-41.

44. 辜向东, 张正川, 刘晓华, 2014. 改革后的 CET 对学生课外英语学习过程的反拨效应实证研究——基于学生的学习日志[J]. 解放军外国语学院学报(5):32-39.

45. 肖巍, 辜向东, 倪传斌, 2014. CET 的反拨效应机制:基于多群组结构方程建模的历时研究[J]. 外语教学理论与实践(3):38-45, 97.

46. 颜巧珍, 辜向东, 2014. 面向一个共同参考框架——第 36 届语言测试研究学术研讨会述评[J]. 招生考试研究(2):91-98.

Ⅱ. 课题宣读的论文

1. Gu, X. (2020). *A longitudinal reading text analysis of three large-scale, high-stakes EFL English tests: A comparative data mining study* [Paper presentation accepted]. LTRC 2020, Hammamet, Tunisia.

2. Gu, X. (2020). *Investigating candidates' cognitive processing engaged in large-scale and high-stakes reading text context* [Paper presentation accepted]. ALTE 7th International Conference, Madrid, Spain.

3. Duan, Y. (2019). *Comparative genre analysis of argumentative writing in CET-6 and IELTS writing tests* [Paper presentation]. The 17th Asia TEFL International Conference and The 6th FLLT International Conference, Bangkok, Thailand.

4. Liu, X., & Gu, X. (2019). *Comparison of text selection and adaptation between CET 6 and IELTS* [Paper presentation]. TESOL China, Hangzhou, China.

5. Xu, W. (2019). *Using eye-tracking technology into language assessment research* [Paper presentation]. The 17th Asia TEFL International Conference and the 6th FLLT International Conference, Bangkok, Thailand.

6. Xu, W., & Gu, X. (2019). *Eye-tracking methodology in second language assessment research* [Paper presentation]. TESOL China, Hangzhou, China.

7. Xu, W., & Tarun, S. (2018). *A comparative study on cognitive validity of two international EFL reading tests in China* [Paper presentation]. The 16th Asia TEFL, The 1st MAAL & 6th HAAL International Conference, Macau, China.

8. Yu, C., & Gu, X. (2018). *Comparing the lexical complexity of CET 6, IELTS and TOEFL iBT reading tests, the 16th Asia TEFL* [Paper presentation]. The 16th Asia TEFL, The 1st MAAL & 6th HAAL International Conference, Macau, China.

9. Gu, X. (2017). Washback on Chinese test takers: A comparative study of IELTS speaking test with TOEFL iBT and CET 6 speaking tests, Staff Seminar, Cambridge Assessment English, the University of Cambridge, UK.

10. Gu, X., Hong, Y., Yu, C., & Sarkar, T. (2017). *A comparative study on the washback of CET-6, IELTS and TOEFL-iBT writing tests: Evidence from Chinese test takers' perspectives* [Paper presentation]. The ALTE 6th International Conference, Bologna, Italy.

11. YU, C., GU, X., & SARKAR T. (2017). *A longitudinal study of lexical difficulty and diversity of CET-6 reading tests: A perspective from effects of educational policies* [Paper presentation]. The 4th National Conference on Foreign Language Testing. Guangzhou, China.

12. Gu, X., Yang, R., & Hong, Y. (2016). *A comparative study on the construct validity of the long conversation listening comprehension tests in IELTS, TOEFL iBT and CET-6: From a retrospective perspective* [Paper presentation]. The 7th International Symposium on Second Language Acquisition in China, Chongqing, China.

13. GU, X., MENG, L., & YU, C. (2016). *A Comparative Construct Validity Study of Reading Tests in CET-6, IELTS and TOEFL iBT: Based on Think-aloud Protocol* [Paper presentation]. The 4th Forum of Applied Linguistics at Guangdong University of Foreign Studies, Guangzhou, China.

14. YU, C., & GU, X. (2016). *Application of mixed methods in language assessment research and beyond* [Paper presentation]. The 7th International Symposium on SLA in China, Chongqing, China.

15. Gu, X. & Lei, X. (2015). *An exploratory study into difficulty level consistency of parallel translation tasks of a high-stakes test* [Paper presentation]. The 2nd AALA Conference, Bangkok, Thailand.

16. Yang, R., Meng, L., & Gu, X. (2015). *Two decades' top level research programs in language assessment in China and their implications* [Paper presentation]. The 2nd AALA Conference, Bangkok, Thailand.

17. 钟瑜, 辜向东, 肖巍, 2017. 我国外语教育数据挖掘研究:回顾与展望, 第四届全国外语测试学术研讨会, 中国广州.

18. 辜向东, 2017. 语言测试高峰对话, 重庆市外文学会语言测试专业委员会第一届学术研讨会, 中国重庆.

19. 辜向东, 杨瑞锦, 洪岳, 2016, 雅思、托福网考及大学英语六级考试听力长对话测试的构念效度对比研究——基于追述法的实证研究, 第七届中国第二语言习得研究国际研讨会, 中国重庆.

20. GU Xiangdong, YANG Ruijin, MENG Lei, ZHONG Yu, 2015. What is tested? —Implications from our team's verbal protocol studies, 语言测试与评价国际研讨会, 中国广州.

21. 辜向东, 张正川, 刘晓华, 2014. 改革后的 CET 对学生课外英语学习过程反拨效应实证研究——基于学生的学习日志, The 7th International Conference on English Language Teaching (ELT) in China, 中国南京.

20. 辜向东, 钟瑜, 2014. 托福、雅思、四六级官方网站用户界面对比研究, 第二届全国外语测试学术研讨会, 中国常州.

Ⅲ. 课题相关的国内外讲座

讲座主题/题目	时间地点
如何在教学过程中发现科研选题——兼谈从科研零起点到国家社科基金重点项目	2020 年 10 月,北部湾大学,中国钦州 2020 年 6 月,咸阳师范学院,中国咸阳 2019 年 7 月,中国地质大学,中国武汉 2018 年 7 月,内蒙古工业大学教师讲座,中国呼和浩特 2017 年 6 月,德州学院教师讲座,中国德州 2017 年 6 月,中国石油大学(华东)教师讲座,中国青岛 2017 年 6 月,烟台大学教师讲座,中国烟台 2017 年 6 月,大连海事大学师生讲座,中国大连 2017 年 6 月,沈阳师范大学教师讲座,中国沈阳 2017 年 1 月,山东建筑大学外国语学院,中国济南 2017 年 1 月,枣庄学院外国语学院教师讲座,中国枣庄 2016 年 12 月,河北经贸大学外语教学部教师讲座,中国石家庄 2016 年 11 月,上海电力学院外国语学院教师讲座,中国上海 2016 年 11 月,湘潭大学外国语学院,中国湘潭 2016 年 11 月,湖北经济学院外国语学院,中国武汉 2016 年 11 月,武汉纺织大学外国语学院,中国武汉 2016 年 11 月,湖北工业大学外国语学院,中国武汉 2016 年 11 月,中南民族大学外语学院,中国武汉 2016 年 10 月,四川外国语大学成都学院,中国成都 2016 年 10 月,西南财经大学经贸外语学院应用语言学研究中心学术沙龙,中国成都 2016 年 10 月,郑州大学外国语言学与应用语言学研究中心座谈,中国郑州 2015 年 6 月,重庆工商大学融智学院教师讲座,中国重庆 2016 年 5 月,洛阳师范学院讲座,中国洛阳
国家社科基金历年立项课题分析——以英语语言学为例	2018 年 12 月,外语教学与研究出版社科研项目设计与申报研修班讲座,中国杭州
国家社科基金项目设计案例分享——应用语言学方向	2018 年 12 月,外语教学与研究出版社科研项目设计与申报研修班讲座,中国杭州
国家社科项目论证之研究内容填写要略	2020 年 10 月,北部湾大学,中国钦州 2020 年 6 月,咸阳师范学院,中国咸阳 2018 年 7 月,内蒙古医科大学教师讲座,中国呼和浩特 2016 年 12 月,华侨大学国家社科项目申报高端论坛,中国泉州

续表

讲座主题/题目	时间地点
项目申报:阅读写作思考梦想	2018 年 4 月,第五届英国文化教育协会英语语言测评"新方向"华南工作坊,中国广州 2018 年 4 月,第五届英国文化教育协会英语语言测评"新方向"西南专场工作坊,中国昆明 2018 年 4 月,第五届英国文化教育协会英语语言测评"新方向"华东专场工作坊,中国南京 2016 年 12 月,学术中国(北京)学员讲座,中国北京 2016 年 11 月,四川大学外国语学院,中国成都 2016 年 11 月,武汉大学外国语学院,中国武汉
走过十年春夏秋冬:从国家社科基金一般项目到重点项目	2016 年 12 月,井冈山大学外国语学院教师讲座,中国井冈山 2016 年 12 月,河北大学外国语学院,中国保定 2016 年 11 月,华中科技大学外国语学院,中国武汉
国家社科基金项目申报与科研选题	2016 年 11 月,武汉大学外国语学院,中国武汉 2016 年 11 月,四川大学外国语学院,中国成都 2016 年 10 月,西安交通大学外国语言文化论坛,中国西安
国家社科基金项目的选题及项目书拟定的思路	2016 年 5 月,河南师范大学教师讲座,中国新乡 2015 年 10 月,四川理工学院教师讲座,中国自贡 2014 年 11 月,上海交通大学外国语学院博士论坛,中国上海
学术资源挖掘与外语学科研究——选题、思路与方法	2020 年 11 月,外语教学与语言研究出版社,中国北京 2019 年 7 月,四川外国语大学教师讲座,中国重庆 2018 年 6 月,泰山学院教师讲座,中国泰安 2018 年 7 月,泰山医学院教师讲座,中国泰安 2018 年 7 月,青岛大学教师讲座,中国青岛 2018 年 7 月,山东外贸职业学院教师讲座,中国青岛 2018 年 7 月,内蒙古财经大学教师讲座,中国呼和浩特 2018 年 6 月,内江师范学院教师讲座,中国内江 2018 年 6 月,北京语言大学教师讲座,中国北京 2018 年 6 月,陕西理工大学教师讲座,中国汉中 2018 年 4 月,昆明理工大学教师讲座,中国昆明 2018 年 4 月,云南财经大学教师讲座,中国昆明 2018 年 4 月,昆明理工大学教师讲座,中国昆明 2017 年 6 月,滨州医学院(烟台校区)教师工作坊,中国烟台

续表

讲座主题/题目	时间地点
外语学科实证研究选题、思路与方法——兼谈硕士生团队建设	2017 年 6 月,大连外国语大学师生讲座,中国大连 2017 年 6 月,沈阳师范大学教师讲座,中国沈阳 2016 年 10 月,郑州大学外国语学院师生讲座,中国郑州
语言测试与教学:研究与实践	2016 年 10 月,西南财经大学光华讲坛——社会名流与企业家论坛,中国成都 2016 年 10 月,中国科学院大学外语系学术系列讲座,中国北京 2015 年 6 月,北京对外经贸大学教师讲座,中国北京
语言测试理论与实践	2015 年 11 月,上海交通大学英语教学研讨会工作坊,中国上海 2015 年 12 月,《英语周报》工作坊,中国太原
从实践出发,用例证说话	2015 年 11 月,高等教育出版社科研立项与结项研修课程工作坊,中国北京
英语学习与备考——与语言测试专家面对面	2018 年 11 月,重庆大学城市与环境工程学院学生讲座,中国重庆
CET 改革对大学英语课堂教学的反拨效应历时研究	2016 年 10 月,北京林业大学外语学院,中国北京
传承性与创新性:基于证据的六级、雅思、托福考试效度对比研究	2020 年 12 月,西安外国语大学,中国西安
A study of the lexical complexity of the IELTS reading texts compared with that of TOEFL, iBT and CET-6	2018 年 9 月,Staff Seminar, Cambridge Assessment English, The University of Cambridge, Cambridge, UK.
Washback on Chinese test takers: A comparative study of IELTS speaking test with TOEFL iBT and CET-6 speaking tests	2017 年 9 月,Staff Seminar, Cambridge Assessment English, The University of Cambridge, Cambridge, UK。
A TAP study of Chinese test-takers' reading strategy use when taking IELTS academic reading test	2014 年 8 月,Staff Seminar, Cambridge Assessment English, The University of Cambridge, Cambridge, UK。

附录3　团队建设与人才培养成效

团队建设与人才培养的可持续发展

团队建设		
荣誉获奖	2020 辜向东	重庆大学优秀教师(教书育人奖)
	2019 辜向东	带领的交叉学科导师团队获评重庆市研究生导师团队
	2019 辜向东	国家留学基金委高级访问学者奖
	2019 辜向东	重庆大学集体嘉奖
科研获奖	2018 辜向东	重庆市第九次社会科学优秀成果三等奖
	2016 辜向东	中国高等教育学会第九次高等教育科学研究优秀成果一等奖
	2014 辜向东	重庆大学个人嘉奖
科研项目	2020 辜向东	An impact study of BEC-Vantage in China, Round10 of the Cambridge English Funded Research Programme
人才培养		
	研究生指导	
国家奖学金	2020 刘珂彤	研究生国家奖学金
	2020 林禹宏	研究生国家奖学金
	2019 段奕霆	研究生国家奖学金
	2019 许皖栋	研究生国家奖学金
	2017 虞程远	研究生国家奖学金
	2016 虞程远	研究生国家奖学金
	2016 洪　岳	研究生国家奖学金
	本科生指导	
	2018 陆意希	本科生国家奖学金
	2016 孙奇锋	本科生国家奖学金
	研究生指导	
荣誉获奖	2020 段奕霆	重庆市"三好学生"
	2020 尹开兰	重庆大学"优秀研究生"
	2020 尹开兰	重庆大学研究生A类奖学金
	2020 曾长萍	重庆大学"优秀研究生干部"
	2020 曾长萍	重庆大学研究生A类奖学金
	2020 王永利	重庆大学"优秀研究生干部"
	2020 王永利	重庆大学研究生A类奖学金
	2020 尹开兰	重庆大学"外研社杯"英语阅读大赛一等奖
	2020 尹开兰	"外研社杯"全国演讲大赛重庆大学三等奖
	2019 段奕霆	全国大学生英语竞赛A类二等奖
	2019 段奕霆	国际英语教育研究基金会首届硕士研究奖
	2019 许皖栋	国际英语教育研究基金会首届硕士研究奖

续表

人才培养		
荣誉获奖	2019 刘珂彤	重庆市研究生高中英语教学技能大赛二等奖
	2019 刘珂彤	重庆市教师技能大赛三等奖
	2019 刘珂彤	"外研社杯"全国英语演讲大赛重庆赛区三等奖
	2019 易小兰	重庆市翻译家协会 2019 年翻译大赛二等奖
	2019 许皖栋	重庆大学研究生 A 类奖学金
	2018 文 举	四川省第四届中国外语微课大赛二等奖
	2018 虞程远	重庆市普通高等教育优秀毕业研究生
	2018 许皖栋	全国大学生英语竞赛 A 类二等奖
	2018 段奕霆	"外研社杯"全国英语写作大赛重庆赛区一等奖
	2018 段奕霆	全国大学生英语竞赛 A 类三等奖
	2018 段奕霆	重庆大学研究生 A 类奖学金
	2018 段奕霆	重庆大学"优秀研究生"
	2018 许皖栋	重庆大学研究生 A 类奖学金
	2018 虞程远	重庆大学研究生 A 类奖学金
	2017 洪 岳	重庆大学"优秀毕业研究生"
	2017 梁延松	重庆大学"优秀毕业研究生"
	2017 许皖栋	重庆大学研究生 A 类奖学金
	2017 虞程远	重庆大学新东方奖学金
	2017 虞程远	重庆大学研究生 A 类奖学金
	2016 虞程远	重庆大学研究生 A 类奖学金
	2016 杨瑞锦	重庆大学研究生 A 类奖学金
	2016 孟 磊	重庆大学研究生 A 类奖学金
	2016 孟 磊	重庆大学"优秀毕业研究生"
	2016 孟 磊	重庆大学"优秀研究生"
	2016 洪 岳	重庆大学"优秀研究生"
	2016 杨瑞锦	重庆大学"优秀毕业研究生"
	2015 杨瑞锦	重庆大学"优秀研究生"
	2015 杨瑞锦	重庆大学研究生 A 类奖学金
	2015 孟 磊	重庆大学研究生 A 类奖学金
	2014 杨瑞锦	重庆大学研究生 A 类奖学金
	2014 孟 磊	重庆大学研究生 A 类奖学金
本科生指导		
	2019 刘小宇	重庆大学"优秀学生干部"
	2018 孙奇锋	重庆市"三好学生"
	2018 孙奇锋	重庆大学优秀毕业生干部
	2018 陆意希	重庆市高校学生青年志愿者先进个人
	2018 陆意希	重庆大学创新创业先进个人
	2018 陆意希	重庆大学优秀学生综合奖学金

续表

		人才培养
荣誉获奖	2018 刘小宇	"外研社杯"全国英语写作大赛重庆大学选拔赛二等奖
	2017 谭静月	重庆大学"外研社"杯英语辩论比赛一等奖
	2017 谭静月	重庆大学"外研社"杯英语阅读比赛一等奖
	2017 谭静月	重庆大学"外研社"杯英语写作比赛优秀奖
	2017 孙奇锋	重庆大学英语阅读比赛英语专业组三等奖
	2017 孙奇锋	重庆市"三好学生"
	2017 陆意希	重庆大学"外研社杯"英语演讲大赛特等奖
	2017 陆意希	重庆大学"外研社杯"英语辩论比赛一等奖
	2017 陆意希	重庆市第二十七届大学生英语演讲比赛二等奖
	2017 陆意希	"外研社杯"全国英语演讲大赛重庆赛区三等奖
	2017 陆意希	重庆大学"外研社杯"英语阅读大赛二等奖
	2017 陆意希	重庆大学"外研社杯"英语写作大赛优胜奖
	2017 胡　萌	全国大学生英语能力竞赛初赛三等奖
	2017 胡　萌	重庆大学"外研社杯"英语演讲大赛二等奖
	2017 李　祥	"普泽奖"全国大学生翻译比赛优秀奖
	2017 李　祥	第二届"求是杯"国际诗歌创作与翻译大赛翻译类优胜奖
	2016 陆意希	重庆大学"外研社杯"英语写作大赛三等奖
	2016 陆意希	重庆大学"外研社杯"英语演讲大赛优胜奖
	2016 陆意希	"外研社杯"英语演讲大赛重庆赛区三等奖
	2016 孙奇锋	重庆大学英语阅读比赛英语专业组二等奖
	2016 孙奇锋	重庆大学英语辩论赛三等奖
	2016 胡　萌	重庆大学"外研社杯"英语阅读大赛二等奖
	2016 胡　萌	重庆大学外研社杯"英语辩论赛优胜奖
	2016 李　祥	"希望之星"英语风采大赛重庆选拔赛大学组星光奖
	2016 李　祥	重庆大学"外研社杯"全国大学生英语辩论赛选拔赛优胜奖
	2016 谭月静	重庆大学"外研社"杯英语演讲比赛二等奖
	2016 谭月静	重庆大学"外研社"杯英语阅读比赛二等奖
	2016 谭月静	重庆大学"外研社"杯英语辩论比赛二等奖
	2016 谭月静	重庆大学外文书法大赛一等奖
	2016 谭月静	重庆大学外文短剧大赛二等奖(主演)
	2016 谭月静	"语言桥"杯翻译大赛全国三等奖
	2016 孙奇锋	"希望之星"英语风采大赛重庆选拔赛大学组星光奖
	2016 孙奇锋	重庆大学英语写作比赛英语专业组特等奖
		研究生指导
科研项目	2018 王　萍	中央高校基本科研业务费研究生科研创新项目"六级、雅思、托福环境效度对比研究:基于数据挖掘的方法"
	2016 洪　岳	重庆市研究生科研创新项目"**大量阅读输入教学实践下英语专业学生阅读态度的变化研究**",团队项目主持人

续表

	研究生指导	
	2016 虞程远	重庆市研究生科研创新项目"**大量阅读输入教学实践下英语专业学生阅读态度的变化研究**",团队项目组成员
科研项目	本科生指导	
	2019 陆意希	第二届重庆市大学生创新训练项目"**基于 Swain 输出理论探究英语专业课程改革对学生多维度能力的影响——以《英语短篇小说评析》课程为例**",主持人,结题等级优秀
	2019 刘小宇	第二届重庆市大学生创新训练项目"**基于 Swain 输出理论探究英语专业课程改革对学生多维度能力的影响——以《英语短篇小说评析》课程为例**",项目组成员,结题等级优秀
	2016 李术霞	第六届大学生科研训练计划项目"关于'**棒棒**'参加重庆新型农村合作医疗保险制度的情况调查——以沙坪坝区为例",项目组成员,结题等级优秀
	2016 谭静月	国家级大学生创新训练项目"The Economist 杂志与 CET-6、IELTS、TOEFL 考试的词汇难度对比研究及应用",主持人,结题等级优秀
优秀学位论文	硕士生指导	
	2019 虞程远	重庆市优秀硕士论文,题目是"**大学英语六级、雅思和托福网考阅读测试词汇复杂度对比研究**"
	2018 洪 岳	重庆市优秀硕士论文,题目是"**基于考生证据的大学英语六级、雅思及托福网考写作部分的反拨效应对比研究**"
	2017 梁延松	硕士论文双盲审双优,题目是"**基于考生证据的大学英语六级、雅思和托福网考口语测试反拨效应对比研究**"
	2016 孟 磊	硕士论文双盲审双优,题目是"**基于有声思维的大学英语六级、雅思和托福网考阅读测试构念效度对比研究**"
	本科生指导	
	2019 刘小宇	优秀本科毕业论文,题目是"**2014—2018 大学英语六级和雅思阅读理解的试题来源与改编分析**"
	2017 刘 洁	优秀本科毕业论文,题目是"**基于扎根理论的六级考试考生备考过程回顾性研究**"
升学深造	硕士生读博	
	2020 许皖栋	香港科技大学全奖读博
	2018 虞程远	澳门特区政府博士奖学金,澳门大学读博
	2016 杨瑞锦	国家建设高水平大学公派研究生项目全额奖学金,澳大利亚昆士兰科技大学读博
	2015 邓燕平	国家建设高水平大学公派研究生项目全额奖学金,日本早稻田大学读博
	2015 颜巧珍	国家建设高水平大学公派研究生项目全额奖学金,新西兰奥克兰大学读博
	2015 徐 建	获香港中文大学全奖读博

续表

升学深造	访问学者/编外指导青年教师读博	
	2020 蒋筠婧　马来亚大学读博	
	2020 曾　婷　英国伦敦大学学院读博	
	2020 李玉龙　贝尔法斯特女王大学读博	
	本科生读研	
	2020 廖悦岑　墨尔本大学读研	
	2019 谭静月　保送中国政法大学读研	
	2019 陆意希　保送浙江大学读研	
	2019 刘小宇　保送北京师范大学读研	
	2018 孙奇锋　保送西安交通大学读研	
	2018 胡　萌　香港中文大学读研	
	2018 李　翔　保送南京大学读研	
	2017 刘　洁　保送南京大学读研	
	2017 胡　旭　保送西南大学读研	
	2016 蔡龚莉　保送中国药科大学读研	
	2016 骆　妍　美国约翰霍普金斯大学读研	
	2015 钱夕倍　英国华威大学读研	
	2014 梁延松　保送重庆大学读研	
	2014 廖博正　美国夏威夷大学读研	